이데올로기

이데올로기

문화 해부학 또는 하이퍼코드의 문제 제기

이 저서는 2009년도 정부(교육과학기술부)의 재원으로 한국연구재단의 지원을 받아
연구되었음.(NRF-2009-812-A00214)

이 책은 실로 꿰매어 제본하는 정통적인 사철 방식으로 만들어졌습니다.
사철 방식으로 제본된 책은 오랫동안 보관해도 손상되지 않습니다.

차례

프롤로그

어느 곳에서 태어났든 사람은 사람이다. 그럼에도 사는 방식은 제각각 다르다. 나라와 문화와 역사가 다르기 때문이다. 뚱뚱한 사람들이 많은 나라가 있는가 하면, 아이들이 하루 끼니를 해결하기 위해 육체노동에 뛰어드는 나라도 있다. 자기 나라가 너무 자랑스러운 나머지 동네방네 국기를 걸고 사는 이들도 있다. 아예 모든 이들이 똑같은 종교를 가진 나라가 있는가 하면 다른 나라 눈치를 보며 사는 나라도 있다. 아직도 신랑 얼굴 한 번 못 보고 결혼하는 여자들이 있는가 하면, 여자들이 시집 잘 가려고 열심히 공부해서 좋은 대학에 가는 나라도 있다. 자기 자신과 경쟁하는 사람들의 나라도 있고 남을 짓밟아야 성공하는 나라도 있다. 별의별 시대도 있었다. 노예를 사고팔던 시대도 있었고, 마을 한복판에서 공개 화형을 일삼던 때도 있었다. 어떤 인종이나 종교를 송두리째 없애려는 시도도 있었다. 이렇게 보면 별의별 사람, 별의별 나라, 별의별 시대가 있었다. 공통점이 있다면 모든 문화나 나라의 사람들은 자신들의 생활 방식을 당연시했다는 것이다. 지금 우리도 마찬가지다. 우리 모두는 학교 가서 선생님 말 잘 듣고 밤

늦게 학원도 다니며 열심히 공부해서 좋은 대학에 가려 한다. 그리고 일자리 얻고 회식하고 노래방 가서 노래 부르고, 집 사고 패키지여행 몇 번 가고 애 낳고 집 늘리고 애들 학원 보내 좋은 학교 입학시키려 하면서 산다. 그냥 그렇게 사는 게 당연하다고 생각한다.

나는 이 같은 것들이 존재했거나 존재하는 이유와 특히 그것들을 당연시하는 이유를 알고 싶었다. 그리고 그 이유가 인간의 틀에 박힌 사고방식, 즉 이데올로기에 있다고 믿게 되었다. 그래서 이 책을 쓰게 되었다. 이 책은 이데올로기의 바보스러움과 폭력성, 그리고 아주 가끔 느낄 수 있는 위대함에 대한 것이다. 어쩌면 지금 우리의 모습을 약간의 거리감을 두고 보기 위한 작은 몸부림 내지는 당연한 것들을 조금은 당연하지 않게 보려는 노력일 수도 있다. 그래야만 우리의 행태를 결정하는 사고방식과 가치관을 조금은 객관적으로 볼 수 있다고 생각했다. 사람들은 예나 지금이나 그들 마음과 몸에 깊이 각인되어 있는 그런 이데올로기를 모르고 산다. 그래서 그냥 사는 것이다. 이 책을 쓰고자 하는 나 역시 나 자신을 모를 수 있지만 조금은 알고 싶다는 것도 나의 욕심이었다. 이런 욕심은 내가 왜 이런저런 옷을 입고, 이런저런 신문이나 책을 보며, 이런저런 영화나 음악을 좋아하는지 알게 할 거라고 생각했다. 물론 다른 이들과의 공통점과 차이도 알고 싶었을 것이다. 그래서 이 책은 오늘을 살아가는 우리 자신을 알기 위한 책이라고 할 수도 있다.

문화와 이데올로기에 관심을 갖게 된 동기는 오래전으로 거슬러 올라간다. 아마도 『털 없는 원숭이』라는 책을 읽을 무렵일 것이다. 그 책에서 데즈먼드 모리스Desmond Morris는 인간에게 남아 있는 동물적 요소들을 무척이나 재미있게 들춰낸다. 한참 웃었던 기억도 나는데, 많은 내용 가운데 사람이 싸움하기 직전에 얼굴이 시뻘게지고 숨을 몰아쉬는 이유가 더 무섭게 보이는 동시에 몸싸움을 대비하여 산소 공급을 원활히 하기 위한 동물적 본능이라는 주장이 있었다. 그때 나는, 겁먹었을 때 몸을 잔뜩 부풀리는 두꺼비를 떠올렸다. 마찬가지로 동물들 사이에서 힘센 놈에게 약한 놈이 굽실거리는 태도와 교통 법규 위반 시 경찰에게 선량한 시민이 보이는 태도가 매우 유사하다는 점도 흥미로웠다. 그리고 무엇보다 섹스를 하기 위해 수컷들은 암컷들에게 온갖 아부와 먹이 공세를 한다는 점도 꽤나 재미있었다. 남녀가 처음 만났을 때 남자가 여자에게 맛있는 걸 사주는 것도 같은 이유가 아니고 무엇이겠는가? 한번은 공원에서 봄바람을 만끽하고 있을 때, 내 눈에 비둘기들이 들어왔다. 처음에는 별생각 없이 보았는데 이것저것 쪼아 먹는 일 말고는 수컷 비둘기들이 하루 종일 암컷들 꽁무니만 따라다닌다는 사실을 알게 되었다. 교미를 위해 녀석들은 별짓을 다하고 있었다. 그때 두 무리의 고등학생들이 눈에 들어왔다. 하나는 남학생 무리였고, 다른 하나는 여학생 무리였다. 그들은 10여 미터의 거리를 둔 채 서로 안 보는 척하면서 다 보고 있었다. 낄낄 웃는 애들도 있었다. 그러다가 수군거리던 남학생 무리에서 한 녀석이 어색하게 여학생 무리로 다가갔다. 여학생 무리도 대표 한 명을 내세웠다. 몇 마디 주고받고 각자의 무리로 돌아가더니 모두가 어딘가로 이동하기 시작했다. 여학생 무리를 남학생 무리가 3~4미터 뒤에서 따라갔다. 아마도 분식집으로 갔을 것이고 거기서 각자의 짝을 정했을 것이다. 이렇게 동물과는 달리 인간에겐 형식이 있다. 형식은 문화 코드다. 하지만 처음에는 인간적 형식과 동물적 목적의 관계가 무엇보다 관심을 끌었다.

그러나 인간 문화에 본격적인 관심을 갖게 된 동기는 움베르토 에코의 책을 번역하면서 생겨났다. 말하자면 그때부터 문화 이론 또는 문화 기호학에 관심을 갖게 되었다. 에코의 글이 재미있다는 점도 한몫했던 것 같다

(이 때문에 나의 전공은 언어학에서 기호학으로 바뀌었다). 그에게는 제법 복잡한 문제도 쉽게 풀어 쓰는 재주가 있다. 『해석의 한계』를 번역할 때는 〈반문화〉의 뿌리가 그노시스주의에 있다는 점이 흥미로웠고, 『구조의 부재』를 통해서는 광고, 영화, 건축의 코드와 미학에 눈뜨기 시작했다. 문화 코드의 차이와 변천의 문제도 큰 관심사로 다가왔다. 악수와 목례의 차이는 무엇인지, 한옥과 서양 집의 건축적 차이는 어떤 의미를 갖는지 등의 문제가 흥미진진한 고민거리로 자리매김한 것이다(마침 그 무렵부터 여행하는 재미에 흠뻑 빠지기 시작했다. 인도, 네팔, 캄보디아, 라오스 등지를 다니면서 나의 기억과 카메라와 수첩에 기록한 것들이 이 책을 쓰는 자료가 되었다).

하지만 기호학의 한계도 조금씩 느끼기 시작했다. 인간은 다양한 기호를 사용하여 의사소통을 한다. 기호들은 특정 코드(패션 코드, 건축 코드……)에 따라 메시지를 구성한다. 게다가 이런 코드는 사회 계층에 따라 다르다. 그래서 취향도 계층에 따라 다른 것이다. 하지만 나는 이런저런 코드가 만들어지는 배경도 궁금했고, 결국 그것 역시 한 사회의 이데올로기라고 믿기 시작했다. 계층별 이데올로기도 있다는 것이 문제의 핵심 중 하나로 떠올랐다. 그래서 사회적 불평등은 자신의 이데올로기를 자각하지 못하는 데서 비롯된다는 것이 이 책의 한 맥을 구성하기도 한다. 이데올로기에 대한 고민을 거듭할수록 근본적인 문제의 일부분은 생물학에 있다는 생각도 갖게 되었다. 리처드 도킨스Richard Dawkins나 매트 리들리Matt Ridley와 같은 네오다위니스트들이 말하는 유전자의 이기주의가 어쩌면 문제의 근원이라는 생각을 지울 수 없었고 그 문제를 이 책의 마지막 장 「이데올로기의 이데올로기」에서 다루어 보았다. 이것이 이 책을 쓰게 된 학술적 배경인 셈이다.

마지막으로 개인적인 이유도 있다. 나는 한국에 살면서 항상 이방인이었다. 어쩌다 부모 따라 프랑스어권 아프리카(가봉과 중앙아프리카 공화국)에

가게 되었고 그곳에서 열 살부터 스무 살까지 살았다. 대학은 한국에서 나오고 나머지 공부는 프랑스 파리에서 했지만 어릴 적 친구들도 첫사랑도 한국 아이들이 아니었다. 고등학교 시절에는 물리를 담당했던 아나키스트 선생과 친해지면서 바쿠닌과 프루동을 알게 되었고 몇 가지 혁명 이론과 록 음악과 보들레르에 빠져들기도 했다.[1] 나이 들면서는 프랑스 68혁명이 낳은 철학자들에게 동지애를 느낄 수밖에 없었다. 이런 이유 때문에 나는 다소간의 거리감과 약간의 삐딱함을 가지고 한국 문화를 관찰할 수 있었다(또는 그럴 수밖에 없었다).

이런 이유와 배경에서 나는 언젠가 문화 이데올로기 전반을 다루는 책을 써보고 싶었다. 집필에 대해 막연한 구상만 하던 무렵 한국연구재단의 인문 저술 지원 연구비를 받게 되었고, 나는 곧바로 자료를 모으기 시작했다. 하지만 시작과 동시에 과연 무엇을 써야 할지 고민이 되었다. 왜냐하면 이데올로기는 모든 인간 사고이자 행동이며, 삶이자 육체이기 때문이다. 다루어야 할 주제가 너무 많았다. 결국 임의적 선별이 불가피했다. 여기서 다루는 국가, 문화 계층과 취향, 미, 성, 종교, 학교, 언어, 소비, 여성성, 대중음악, TV, 마르크시즘 이외에도 다룰 문제는 너무 많다. 예를 들어 죽음, 가족, 사생활의 이데올로기를 다루지 못했다(이런 주제에 대해서는 프랑스의 아날학파를 대표하는 역사학자 필리프 아리에스Philippe Ariès나 조르주 뒤비Georges Duby 의 저술들을 참고하기 바란다). 사실 이런 주제들은 별도의 연구와 저술로 다루어야 할 문제다. 어쨌든 나의 게으름과 지적 한계를 비롯하여 시간과 지면의 한계가 나름의 변명이라면 변명일 수도 있다. 그럼에도 이 책을 통해

---

1 그래서 이 책을 누군가에게 바친다면 그는 덥수룩한 수염과 장발 그리고 교사답지 않은 의상 때문에 교장의 눈총을 온몸으로 받던 친구이자 스승이었던 프랑시스 돌리지Francis Dolizy 선생일 것이다.

독자들은 이데올로기가 얼마나 무식하고 변덕스러운 것인지 조금이나마 공감할 것이다. 그런 공감이 형성되면 우리가 죽자 살자 매달리는 가치관도 사실은 별게 아니라는 사실도 조금은 인정할 수 있을 것이다. 찰리 채플린이 말했듯이, 〈인생은 가까이서 보면 비극이지만 멀리서 보면 희극〉이기 때문이다. 이런 사실을 깨닫기 위해서는 이데올로기가 얼마나 우리 몸에 각인되었는지를 반드시 지각할 필요가 있다. 그리고 아직도 믿는 게 있다면 바로 이런 방법만이 나를 자유롭게 한다는 것이다. 그래서 감히 말하건대, 이 책은 자유를 위한 나의 작은 투쟁이라고도 할 수 있다.

제1부

이론

1. 우리 주변의 이데올로기들

제노사이드, 자살 테러, 기독교, 이슬람, 마녀사냥, 동침식, 국가, 혁명, 코르셋, 로큰롤, 좌파/우파, 스포츠, 취향, 혼인, 인사법, 대화법, 강남, 명품, 된장녀, 스타벅스……. 이것들은 흔한 단어들이자 실제로 가까운 과거 내지는 현대의 이런저런 현상들을 가리키는 단어들이다. 이 단어 중 몇몇은 이념과 가치관을 가리키는 반면에 다른 단어들은 그냥 관습이나 소비(품)를 가리키는 것처럼 보인다. 하지만 〈이 모든 것을 존재하게 만드는 기저의 것은 무엇일까〉라는 질문을 해본다면 그것은 각기 크고 작은 이데올로기라고 말할 수 있다. 코르셋이 유행한 것은 여성성이 극에 달았을 때이다. 여성들은 수단과 방법을 가리지 않고 날씬해 보이고 싶었고 그런 것이 유행할 때는 돈 없는 여성들도 그 불편한 것을 착용하지 못해 서러웠다. 이처럼 이데올로기는 많은 걸 너무나도 당연한 것이나 적어도 〈있을 수 있는〉 것으로 느끼게 만든다. 그러나 과거 혹은 먼 나라의 이데올로기들은 항상 낯설거나 가끔은 우스꽝스럽게 보인다. 된장녀가 명품 가방을 들고 강남 스타벅스에서 커피를 마시는 것과 중세에 결혼식을 마치자마자 신혼부부를 침대에 눕히고 하객들이 주변에 둘러서서 낄낄거리며 축배를 들었던 동침식의 공통점과 차이는 무엇일까? 오늘날의 한국인은 된장녀 현상을 그저 요즘의 트렌드로 치부하겠지만, 중세의 동침식에 대해서는 폭소를 터뜨릴 수도 있다. 하지만 둘 다 우스꽝스러운 건 마찬가지다. 김밥 두 줄로 하루 끼니를 때우는 여성이 커피 값으로 1~2만 원을 지출하는 건 누가 봐도 독특한 자기 관리다(물론 이유는 있다). 세월이 지나면 이런 얘기를 듣고 한심하다는 표정을 지을 사람도 있을 것이다. 세월…… 많은 걸 바꿔 놓는다. 사치품으로 분류되던 골프는 어느새 중산층의 스포츠가 되었다. 1969년에는 축구 경기가 계기가 되어 엘살바도르와 온두라스가 전쟁을 치르기도 했지만 요즘 이 두 나라는 별 탈 없이 잘 지낸다. 하지만 지금도 스포츠는 영웅을 만들어 내고 있으며 국민을 열광케 하고 있다. 세월이 흐르면서 끔찍한 사건으로 비치는 것도 있다. 중세에는 마을에서 전염병이 돌면(또는 안 좋은 일이 발생하면) 평소 정신이 좀 이상하거나 품행이 다소 이상한 (주로 빨간색 머리의) 여인을 잡아다가 화형에 처했다. 이유는 악마와 소통했다는 것이었다. 더 큰 규모의 비극도 있었다. 1532년부터 스페인 군대가 저지른 잉카 문명의 제노사이드와 1939~1945년 사이에 일어난 유대인 대량 학살, 그리고 1975~1979년 사이에 벌어진 캄보디아의 킬링 필드가 그것이다. 스페인 군대가 저지른 학살에 대해 당시 교황청은 사태를 파악하고 있었지만 침묵을 지켰다. 유대인들을 학살할 때도 다수의 독일인들과 나치의 협력 세력이 그 일을 거두었지만 교황청은 모른 체했다. 캄보디아의 킬링 필드에서 수만 명의 서민과 지식인들이 쓰러질 때도 미국과 프랑스는 알고 있었다.

이렇게 세월이 흐르면서 〈당연하거나 어쩔 수 없는 것〉이 〈말도 안 되는 것〉으로 바뀐다. 노예 제도, 연금술, 보쌈 등은 모두 사라졌지만 앞서 나열한 단어들도 세월이 지나면 어떤 의미를 갖게 될지 모른다. 왜 그럴까? 인간의 가치관이 변했기 때문이다. 인간의 지식도 바뀌었다. 자연을 바라보는 눈도 변했다. 이제는 지구가 태양 주변을 돌고 있으며, 어딘가에는 블랙홀이 있다. 그러나 모든 건 또 바뀔 것이다. 하지만 세상 자체는 변한 게 전혀 없다. 그것을 바라보는 우리의 관점이 바뀌었을 뿐이다. 이데올로기가 바뀐 것이다.

항상 그랬듯이 이데올로기는 늘 변해 왔다. 이데올로기는 우리의 삶과 눈을 결정한다. 내가 기독교를 믿으면 세상은 창조된 것이 된다. 내가 국가를 절대 불가침의 영역으로 여기면 국경은 극히 자연스러운 울타리가 되고, 외국에서 태극기를 보면 가슴이 찡해진다. 26~28세에 결혼해야 한다고 믿는 여성이 29세가 되면 스트레스를 받기 시작하는데 그 강도는 매년 높아진다.

이데올로기는 힘이자 불행이고 바보스러우면서도 위대하다. 이데올로기는 이기적이지만 이타주의를 흉내 내기도 한다. 이데올로기는 지식이자 그것의 한계이기 때문에 그것을 넘어서는 세상을 볼 수 없다. 이데올로기는 클 수도 있고 작을 수도 있다. 그러나 항상 집단의 것이다. 수많은 전쟁, 폭력, 투쟁이 역사를 장식했다. 지금도 수많은 아집, 갈등, 싸움이 주변에 널려 있다. 하지만 이런 크고 작은 사건들과 함께 거대한 이데올로기들은 이 세상을 지배하고 분할하고 있다. 종교, 민족, 국가, 우파·좌파 이데올로기들이 그것이다. 이런 것들은 말 그대로 큼직한 것, 다시 말해 거시 이데올로기들로서 모든 인간은 이것들 가운데 몇 가지를 숭배하며 하루하루를 살고 있다. 하지만 그런 믿음을 가졌다는 사실을 모르거나 간혹 부분적으로 인식하는 경우 그것을 합리화한다.

그러나 작은 이데올로기들도 있다. 유행, 소비, 이런저런 디자인들이 그것이다. 이런 것들은 심각한 갈등이나 싸움, 사건을 일으키지 않는다. 간혹 일으킨다면 이런 미시 이데올로기들이 거시 이데올로기의 표현으로 간주되기 때문이다. 우리 중 대다수가 이런 미시 이데올로기 중 여럿에 이끌려 살고 있다. 하지만 그런 사실도 잘 모른다.

문제는 이 같은 이데올로기가 인간의 행동과 생각, 말, 사랑, 식생활, 행동/동작, 놀이, 의상, 건축, 도시, 소비, 행정, 교육 등 모든 것을 결정한다는 사실이다. 이데올로기는 다양한 코드를 매개로 우리 삶을 지배하고 있다. 그러나 이런저런 코드가 있다고 말하거나 다양한 코드를 나열만 한다고 해서 인간과 커뮤니케이션과 문화를 제대로 이해할 수 있는 것은 아니다. 뉴욕과 파리의 건축이 다른 것도 도시 공학과 건축 코드의 차이만으로는 설명이 안 된다. 세월과 함께 패션이 바뀌는 것도 그 코드의 변화로만 설명할 수 없다. 이런 문제를 제대로 파악하려면 그 밑에 깔려 있는 사회·정치·문화적 이데올로기의 유형과 성질과 분포를 알아야 한다. 한국인과 서양인의 인사법 차이는 (신체가 접촉하지 않는) 목례와 악수의 차이에 그치는 것이 아니다. 그 기저에는 다음과 같은 차이가 있다. 즉 목례는 신체적 접촉 없이 목과 허리 각도를 이용하여 사회적 상·하위 관계를 표현하는 인사법이자 언어적 존대법과 불가분의 관계를 갖는 동시에 이 둘은 기본적으로 유교 이데올로기를 기반으로 한다. 그에 반해 악수는 중세의 기사들이 비무장 상태를 드러내면서 상호적 선의를 확인하는 수단으로 전해지고 있다. 결국 다양한 이데올로기가 존재하는데 그것은 수많은 문화 코드(또는 현상들) 밑에 〈숨어 있거나 스며들어 있는〉 셈이다.

이데올로기의 속성들

〈이데올로기〉라는 용어는 비교적 짧은 역사를 갖고 있다. 그것은 18세기 말 프랑스의 정치학자이자 철학자인 데스튀트 드 트라시Destutt de Tracy가 처음 사용했다. 그는 계몽학자로서 교회나 국가가 권장하는 전통적인 방법과는 다른 〈진리〉, 다시 말해 〈객관적인 진리〉와 〈정확한 사고〉를 획득하기 위해 관념을 정화하려고 노력했다. 트라시는 관념이 감각적 인식으로 환원됨으로서 정화된다고 주장하면서 이러한 관념의 과학을 〈이데올로기〉라고 불렀다. 지금의 의미와는 전혀 다른 셈이다. 나폴레옹도 한때 이 용어를 사용했지만 당시 그는 〈이데올로그idéologues〉라는 표현을 빌려 도덕심과 애국심을 파괴하려는 무책임한 자들을 가리키려 했다. 〈이데올로기〉에 현대적 의미를 부여한 사람은 카를 마르크스Karl Marx다. 『독일 이데올로기Die deutsche Ideologie』에서 그는 계급 사회에서 이데올로기의 당파성을 분석한다. 즉 계급 사회에서는 특정 계급이 이익을 얻기 위해 특정 이데올로기로 무장하게 되는데 특히 상부 구조와 하부 구조의 상호 작용이 발생하면 필연적으로 각자의 사회 계층을 정당화한다는 것이다. 마르크스는 이데올로기의 이러한 성질을 허위의식으로서의 이데올로기라 불렀고, 그것은 계급적인 이해관계에 기초하여 지배 체제를 강화하는 수단이라고 생각했다. 마르크스에게 대표적인 허위의식은 종교였다. 이후 그는 한 단계 더 나아가 이데올로기를 단지 허위의식일 뿐만 아니라 특수한 이익을 은폐시키는 것으로 규명하면서 그것은 스스로를 진리라고 주장하지만 사실은 특정 집단의 이익을 반영한다고 정의했다.[1] 이데올로기의 의미가 이렇게 정립됨으

---

1 대니얼 벨, 「서구에 있어서 이데올로기의 종언」, 체임 아이작 왁스맨, 『이데올로기는 끝났는가』, 74면.

로써 사회학(생시몽Saint-Simon, 1760~1825)에서도 큰 관심을 갖게 되었고 오늘날에는 역사학, 심리학, 기호학, 문학, 언어학 등의 다양한 영역에서 사용되기에 이르렀다.

이 같은 역사적 배경에서 출발한 이데올로기는 오늘날 매우 다양한 현상을 분석할 때 사용되거나 언급된다. 때문에 그것은 다각적인 정의를 필요로 한다. 몇 가지를 살펴보기로 하자. 우선 이데올로기는 집단의 것이자 익명의 사고다. 한 개인의 생각은 이데올로기가 아니다. 그것은 다른 이들의 생각과 시너지를 발휘해야만 이데올로기로 간주될 수 있다. 집단, 공동체, 사회는 이데올로기의 존재 조건이 되는 셈이다. 한 개인이 만들어 낸 이데올로기를 어떤 집단이 채택할 수도 있지만, 일반적으로 〈이데올로기는 개인의 생각이 《이미 생각된 것》 속에 스스로 자리 잡으면서 생겨난다〉.[2] 예를 들어 특정 국가에서 태어난 개인이 그 국가 의식을 갖게 되는 상황을 생각할 수 있다. 일반적으로 개인은 〈이미 존재하는〉 국가관을 있는 그대로 받아들인다. 자기도 모르는 사이에 이미 자리 잡고 있는 사고 틀에 스스로를 맞추는 셈이다.

또한 이데올로기는 은폐되어 있다. 〈이데올로기는 그것이 오류임을 보여 주는 사실들이나 적대자들의 합당한 이유를 감춰야 할 뿐만 아니라, 무엇보다도 자신의 본색을 감춰야 한다. 이런 이유로 이데올로기는 항상 그 자신의 모습이 아닌 다른 것, 예컨대 과학, 양식, 자명성(自明性), 도덕, 사실 등의 모습을 지닌다.〉[3] 더 나아가 이데올로기는 전설과 신화 또는 영웅 뒤에 숨기도 한다. 예수, 로물루스,[4] 잔 다르크, 유관순, 이순신, 롤링 스톤스

---

2 르불, 『언어와 이데올로기』, 22면.
3 르불, 같은 곳.
4 암늑대의 젖을 먹고 자란 형제이자 로마를 건설한 인물로 전해진다.

등은 그들을 필요로 하는 이데올로기에 의해, 그리고 그것에 의해 만들어지거나 미화된 인물들이다. 이런 아이콘들은 해당 이데올로기를 다시 강화하는 역할을 한다.

이데올로기라고 하면 역시 〈수많은 화자들과 심지어는 사회 전체가 가지고 있는 세계관을 의미한다. 따라서 이런 세계관은 총체적 의미 영역의 또 다른 측면이며 그렇기 때문에 이미 분할될 현실이라고도 할 수 있다〉.[5] 다시 말해 기본적으로 이데올로기는 사물을 바라보는 특정한 관점인 셈이다. 또는 현실 세계를 형식화하는 문화적 방법이라고 할 수도 있다.[6] 〈형식화〉는 다소 추상적인 개념으로 들릴 수 있지만 중요한 개념이기 때문에 잠시 살펴볼 필요가 있다. 구조주의 언어학에서 사용하는 〈형식〉이라는 표현은 우리의 인식 세계를 이해하는 데 매우 유용한 개념이다. 이미 오래전에 페르디낭 드 소쉬르Ferdinand de Saussure는 〈언어는 형식이다〉라고 말한 적이 있다. 무슨 말인가? 사실 간단히 설명될 수도 있는 개념이다. 우선 〈귀신〉이란 단어를 예로 들어 보자. 귀신은 존재하는가? 존재하지 않는다. 극소수의 목격자가 있긴 해도 그들의 증언을 신뢰할 수 없고 증거 사진도 없으며 과학적으로는 더욱 입증이 불가능하다. 그러나 우리 마음속(또는 인식)에는 존재한다. 때문에 귀신 이야기는 무섭다. 아이들을 벌벌 떨게 만들고 가끔은 꿈에서도 나타난다. 따라서 현실 세계에는 없는데 우리가 있다고 믿거나 인식하는 것이 형식화의 결과다. 조선 시대에 섬진강에서 물고기를 잡아 생계를 유지하던 어부가 있다고 생각해 보자. 그에게 〈세포〉는 존재

---

5 에코, 『기호와 현대 예술』, 160면.
6 지마도 다음과 같은 인용을 통해 같은 의견을 피력한다. 〈부르디외는 《당신이 어떻게 분류하는지를 말하라. 그러면 당신이 누구인지 말해 주겠다》는 바르트의 경구를 사회학적 이데올로기의 비판적 맥락 속에 끌어들여, 대부분의 정치적·지정학적·사회학적 분류법이 중립적이기는커녕 오히려 이데올로기적 관심을 표현한다는 점을 보여 주었다.〉『이데올로기와 이론』, 436면.

했을까? 아마도 아닐 거다. 하지만 세포는 존재했다. 그가 잡는 물고기도 세포 덩어리이고 본인도 마찬가지다. 하지만 어부는 〈세포〉라는 개념을 몰랐으므로 〈그에게는〉 존재하지 않았다. 이 때문에 페터 지마Peter V. Zima가 말하듯이, 〈이데올로기란 세계상의 전도,《물구나무선 지식》이라기보다는 관찰자로 하여금 구체적인 총체성을 볼 수 없게 만드는 부분적이고 단편적인 지식〉으로 정의될 수도 있는 것이다.[7]

다른 한편, 어떤 사람은 두 개 이상의 언어를 구사할 수 있겠지만 이데올로기의 경우는 다르다. 개별 언어들은 상호 배타성을 갖지 않으나 한 사람이 우파 이데올로기와 좌파 이데올로기를 동시에 갖기는 어렵다. 음악이나 패션, 디자인도 마찬가지다. 어느 건축가가 로코코풍과 모던 스타일을 동시에 좋아하기란 매우 어려우며(게다가 후자는 전자에 대한 반동이었다), 재즈를 좋아하는 사람 대다수는 대중 댄스 음악을 좋아하지 않는다. 물론 포스트모더니즘의 영향 덕분에 스타일 내지는 양식의 혼합(혼성 모방, 하이브리드 양식)이 가능해졌지만 이 역시 또 다른 (미적) 이데올로기의 표명이라 할 수 있다. 언어는 그것을 지키고자 하는 무의식적인 노력을 필요로 하지 않는다. 하지만 이데올로기의 또 다른 속성 중 하나는 바로 그것을 고수하려는 강력한 의지에 있다. 때문에 올리비에 르불Olivier Reboul은 다음과 같이 말한다. 〈이데올로기는 제한된 범위의 공동체에 속하는 것이기 때문에 그것이 주장하는 바는 편파적이고 다른 사람들에 대해서는 논쟁적이다. 모든 이데올로기는 이데올로기 간의 충돌 속에 놓인다. 물론 과학에도 논쟁과 충돌이 존재한다. 그러나 이 충돌들의 궁극적 목표는, 적어도 원칙적으로는 같은 것이 아니다. 과학적 이론은 진실을 위해 싸운다……. 그러나 이데올로

---

7 지마, 앞의 책, 113면.

기는 무찌르기 위해서 싸운다.)[8] 강경 이슬람교도 무장 단체인 알카에다에게 〈악마 집단〉은 미국으로 대표되는 기독교 자본주의이지만 미국 입장에서 그들은 말도 통하지 않는 〈악의 축〉에 불과하다. 그러므로 대립은 피를 부를 수밖에 없다.[9]

이렇게 이데올로기의 몇 가지 특징을 이해하면 시칠리아 농부의 세계관과 그 섬에서 휴가를 즐기는 컴퓨터 프로그래머나 증권 전문가의 그것이 다르다는 것을 쉽게 받아들일 수 있다. 노예 제도가 존재하던 시대에는 플라톤이나 아리스토텔레스와 같은 철학자들조차 노예들을 상품으로 간주했고, 그들이 이런 세계관을 가졌다고 비난하는 사람은 아무도 없었다. 이 모든 것은 주어진 시대와 문화의 이데올로기가 얼마나 강하게 작용하는지, 얼마나 스스로를 합리적이라고 생각하는지, 얼마나 자연스러운 것으로 느끼게 하는지를 보여 주며, 이런 사례들이 인간의 역사를 장식해 왔다.

두 가지 이데올로기

앞서 말했듯이 크거나 작거나, 혹은 견고하거나 유연한 이데올로기들이 있다. 앞으로 나는 인간 커뮤니케이션과 현대 문화를 이해하는 데 필요한 대표적인 이데올로기들을 분석하겠지만 그전에 먼저 하나의 방법론적 선택을 제안하고자 한다. 그것은 이데올로기의 상위 범주를 설정하는 일이다. 생물을 동물과 식물로 우선 구분하듯이, 이 책에서는 이데올로기를 생존형

8 르불, 앞의 책, 22면.
9 하지만 1990년대 구소련이 아프가니스탄을 점령했을 때 미국은 알카에다를 지원했다. 그 당시 사정은 달랐다. 각 진영의 이해관계가 잠시나마 우호적인 이데올로기를 만들어 냈던 것이다.

이데올로기와 권력형 문화 이데올로기로 구분해 보기로 한다.

생존형 이데올로기

여기서 설정한 생존형(또는 보편적) 이데올로기는 특정 권력이나 계층의 이해관계에 의해 만들어지고 조정되는 것이 아니라 이른바 공동체의 생존에 필요한 생활 관습 내지는 가치관으로서의 이데올로기를 의미한다. 어쩌면 현대인은 문명화 덕분에 이런 이데올로기에서 거의 해방되었다고 느낄수 있으며 그런 이유로 생존 이데올로기를 이해하는 데 약간의 어려움이 있을 수 있다.

우선 이슬람 문화권의 일부다처제 또는 티베트나 베트남 소수 민족 등에서 볼 수 있는 일처다부제와 같은 풍습을 예로 들어 보자. 결론부터 말하면 이런 방법들은 근본적으로 공동생활을 유지하려는 보편적 이데올로기에 근거한다. 하지만 현대인의 관점에서 보면 이런 풍속은 매우 야만적이거나 여성 차별적인 제도로 보일 것이 분명하다. 그러나 무턱대고 흥분하기보다는 그런 현상이 존재하는 이유를 잠시 생각해 보는 것도 흥미로울 수 있다. 우선 이런 유형의 문제를 정확히 이해하려면 약간의 진화론적우회가 필요하다. 이미 알려진 바와 같이 모든 동물들의 짝짓기 형태는 오로지 종의 보존을 위해 결정된다. 인간의 짝짓기는 생식과 쾌락 모두를 위한 것이지만 쾌락을 위한 성행위의 빈도가 훨씬 더 높다. 그럼에도 종의 보존 본능은 살아 있다. 이 문제에 관해 로빈 폭스Robin Fox는 매우 설득력 있는 주장을 펼친다. 그는 성의 기본 단위를 수컷과 암컷이 아닌 암컷과 그새끼로 본다. 이를 토대로 폭스는 암컷이 새끼를 키우는 데 수컷의 도움이 필요 없으면 어떤 동물이든 이 둘은 동거하지 않는다고 말한다. 지금도 주로 무능한 남성들이 이혼당하는 것은 이 때문이다. 암컷 집단은 종족 보존을 위해서만 수컷(들)을 받아들일 뿐이다. 따라서 암컷과 수컷의 동거는 다양한 형태로 나타난다. 실제로 햄스터는 오로지 짝짓기를 위해 수컷과 암컷이 잠깐 만난다. 다른 동물들은 일종의 일부일처제(앵무새), 일부다처제(물개, 고릴라), 다부다처제(침팬지)를 고수한다.[10] 이는 암/수컷의 동거는 오로지 필요에 의거하며 필연적인 규칙은 없다는 증거다. 좀 더 구체적으로 사슴의 경우를 살펴보자. 발정기 때 수사슴은 서로 싸우면서 힘의 우위를 확인하고 가장 센 놈이 모든 암컷들과 교미를 한다. 이런 모습을 보고 인간은 가장 힘센 수컷이 모든 암컷을 〈차지〉한다고 말한다. 하지만 이것이야말로 가부장적인 이데올로기의 관점에서 동물의 세계를 바라보는 처사다. 이런 경쟁은 오히려 암컷들로 하여금 가장 건강한 수컷을 차지하게 하는, 이른바 종을 위한 선별 시스템이다. 덕분에 사슴 암컷들은 특별한 노력 없이 가장 건강한 유전자를 확보할 수 있다. 즉 암사슴은 더욱 건강한 새끼를 잉태하고 이런 새끼는 다시 수컷들의 경쟁에서 살아남아 건강한 후손을 계속 남길 수 있다는 말이다. 동물들의 성적 행태와 그 집단의 형태는 새끼를 안전하게 키우려는 (종족 보존) 본능에 기초할 따름이다. 건강한 수컷의 유전자를 확보하려는 본능은 이제 유능한 남자를 만나려는 노력으로 대체되었다. 인간은 이런 본능을 문화적으로 다듬고 포장했으며 남자의 〈능력〉은 시대에 따라 바뀌었을 뿐이다(그 기준은 생존 환경에 따라 근력, 돈, 지식이 될 수 있다). 수사슴들은 발정기 때만 힘의 우위를 겨루는 데 비해 인간 남성들은 평생 그런 경쟁에 시달린다. 동네 꼬마들도 경쟁을 벌인다. 학교, 입시, 회사, 승진과 돈벌이도 경쟁이다. 정확한 통계를 뽑기는 어렵지만 유능한 남성과 그렇지 못한 남성이 일평생 만나는 (섹스 파트너로

10 이 문제에 관해서는 폭스의 멋진 논문 「성의 진화 조건」(아리에스, 『성과 사랑의 역사』, 9~27면)을 참고할 수 있다.

서의) 여성의 수는 제법 차이가 날 것이다. 이렇게 보면 일부일처제도 하나의 제도에 불과하며 생물학적으로 인간은 〈시차를 둔 다부다처제〉 사회를 고수했다고 할 수 있다.

어쨌든 인간은 종족 보존의 필요성을 혼인 제도라는 틀에 끼워 맞추었다. 그럼에도 불구하고 남성과 여성 인구의 차이나 유아 사망률 등의 매우 복합적인 물리적 여건에 따라 다양한 혼인 제도가 생겨났고, 그 결과 여성의 지위도 각기 다르게 설정되었다. 따라서 아프리카 일부 지역과 아랍 문화권에서 볼 수 있는 일부다처제를 오늘날의 페미니즘 시각으로 바라보면 모든 것이 왜곡되고 말 것이다.

마찬가지로 유럽 중세의 봉건주의는 매우 냉혹하고 철저한 계급 사회였고, 인권이나 개인의 복지와는 너무나도 거리가 먼 사회 제도를 표방했다. 그렇지만 이런 이데올로기는 어느 특정 지배 계층이 전파한 것이 아니다. 이는 과거의 제국이 해체되어 생활과 치안이 불안해지면서 사람들 스스로 선택하게 된 소규모 민족 공동체 중심의 이데올로기라고 할 수 있다. 에두아르트 푹스Eduard Fuchs가 지적하듯이, 중세의 수도원은 포화 상태를 수차례 경험했다. 즉 당시의 사람들은 금욕주의를 적어도 표면적으로 받아들이면서 수도원 생활을 감수했다. 굶어 죽기 싫어서 수도원으로 사람들이 몰렸던 것이다. 결국 이런 이데올로기는 열악한 환경에 적응해야 하는 생존 본능의 가치관이자 이데올로기이며 그것이 형성되는 데는 어떤 프로파간다나 인공적인 동기 부여 같은 것이 없었다. 슬라보예 지젝Slavoj Žižek에 따르면, 〈봉건제에서는 인간관계가 이데올로기적인 신앙과 미신의 그물망을 통해 매개되었고 신비화되어 있었다. 그것은 주인과 노예의 관계이며, 이에 따라 주인은 카리스마적인 매혹의 힘을 발휘〉하는 것으로 인정되었는데 어쩌면 그렇게 인정하고 싶었을 것이다. 오늘날에도 외부의 위협을 많이 경험한 민족은 한층 더 확고히 단합하는 성향을 갖게 되며 심지어는 경제를 살린 독재자를 찬양하는 것도 같은 맥락에서 이해될 수 있다.[11] 이런 생존 방식을 효과적으로 포장한 것이 스토아 금욕주의다. 금욕주의가 미화된 이유도 생존 여건과 직결되는 셈이다. 같은 맥락에서 종교가 절대 권력을 행사할 수 있는 이유는 그것이 유일한 정신적·윤리적 버팀목이었기 때문이다(하지만 종교도 인간에 의해 관리되기 때문에 이런 상황에서의 내부적 부패는 불가피했다). 이런 사회는 개인주의를 담보로 하는 계급 사회를 지향하는데, 이런 가치를 지배하는 이데올로기는 〈생존 수단〉이라고 보아야 할 것이다.

하지만 이런 상황에서도 이데올로기는 사회 전체 구성원들의 집단적이고 무의식적인 〈동의〉에 근거한다. 비록 지배층과 피지배층의 관계는 존재하지만 이는 생존을 대가로 하는 불평등이며, 어느 한 계층에 의해 강요되고 이용되는 이데올로기가 아니다. 이런 경우, 이데올로기는 다양한 기호들을 생산해 내는 코드의 코드, 즉 하이퍼코드로서 이런 기호들의 일반적이고 심층적인 내포는 〈필연성〉과 매우 가깝다고 할 수 있다. 바꾸어 말하면 필요성 또는 생존 욕구의 이데올로기화인 셈이다. 이 같은 이데올로기에 근거하는 문화는 기본적으로 생존 또는 삶의 방식이라는 의미를 갖는다. 즉 농사를 짓고 사냥을 하면서 나름대로의 여가 시간을 보내고 이런 경험이 쌓이면서 자연을 더 잘 다스릴 수 있는 다양한 기술을 개발하는 모든 행위와 인간의 한계를 인정하고 초능력의 힘을 믿는 각종 미신들이 보편적인 이데올로기의 토대 위에 형성되는 생활 방식이자 자연과 대화하는 방식으로서의 문화다(오늘날 이런 이데올로기는 고립된 일부 소수 민족이나 티베트와 같은 특수한 지리적 여건에 사는 민족에게만 남아 있다).

11 지젝, 『이데올로기라는 숭고한 대상』, 69~70면.

그러나 경험이 축적되면서 인간은 더욱 조직적인 생산 수단을 개발하기 시작했고 드디어는 대량 생산에 기초한 잉여 가치라는 새로운 상품을 만들기 시작했다. 즉 인간의 노동력은 물론이고 시공간까지 상품화하는 시대가 열린 것이다. 이러한 변화는 중세의 종말을 장식했고, 유럽에서는 15세기에 탄생하는 자본주의에 기초한 거대 도시가 탄생하면서 이데올로기는 대중을 다스리고 통제하는 권력형 문화 이데올로기로 바뀌기 시작한다.

권력형 문화 이데올로기

이미 잘 알려졌듯이 농경 사회는 근본적으로 협동이 필요한 인맥 중심의 사회다. 이에 반해 도시 생활은 개인 중심의 가치관과 노동에 기초한다. 기본적으로 대도시의 탄생은 노동 시장의 탄생과 직결된다. 능률주의의 놀라운 효능을 발견하면서 생긴 공예 단지는 물류 단지를 필요로 했고 이 두 가지는 노동력을 필요로 했다. 이때부터 몇몇 도시는 대도시로 탈바꿈하기 시작한다. 사람들은 농촌을 등지고 공예 단지가 자리 잡은 도시로 몰려들기 시작했는데 이런 이농 현상은 21세기까지도 지속되고 있다.

그러나 대도시로 이주한 다양한 사람들은 전혀 새로운 생활 방식에 적응해야 했다. 우선 정체성의 혼란을 경험해야 했다. 농경 문화에서 개인은 공동체의 일원으로서 〈그 사람이 누구이고 어떤 사람인가〉는 가족과 이웃 관계에 의해 결정된다. 모든 사람들이 상호 의존하며 살아야 하기 때문이다. 뿐만 아니라 농사일은 생산의 시작과 끝을 책임지는 특징을 가지며 협력 노동일 수밖에 없으므로 놀이 문화도 〈함께하는〉 마을 축제 형식을 띤다. 이에 반해 대도시에서의 개인은 익명의 존재로, 공장에서 무언가를 만들어도 생산 과정의 극히 일부분만을 담당한다(찰리 채플린의 「모던 타임스」를 떠올릴 수 있다). 도시 근로자는 모르는 사람들 틈에서 일하고 살아야 하는 것이다. 도시로 이주한 이유도 제각기 다르다. 개인 사정을 비롯해 농노에서 해방되려는 목적도 있었고 일확천금을 노릴 수도 있었다. 아무도 자신을 모른다는 사실, 혼자서 새 삶을 꾸려 가야 한다는 점이 처음엔 고독이지만 나중에는 자유로 바뀐다.

이런 이유 때문에 대중 사회는 〈거대성, 익명성, 이질성 그리고 상호 작용의 결핍으로 특정 지어지는 대중으로 구성된 사회〉로 정의된다.[12] 그리고 대중문화는 도시를 메우는 이러한 집단의 생활 방식이다.

유럽에서는 대도시가 형성되는 시기에 매우 중대한 변화가 일어난다. 그것은 중앙 집권화다. 영주 세력이 약해지고 권력이 중앙으로 집중되면서 왕족 중심의 국가가 서서히 모습을 드러내기 시작했다.[13] 국가의 탄생 또는 국가라는 관념의 탄생은 매우 중대한 변화를 초래한다. 간단히 말해 국어, 국가관, 국경, 군대, 세금 징수 등 새로운 관리 대상이 생겨난다는 것을 의미한다. 국가라는 개념에 너무 익숙한 현대인은 당연한 것으로 느끼겠지만 산골에서 평화롭게 살던 사람에게 주민 등록증과 납세와 군 복무를 강요하면 누구라도 펄쩍 뛸 것이다.

그리고 국가의 탄생에 결정적으로 기여하는 동시에 도시를 메우는 사람들에게 새로운 정보와 재미를 제공할 수 있는 또 다른 사건이 일어난다. 바로 인쇄술의 발명이다. 그것이 미친 영향은 참으로 막대하다. 교육 수요, 신약 성서 출간과 종교 전쟁, 신문의 등장과 여론의 힘, 연재소설, 광고와 소비 등 현대 사회의 모든 것을 포함한다. 인쇄물의 보급은 대도시에서 새로운 정체성을 확립하고 타인에 대한 정보를 입수하며 도시 문화의 이모저

---

12 최정호 외, 『매스 미디어와 사회』, 23면.

13 봉건 제도가 붕괴한 이유로는 십자군 전쟁 실패, 흑사병으로 인한 농노 감소, 상업의 발달, 신무기(대포)의 발견 등이 거론되지만 무엇보다 이 모든 것이 시너지로 작용했다는 점이 중요하다.

모를 아주 쉽게, 그리고 아무도 모르는 익명의 존재로서 입수하는 재미를 제공한다. 그렇지만 무엇보다도 국가 의식을 심어 주는 데 결정적으로 기여한다. 이런 이유들로 인해 인쇄물의 수요는 필요에 의해, 그리고 문명의 필연이라는 인식과 함께 급증하기 시작했다. 여기서 중요한 건 (처음엔 읽기) 교육의 필요성이 대두되었다는 점이다. 인쇄물이 대량 생산되면서 언어의 표준도 요구되었다. 결국 표준어를 정하고 그것을 국어라고 부르면서 가르치기 시작했다(이때부터 방언의 생명이 위협받기 시작했다). 그러나 글을 가르치는 데는 교사들이 필요했고 결국 사범 학교와 교육 방침, 교과서와 그 내용을 국가 차원에서 관리하게 된다. 이런 인프라의 탄생은 문맹률을 줄이는 데 기여하는 동시에 국민 의식을 심어 줄 수 있는 기회가 되었다. 나라마다 나름대로의 역사를 미화하고 그 안에서 영웅을 만들어 낼 수 있게 된 것이다. 또 애국심을 키우고 국가가 모든 것을 가르침으로써 한 국가의 국민을 만들 수 있게 되었다.

돌이켜 생각하면 프랑스 혁명(1789~1799)이 가능했던 이유도 근본적으로는 인쇄물 보급에서 찾아야 할 것이다. 물론 인쇄물 보급과 더불어 대도시가 필요로 하는 인프라도 빠르게 발전하고 있었다. 그중에는 도로망을 비롯하여 새로운 운반 수단과 유통 체계, 우체국 그리고 최초의 매스 미디어라 할 수 있는 신문이 그것이다. 드디어 여론이 탄생한 것이다(대신 여론 몰이도 탄생했다). 이 모든 것은 대도시 생활과 대량 생산 체계에서 없으면 안 되는 인프라들이다. 하지만 이런 인프라 중에 국가 설립을 위해 가장 효과적인 인프라는 다름 아닌 의무 교육 제도일 것이다. 의무 교육 제도는 피에르 부르디외Pierre Bourdieu가 말하는 〈학력 자본〉의 등장을 예견하는 제도적 변화이자 국가 이데올로기를 가장 확실하게 심어 줄 수 있는 기본 과정이다. 사실 의무 교육 제도는 엄청난 비용이 드는 사회 인프라 중 하나이다. 그러나 의무 교육 제도에 대한 투자 가치는 논쟁의 대상이 되지 않았다. 대신, 교육 내용은 수많은 국가 내에서는 물론이고 경쟁 국가 사이에서도 기나긴 논쟁의 대상이 되었다(일본의 역사 왜곡 교과서가 대표적인 예다).

그러면 인쇄물(신문, 소설, 교과서⋯⋯)을 만드는 이들은 누구인가? 그들은 일반 대중이 아닌, 평균보다는 좀 더 학식 있는 사람들이다. 17~18세기에 일반 대중의 지적 수준을 생각하면 당연한 것이겠지만 이미 이때부터 매스 미디어의 특징 중 하나가 뿌리를 내린다. 그것은 다름 아닌 소수가 다수에게 일방적으로 정보를 살포하는 특징이다. 그리고 그 소수는 애당초 매스 미디어의 힘을 충분히 알아차린 계층 또는 그것의 일부였다. 그들이 살포하는 정보는 불가피하게 대중을 〈이끌기〉 위한 내용과 형식으로 다듬어지고, 그것은 다시 지배층(엘리트 계층)의 헤게모니를 유지하려는 수단으로 자리매김한다. 이렇게 근대가 무르익을수록 국민을 필요로 했던 국가주의와 국가 권력 그리고 소비자를 필요로 했던 자본주의와 매스 미디어는 권력의 이데올로기로 대중을 길들이기 시작한다.

2. 이데올로기의 생리

〈이데올로기〉를 수식하는 단어는 참으로 많다. 국가, 종교, 현대, 전통, 교육, 언어, 문화 등이 그것으로, 정치 이데올로기는 다시 우파, 좌파, 중도로 나뉜다. 이런 단어로 수식되는 모든 이데올로기들이 현대의 이데올로기다. 하지만 일상생활에서 〈이데올로기〉는 전문 용어로 사용되는 듯하다. 즉 그것은 〈확고부동한 이념〉 내지는 〈거대한 사상〉과 같은 정치적 의미로 인식되며 이 때문에 〈국가관〉, 〈정치관〉, 〈종교관〉, 〈현대적 사고〉, 〈전통적 의식〉, 〈교육관〉, 〈언어관〉 등의 보다 일반적인 표현들을 대신해서 사용하는 경우도 많아 보인다. 하지만 명칭이야 어떻든 인간 사회의 수많은 현상들의 절대다수는 사실상 크고 작은 이데올로기의 표출이다. 일반적으로는 그것을 막연한 문화 현상으로 받아들이는 경우가 많지만 영화, 문학, 디자인, 소비, 식생활, 혼인, 놀이 등도 이데올로기 내지는 그것의 코드들이다.

이 모든 이데올로기들은 복잡한 네트워크로 연결되어 있다. 상·하위 관계가 있는가 하면 거시/미시 관계와 내포 관계도 있다. 상대적으로 더 큰 규모의 이데올로기가 있다는 건 자명하다. 그것은 역사적으로 안정되어 있으며 공동체의 많은 사람들이 공유하는 이데올로기다. 이런 이데올로기를 〈거시 이데올로기〉라 부르기로 하자. 또 거기서 분파하거나 파생된 이데올로기와 그 일부분을 구성하는 것들도 있다. 이런 이데올로기들은 상대적으로 불안정하고, 일부 계층만 공유하는 미시 이데올로기들이다. 하지만 거시 이데올로기와 미시 이데올로기의 구분은 질적인 문제가 아닌 양적인 것이어서 상대적인 개념이라고 할 수 있다.

예를 들어 국가 이데올로기라는 거시적 이데올로기의 토대 위에 애국주의, 국수주의, 민주주의, 좌파 혹은 우파 이데올로기 등이 자리를 잡으며, 국가주의는 세계주의(더 정확하게는 세계 시민주의cosmopolitanism)와 구분되는가 하면 일반적으로 우파 이데올로기는 국가주의적 보수 이데올로기와 긴밀하게 연결되고 좌파 이데올로기는 세계주의와 친밀성을 갖는다. 우파 보수 이데올로기의 예술관(또는 미적 이데올로기)이 대체로 숭엄미와 공인된 미를 높이 평가하는 경향이 있다면, 좌파 이데올로기는 반문화 이데올로기(또는 저항 이데올로기)와 교류한다. 반문화 이데올로기는 전위 예술, 록 뮤직, 팝 아트를 생산하거나 즐긴다. 우파 이데올로기의 패션은 대체로 점잖은 데 반해 좌파 이데올로기는 그런 보수성에 대항하는 패션을 지향한다.

그러나 거시 및 미시 이데올로기들의 분포와 네트워크의 유형은 나라마다 다르다. 미국의 경우, 국가주의는 패권주의와 비슷한 위력을 지니고 유럽에 비해 좌파 이데올로기는 약한 편이며 공화당이든 민주당이든 모두 국수주의적 호전주의에서 헤어나지 못하고 있다. 유럽을 보면 1960~1970년대 이후 좌파 이데올로기의 위력이 약해지면서 그 세력이 노조 활동과 학생 운동에서 환경(NGO, 녹색당) 운동으로 선회했지만 그런 이데올로기는 문화에 깊숙이 뿌리를 내리고 진보주의의 동력이 되었다. 한국의 경우는 조금 독특하게 좌파 이데올로기를 표방하는 사람들의 문화 이데올로기가 매우 보수적이다. 이는 한국의 좌파 이데올로기가 독재 타도와 민족주의 운동에 뿌리를 두었기 때문이다. 독재는 무너졌지만 민족주의는 남았고 그 것은 본질적으로 폐쇄적인 성질을 가졌기 때문에 세계주의를 견제했는데 바로 이 점이 유럽의 좌파 이데올로기와의 차이다.

이데올로기의 위상적 관계

이처럼 복잡하게 얽히는 이데올로기들의 관계를 어떻게 파악할 수 있는 가? 이 문제를 풀어 나가는 일은 조금 까다로울 수 있겠지만 다음과 같이 단계별로 접근해 볼 수 있다. 우선 이데올로기의 총체는 일관된 체계를 구 성하지 않는다는 사실을 강조할 필요가 있다. 하나의 큰 이데올로기 위에 다른 작은 것들이 포개지며 그런 작은 이데올로기들이 겹치는 영역도 다양 할 수 있다. 또한 크고 작은 이데올로기들의 상·하위 관계와 범주들은 연 속성을 갖기 때문에 그 한계를 객관적으로, 즉 하나의 틀에 정교하게 들어 맞는 시스템으로 정의하기가 사실상 불가능하고 그것들 사이의 교차 범주 도 다양하며 제각각이다. 때문에 더욱 유연한 접근 방식이 요구된다.

이 분포적 특징을 고려하여 나는 집합 이론과 위상 수학의 몇 가지 개념 을 빌려 와서 이데올로기를 분류해 볼 것을 제안한다. 즉 이데올로기를 하 나의 열린집합(열린 범주) 혹은 공간으로 간주한다. 〈열린집합〉은 위상 수 학에서 사용하는 개념으로, U라는 집합이 열려 있다는 것은 U에 속하는 임의의 점 x가 어떤 방향으로든 작게 움직여도 U에 속한다는 것을 뜻한다. 예를 들어 $0 < x < 1$을 만족하는 모든 실수 x로 이루어진 구간(0, 1)은 열 린 집합이다. 어떤 거시 이데올로기를 집합으로 본다면 그것에서 분파되는

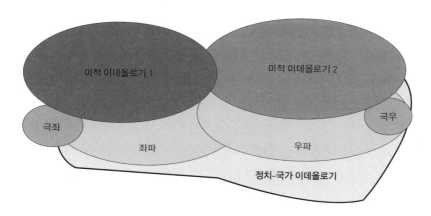

도표 1 정치-국가 이데올로기의 한 예

것들은 부분 집합으로 간주될 수 있을 것이다. 그런 부분 집합들은 또 다른 부분 집합으로 구성될 수 있다.

도표 1에서 보듯이 여러 부분 집합들은 서로 교차할 수 있다. 〈좌파〉와 〈우파〉가 교차하는 집합은 〈중도〉라고 할 수 있으며 〈극우〉는 우파의 부분 집합이다. 이에 반해 〈극좌〉는 열린집합을 넘어서는 〈열린 공open ball〉의 특징을 갖는다고 할 수 있다. 위상 수학에서, 공ball은 구(球)의 안쪽을 일컫는 말이다. 이러한 개념은 3차원 공간뿐만 아니라 일반적인 고차원 공간이나 거리 공간으로 확장할 수 있다. 위 도표에서 〈극좌〉는 〈무정부주의〉와 교차할 수 있기 때문에 〈국가주의〉에서 벗어난다.

도표 2에서 집합 U의 원소 중에는 그것에 포함되지 않는 것들도 있다. 마찬가지로 도표 1에서 〈문화 이데올로기 1, 2〉는 다른 유형의 거시 이데올로기(예를 들어 미적 이데올로기)와 교차하는 열린 공이다.

집합으로서의 이데올로기가 복합적일 수밖에 없는 이유는 그 자체가 열

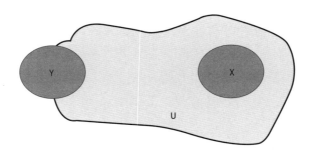

린집합일 뿐만 아니라 부분 집합과 열린 공의 성질을 동시에 지녔기 때문이다. 이 문제를 도식화하면 다음과 같은 도표를 그려 볼 수 있을 것이다. 도표에서 거시 이데올로기는 진한 곡선으로, 미시 이데올로기는 원으로 표시한다.

도표 3 이데올로기의 위상적 관계

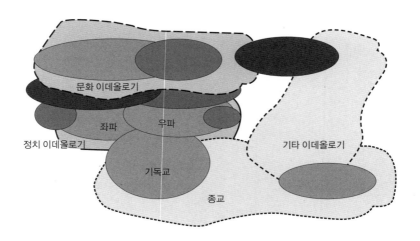

여기서 중요한 것은 교집합, 합집합, 부분 집합의 위상적 관계다. 하나의 거시 이데올로기 위에 분파 이데올로기(또는 부분 집합)가 〈포개지고〉 그것은 또 다른 부분 집합을 포함하거나 또 다른 교차 집합이 될 수 있다.

그러나 이데올로기를 위상적 연결망으로 정확히 파악하려면 〈거리 공간 metric space〉의 개념을 도입해 볼 수도 있다. 거리 공간은 원소들 사이의 거리가 정의된 집합을 뜻하는데 이 또한 위상 공간의 한 개념으로, 집합 S에서, 임의의 두 원소 a, b에 대하여 실수 $\rho(a, b)$가 일의적으로 대응하고,

1) $\rho(a, b) \geq 0$, 특히 a=b의 경우에 한하여 $\rho(a, b) = 0$,

2) $\rho(a, b) = \rho(b, a)$,

3) 임의의 3원소 a, b, c에 대하여 $\rho(a, c) \leq \rho(a, b) + \rho(b, c)$가 성립될 때, ρ를 거리 함수, S를 거리 공간이라 한다.

거리 공간 도입의 가장 큰 장점은 이데올로기의 배타성을 설명할 수 있다는 데 있다. 즉 같은 거시 이데올로기의 부분 집합이지만 그 집합의 원소 거리가 클수록 또는 집합으로서의 거리 공간이 클수록 배타성은 증가한다고 할 수 있다. 조건 3) $\rho(a, c) \leq \rho(a, b) + \rho(b, c)$를 확대 적용하여 $\rho(a, d) \leq \rho(a, b) + \rho(b, c) + \rho(c, d)$를 가정한다면 a와 d의 배타성은 그 거리만큼 증가하는 것이다.

다시 도표 1에서 도식화한 정치-국가 이데올로기를 언급하자면, 〈좌파 이데올로기〉의 규모(또는 스펙트럼)는 거리 공간의 규모에 비례하며 더 나아가 교집합인 〈좌파+우파〉에서 각 원소 거리가 증가할수록, 다시 말해 극성이 클수록 상호 배타성 역시 증가한다고 할 수 있다. 다시 말해 〈극좌〉와 〈극우〉에 포함되지 않아도 각각에 근접한 원소들의 배타성은 그것들이 상

위 거리 공간이자 정치-국가 이데올로기의 원소로서 그만큼 증가하는 것이다. 이는 종교 이데올로기에 대해서도 유효한 설명이 될 수 있다. 기독교와 이슬람이라는 부분 집합이 있다고 할 때, 교집합이 사라지고 극단에 위치한 원소들이 〈종교 이데올로기〉라는 집합의 거리 공간상 극대화되면 배타성 역시 극에 치닫게 되는 것이다.

위에서 제시한 도표는 특정 문화권이나 사회를 가리키지 않는다. 우리가 드러내고자 한 것은, 모든 사회는 나름의 거시 이데올로기들을 가지고 있으며 그 위에 다양한 미시 이데올로기들이 포개지고 각각의 이데올로기들은 열린집합, 부분 집합, 열린 공이 될 수 있다는 점이다. 한국 사회의 거시 이데올로기 중에는 유교 이데올로기가 있고, 미국 사회에는 기독교 이데올로기가 있을 것이다. 반대로 공산주의 국가에서는 이러한 종교 이데올로기를 정치적으로 제거하려 했다. 우리가 흔히 문화적 차이라고 하는 것은 결국 나라마다 각기 다른 토대-이데올로기 위에 자리 잡는 다양한 이데올로기의 차이라고 말할 수 있을 것이다.

3. 변화하는 이데올로기

모든 이데올로기는 열린집합으로서 다른 것과 부분 집합, 교차 집합을 이루면서 다층적으로 상호 연결되지만 각각의 이데올로기는 시간성을 갖는다는 사실에도 주목할 필요가 있다. 즉 모든 이데올로기는 역사의 흐름 속에서 생겨나고 언젠가는 사라지거나 세력이 약해진 상태로 잔존한다. 역사적으로 〈다소〉 안정된 이데올로기가 있을 뿐, 절대적이고 영원한 이데올로기란 존재할 수 없다. 만약 그런 이데올로기가 있다면 그것은 생존형 이데올로기의 몇 가지 원소로 구성된 이데올로기적 핵일 것이다. 오늘날 그것은 다양한 이데올로기의 깊은 곳에 역시 다양한 형태로 모습을 감추거나, 개체 및 종족 보존의 본능을 위한 몇 가지 의식 및 행동 패턴으로 축소되었다(샤머니즘, 언어의 의태어 등). 나머지 모든 이데올로기와 특히 근대 이후에 모습을 드러내는 권력형 문화 이데올로기는 주변 환경에 반응하고 변화를 통해 다듬어지면서 나름대로의 생명력을 유지할 따름이다. 그러나 일부 사람들은 오늘날의 주요 가치관들이 매우 오래되었으며 또 오래 지속될 것이라고 생각하기도 한다. 예를 들어 확고부동한 것으로 받아들여지는

〈국가〉라는 관념도 그 역사가 매우 짧다. 그것은 기껏해야 프랑스 혁명과 함께 생겨난 관념이다. 물론 고대 국가도 있었지만 〈일정한 영토를 차지하고 조직된 정치 형태, 즉 정부를 지니고 있으며 대내외적으로 자주권을 행사하는 정치적 실체〉라는 현대적 의미의 국가는 프랑스 헌법(1791)에서 〈국가 자주권〉이라는 단어를 통해 세상에 등장했다.[14] 인류의 역사를 150만 년, 문자의 역사를 8천 년으로 본다면 국가의 역사는 각각 0.00013퍼센트와 2.5퍼센트에 해당한다. 그럼에도 사람들은 〈국가〉에 몸을 바치고 각종 스포츠 경기에서는 광란의 애국주의를 폭발시킨다. 이것이 이데올로기의 힘이다.

어쨌든 이데올로기가 지속적으로 변하고 있는 실체라면, 지금의 이데올로기들은 과거의 것이 변형되었거나 그것과 교체된 형태라는 말이 된다. 달리 표현하면 문화유산으로 물려받은 이데올로기가 있는가 하면 새롭게 형성되는 것들도 있는데 새로운 이데올로기들은 〈그냥〉 생기기보다는 기존의 것에 대한 반동으로 생긴 것으로 보인다. 지마가 주장하듯이 〈이데올로기는 진공 상태가 아니라, 특정한 역사적 문화적 컨텍스트 속에서 태어나며…… 이데올로기는 살아 있는 문화의 구성 요소〉[15]이다. 따라서 이데올로기를 보다 포괄적으로 이해하기 위해서는 그것을 살아 있는 실체로 간주하고 그것이 어떻게 변화하는지를 살펴볼 필요가 있다.

<hr />

14 18세기 전까지 〈국가〉라는 용어는 어원적 의미로 사용되었다. 그것은 〈같은 출신의 공동체〉를 가리켰으며 여기서 말하는 〈출신〉은 반드시 출생지만을 가리키지는 않는다. http://fr.wikipedia.org/wiki/Nation 참조.

15 지마, 『이데올로기와 이론』, 47면.

이데올로기 변화의 기본 패턴

이데올로기는 영원하지 않으며 언젠가는 세력이 약해지거나 다른 것으로 교체되지만, 한 개인이 거시 이데올로기(종교, 정치 등)의 변화를 피부로 느끼기란 쉽지 않다. 통상적으로 거시 이데올로기의 수명이 개인의 그것보다 더 길기 때문이다. 대신 유행이나 디자인 등과 같은 미시 이데올로기의 변화를 확인하기가 훨씬 더 쉽다. 그럼에도 우리는 냉전 시대를 기억하고 있으며, 그것의 종말이 가져온 몇 가지 사건(고르바초프의 정책, 베를린 장벽 붕괴 등)을 기억한다. 또한 냉전 시대가 끝난 후에 미국의 독주(세계화 정책)와 경제 위기도 알고 있으며 오늘날에는 중국의 급부상이 세계 질서를 재편성하고 있는 현실도 어느 정도는 실감하고 있다. 불과 20~30년 사이에 많은 것이 바뀌었다. 경제 질서와 자본주의 이데올로기를 비롯하여 우리의 세계관도 바뀌었다. 여러 이데올로기가 바뀐 것이다. 하지만 이런 변화에 규칙이나 패턴이 있는가? 이데올로기를 총체적으로 이해하려면 이런 문제에 대한 포괄적인 이해가 필요해 보인다. 이런 문제를 보다 쉽게 이해하려면 미시 이데올로기의 변화를 살펴보면 된다.

패션 또는 그 부분 집합인 헤어스타일을 예로 들어, 빨강 머리가 유행한다고 가정해 보자. 처음에 어느 도시에서 전문 헤어 디자이너 혹은 어떤 개인이 그런 머리를 선보인다. 종말론을 다룬 영화의 세계적인 흥행이 그 배경에 있어 보이지만 직접적인 관련은 없는 상황이다(빨강 머리를 한 주인공은 없다). 기존의 헤어스타일이 유행 중이지만 조금은 오래된 상황이기도 하다. 일부 〈선구자〉들이 그런 헤어스타일을 채택한다. 그들은 유행의 최첨단에 있는 이들이다(대체로 프리랜서 또는 예술가들이라고 가정하자). 처음 빨강 머리를 본 일반인들은 그것을 낯설어 한다. 어떤 이들은 치기 어린 행위로

치부해 버린다(가끔 웃음거리가 되거나 손가락질을 받기도 한다). 미디어에서 그
것이 등장한다(일부 영화배우, 뮤지션들이 그 스타일을 채택한다). 뉴욕, 파리, 런
던에서 그 헤어스타일이 유행하기 시작하여 전 세계적으로 퍼진다. 도시나
나라를 옮겨 갈 때마다 소수 — 파격 — 유행 — 다수의 과정이 반복된다.
그리고 시간이 지나면 다른 유행으로 대체되는데 그 과정은 빨강 머리가
유행한 것과 동일하다. 이 과정을 도표로 그려 보면 다음과 같다.

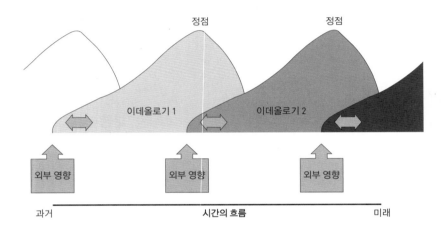

이 문제를 좀 더 일반화하여 설명해 보자.

　1) 이데올로기는 사회의 안팎에서 일어나는 변화의 영향을 받아 촉발된
다. 사회 내부에서 일어나는 변화는 그 자체가 이데올로기적일 수도 있지
만, 새로운 경제·정치·문화적 상황 변화가 만들어 내는 역학 관계들이 촉
진제 역할을 한다. 또 외부에서 들어오는 이데올로기(침략, 유행, 과학)가 있
는가 하면, 새로운 코드가 이데올로기적 힘으로 작용하는 경우도 있다.

2) 새로운 이데올로기는 앞선 것과 반동적이거나 보충적인 관계를 갖는데 이는 두 이데올로기가 부분적으로 중복되는 단계를 의미한다. 새로 등장한 이데올로기로서는 이런 시점이 위기일 수 있다. 왜냐하면 이 시기에는 거의 흔적조차 남기지 못하고 사장될 수 있기 때문이다(예를 들어 1920년대 미국이 아나키즘을 비롯한 좌파 이데올로기를 와해시키는 과정에서 일어난 사코와 반제티Sacco & Vanzetti 사건). 미시적으로 일어나는 이런 현상은 수도 없이 많으며 그냥 이런저런 시도로 치부되어 잊힐 수 있다(주로 아방가르드의 실험들이 겪는 운명이기도 하다).

3) 일단 이데올로기로 전파되면 그것은 특정 집단 내에서 세력을 확장해나간다. 정점에 이르면서 그것은 한 집단의 진리, 미덕, 규범으로 군림한다. 이런 세력 확장은 그것이 공동체 전체에 이득이 되거나(생존형 이데올로기), 특정 집단에 이득(권력형 이데올로기)이 되기 때문에 가능하다. 또한 프로파간다를 통해 모두에게 이득으로 전파되기도 하는데 이때는 강력한 호명 기구들이 동원된다.

4) 하지만 정점에 다다른 순간이 지나면 이데올로기는 약해지기 시작한다. 앞서 강조했듯이, 이데올로기의 생명은 매우 길 수도 있고 짧을 수도 있다. 완전히 사라지는 이데올로기가 있는가 하면 문화유산 형식으로 생명력을 유지하는 것들도 있다. 기독교는 1,800년이라는 세월을, 문학의 리얼리즘은 150년을 살았다. 둘 다 절정기를 경험했다. 그러나 예전에 비해 지금은 세력이 약해진 상태로, 때로는 다른 이데올로기와 타협하며 생명을 유지한다. 완전히 사라진 것 중에는 지구 중심론, 일부 토테미즘, 매카시즘 등을 비롯하여 각종 유행을 꼽을 수 있다(하지만 유행의 특징은 언젠가는 다시 살아난다는 데 있다). 그러면 지금부터는 이 같은 일반적인 변화 메커니즘이 현실에서 어떻게 나타나는지 좀 더 구체적으로 살펴보기로 한다.

사례 분석 1: 사회 내·외부의 영향

사회의 내부와 외부에서 일어나는 정보 및 물질적 환경의 변화는 당연히 이데올로기에 막대한 영향을 미친다. 내부 변화라고 하면 그 사회의 산업, 경제, 인구 분포, 교육, 과학 등의 변화를 말하고, 외부 변화는 말 그대로 다른 지역의 정치나 문화의 영향을 가리킨다. 사회 내·외부 변화의 가장 대표적인 예는 유럽 산업 사회 초기 단계부터 도시로 몰려든 근로 계층의 점진적인 계몽과 그에 따르는 계급 의식화, 지역적으로는 파업과 혁명으로 이어지고 심지어는 냉전의 시대를 불러온 기나긴 좌파 이데올로기 형성 과정을 생각할 수 있다. 그러나 이 같은 거시적인 이데올로기의 형성 이외에, 보다 미시적인 차원에서도 사회 내·외부의 변화는 다양한 이데올로기를 만들어 낸다. 여기서도 사회 변화의 속도는 매우 중요한 변수다. 속도가 빠를수록 새로운 이데올로기와 기존의 이데올로기는 서로 적용할 시간을 갖지 못하고 상호 간의 충돌을 야기한다. 농경 문화가 협력 노동에 근거하는 공동체 중심의 이데올로기를 만들어 냈다면, 도시 문화는 새로운 가족 문화(핵가족 또는 독신주의), 성 이데올로기, 공간 및 소비의 이데올로기를 만들어 냈다. 이런 이데올로기는 익명성이 보장되는 사회와 개인주의에 기초한다. 그러나 갑작스러운 변화는 세대 간의 격차(세대 차이 혹은 고부간의 갈등)는 물론이고 심지어는 정체성의 문제(다중 코드, 정체성 상실 내지는 아노미 현상)까지 일으킬 수 있다.

좀 더 미시적인 차원에서는 경제 발전이 가져다주는 소비 이데올로기의 변화를 언급할 수 있다. 새로운 상품은 신조어를 필요로 하고 그것은 기존의 어휘 체계를 바꾸어 놓을 수도 있다. 뿐만 아니라 절약의 미덕이 소비의 미덕으로 바뀔 수도 있으며, 〈사치품〉은 어느새 〈필수품〉이 되고 부의 상징이 변별성을 잃는 식으로 기호 체계를 지속적으로 변하게 만든다. 이때 가장 민감하게 반응하는 것이 소비품의 내포적 또는 상징적 의미들이다. 예를 들어 〈골프〉나 〈명품〉은 일부 계층을 가리키는 사치의 내포적 의미에서 중산층의 스포츠와 기호품으로 바뀌었다. 그러나 미래에는 〈명품〉이 변별성을 잃거나 아예 〈졸부〉의 내포적 의미로 바뀔 수 있으며, 익스트림 스포츠가 유행하면 〈골프〉는 소극적인 소시민의 스포츠로 탈바꿈할 수도 있다. 어쨌든 새로운 이데올로기는 절정을 향하며, 그 과정에서 명확한 코드들을 만들어 낸다. 이때 사람들은 맹목적으로 코드를 따르는데 이는 마치 이데올로기가 그들을 흡수하거나 호명하는 것처럼 보인다. 그 결과 이데올로기가 호명한 사람은 그런 소비를 해야 하고 그럼으로써 이데올로기적 집단의 일원이 되는 동시에 다른 사람과의 차이를 만들어 낼 수 있다. 이런 것들은 미시적인 현상들이지만 배타성에 관해서는 여타의 이데올로기와 동일하다.

사례 분석 2: 이데올로기의 중복

이데올로기가 변화할 때는 불가피하게 새로운 이데올로기와 중복되는 단계를 거친다. 앞서 언급했듯이, 이 둘의 관계는 상호 보충적일 수도 있고 충돌할 수도 있다. 사실 상호 보충성은 기존 이데올로기의 수호자들이 더 이상 잃을 게 없을 때 가능하다. 또는 어느 정도의 타협점이 생겼거나 정치적으로 이용 가치가 있을 때 가능하다. 이 점을 이해하기 위해서는 충돌의 관계를 먼저 살펴볼 필요가 있다. 예를 들어 관공서의 부서를 통폐합할 때 사람들은 기구의 효율성 증가보다는 자신들에게 가해질 불이익 때문에 통폐합에 반대하는 담론을 만들어 낸다. 이때도 담론은 이데올로기적 형태를 띰으로써 집단성, 은폐성, 합리화 성향을 갖게 된다. 심지어는 당파성을 띨수도 있다. 리들리는 유명한 〈파킨슨의 법칙〉을 설명하면서 다음과 같이 말했다. 즉 〈관료는 라이벌이 아닌 자기 부하를 증식시키고자 한다. 때문에 관료들은 서로를 위해 일한다. 파킨슨이 지적했듯이, 영국의 식민지가 급격하게 줄어든 1935년과 1945년 사이에 영국의 《식민국》 관리 수가 다섯 배나 늘어났다는 사실은 아주 재미있는 아이러니이다〉.[16]

그러나 동성애 혼인법과 같은 문제에서 이해관계는 훨씬 더 추상적이고 무의식적인 차원에 위치할 수 있다. 요즘 미국이나 유럽에서 일고 있는 동성애 혼인법에 대한 논쟁에서 반대자들이 두려워하는 건 무엇일까? 아마도 해답은 생존의 이데올로기와 권력의 이데올로기가 교차하는 지점에서 찾아야 할 것이다. 여기서 말하는 생존의 이데올로기는 종의 보존 본능을 가리키고, 권력의 이데올로기는 현상 유지를 지향하는 이른바 순응주의적 반응으로 표출된다고 할 수 있다. 후자는 전자를 이데올로기적 담론의 주된 논거로 사용할 수 있는 것이다.

사례 분석 3: 이데올로기의 잔재

서유럽 사회에서 가톨릭 이데올로기가 남긴 잔재는 다양한 하부 이데올로기와 공존하고 있다. 종교는 그 힘을 잃은 지 오래지만 그 이데올로기는 축제일과 휴일 제도, 혼인 및 장례 의식, 세례명, 식생활 등에 큰 흔적을 남겼다. 학교에서의 방학도 성탄절 방학과 부활절 방학으로 불리고, 장례식은 주로 성당에서 치르며, 생일 이외에 성자일(聖者日)을 축하하며, 식생활에서도 배고프지 않을 때 먹는 게 좋지 않다는 관습이 남아 있다(이 때문에 유럽에서는 길거리 음식이 많지 않다). 지젝도 다음과 같이 말한다. 〈종교와 관련하여 우리는 오늘날 더 이상 《실제로 믿지》 않는다. 우리는 단지 (몇몇의)

16 리들리, 『이타적 유전자』, 45면.

종교적 의식을 따를 뿐이고, 게다가 우리가 속한 공동체의 《라이프스타일》에 대한 존중의 일환으로 따를 뿐이다…… 라이프스타일이란 것은, 비록 우리가 산타클로스의 존재를 믿지 않을지라도 매년 12월만 되면 집집마다, 심지어는 공공적인 장소에조차 크리스마스트리가 장식된다는 사실말고 또 무엇을 설명할 수 있을까?〉[17] 때문에 현재 서유럽 사회에서 기독교의 잔재는 여타의 이데올로기와 충돌하지 않는다. 왜냐하면 종교는 합리주의와 과학적 에피스테메를 비롯하여, 19세기에 출현하는 좌파 이데올로기와 이미 충돌을 겪었기 때문이다. 그런 까닭에 엄격히 말하자면 유럽에서의 가톨릭은 이데올로기가 아닌 일종의 생활 패턴(또는 틀에 박힌 관습)으로 퇴화했다고 할 수 있다. 왜냐하면 그것은 현존하는 이데올로기들과 배타적관계를 갖지 않기 때문이다.

이에 반해 한국의 경우, 유교 이데올로기는 강력한 영향력을 행사하고 있다. 그 이유를 유교적 이데올로기의 내적 강도와 그것이 요구하는 사회조직력에서도 찾아볼 수 있지만 특히 서유럽의 가톨릭 이데올로기와 비교했을 때는 한국 사회의 발전 속도를 고려할 필요가 있다. 구체적으로 말하자면 한국 사회의 근현대화 속도는 유럽에 비해 너무나도 빨랐고 그럼으로써 산업 사회의 이데올로기들과 타협할 수 있는 물리적 시간이 없었다. 그 결과, 현재 한국 사회에서 살아 숨 쉬는 유교적 코드들은 나열하기조차 어려울 정도다. 언어(존대법과 존대 명사)는 물론이고 집단주의, 원로 정치, 친족 관계, 명절, 혼인, 교육관, 방송 콘텐츠 및 광고(예를 들어 삼성 광고의 〈효〉 시리즈), 패션 등 한국 사회의 모든 영역에서 찾아볼 수 있다. 따라서 유교적 이데올로기를 과연 과거의 이데올로기 요소로 보아야 하는가 하는 문

17 지젝, 『탈이데올로기 시대의 이데올로기』, 50면.

제를 제기할 수도 있다. 그러나 현실적으로 한국 사회는 엄연한 산업 사회다(따라서 현대적 이데올로기의 복합체를 이미 받아들였다). 그 결과 유교 이데올로기의 많은 원소들이 현대 산업 사회가 만들어 낸 다수의 원소들과 충돌하고 있다. 그중에는 개인주의, 익명성, 성, 공간, 소비 등을 생각할 수 있다. 따라서 유교 이데올로기와 현대 이데올로기는 상호 양립이 어려운 코드를 생성함으로써 매우 이질적인 문화 계층을 만들어 낼 수도 있고, 개인적으로는 다중 코드를 수용할 수밖에 없는 상황을 만들기도 한다(예를 들어 연애와 결혼의 이원화). 이 두 가지 이데올로기가 상호 보충되는 영역이 있다면 그것은 아마도 보수적 정치 이데올로기일 것이다. 요컨대 이런 정치 이데올로기는 충효의 미덕을 앞세워 기존 헤게모니를 지키려고 안간힘을 쓴다. 현상 유지를 지향하는 매스 미디어도 비슷한 방법을 동원한다.

지금까지 살펴본 것이 이데올로기의 기본적인 특징이다. 달리 말하자면 이데올로기의 포괄적인 정의라고 할 수 있다. 이데올로기는 이처럼 복합적인 생리를 가지고 있다. 그러면 이제부터는 현대 이데올로기의 탄생 배경과 그것의 제어 방식에 대해 살펴볼 것이다.

4. 현대 이데올로기와 국가

현대의 다양한 이데올로기들은 기본적으로 국가 이데올로기에 기초한다. 국가라는 관념은 현대인의 삶에 매우 깊이 각인되어 있기 때문에, 사람들은 그 자체가 매우 복합적인 역사적·사회적 인과 관계 속에 놓여 있다는 사실을 잊고 산다. 그러나 국가는 국가 이데올로기를 필요로 하며 그것이 만들어지는 과정은 근현대사의 핵심을 구성한다. 국가 이데올로기는 국가라는 행정 구역을 필연적인 공간으로 인식시키고 그 안에서 〈잘 살 수 있도록〉 사람들을 길들이는 과정을 통해 형성되어 왔으며, 국가 이기주의는 거의 보편적 가치로 통용되고 있다.

국가의 탄생

우리가 오늘날 이해하는 의미의 국가(또는 중앙 집권제)는 16세기 말 유럽에서 모습을 드러냈다. 여러 요인이 이러한 변화를 일으키지만 그중에는

14~15세기부터 본격화되는 중앙 집권화, 인쇄술의 보급과 신/구교의 종교 이데올로기적 충돌을 언급할 수 있다. 이 무렵 기나긴 십자군 전쟁의 참패로 세력이 약해진 지방 귀족들은 국왕 중심의 새로운 위계질서에 편입되기 시작한다. 인쇄물의 보급은 교육 수요와 〈국어〉의 필요성을 증가시키는 동시에 〈신문〉이라는 현대적 미디어를 탄생시키는 시초가 되었으며, 또한 〈신약 성서〉의 출간은 르네상스부터 불붙은 종교 개혁과 신/구교의 대립을 이데올로기적 전쟁으로 이어지게 만든다. 이 같은 급격한 변화들은 민족 내외에서의 자/타자 개념과 집단의식이 탄생하는 계기가 된다.

일부 역사가들이 주장하듯 1492년에서 1560년까지 이어지는 〈16세기〉는 그야말로 국가 차원의 식민지 쟁탈전과 전쟁으로 가득 찬 시대다. 아메리카 대륙 발견에 이어 전 세계의 자연 자원을 두고 벌어진 포르투갈, 스페인, 프랑스, 영국 간의 전쟁들은 중앙 집권화를 완전히 뿌리내리게 하는 동시에 국가적 이익이라는 거대한 프로파간다의 핵심 요소를 만들 수 있는 결정적인 동기가 되었다. 그 결과 16세기 말에 이르자 서유럽 왕국들은 거의 모든 지방 세력을 통제하며 국토 정비에도 당당히 나설 수 있었다. 프랑스의 경우, 중앙 집권적 행정력도 대폭 강화되었고 왕실의 행정 메신저로 출발한 우체국이 대중에 개방되고 도로망도 대폭 확충된다.[18] 17세기에 이르자 루이 14세는 신교와 얀선Jansen파에 탄압 정책을 가하면서 가톨릭을 국교로 인정한다. 그때까지만 해도 국민을 통솔하기 위해서는 교회의 힘이 필요했기 때문이다. 뿐만 아니라 초기에는 국가가 당장 담당하기 어려운 국민 교육을 교회에 위탁한다. 하지만 국가의 기반이 세워지면서 왕실은 코메디 프랑세즈Comédie Française와 아카데미 프랑세즈Académie Française, 콜레주

---

18 프랑스의 경우 우체국의 역사는 1576년에 전국망을 확보하는 왕실 메신저 전달 체계로 거슬러 올라가며 1627년에는 일반 우표가 발행된다.

드 프랑스Collège de France를 설립·지원함으로써 나라의 예술, 언어, 교육의 주요 정책의 결정권을 확보한다. 이는 인쇄물 보급으로 인한 교육 수요의 미래를 내다본 처사로 평가될 수 있다. 이렇게 17세기는 사람들의 교육 수준이 조금씩 높아지면서 서민 계층이 생겨나는 동시에 매스 미디어(잡지, 신문)의 탄생과 더불어 여론이 형성되기 시작한 시기이다. 1609년 독일에서 세계 최초의 주간지인 『렐라치온Relation』과 『아비조Aviso』가 발간되고, 이어서 네덜란드(1618년경), 영국(1622), 프랑스(1631)에서도 주간지가 발행되었다. 대외적으로 끊임없이 이어지는 전쟁과 국가 인프라의 구축은 국민을 본격적으로 길들이고 국가관을 주입시킬 수 있는 최상의 조건을 제공한 셈이다. 이 때문에 푸코는 17세기를 〈테크놀로지의 중요성을 깨닫고 그것을 통제하기 시작한 군주의 시대〉로 규정한다.[19] 그러나 국가 경쟁력 확보 및 경제적 호황과 더불어 가장 유리한 입장에 서게 되는 사회 계층은 다름 아닌 부르주아지다. 재력뿐만 아니라 지식도 갖추기 시작한 상류 자본가들은 나라 경제에 없어서는 안 될 존재로 성장하지만 17세기까지는 정계에 직접 뛰어들기보다 간접적인 정치 활동을 펼치는 데 그친다. 산업 전반도 왕실의 자본까지 개입하면서 제조업, 섬유 산업 등이 호황을 누린다. 이러한 국가 산업의 팽창과 더불어 대도시의 프티 부르주아지는 사치와 쾌락을 즐길 수 있었다.

---

19 고든, 『권력과 지식 — 미셸 푸코와의 대담』, 63면.

새 시대와 자본의 권력

18세기는 부르주아지의 시대다. 이미 재정력을 확보하고 있던 부르주아지는 민중의 힘을 앞세워 새 시대의 권력을 장악하는 데 성공을 거둔다. 이 시대는 영국의 명예혁명, 미국의 독립, 프랑스 혁명의 시대이자 산업 자본주의 이데올로기를 하나의 역사적 필연으로 인식하기 시작한 시대였다. 프랑스에서도 1789년 혁명을 계기로 정권을 잡은 부르주아지는 재정력(경제 자본)과 정치권력을 동원하여 국가 장치들과 이데올로기를 다듬기 시작한다. 게다가 강대국 사이에서 더욱 치열해진 식민지 경제론은 국가 이데올로기를 제국주의적 이데올로기로 강화시킨다. 이 무렵 이미 산업 사회의 기본 틀은 완성되었던 셈이다. 프랑스 혁명에 승리한 부르주아지는 이런 틀을 한층 더 강화하고 체계화하기 시작한다(순수하게 정치적으로만 본다면 그 결실은 1848년부터 실시되는 〈프랑스의 제한 선거제〉로 상징된다).[20] 푸코가 지적하듯, 이런 식의 권력 구조 변화는 각종 사회 제도 및 장치를 통해 실현되었다. 현대 권력의 네트워크화의 기초가 세워졌다고 할 수 있다. 즉 다양하고 새로운 권력 기구가 생겨나는데 그것은 다름 아닌 학교, 군대, 병원, 감옥 등이다(이 때문에 병원과 감옥과 학교는 건축적으로도 매우 유사한 형태를 갖는다). 이때부터 권력은 어떤 특정 개인의 소유물이 아니라 조직망을 통해 분포되기 시작한다. 모든 사회 구성원들이 권력의 혜택을 받는 대가로 그것을 유지하는 역할을 부여받게 되며 결국에는 이러한 권력의 파편을 얼마나

---

20 1840년대 프랑스에서 산업 혁명이 활발히 진행되면서 노동자와 산업 자본가가 새로운 사회 세력으로 등장했는데, 이들은 보수 내각의 사임을 요구하며 2월 혁명을 일으켰다. 2월 혁명 중에 치른 보통 선거에서 온건 공화파가 의회를 독점하자, 일부 과격 사회주의자와 노동자들이 폭동을 일으켰으나 진압되었고, 결국 나폴레옹의 손자 루이 나폴레옹이 공화정의 대통령으로 당선되었다.

많이 중개하는지 여부가 개인의 사회적 권력을 결정짓는 잣대로 자리를 잡게 된다.

하나의 예: 훈육과 처벌 방식의 변화

이런 와중에 큰 변화를 겪는 것이 바로 처벌의 방식이다. 푸코는 중세의 〈군주 권력〉(공개 처형)이 〈훈육적 권력〉(감금)으로 바뀌는 과정을 생생하게 기술한 바 있다. 훈육적 처벌로의 변화는 〈죄인을 처형함으로써 다른 사람에게 범죄의 대가가 얼마나 큰가를 보여 주는 것보다는 사람들을 감시 체제 안에 두는 것이 권력의 경제학이라는 차원에서 보다 효과적이고 비용이 적게 든다는 생각〉에 근거한다.[21] 게다가 17세기에 이르러서는 공개 처형의 효과가 왜곡되는 현상까지 일어난다. 초기에 그것은 공포를 유발하기 위한 수단이었지만 나중에는 연중행사로 인식되면서 그냥 자극적인 구경거리로 전락하고 만다.[22] 권력은 공개 처형보다 안 보이는 곳에서의 처벌이 더 큰 공포심을 불러일으킨다는 사실을 깨닫게 된다. 이런 변화는 현대 권력-이데올로기의 탄생과 더욱 효율적인 처벌 및 감시 시스템의 구축을 의미한다. 새로운 처벌 시스템은 역시 범죄자의 몸을 대상으로 하지만 그것을 절단하거나 인두로 낙인찍기보다는 감금함으로써 유순한 몸의 영혼을 교화

21 고든, 『권력과 지식 — 미셸 푸코와의 대담』, 63면.
22 에두아르트 푹스는 이렇게 말한다. 〈공개적인 구경거리로 축제로까지 찬양된 사형 집행은 공공의 풍속의 역사에서 훌륭한 역을 맡았다. 사형수는 우선 처음에는 고문을 당하고, 다음에는 삶에서 죽음으로 한 걸음 한 걸음 나아가게 되는 이와 같은 참으로 끔찍한 구경거리가 대부분의 구경꾼에게는, 특히 여자들에게는 훌륭한 자극제에 불과했기 때문이다. 그들은 자신의 육욕을 이러한 야만적인 방법으로 채찍질하기 위해 희희낙락 구경한다. 자극적인 작용은 사형 집행 시에 실로 무섭게 나타난다.〉『풍속의 역사』 제3권, 338면.

하려는 방식에 기초한다. 하지만 그보다 더 경제적인 방법도 착안된다. 그것은 범죄 또는 탈선에 대한 공포감을 사전에 조성하는 것이었다. 이것이 경찰의 역할 중 하나다. 이 때문에 푸코는 〈경찰 제도는 대단히 억압적이고 최근에 생긴 조직이어서 대중들이 범죄에 대한 위험을 느끼고 있어야만 경찰 조직이 존속할 수 있으며 우리 주위에서 유일하게 무기를 휴대하고 우리에게 신분증을 제시할 것을 요구하며 우리의 문 앞에까지 찾아와 우리를 신문하는 존재를 인정할 수 있는 가장 큰 이유가 범죄에 대한 공포감 말고 또 무엇이 있겠는가〉라고 말하는 것이다.[23]

더 중요한 건 훈육적 권력이 과학적 지식과 기술을 대거 활용한다는 점이다. 이런 권력은 감옥과 사법 제도, 교도관, 보호 관찰관, 정신 병원 등의 관리 체계와 미디어를 통한 여론 조성을 전제로 하는 권력이다. 이곳의 관리자들은 타인을 조사하고 평가하는 권리를 부여받게 되는데 권력은 미디어를 통해 이런 권리의 〈타당성〉을 충분히 주입할 수 있었으며 점차 일반 대중은 이를 당연한 것으로 받아들이기 시작했다. 그 대가로 대중은 〈국민으로서 정상적인 사회〉에 살 권리를 갖게 되는 것이다. 루이 알튀세르Louis Althusser가 정확히 지적하듯이 〈공권력의 처벌에 대한 두려움이 곧 《지혜의 시작》〉이 되기 시작한 것이다. 그에 따르면 법이 필요로 하는 억압 장치가 분명 있는데 선량한 시민들은 그런 장치들이 필요하다고 받아들이기 시작한 셈이다. 억압 장치의 존재를 인정하고, 심지어 그것이 필요하다고 생각하는 이유는 법률적 이데올로기가 여러 경로를 통해 훈육되었을 뿐만 아니라 바로 이런 법률적 이데올로기가 〈도덕적 이데올로기〉로 탈바꿈했기 때문이다.[24]

23 고든, 『권력과 지식 — 미셸 푸코와의 대담』, 75면.
24 알튀세르, 『재생산에 대하여』, 119면.

결국 권력이 〈정상적인〉 사회 기준을 정하는 시대가 열린 것이다. 또는 사람들이 이런 기준과 도덕관을 당연시하는 시대가 열린 것이다. 사실 이런 권력은 생체 권력이기도 하다. 왜냐하면 개인의 몸과 사회의 몸(구성원 전체) 둘 다에 행사되기 때문이다. 이 같은 권력 시스템의 상징이 바로 판옵티콘이다. 판옵티콘은 소수의 감시자가 감옥 전체를 감시할 수 있는 건축적 의미를 뛰어넘는 이른바 새로운 근대적 감시의 원리를 체화한 건축물로서, 군중이 한 명의 권력자를 우러러보는 〈스펙터클 사회〉에서 한 명의 권력자가 다수를 감시하는 〈규율 사회〉로의 변화를 상징하는 비유적 의미를 갖는다.[25] 성 담론도 바뀐다. 바야흐로 성 담론은 개인의 쾌락과 인구의 통제(출산 통계의 형태, 피임, 성병, 장수, 건강에 대한 공동체의 전반적 수준) 양쪽 모두를 훈육 대상으로 삼기 시작한다(이 문제는 성의 이데올로기를 다룰 때 다시 언급하기로 한다).

규범과 통합의 시대

국가가 존재하려면 국민과 국토와 국가 장치가 있어야 한다. 국가는 국가 장치를 통해 공동체 의식과 생활에 필요한 일련의 규칙들을 국민에게 가르친다. 대다수 국가에서 이 둘의 중요성은 항상 도덕적 규범이라는 가치관과 통합의 담론으로 미화된다. 우선 도덕적 규범의 문제를 살펴보면, 〈도덕〉은 사회 구성원들이 양심, 사회적 여론, 관습 따위에 비추어 스스로 마땅히 지켜야 할 행동 준칙이나 규범의 총체로 정의된다. 도덕은 강제력을 갖는 법률과 달리 각자의 내면적 원리로 작용하며, 종교와 달리 초월자와의 관계가 아닌 인간 상호 관계를 규정한다. 〈규범〉의 사전적 의미는 인

25 조지 오웰이 〈빅 브러더〉를 통해 예언했듯이, 현대로 접어들면서 감시 행태도 컴퓨터와 비디오, 다시 말해 과학 기술 진보와 함께 발전했다.

간이 행동하거나 판단할 때 마땅히 따르고 지켜야 할 가치 판단의 기준이다. 또한 도덕적 규범이라고 하면 결국 사람들에게 내면화하여 마땅히 따르게 만드는 규율의 총체로 정의될 수 있다. 하지만 누가 그것을 내면화하는가? 사람들 스스로 알아서 하는 것인가? 그건 아닐 것이다. 그러면 어떤 주체도 없는 것인가? 만약 특정한 주체가 없다면, 다시 말해 규범이 자연발생적이고 순수 경험론적인 판단의 기준이라면 그것은 생존 이데올로기로 간주될 수 있을 것이다. 어쩌면 원시 시대에는 그것이 가능했을지도 모르지만 근대 이후 사정은 달라졌다. 17세기부터 여러 기구를 통해 그 규범을 내면화하게 만드는 주체는 역시 국가이기 때문이다. 지젝은 사회 법칙과 도덕 법칙을 구분하는데 그에 따르면 〈사회 법칙은 사회 현실의 장을 구축하는 반면, 도덕 법칙은 현실에 의해 부과된 한계들을 전혀 고려하지 않는 무조건적인 명령의 실재〉[26]이다. 앞서 언급한 각종 국가 기구들이 개발되고 그것들은 국민을 이데올로기적으로 훈육하기 시작한다. 한 국가만 그런 것이 아니라 서로 경쟁하듯 모든 국가들이 매우 유사한 기구들을 개발하여 보다 효과적인 운영 체계를 구축한다. 학교, 감옥, 군대와 같은 기관도 있지만 각종 포상 제도도 생겨난다. 당근과 채찍을 두루 이용하는 셈이다. 그 결과 대중은 국가적 규범과 통합의 필요성을 당연한 것으로 받아들이게 된다. 심지어 그런 것 없이는 불편한 지경에 이르게 됨으로써 권력의 지시를 따르는 것을 극히 자연스러운 현상으로 인정하게 된다.

이런 국가 장치에 대해 구체적으로 알아보기 전에 짚고 넘어갈 문제가 하나 있다. 그것은 〈규범〉이 〈반규범〉을 전제로 하는 강력한 이분법적 논리를 따른다는 점이다. 이런 이분법적 전제가 이데올로기의 본질을 지닌다

26 지젝, 『이데올로기라는 숭고한 대상』, 146면.

는 사실이 무엇보다 중요하다. 규범을 벗어나는 행동은 오래전부터 비난의 대상이었다. 하지만 현대에 올수록 사람들은 반규범적 행동을 스스로 억제하게 만드는 정보를 대량 접하게 된다. 이때 매스 미디어가 결정적인 역할을 하는데 예를 들어 각종 사고를 대대적으로 알림으로써 〈평범하게 사는 것〉도 행운이라는 암시를 끊임없이 주입하는 방법이 그중 하나다. 오늘날에도 우리는 이란 핵, 9·11과 알카에다는 물론이고 각종 범죄와 사고를 보도하는 미디어의 흥분된 모습을 하루도 빠짐없이 신문과 TV를 통해 접하고 있다. 심지어 과속 주행이나 음주 운전 때문에 일어난 교통사고를 끊임없이 보도하는 것도 사고의 희생자를 기리기 위한 것이 아니라 〈규범을 벗어나면 어떻게 되는지〉를 깨닫게 하고 혹시 아무도 모르게 규범을 어겼으면 다음부터는 그러지 말라고 타이르고 길들이기 위해서이다. 이 때문에 권력은 이미 오래전부터 끊임없이 〈필요악〉을 만들어 내야 했다. 필요악의 역사는 매우 길다. 이미 언급한 바 있는 중세의 마녀사냥 또는 마녀 화형도 그중 하나다. 마녀들은 주로 흉년이 오거나 전염병이 마을을 휩쓸 때 희생되었다. 그것은 무지의 폭력이다. 하지만 근대 이후부터 규범은 생존 본능이나 무지가 만들어 내는 것이 아니라 권력 유지에 유리한 〈가치 판단의 기준〉으로 바뀐다.

규범을 내면화하는 과정에서 미화되는 또 다른 관념이 있다. 그것은 〈통합〉이다. 〈통합〉의 사전적 의미는 〈여러 요소들이 조직되어 하나의 전체를 이루는 것〉이다. 전체…… 불가피하게 전체주의를 떠올린다(우리는 얼마나 많은 전체주의를 목격했는가). 기본적으로 〈통합〉은 국가의 존속을 위해 필수적인 이데올로기다. 주변 국가와의 대립이나 전쟁은 그 자체가 통합을 이끌어 내는 강력한 자극이자 프로파간다가 된다. 더 작은 규모의 공동체도 마찬가지다. 구성원들의 통합을 유도하기에 가장 효과적인 방법은 적을 만드는 일이다. 영국과 프랑스(100년 전쟁), 독일과 프랑스(1870년 프로이센 전쟁과 제1·2차 세계대전), 남북한(한국 전쟁) 등 전쟁을 경험하지 않은 국가는 없다. 심지어 지리적으로 근접 국가의 위협이 전혀 없는 미국의 경우도 마찬가지다. 냉전 시대에는 소련의 대륙 간 미사일을 앞세워 스타워즈 계획까지 세우고 중남미에 친미 정권을 세우는 데 온 힘을 다했지만 이제는 특정 국가보다는 이슬람과 같은 보다 관념적이고 추상적인 적을 상정하여 끊임없이 싸우며 그런 전쟁에 엄청난 돈을 쏟아붓고 있다. 이렇게 모든 국가들은 내부 통합을 위해 엄청난 희생과 투자를 마다하지 않는다.[27]

전쟁 이외에도 통합을 이끌어 내는 또 다른 방법은 민족적(다민족 국가인 경우에는 그냥 국민적) 자긍심을 키우는 일로서, 신화를 미화시킨다든지 영웅을 만드는 방법이 가장 많이 쓰인다. 이미 언급한 바 있는 잔 다르크, 이순신, 링컨 같은 인물을 영웅으로 만드는 방법이 있는가 하면 아예 상업주의를 끌어들여 만화나 영화의 아이콘인 람보, 슈퍼맨이나 스파이더맨까지도 동원될 수 있다. 이 또한 이데올로기적 프로파간다이다. 이런 아이콘들을 사용하는 이유는 〈우리〉의 관념을 심어 주는 데 있다. 〈우리가 함께〉 존경하거나 좋아하고 감동할 수 있는 대상을 만드는 것이다. 그럼으로써 강력한 공동체 의식을 만들어 낼 수 있다. 하지만 이런 이데올로기는 〈우리-아님〉을 전제로 한다. 이 때문에 〈우리〉를 앞세우는 공동체일수록 다른 공동체와 그 문화에 대해서는 배타적일 수밖에 없다. 같은 맥락에서, 국가적 자긍심을 키우는 데 큰 역할을 하는 것 가운데 스포츠를 빼놓을 수 없다. 올림픽 게임의 순수 아마추어리즘도 이제는 국가 간 미시적 대리전으로 탈바

27 2006년도 기준으로 전 세계 국방비는 연간 1조 달러가 넘으며, 그중에서 미국의 국방비는 50퍼센트 이상을 차지한다. CIA가 발표한 자료(World Factbook)에 따르면, 한국 국방비는 세계 8위 수준이다.

꿈한 지 오래다. 스포츠는 이미 국가주의와 영웅주의에 길들여진 대중을 사로잡기 위한 〈대본 없는〉 프로파간다이자 국가 이데올로기의 재생산에 없으면 안 되는 슈퍼미디어 쇼로 확고히 자리매김했다.

권력은 어디에 있는가?

대중을 통제하는 방법이 도덕적 규범으로 포장되는 동시에 모든 국가는 경쟁 국가와 팽팽한 긴장을 유지하면서 내부 결속을 다져 왔다. 이 와중에 국민들은 하루하루를 안전하게 살기가 힘들다는 사실을 인정하면서 권력을 일종의 〈제도〉로 받아들이게 되었다. 앞서 언급했듯이, 산업 사회에서 권력은 어느 누구 한 사람이나 조직이 휘두르는 것이 아니라 무언의 합의 하에 마치 하나의 총체적 시스템이 작용하는 방식으로 존재하게 되었다. 이런 현상을 푸코는 〈권력의 무형성〉이라고 불렀다. 즉 〈군주권의 이론이나 법률 코드의 완성은 기존의 원시적인 권력 형태를 은연중에 감싸서 훈육적 권력이라는, 더욱 조심스럽고 은밀하며 잘 보이지 않는 형태로 가려주는 역할〉을 하는 것이다.[28] 또한 푸코는 다음과 같이 말한다. 〈사실 권력은 그 작동 메커니즘에 있어서 좀 더 섬세하고 때로는 불투명한 경로를 가지고 있는데, 이는 각각의 개별자가 일정한 권력을 소유하고 있다는 뜻으로, 이 때문에 권력은 자신의 영향력을 더욱 강화시킬 수 있는 것이다. …… 지배와 착취의 체계가 상호 관련되어 있다는 사실마저 부인할 수는 없지만 지배가 곧 착취라는 기존의 인식은 수정되어야만 하는 것이다.〉[29] 이렇게 근대 이후의 권력은 지배와 착취의 관계를 한층 더 추상적인 차원으로 끌어올렸다. 다시 말해 지배는 더욱 간접적이고 음밀하게 작용하기 시작했으

---

28 고든, 『권력과 지식 — 미셸 푸코와의 대담』, 137면.
29 고든, 앞의 책, 103면.

며 착취의 대상에게 〈종속의 즐거움〉 내지는 적어도 〈안정감〉을 제공함으로써 더욱더 현상 유지를 할 수 있게 되었다. 다시 푸코를 인용하자면, 〈권력이 강력한 이유는 그것이 인간의 욕망이나 지식의 차원에서 효과를 발휘할 수 있기 때문〉이다.[30] 권력은 개인들의 안전하고 안락한 생활을 넘어서 언젠가는 좀 더 나은 삶을 가질 수 있는 욕망을 비롯하여 과학과 지식의 혜택이 개인적 차원이나 국가적 차원에서 공평하게 분배된다는 믿음을 심어 줄 수 있게 된 것이다. 부르디외에 따르면, 이런 믿음을 가장 굳게 간직하고 살아가는 계층이 다름 아닌 프티 부르주아지다. 20세기 초에 등장하는 이 개념은 일종의 〈대중의 전형〉을 구성하는데, 그는 이런 계층을 다음과 같이 기술한다. 〈프티 부르주아지는 그 자신의 사소한 배려와 필요를 좇아 작게 사는 부르주아지다. 심지어 사회 세계와 그 자신의 모든 객관적 관계가 표현되는 신체적 성향hexis corporelle조차 부르주아 계급으로 이르는 좁은 문을 통과하기 위해 스스로를 작게 만들어야 하는 사람의 그것이다. 옷차림이나 말(과도한 경계심과 신중함으로 과잉 교정된 말), 몸짓, 전체적 거동에서 엄격하고 절도 있으며 신중하고 검소한 그에게는 언제나 자유 활달한 여유나 폭넓고 통이 큰 너그러움이 조금은 결여되어 있다.〉[31] 극히 규범적이고 세금도 잘 낼 뿐만 아니라 소비하라면 소비하면서 권력을 존속시키는 계층이 더욱더 확고해짐에 따라 근대 이후의 국가 이데올로기와 그 장치들은 〈권력과 통제의 의지〉 또는 〈종속의 즐거움〉을 지극히 자연스러운 것으로 만드는 데 성공한다. 이런 종속의 즐거움을 최대한 제공하는 것이 현대 사회가 혼신을 다해 개발한 각종 대중 매체와 그것을 통한 오락과 소비다. 성

30 고든, 앞의 책, 88면.
31 Bourdieu, P., La distinction: Critique sociale du jugement, Les Éditions de Minuit, Paris, 1979, p. 390.

실하게 일하고 잘 놀면서 적당히 소비하는 게 삶의 지혜임을 가르치고 또 사람들은 자연스레 그것을 받아들이게 된 것이다. 현대화가 진행될수록 이것의 조직망은 더욱 광범위해진 나머지 이제는 도시를 메우는 사람들뿐만 아니라 농촌에 남아 있는 사람들까지도 대중으로 편입시키는 데 성공했다. 산골짜기에 살아도 소비하고 애국심을 갖게 되었다.

　그와 함께 매우 흥미로운 현상이 일어나기 시작했다. 비대해질 대로 비대해진 대중이 내부적 차등화 또는 분파로 구별되면서 대중이 대중을 차별하는 현상이 벌어진 것이다. 이런 내적 블록화와 〈갈등〉 체계가 자리를 잡으면서 허구의 지배와 종속 관계를 자체적으로 생산하기 시작했다. 즉 대중에 속하면서도 자신보다 더 나은 사람의 지위를 갈망하거나 더 못한 사람을 비웃는(또는 도와주는) 등, 그야말로 권력은 환영, 아류 또는 실제 권력의 파편과 같은 모습으로 분배되기 시작했다. 이때부터 거대한 권력형 이데올로기는 마치 세포 분열을 하듯이 그러나 무수히 많은 모습으로 분파되면서 본래의 모습을 더욱 효과적으로 감추게 된다.

5. 이데올로기의 장치들

오늘날 우리 모두는 국민으로서의 정체성도 갖게 되었고 그 안에서 크고 작은 또 다른 가치관을 갖게 됨으로써 이런저런 문화 계층에 속하게 되었다. 하지만 이는 국가와 그 권력이 그냥 존재하기 때문에 생긴 것이 아니라 근대부터 진행된 이데올로기적 훈육과 국민으로서의 생활에 적응한 결과이다. 따라서 근대의 특징 중 하나는 이데올로기적 전파 기구를 대거 개발했다는 데서도 찾아볼 수 있다. 이데올로기를 전파하거나 주입하는 장치로서 알튀세르는 텔레비전, 가족, 교회, 유아원, 교육 등의 다양한 기구들을 언급한 바 있다. 여기서는 이런 이데올로기적 국가 장치appareil d'Etat idéologique 들이 어떻게 작동하는지를 좀 더 구체적으로 살펴볼 것을 제안한다.

이데올로기적 국가 장치

앞서 말했듯이 법은 제재를 전제로 하는 억압 장치다. 그것은 국가가 존재하고 사회 질서를 유지하기 위해 만들어진 장치 중 하나다. 알튀세르는 〈억압적 국가 장치〉의 또 다른 이름이자 실천은 〈경찰 조직, 법정, 벌금 그리고 감옥이며 바로 이렇게 하여 법은 국가와 일체를 이룬다〉고 말한다.[32] 하지만 법은 혼자 그 역할을 다할 수 없다. 따라서 다른 무언가가 필요한데 이 점이 알튀세르가 피력하고자 하는 문제의 핵심이기도 하다. 그에 따르면 법이 오로지 억압적인 장치라면, 그리고 대중이 그것을 억압의 방법으로만 인식한다면 사실상 법을 적용하기가 불가능하다. 아마도 인구만큼의 경찰력이 필요할 것이다. 이는 너무나도 비경제적이다.[33] 법이 효력을 발휘하기 위해서는 그것을 이데올로기화해야 하는데 바로 이 점이 문제의 핵심이다. 즉 법률적 이데올로기가 그것을 뒷받침해야 하고, 그것은 다시 도덕적 이데올로기의 힘을 빌려야 하는 것이다. 한마디로 이데올로기의 힘이 법을 지탱하게 만들어야 하는 것이다.

　　그러면 이데올로기적 국가 장치와 그 대리물인 도덕적 이데올로기를 전파하는 시스템은 무엇인가? 알튀세르에 따르면 이런 시스템은 학교 장치, 가족적 장치, 종교적 장치, 정치적 장치, 정보 장치, 출판-보급 장치, 문화적 장치로 구성된다. 알튀세르는 이런 목록이 임시적인 목록이라고 강조한다. 우리는 이런 목록을 더 늘리기보다는, 오히려 현대 사회에 걸맞게 〈출판-보급 장치〉를 〈문화 장치〉에 통합하기로 한다(앞으로 나는 이러한 장치들을 개별적으로 분석해 볼 것이다). 어쨌든 알튀세르는 이러한 이데올로기적 장치

---

32 알튀세르, 『재생산에 대하여』, 118면.
33 알튀세르는 〈플라톤은 이것을 이미 알고 있었다. 그는 노예들과 《장인들》을 감시하고 억압하기 위해선 경찰들이 필요하다는 것을 예견했다. 그러나 그는 각각의 노예나 장인의 머릿속에 《경찰》을 결코 집어넣을 수 없다는 것이며, 각 개인의 뒤꽁무니에 개별적 경찰을 붙일 수도 없다. 그렇지 않으면 첫 번째 경찰을 감시하기 위해 두 번째 경찰이 필요하고 그런 식으로 계속될 것이며, 극단적인 경우 사회는 경찰들밖에 없고 생산자는 아무도 없을 것이다〉라고 덧붙인다. 같은 책, 118면.

들이 세 가지 공통점을 갖는다고 말한다. 첫 번째 공통점은 각각의 장치가 여러 기관으로 구성된다는 점이다. 종교적 장치를 예로 들면 예수회·장로회가 있는가 하면 각각의 조직은 여러 하위 조직인 개별 교회로 구성되고, 개별 교회들은 다시 연령별·활동별 모임으로 구성된다. 이런 세포 조직은 스스로를 증대시켜 몸집을 키우는 경향을 갖는다. 둘째, 이런 장치들은 비이데올로기적 토대(알튀세르는 〈버팀목〉이라는 용어를 사용한다)를 필요로 한다. 구체적으로 말하자면 학교 자체는 이데올로기적 모임이 아니다. 그것은 교육 기관이다. 영화도 마찬가지다. 그것은 오락 또는 예술이자 아주 정교한 일련의 기술적 과정을 필요로 한다. 그러나 이 같은 물리적 토대 위에서 개인들의 능력별 실천과 활동은 이데올로기의 힘으로 작용할 수 있다. 경기장이나 특정 스포츠 종목 자체는 이데올로기적 장치가 아니지만 이를 토대로 이루어지는 성과(개인들의 노력)는 이데올로기적으로 작용할 수 있다는 말이다. 마지막으로 이 모든 장치들은 상호 배타성보다는 상호 협력한다(이 때문에 〈시스템〉이라는 용어를 사용할 수도 있다). 상호 배타성이 없다는 것이 이런 장치들 자체가 이데올로기가 아님을 입증하지만 동시에 상호 협력 체계를 구성한다는 것은 동일한 이데올로기를 지향한다는 증거이기도 하다.

미국을 예로 들어 보자. 〈학교〉, 〈종교〉, 〈정치〉, 〈문화〉의 장치는 〈가족의 소중함〉을 주입시키는 상호 보충적인 관념적 시스템으로 작동한다. 〈문화〉는 나머지를 위해, 〈종교〉 역시 다른 장치들을 위해 협조한다. 이 모든 것은 〈정보 장치〉를 통해 전달되며, 전체 이데올로기는 〈청교도적 자본주의〉로 집약된다. 따라서 미국의 패권주의는 〈자유 자본주의〉를 지키려는 명분을 확보하며, 〈패밀리〉는 미국인의 근본적인 행복 조건이 된다. 하지만 패밀리는 자본주의 체제에서 없어서는 안 될 소비 단위이기 때문에 그것을 미화시켜야 한다(미국 영화를 보면 그들은 〈패밀리〉를 위해 나라를 지키고 무기를 소지하며 외국도 점령한다). 이렇게 다양한 장치들이 상호 협력하며 또 그런 이유로 존속되는 것이다(이 때문에 기존 이데올로기를 위협할 수 있는 기구의 설립은 경계 내지 탄압의 대상이 되는 것이다). 다시 알튀세르를 인용하자면 〈결국 하나의 이데올로기적 국가 장치는 제도·조직들과 이에 상응하는 규정된 실천들로 이루어진 체계이다. 이 체계의 제도·조직·실천에서 국가 이데올로기의 전체 혹은 부분이 구현된다. 하나의 이데올로기적 국가 장치에서 구현된 이데올로기는 각각의 장치에 고유한 물질적 기능들 속에 《뿌리 내림》을 토대로 이 국가 장치의 체계적 통일성을 확보해〉[34] 주는 것이다. 보다 구체적인 예를 들자면, 어떤 개인이 신을 믿는다고 가정했을 때, 이러한 믿음은 그 개인의 관념에 속하며, 이 개인은 자기 믿음의 관념들이 담겨 있는 의식의 주체이다. 하지만 그런 개인이 늘 혼자서 기도만 하고 있다면 그런 종교관은 전달될 수 없을뿐더러 본인 스스로도 일관된 종교관을 간직하기가 쉽지 않을 것이다. 대신 그런 개인이 교회라는 제도 안에 몸을 맡기고, 교회는 다른 장치의 이데올로기적 지원을 받는다면 그의 종교관과 행동은 훨씬 더 통일되고 강력한 메시지로 승격될 것이며, 바로 이러한 토대를 제공하기 때문에 교회는 엄연한 이데올로기적 장치로 작동하게 되는 것이다.[35]

34 알튀세르, 앞의 책, 135면.
35 알튀세르, 앞의 책, 283면. 〈한마디로 개인은 이런저런 방식으로 행동하며, 이런저런 실제적 태도를 채택한다. 뿐만 아니라 그는 어떤 정연한 실천 활동에 참여하게 되는데, 이 실천 활동들은 그 자신이 주체로서 전혀 거리낌 없이 자유롭게 선택한 관념들을 《종속시키는》 이데올로기적 장치들의 실천 활동이다. 그가 신을 믿는다면 그는 교회에 가서 미사에 참석하고, 무릎을 꿇고 기도하며, 고백하고, 회개하며 당연히 뉘우치고, 그런 뒤 삶을 계속한다. 그가 의무를 믿는다면 그는 그에 부합하는 행동, 그러니까 《미풍양속에 일치하는》 의례적 실천 활동 속에 들어가는 행동을 할 것이다.〉

위의 내용을 도표로 표현하면 대략 다음과 같을 것이다.

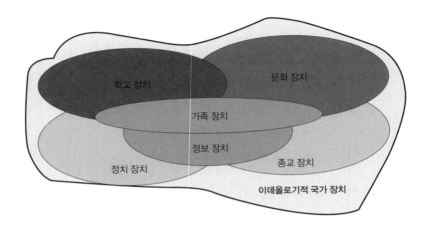

이런 도표는 여러 장치가 상호 연결되어 시너지를 창출할 수 있다는 점을 시각적으로 보여 주기 위한 것이다. 물론 나라에 따라 이런 이데올로기의 구성 장치들의 종류와 상대적 규모는 다르다. 한국의 경우에는 우선 유교적 장치가 추가되어야 할 것이다(그것은 각종 장치에서의 위계질서를 강요하기 때문이다). 프랑스의 경우에는 종교 장치의 규모가 작거나 이데올로기적 장치로서의 힘을 상실한 대신 문화 장치가 상대적으로 크고 정치 장치는 좌우파로 나뉘는 특징을 드러낼 것이다. 미국의 경우는 〈소비 장치〉가 추가되어야 할 것이며 그것은 (경제) 정치 및 가족 장치와 밀접하게 연결될 것이다. 캄보디아의 경우에는 〈식민지 잔재의 장치〉를 추가해야 하겠지만 나머지 교육, 정보 장치는 매우 빈약할 것이다. 또한 이런 장치들은 또 다른 파생 장치를 만들어 낸다는 사실도 강조할 필요가 있다. 후기 산업 사회에서는 여러 장치 가운데 〈문화 장치〉의 비중이 커지고 있는데, 이는 그것의 구성적 장치(신문, TV, 인터넷, 모바일 장치)들의 수가 증가하는 동시에 콘텐츠들이 더더욱 다양해진다는 의미로 풀이될 수 있다.

마지막으로, 지금까지 살펴본 이데올로기적 국가 장치는 자본력을 전제로 한다는 점을 빼놓을 수 없다. 일부 사회주의 국가를 제외하면 통상적으로 국가 권력은 자본가들의 힘을 빌릴 수밖에 없다(역사적으로도 국가의 탄생은 자본주의의 탄생과 일치한다). 결국 기업이 있어야 권력도 있는 셈이다(미디어도 마찬가지다). 이 때문에 허버트 마르쿠제Herbert Marcuse는 〈오늘날 정치권력은 생산 기구의 기계 조작과 기술적 조직을 지배함으로써 그 지위를 확보한다. 선진 산업 사회 및 발전 도상에 있는 산업 사회의 정부는 산업 문명의 발달에 유용한 기술적·과학적·기계적인 생산력을 동원·조직·개발하는 데 성공하지 못하는 한, 그 지위를 유지하고 안정을 찾을 수 없다〉고 말하는 것이다.[36] 이 점을 인정한다면 이데올로기적 국가 장치들의 세포 분열은 근본적으로 더 많은 자본을 필요로 하는 동시에 더 많은 자본을 확보하려는 탐욕에서 비롯된다고 할 수 있다. 하지만 자본은 무언가가 소비되어야 생기는데 이 때문에 소비도 이데올로기화의 대상이 되어야 하는 것이다.

이데올로기의 호명

결국 국가라는 실체와 관념은 이를 유지하고 강화하는 데 필요한 다양한 장치들과 그것들이 원활하게 작동할 수 있는 또 다른 이데올로기들을 만들어 냈다. 이런 장치와 이데올로기들은 다시 국가 이데올로기를 더 확

---

36 마르쿠제, 『일차원적 인간 — 선진 산업 사회의 이데올로기 연구』, 22면.

고하게 만드는 순환적 메커니즘으로 작동한다. 학교는 집단 교육을 통한 개인의 등급화를 인정하게 하고, 교회는 절대 존재에의 의존을, TV는 가족의 절대 불가침성을 가르치며 이 모든 것은 성실한 국가적 일꾼으로서의 정체성을 주입시킨다. 때문에 이런 메커니즘은 개인을 〈통과〉하여 사회적으로 순환한다고 할 수 있다. 다시 말해 이런 메커니즘은 개인을 이데올로기적 주체로 만들기 위해 존재하지만 개인은 다른 개인에게 이데올로기적 매개체가 되어야 하는 것이다(밈의 관점에서 말하자면 이 기관들은 밈의 증식 기관인 셈이다). 그 결과 이데올로기적 주체로서의 개인은 국가에 봉사하는 동시에 국가의 보호를 받게 된다. 일종의 거래라고 할 수 있지만 그것은 무의식적이고 비의도적인 거래다. 왜냐하면 이 모든 것이 이데올로기적 메커니즘으로 작동하기 때문이다. 이런 국가 이데올로기적 메커니즘은 나라에 따라 다르다. 현대적 의미의 신생 국가들(예를 들어 제3세계 일부 국가들)의 경우 이런 메커니즘이 정교하지 않거나 매우 기초적인 수준에 머물 수 있다. 아프리카의 많은 나라에서는 국가적 통합이 이루어지지 않으며 부족 이데올로기의 도전을 받고 있다(르완다, 소말리아 등). 권력형 이데올로기와 생존형 이데올로기가 심한 마찰을 일으키는 경우라고 할 수 있다.[37] 흔히 개발 도상국이라고 부르는 국가에서 국가 이데올로기는 노골적인 프로파간다의 대상이다(한국, 중국, 베트남 등). 이는 국가 이데올로기와 그 장치를 이데올로기화하는 단계, 즉 국민에게 국가관을 주입하는 단계임을 의미한다. 일부 이슬람 국가들은 상·하위 관계가 아닌 동등한 지위를 갖는 국가 이데올

37 아프리카 국가들의 지도는 줄자로 그어 놓은 듯 일직선으로 그려져 있다. 이는 서둘러 독립을 허용하는 과정에서 서방 강국들이 국경을 임의적으로 결정한 처사의 결과이다. 부족, 종교, 언어 그 어느 것도 고려 대상이 안 됐다는 증거이기도 하다. 게다가 영국·프랑스의 세력 약화를 틈타 영향력을 행사하려 했던 미국의 개입이 일부 국가를 더욱 망가뜨리는 결과를 초래하기도 한다(소말리아).

로기와 종교 이데올로기를 앞세워 국민을 통치한다(하지만 이 둘의 관계 역시 영원하리란 법은 없으며, 이 책을 쓰고 있는 요즘 이슬람 국가들은 재스민 혁명을 이루어 내고 있다). 비록 강대국이지만 국토가 너무 크고 다양한 인종으로 구성된 미국의 경우, 국가 이데올로기의 프로파간다는 꽤나 직설적이다. 미국의 우월주의를 노골적으로 내세우는 영화(「슈퍼맨」, 「인디펜던스 데이」, 「람보」, 「록키」, 「에어 포스 원」 등)는 물론이고 동네방네 내걸린 성조기를 보면 아직은 국가 이데올로기를 주입시키는 단계에 있다고 할 수 있다(하지만 이웃 나라 캐나다는 안 그렇다). 국가 이데올로기의 전통이 깊은 서유럽 국가에서 이런 메커니즘은 매우 정교하고 은밀하게 작동한다. 이는 국가 이데올로기가 다양한 이데올로기적 장치 뒤에 제대로 모습을 감추었다는 의미를 갖는다. 결국 현대적 국가일수록 국가 이데올로기는 더 자연스러운 것 또는 당연한 것으로 받아들여지거나 가끔은 그것을 초월하는 가치관을 가질 수 있는 것이다.

이데올로기적 호명과 인정

그러면 이런 메커니즘은 개인을 어떻게 〈통과〉하는가? 또는 이데올로기가 당연한 것으로 인식되는 과정은 어떻게 진행되는가? 더 나아가 국가 이데올로기와 그 장치들은 어떻게 개인을 국민으로 만들고, 이데올로기는 어떻게 인간을 이데올로기적 주체로 만드는가? 여기서도 우선 알튀세르의 〈국가 이데올로기 장치〉의 이론에 초점을 맞추어 문제를 풀어 보기로 한다.

알튀세르는 국가 이데올로기가 개인을 〈호명〉함으로써 주체로 만든다고 역설한다. 하지만 이런 과정이 가능하려면 우선 이데올로기적 장치가 〈미리〉 존재해야 한다. 앞서 언급했듯이, 이런 인프라(또는 장치) 중에서 우선적으로 이데올로기 전파를 담당하는 것은 가정 교육이다. 물론 가정 교육은 근대 이전에도 존재했다. 그것은 이미 오래전부터 인간의 기본 교육의 핵심 과정이자 권력형 이데올로기보다는 생존형 이데올로기를 전파하는 기본 경로였다. 하지만 가정 교육의 콘텐츠는 바뀌어 이제 그것은 나머지 장치에 원만하게 적응할 수 있는 기초 교육 장치의 역할을 한다. 가정 교육이 이렇게 바뀌는 과정은 역시 다른 이데올로기적 장치의 영향을 받았기 때문이다. 이제 가정 교육은 학교 교육을 잘 받을 수 있고 사회적으로 적응할 수 있는 교육을 담당한다(이 때문에 알튀세르는 그것을 〈가족 장치〉라고 부르는 것이다). 다시 말해 이미 가정 교육을 통해 현대인은 현대인으로서 훈육되는데 그 내용의 일부분은 이미 제도권 교육(교육 인프라)을 전제로 한다. 물론 종교, 정치, 정보, 문화 장치라는 것들도 있다. 그것들은 앞으로 태어날 개인을 기다리고 있는 셈이다. 즉 우리는 이미 가족, 학교, 교회, 정부, 미디어 등이 존재하는 사회에서 태어났으며 그것들은 이미 이데올로기적 장치로 작용하고 있다. 인간은 태어나면서부터 그런 장치 속에서 무언가를 실천할 수밖에 없다. 이것은 이미 결정된 구조다. 때문에 알튀세르는 우리 모두가 〈언제나-이미-주체〉라고 말하는 것이다. 즉 태어나기 전에 어린아이는 〈언제나-이미〉 주체이고, 임신이 된 후 탄생이 〈기다려지는〉 그 특수한 가족 이데올로기의 지형 속에서, 그리고 이 지형에 의해 주체가 되도록 정해져 있다. 말할 필요도 없지만, 이 같은 가족 이데올로기의 지형이 그 유일성의 측면에서 끔찍하게 구조화되어 있고, 바로 이 같은 다소간 〈병리적인〉 냉혹한 구조 속에서 기정사실이 된 미래의 주체는 〈자신의〉 위치를 찾

아야 하는 것이다.[38]

이렇게 이데올로기적 장치는 개인을 기다리고 있으며, 태어나는 순간부터 개인을 이데올로기적 주체로 만든다(즉 이데올로기적으로 길들인다). 그리고 이 같은 기능을 수행해야만 이데올로기적 장치로서 존재하게 된다. 이것이 알튀세르가 말하는 이데올로기의 이중적 구성 작용이다. 즉 이데올로기는 홀로 존재하는 것이 아니라, 그것이 주체를 구성하고, 그 주체가 범주를 구성할 때 비로소 존재한다는 말이다.

그러나 이와 동시에 모든 이데올로기는 언제나 하나의 장치 속에, 그리고 그 장치의 실천 활동 속에 존재하는데 이 존재는 물질적이라고 말한다. 알튀세르의 독창성은 바로 〈이데올로기적 실천 활동의 물질성〉에 있다. 이런 이데올로기의 〈개념적〉 장치로 인해 이 주체의 물질적 행동은 그것으로부터 자연스럽게 유래된다. 그 같은 자연스러운 행동들의 실천이 그가 자유롭게 선택한 관념들을 〈종속시키는〉 이데올로기적 장치의 실천 활동이라는 말이다. 앞서 언급했듯이, 이런 개인은 교회에 가서 무릎을 꿇고 기도도 하며, 고해 성사도 하고 이웃을 돕는 식의 선행에 앞장설 것이다. 그럼으로써 너무나도 자연스럽게 그는 종교 이데올로기적 장치를 가동하는 것이다. 이때 개인은 이런 실천을 통해 자신을 발견하게 된다. 이런 〈발견〉이 이데올로기가 이데올로기로서 수행하는 두 기능 중 하나인 이데올로기적 인정reconnaissance의 기능이다. 이데올로기는 이중적 구성 작용과 인정 기능을 통해 언제나-이미-주체인 자들을 모집하는데 이런 속성이 바로 알튀세르가 말하는 〈이데올로기의 호명〉이다.[39] 그 결과 이러한 호명의 작용에서

38 알튀세르, 앞의 책, 294면.
39 알튀세르, 앞의 책, 294면. 〈종교적 이데올로기가 루이라는 어린애를 주체로 호명하면서 직접적으로 그 기능을 수행하기 시작할 때, 루이는 이미-주체인데, 아직은 종교적-주체가 아니라, 가족적-주체이다. 법률적 이데올로기가 어린 루이에게 더 이상 아빠-엄마에 대해서도, 하느

〈행위자들〉과 이들의 개별적 역할이 모든 이데올로기의 구조 속에 반사된다. 호명된 주체는 이런저런 장치를 통해 비록 자유로운 선택의 행동과 행위를 실천에 옮기지만 그들 각각의 실천은 결국 그들을 호명한 이데올로기를 존재하게 만든다. 그런 이유로 알튀세르는 〈개인을 주체로 호명하는 것과 이데올로기의 존재는 단 하나의 동일한 것〉이라고 말하는 것이다. 이 같은 호명을 통해 이데올로기는 극히 자연스러운 행동 속에 스며들면서 개인을 이데올로기적 주체로 거듭나게 한다.

이 메커니즘을 정리하면 다음과 같다.

1) 이데올로기는 이데올로기적 장치 속에서 실천함으로써만 존재하며 그 장치는 물리적으로 존재한다. 이데올로기는 또한 가장 흔한 일상에서 개인들의 행동에 배어 있는 실천이기도 하다. 부모의 교육, 학교에서의 차등화, 자본에의 종속 등이 그것이다. 이데올로기의 물리적 표출은 이런 장치 속에서 구조화된다.

2) 이데올로기는 주체들에게 자유의 환상을 심어 준다. 주체는 자유 의지로 행동한다고 생각하는데, 그럼으로써 이데올로기를 전파하며 스스로를 인정하게 된다.

3) 이데올로기의 본질은 모든 것을 당연한 것으로 자연스레 느끼게 하는 데 있다. 주체는 그가 무의식적으로 갖게 된 관념과 일체가 된다.

님과 아기 예수에 대해서도 말하지 않고 정의에 대해 말하면서 그를 주체로 호명하기 시작할 때, 그는 이미 가족적·종교적·학교적 등의 주체이다. 훗날에, 인민 전선·스페인 전쟁·히틀러·공산주의자와의 만남 등과 같은 자전적-타전적 상황들로 인해 정치적인 이데올로기가 성인이 된 루이를 주체로 호명하기 시작할 때, 상당히 오래전에 그는 이미, 언제나-이미 가족적·종교적·도덕적·학교적·법률적 따위의 주체였는데, 이제 그는 정치적 주체가 된 것이다! 그렇게 인생이 흘러간다. 이데올로기는 언제나-이미-주체인 자들을 《모집하기 위해》 주체들을 주체로 호명한다.〉

따라서 이데올로기는 결코 〈나는 이데올로기적이다〉라고 말하지 않는다. 그럴 필요가 없다. 왜냐하면 결국 〈이데올로기 바깥에서 벌어지는 것 같은 일은 사실 이데올로기 안〉에서 일어나기 때문이다. 사실 〈이데올로기 안에서 일어나는 일은 이데올로기 바깥에서 일어나는 것처럼 보인다. 그렇기 때문에 이데올로기 안에 있는 자들인 당신과 나는 자신이 정의상 이데올로기 바깥에 있다고 생각한다. 이데올로기의 이데올로기적 특성을 이데올로기가 부인하는 그《부정》이 이데올로기의 효과 가운데 하나이기 때문이다……. 이데올로기 속에 있다는 비난은 다른 사람들에게만 적용되지만 자기 자신에게는 결코 적용되지 않는다〉.[40] 때문에 지젝은 〈이데올로기적인 것은 그 본질에 대한 참여자들의 무지를 통해서만 존재할 수 있는 사회적 현실〉이라고 전제하면서, 〈라캉 식으로 말하자면 주체는 이런 논리를 모르는 한에서만《자신의 증상을 즐길 수 있다》〉고 진단하는 것이다.[41]

이처럼 호명과 인정 과정을 통해 개인은 〈참으로 모든 것이 그러하다는 것에 대한 절대적인 보증(주체들이 자신들의 존재 됨을 인지하고 그것에 따라 행동한다는 조건하에서, 모든 것은 좋을 것이라는 절대적인 보증)을 얻게〉 되는 것이다. 우리는 기본적으로 알튀세르의 설명에 동감한다. 하지만 문제가 없는 것은 아니다. 만약 이데올로기적 인간(또는 주체)이 이런 식으로 만들어진다면 사회는 변화가 매우 어려울 것이다. 알튀세르의 분석은 소쉬르의 공시태로서의 언어관을 연상시킨다. 말하자면 언어는 진화 과정에 있지만 방법론상 정지된 상태로 그 구조를 파악할 수 있고 또 그렇게 해야 한다는 것이다. 한마디로 알튀세르도 방법론적 선택으로서 이런 과정을 설명했다고 할 수 있다. 그러나 사회는 계속 변하고 있으며 이 같은 거시 이데올로기 이외

40 알튀세르, 앞의 책, 296면.
41 지젝, 『이데올로기라는 숭고한 대상』, 48면.

에 우리를 주체로 다듬는 미시 이데올로기들 내지는 문화 코드의 결합체로서의 이데올로기들도 있다. 이런 이데올로기들은 알튀세르가 말하는 주체를 포함해서 문화적 계층과 정체성을 결정짓는 문화 이데올로기들이다. 따라서 지금까지 거시적 이데올로기의 호명에 대해 알아봤다면 이제부터는 〈문화 이데올로기〉와 주체성 그리고 계층의 문제를 살펴보기로 한다.

6. 사회 계층과 정체성

국가 이데올로기의 다양한 장치들이 대중을 국민으로 훈육하는 데 동원된다는 사실을 부인할 수 없지만 오늘날 개인의 정체성은 국가 이데올로기의 〈호명〉으로만 결정되지는 않는다. 국가라는 관념에 기반을 둔 거시 이데올로기들 외에도 다양한 사회·문화적 이데올로기들이 개인의 사회적 정체성 형성에 막대한 영향을 미친다. 개인이 태어난 환경과 제도권 교육 기관으로서의 학교는 사회·계층적 정체성을 결정짓는 것으로 보이는 반면에 그런 정체성에 기초한 문화 정체성은 보다 미시적이고 다양한 문화 이데올로기 일부분을 수용함으로써 다듬어지는 것으로 보인다.

언어 습득 환경

어린아이들의 사고나 행동 패턴은 국적이나 경제적 수준과 관계없이 놀라울 정도로 공통점을 보여 주는데 대략 4~6세까지는 이런 공통점이 유지되는 것으로 보인다.[42] 이는 아마도 아이들이 사회·문화적 이데올로기에 동화되지 않았기 때문일 것이다.

아이의 일차적인 이데올로기화 과정은 언어 습득 환경, 즉 가정에서 이루어진다. 잘 알려진 것처럼, 아이들은 태어나자마자 언어를 배우는 데 매우 적극적이며(언어 기호의 자의성도 그대로 받아들인다), 사물에 대한 이해를 넓혀 간다. 이 과정에서 아이들은 이미 가정 교육을 통해 사회·문화 이데올로기의 기본 방향을 〈제의〉받게 된다. 쾌적한 공간과 그렇지 못한 공간, 그것을 채우는 각종 사물들과의 일차적인 관계(TV, 오디오, 장난감, 개인 방과 부모 방 등), 가족 관계(형제, 조부모, 양부모의 존재 여부를 비롯한 친척과의 관계) 등은 일종의 이데올로기적 인프라를 구성하고, 이런 환경은 한 인간의 삶에 큰 영향을 미친다. 예를 들어 태어나자마자 클래식 음악을 들으며 조용한 방에서 혼자 잠을 자는 아이가 있고, 다른 한편으로는 여러 형제와 조부모를 비롯하여 많은 친척과의 접촉을 경험하면서 자라는 아이가 있다고 가정해 보자. 이 두 가지 환경은 아이들이 커가면서 타인과 갖게 되는 관계, 즉 타인에 대한 배려와 타인의 영향을 받아들이는 수신의 강도를 좌지우지할 수 있다. 아마도 혼자만의 시간을 가진 아이는 좀 더 개성적이고 개인주의적일 것이며, 여러 형제와 함께 지낸 아이는 좀 더 협력적이고 이타주의적인 성질을 가질 수 있다. 어쨌든 가족의 울타리 안에서 생활하는 아이는 가족 이외의 타인과는 교류가 거의 없으며, 아이에게 가정은 우주이고 모든 것을 자아 중심적으로 받아들일 따름이다. 그런 환경에서는 어떤 경쟁도, 어떤 생존 전략도 필요하지 않다. 앞서 말했듯이, 가정이라는 울타리는 단지 그 내부의 기본적인 가족 이데올로기와 사물 관계를 발견하면서 기초

---

42 실제로 아프리카의 아이들이든 한국 아이들이든 5~6세 이전의 행동 및 행태는 놀라울 만큼 유사하다.

지식과 지식을 얻고자 하는 본능을 키우는 곳이다. 하지만 〈알고자 하는 욕구〉의 강도를 결정한다는 의미에서 가정 교육은 무엇보다 중요한 결과를 초래할 수 있다. 유치원과 학교(또는 알튀세르가 말하는 이데올로기적 장치)에 진학하면서 아이들은 나름대로의 사회생활에 참여하게 되며 그 과정을 통해 또 다른 문화 이데올로기와 계급의 구분을 받아들인다. 그다음에는 사춘기를 맞이하는데 심리학자들이 말하듯, 이 시기의 아이는 〈문화적 자아〉가 확립되기에 이른다. 다시 언어 습득 과정에 대해 말하자면, 3~5세 이전의 아이는 언어의 요소들을 외시적인 의미로만 사용한다는 사실을 쉽게 확인할 수 있다. 예를 들어 어린아이에게 〈벤츠〉나 〈노숙자〉는 각각 〈자동차〉와 〈길거리에서 잠자는 자〉 그 이상이 아니다. 즉 단어들을 지시적 의미로만 받아들일 뿐, 그것들이 내포하는 문화적(또는 상징적) 의미에는 관심을 보이지 않는다(그렇기 때문에 에펠 탑은 그냥 높은 철탑이며 특별한 문화적 의미를 갖지 않는다). 비록 기본적인 문장 구성력을 갖추었을지라도 아이의 언어 활동은 기초적인 지적 욕구 만족을 포함하여 직접적인 이해관계를 만족시키기 위한 수단에 그치고, 어휘 사용법 역시 가치 중립적인 영역에 머문다. 그러나 학교생활을 시작하면서 아이는 더욱 다양한 어휘를 알게 되고, 아이의 언어는 서서히 이데올로기의 색채로 물들여진다.[43] 이 점이 사회생

---

43 그러나 이런 견해에 대해서는 이견도 있을 수 있다. 아이가 태어나자마자 언어를 배우기 시작하며, 그때부터 이데올로기를 받아들인다는 주장이 있을 수 있다. 다시 말해 소쉬르가 말하는 의미에서의 랑그langue는 이미 특정 문화의 이데올로기로 젖어 있다는 반박이 있을 수 있다. 이런 문제를 원천적으로 부인할 수는 없지만, 르불이 말했듯이 〈랑그가 이데올로기적인 것이 아니라 그것의 사용이 이데올로기적이다. 그러나 자기만의 고유한 언어를 이데올로기적으로 사용하는 《사람들》이란 자신의 말을 의식하고 있고, 그것에 대해 자유로운 개인이 아니다. 그 말들은 자신도 모르는 사이에 이데올로기의 하위 약호에 의해 지배되고 규명되는 것이다〉. 르불, 『언어와 이데올로기』, 46면. 이 점을 받아들인다면 랑그는 이데올로기의 기저 체계 내지는 잠재성을 지닌다고 할 수 있다. 단지 사용자에 따라 그것의 일부분이 수면에 떠오를 따름이다.

활이 가져다주는 가장 큰 변화다. 뿐만 아니라 다른 아이들과의 생각 차이를 발견하고, 때로는 타협해야 하지만 모든 분야에서 경쟁도 해야 한다. 이는 인간관계 속에서 자신의 위치를 찾아가는 매우 중요한 과정의 출발점이다. 놀이, 공부, 운동 등의 분야에서 자신보다 뛰어나거나 그렇지 못한 아이들과의 관계가 설정되기 때문이다. 이는 개인의 일차적인 사회적 정체성, 즉 위계적 지위를 인식하고 받아들이게 되는 기나긴 과정의 출발점이라고 할 수 있다. 다시 언어학적으로 말하자면 이때부터 아이는 본격적으로 사회적 교류 수단이자 설득 방법으로서의 언어(수사학)와 어휘들의 내포적 의미(또는 문화적 의미)를 습득하고 사용하기 시작한다고 할 수 있다.

사회 정체성의 형성

그렇다면 이 모든 교류를 통해 개인의 주체성이 본격적으로 형성되는 일반적인 과정은 어떤가? 혹은 이데올로기는 어떤 담론을 통해 개인의 주체성 또는 문화 정체성을 형성하게 하는가? 여기서 우리는 괴란 테르본Göran Therborn의 이론을 활용하여 다각적으로 형성되는 인간 주체성의 문제를 살펴보기로 한다.

테르본에 따르면 〈가장 일반적인 수준에서 의미적인 주체로서의 세계 내적인 인간 존재는 두 가지 차원으로 구분될 수 있다〉.[44] 이는 다시 두 가지 축, 즉 존재를 지칭하는 축과 〈세계 내in the world〉를 지칭하는 축을 따라 일종의 좌표를 결정하는데 바로 그런 좌표가 인간 주체를 실존하는existential

---

44 테르본, 『권력의 이데올로기와 이데올로기의 권력』, 39면.

존재로 규명한다는 것이다. 즉 한 인간의 생활 주기에서 특정한 성을 가지고 존재하는 개인은 그들의 생활 주기의 특정 지점에서 상이한 세대들 속의 다른 성을 가진 개인들과 관계를 가지면서 교류하는데 그런 교류는 동시에 역사적인 어떤 것이다. 다시 말해 인간 역사의 특정 시점에서 어떤 인간 사회에서 존재하는 한 인간의 주체성도 있다는 말이다. 또한 〈세계 내적〉으로 존재한다는 것은 내포적이며(inclusive, 언어학적 의미가 아닌 이른바 의미 있는 세계의 한 성원으로 존재한다는 의미), 지위적인(positional, 그 세계의 다른 성원들과의 관계 속에서 그 세계 내의 특정 지위를 가지고 있는, 즉 특정한 성별, 연령, 직업, 인종 등을 가지는) 것이다. 테르본은 이 같은 네 가지 차원이 인간 주체성의 형태를 다듬는다고 말한다. 그에 따르면 〈이러한 네 가지 차원들이 인간 주체성의 근본적 형태를 제작한다는 것이며, 그리고 이데올로기들의 세계가 주체성의 이러한 네 가지 형태를 구성하는 네 가지 주요 호명 유형들에 의해 철저하게 구조화된다〉는 것이다. 요약하면 네 가지의 호명 틀이 존재한다는 주장인데, 이를 도표로 옮기면 다음과 같다.

이데올로기적 호명의 세계

〈세계 내적〉 주체성들	〈존재〉의 주체성들	
	실존적	역사적
내포적	A	B
지위적	C	D

A. 내포적-실존적 이데올로기

내포적-실존적 이데올로기는 개인과 집단에 생활의 근본적인 가치관을 제공한다. 예를 들어 삶과 죽음, 고통, 우주 그리고 자연에 대한 기초적인 의미를 갖게 한다고 할 수 있다. 이런 이데올로기는 과학의 발전과 더불어 변해 왔다. 그럼에도 이런 담론을 통해 현대인은 삶의 본질, 선과 악 등의 문제에 대해 나름대로의 가치를 부여한다. 이런 이데올로기적 담론의 가장 일반적인 형태는 토테미즘, 신화, 종교 그리고 세속적으로는 도덕적 담론이다(현대 사회에서 도덕적 담론은 이미 언급한 바 있는 권력의 담론과 밀접한 관계를 갖는다). 따라서 내포적-실존적 이데올로기의 담론은 인간 사고의 근본적인 방향을 설정하게 만든다는 의미에서 일종의 이데올로기적 〈틀〉에 해당한다. 이것이 특정 종교 내지는 신화적 전통 또는 기존의 가치관에 얼마나 충실한지 여부와 차후에는 소심/과감한 사고 또는 정치적으로는 보수주의/진보주의 등 이데올로기의 기본 방향이 잡히는 과정의 출발점을 구성한다. 내포적-실존적 이데올로기는 가정 환경에서 이미 그 기본 방향이 잡힌다고 할 수 있다.

B. 내포적-역사적 이데올로기

내포적-역사적 이데올로기를 통해 인간은 다양한 역사·사회적 세계 속에서 의식 있는 구성원으로 형성된다. 인간은 특정한 역사와 사회 계층에서 성장하고 그 이데올로기를 받아들인다. 그럼으로써 다른 역사나 사회 계층과 대립 또는 차별된다. 하지만 이와 동시에 사회적 세계들은 서로 겹치기도 한다. 예를 들어 한 개인은 동시에 한국인이며, 불교 신자이고, 서울 출신이며, 사회 계층의 한 성원으로, 특정 지역에 거주하며 그리고 특정 친족 집단의 구성원일 수 있다. 이렇게 내포적인 이데올로기들은 소속감을 갖게 하고 드디어는 변별성을 기초로 하는 주체성을 갖게 만드는 것이다. 이로써 성원과 비성원 간의 경계가 생기는데, 이것이 〈배타성〉의 출발점이기도 하다. 따라서 이런 이데올로기적 담론은 생존의 이데올로기를 권력의 이데올로기로 바꾸거나 합리화하는 힘을 갖는다. 또는 사회·문화적 집단 의식 및 이기주의를 불가피하고 자연스러운 현상으로 받아들이게 하는 담론의 시발점이라고 할 수 있다.

C. 지위적-실존적 이데올로기

지위적-실존적 이데올로기는 한 개인에게 특정한 지위를 부여하고 그런 자격을 인식하게 만드는 이데올로기를 가리킨다. 그중에서 자아-타자의 구분을 비롯하여 남녀의 구분과 어린 시절, 청년기, 성년기 그리고 노년기 라는 삶의 주기에 따라 바뀌는 이데올로기에 주목할 필요가 있다. 다시 말해 생존 및 생활 여건은 연령이나 성별에 따라 다른데 지위적-실존적 이데올로기는 삶의 시기에 따라 변화하는 개인의 가치관을 합리화하는 담론이라고 할 수 있다. 구체적인 예를 들면 비록 기본 방향은 같을지라도 20대의 성적·정치적·문화적 이데올로기는 중년기나 갱년기의 그것과 다소 다를 수 있으며, 한 개인에 있어서도 검사 시절의 사회 가치관과 변호사 시절의 그것이 상반되기도 한다. 이런 경우 지위적-실존적 이데올로기는 내포적-실존적 이데올로기를 부분적으로 재검토하게 만들 수 있다.

D. 지위적-역사적 이데올로기

인간은 또한 역사·사회적 세계 속에서 자신의 지위를 인식하게 된다. 지위적-역사적 이데올로기는 가족과 가계의 구조 안에서 한 가족 구성원들의 정체성을 다른 가족과의 차이에 의해 인식하게 만든다. 이런 지위는 차이에 의해서만, 즉 단일한 기준의 연속을 따라 형성되는 위계적 등급화에 의해서, 또 보충, 경쟁 그리고 갈등에 의해서 분화되고 연결될 수 있다. 비록 외부 세계를 모를지라도 아이는 부모와의 교류를 통해 자기 가문에 대해 가치 부여를 하게 되고 이는 타인과의 접촉을 통해 확인 과정을 거친다. 더 나아가 가정 교육을 통해 얻는 이른바 사물 세계의 인식 방법과 언어 사용 방법도 잠재적인 자산이 된다. 이렇게 개인의 출신 가문과 거기서 얻게 되는 유·무형의 자산은 다른 이들과의 변별성을 결정짓는다. 이를테면 경제 및 문화 자본을 통한 자아 확립의 출발점이라고 할 수 있다.

이 같은 네 가지 이데올로기적 동화 과정에 대해서는 몇 가지 추가 설명이 요구된다. 우선 네 가지 차원 중 하나 또는 그 이상은, 동시에 상이한 맥락 속에서 조합될 수도 있다는 점이다. 예를 들어 종교적 이데올로기는 하나의 내포적-실존적 이데올로기에 그치는 것이 아니다. 또한 민족주의는 내포적-역사적 이데올로기인 동시에 지위적-역사적 이데올로기일 수 있으며, 후자의 형태 속에서 민족주의는 국제 체계 속에 하나의 지위를 가진 주체들을 형성한다. 더 나아가 민족주의 이데올로기는 국가주의와 같은 다른 이데올로기에 의존할 수도 있다(월드컵 응원의 열기도 민족주의와 국가주의의 시너지에서 비롯된다). 소비의 문제 역시 근본적으로는 내포적-실존적 이데올로기(낙관론자/비관론자)에 좌우되기도 하지만 그것은 다시 지위적-역사적 이데올로기를 통해 합리화되거나 이 둘은 상호 작용할 수 있다. 따라서 앞서 언급한 네 가지 이데올로기는 서로 밀접하게 얽히면서 개인의 〈종합적인〉 사고방식의 틀을 다듬는다고 할 수 있다.

계급 정체성

테르본과 달리 부르디외는 이데올로기가 내면화되는 과정에 더 큰 관심을 가졌다. 그는 이데올로기의 내면화 문제를 아비튀스habitus의 개념을 통해 설명하는데, 이 개념은 알튀세르의 호명 이론과 어느 정도 유사한 것으로서 사회 계층의 재생산 메커니즘을 설명하는 개념적 도구이다.[45] 아비튀스는 개인의 성향을 형성하고, 개인의 행동 지침이 되어 그것을 다시 외부로 투영하게 만드는 과정을 가리킨다. 아비튀스의 정의는 다음과 같다.

> 육체 위에 각인된 지배 관계의 결과물로서, 구조화되는 동시에 구조화하는 구조인 아비튀스는 인식connaissance과 인정reconnaissance을 지배하는 실천의 원칙으로서, 지배자와 피지배자들 사이에 등장하는 차이, 즉 사회적 정체성을 만들어 내는 주술적 힘이다. 육체에 대한 인식은 피지배자들로 하여금 이러한 지배의 가정을 지속적으로 유지시키도록 만든다. 이때 피지배자는 자신이 의식하지 못하고, 또한 자신의 의지와도 상관없이 자신에게 주어진 한계를 받아들이며, 때로는 사회 질서 안에서 배제된 자신의 한계를 생산 또는 재생산하기도 한다.[46]

이렇게 개인의 의식 밖에 있는 사회 구조가 의식 안으로 침투하면, 과거의 기억을 탐지하고 있던 의식의 내부가 이런 외부적 요인에 대해 일정한 가치관을 형성한 뒤, 다시 의식 외부로 반작용해 간다는 것이다. 아비튀스는 개인의 행동을 계급적 관점에서 형식화하고 사회적 장(場)의 논리에 따라 분절하며, 상징적 폭력의 양상을 띠는 과정이며, 육체가 표현할 이데올로기를 내면화하는 메커니즘이라고 할 수 있다. 또 아비튀스는 사회적 장

---

45 부르디외의 사회 이론은 뒤르켐, 베버, 마르크스의 전통을 물려받은 것으로 평가되는데 마르크스와 부르디외를 이어 주는 인물이 알튀세르다.
46 홍성민, 『문화와 아비투스』, 113면 재인용.

속에 위치한 개인의 서로 다른 인식과 판단, 행위를 〈구조화하는 구조 structure structurante〉라고도 할 수 있다. 때문에 부르디외는 아비튀스를 〈내재성의 외재화extériorité de l'intériorité〉의 구조로 본다. 동시에 아비튀스는 역으로 이 사고와 행위의 변화에 의해 〈구조화된 구조structure structurée〉이기도 하다. 아비튀스는 특정한 사회적 맥락 속에서 획득된 내적인 인지, 평가, 행동의 틀이며, 그것은 객관적 규칙성의 내재화, 다시 말해 〈외재성의 내재화l' intériorité de l'extériorité〉된 구조인 것이다.[47]

부르디외에 따르면, 개인이 위치하는 문화 공간의 상징 질서는 〈가정 및 교육 체계를 통하여 개인에게 내면화되어 사고, 판단, 취향의 체계인 아비튀스를 형성한다〉.[48] 앞서 언급한 이데올로기적 기본 틀과 관련지어 말하자면, 적어도 내포적-역사적 이데올로기 담론을 통해 애국주의가 내면화되고, 지위적-실존적 이데올로기를 통해 근면과 성실함이 자연스럽게 개인의 주체성 일부가 될 수 있다. 그러나 개인은 이러한 과정을 인식하지 못하고 바로 이런 이유 때문에 모든 것을 당연한 것으로 받아들인다(이 때문에 자신의 처지를 객관적으로 평가할 수 없다). 한마디로 불평등조차 알 수 없는 것이다. 그런 이유로 아비튀스는 사회 질서와 권력을 〈스스로 인정하도록 인간 내부에서 작동하는 기제〉로 간주되는 것이다.

사회 계급의 재생산

앞서 우리는 학교 이전에 가정 교육 역시 중요하다는 점을 강조했다. 가

---

47 부르디외, 『문화와 권력』, 44면.
48 부르디외, 앞의 책, 7면.

정 교육은 아이의 지적 욕구를 결정하는 매우 중요한 〈사회화 이전〉의 단계이고, 테르본의 개념을 빌리면 지위적-역사적 이데올로기가 형성되는 결정적인 환경이기도 하다. 요컨대 생존에 허덕이는 환경에서 언어 활동은 더할 수 없이 제한되고 극히 현실적인 범위를 벗어날 수 없다. 이에 반해 시간과 경제적 여유가 주어진 환경에서 아이는 언어를 통해 현실을 뛰어넘는 즐거움을 배운다. 이런 지적 유희에 익숙한 아이는 산수가 아닌 대수학을 보다 편하게 접할 수 있는 사고의 유연성과 정확성을 갖출 수 있다.

또 부르디외를 비롯한 일부 사회학자들은 사회 재생산에 가장 효과적인 기구가 학교라는 데 의견을 모은다(학교에 대해서는 별도의 장을 통해 보다 구체적인 논의를 할 것이다). 의무 교육과 공교육의 확대로 개인의 주체성이 형성되는 과정에서 학교는 제도권의 틀 아래 아이들을 〈능력별〉로 평가하고 등급을 매김으로써 오로지 공부를 기준으로 하는 개인 간의 〈차이〉를 인정하게 만드는 기구의 역할을 담당하게 되었다. 앞서 〈지위적-역사적 이데올로기〉에 대해 말했듯이, 가정 환경도 어린아이의 지적 잠재력을 결정짓는 중요한 토대가 되지만, 가정에 이어 학교에서 이루어지는 사회화 과정은 한 개인의 사회 계급에 일치하는 사고와 행동 및 성향의 체계, 즉 아비튀스를 재생산하며 계층 간의 불평등한 관계를 당연한 것으로 받아들이게 만드는 과정이라고 부르디외는 말한다. 〈교육 체계는 합격과 낙제, 시험과 성적 등급, 학위와 자격증 등으로 학생의 사회 문화적 차이에 따른 위계화를 인정하게 한다. 요컨대 교육 제도란 상류층 자녀가 노동자 계급의 자녀보다 더 쉽게 진학하는, 그리고 졸업과 동시에 좋은 직장을 얻는 현실을 사회적으로 인정하게 만드는 제도인 셈이다.〉[49] 가정과 학교 그리고 전반적인

---

49 부르디외, 앞의 책, 9면.

교육 체계는 이 같은 불평등한 문화-사회적 구조를 불가피한 것으로 인정하게 함으로써 지배 계급이 암암리에 규정하는 문화를 주입시키는, 이른바 상징적 폭력을 행사하는 기제인 것이다.

결국 어린 시절부터 누릴 수 있는 경제적 여유(경제 자본)는 지적 발전의 토대를 갖추는 데 큰 도움이 될뿐더러, 그것은 다시 학교에서의 등급화에 매우 유리하게 활용될 수 있다. 학교는 공부를 기준으로 학생들의 등급과 서열을 당연한 것으로 받아들이게 함으로써 학교 서열에 해당하는 사회 계층으로의 편입을 극히 자연스러운 과정으로 여기게 만든다. 구체적으로 말하자면, 경제 자본과 학력 자본을 모두 갖춘 이들은 강력한 인맥으로 구성되는 사회 자본을 활용하여 새로운 경제 자본을 창출하고, 결국에는 이 모든 자본을 토대로 또 다른 문화 자본을 축적할 수 있는 것이다. 반대로 빈약한 경제 자본은 역시 매우 빈약한 학력과 지식을 얻는 데 만족하게 만들 수 있으며, 역시 공교육이 부여한 하위 등급을 받아들이고 이를 사회적 지위와 일치시키게 된다. 그 결과, 사회적 하위 계층으로 편입되어도 별 불만을 못 느끼게 되고 그에 걸맞은 문화 소비에 만족하며 살 수 있는 것이다. 하지만 그 어느 쪽도 이것이 이데올로기의 힘이라는 사실을 인식하지 못한다. 일반적으로 사람들은 그냥 잘살거나 다소 못살거나, 또는 그냥 이런저런 취향을 가졌다고 생각하지만 이 또한 크고 작은 이데올로기적 장치들이 개인을 세공한 결과라는 사실을 모른다(간혹 문화 자본의 위력을 인식하는 이들은 있지만 그것도 문화 이데올로기라는 사실은 잘 모른다). 이 때문에 현대화가 진행될수록 계층의 격차는 존재하지만 인식이 잘 안 되는 지경에 이르렀다. 19세기에는 경제적 빈부 차이가 계급 의식을 만들어 낼 만큼 가시적이었다면 21세기의 문화적 빈부 차이는 어떤 자각 증세도 일으키지 않기 때문에 사회적 빈익빈 부익부 현상은 오히려 더 심화된다고 할 수 있다.

7. 문화 유전자 밈

거시 이데올로기들은 다양한 〈장치〉들을 통해 개인들을 실천하게 함으로써 내면화된다. 그에 반해 문화적 미시 이데올로기와 다양한 코드들은 유행처럼 전파되기도 한다. 다시 말해 거시 이데올로기들은 개인이 태어나는 문화에 이미-존재하는 〈인프라〉로서 개인의 일차적 주체성(계층으로의 편입)을 결정하는 일방적-수직적 전파 경로를 따른다고 할 수 있다(이 때문에 우리 모두는 〈언제나-이미-주체〉라고 알튀세르는 말한다). 반대로 미시 이데올로기들은 비록 거시 이데올로기의 스펙트럼 안에서 형성되지만 개인이 〈선택〉하는 대상으로서 상호-수평적으로 전파되는 문화 코드-이데올로기들이다. 패션, 행동 패턴, 신조어 등의 유행이 그런 문화 코드-이데올로기에 해당한다.

이 같은 미시 이데올로기와 문화 코드들이 마치 전염되듯 전파된다는 사실은 분명 무언가를 매개로 하는 것으로 보이는데 신다윈주의자들은 이를 〈문화 유전자〉라고 부른다. 이 개념은 유전 생물학에서 이미 제안한 바 있는 개념으로서 오늘날 다양한 연구 분야(경제학, 문화 이론, 사회학)에 큰 반향을 일으키고 있는 〈밈meme〉을 규명하게 만든 개념이기도 하다. 모방의 매개체이자 문화적 유전자라고도 불리는 밈은 리처드 도킨스의 『이기적 유전자』에서 처음 등장하는데, 그는 이 개념을 다음과 같이 설명한다.[50]

> 넓은 의미에서 모방은 밈의 자기 복제를 가능케 하는 수단이다. 그러나 자기 복제가 가능한 모든 유전자가 성공을 기대할 수 없는 것처럼 어떤 밈은 밈 풀 속에서 다른 밈보다 성공적일 수 있다. 그것은 자연 선택과 유사하다. (……) 그러나 일반화하여 생각하면 그 특성은 자기 복제자에 관해 논한 것 — 장수, 다산성 그리고 자기 복제의 정확도 — 과 같을 것이다. (……) 밈의 예에는 곡조, 사상, 표어, 의복의 상태, 단지 만드는 법, 또는 아치 건조법이 있다. 유전자가 유전자 풀 내에서 번식할 때 정자나 난자를 운반자로 하여 몸에서 몸으로 뛰어넘는 것과 같이 밈이 밈 풀 내에서 번식할 때에는 넓은 의미로 모방이라고 할 수 있는 과정을 매개로 하여 뇌에서 뇌로 건너다닌다.

이렇게 밈의 개념은 근본적으로 유전자의 유추적 개념이다. 그럼에도 많은 학자들이 밈과 문화 진화론에 큰 관심을 갖기 시작하여 드디어는 〈미메틱스memetics〉라는 학문 분야까지 탄생하기에 이르렀다. 미메틱스의 기본 이론은, 유전자의 존재 이유가 오로지 생명체를 매개로 자기 복제를 하는 데 있듯이 밈도 생명체를 통해 스스로를 전파한다는 가설에 근거한다. 현재 이 이론은 인간의 문화유산 전달 과정을 비롯해 크고 작은 이데올로기와

---

50 『이기적 유적자』, 338면. 또한 도킨스는 신조어 〈밈〉을 다음과 같이 만들었다고 말한다. 〈새로이 등장한 자기 복제자에게도 문화 전달의 단위 또는 모방 단위라는 개념을 함축하고 있는 명상의 이름이 필요하다. 모방에 알맞은 그리스어의 어근은 mimeme라는 것인데 내가 바라는 것은 gene(유전자)라는 단어와 발음이 유사한 단음절의 단어. 그러기 위해서는 그리스어의 어근을 밈meme으로 줄여야 한다. (……) 만약 이것이 허락된다면 밈이라는 단어는 기억 memory, 또는 이것에 상당하는 프랑스어의 même라는 단어와 관련이 있는 것으로 생각할 수가 있을 것이다〉. 같은 책, 335면.

문화 코드가 사람들 사이에서 전파되는 과정을 어느 정도 설명하는 이론이 기도 하다. 하지만 밈의 개념을 정확히 이해하기 위해서는 진화론에 대한 몇 가지 언급이 불가피해 보인다.

생명, 진화, 문화

찰스 다윈Charles Darwin의 진화론에 따르면 진화는 유전, 변이, 자연 선택에 기초하는데 유전은 한 생명체에서 다른 생명체로 DNA 유전자가 복제되는 과정을 의미하며, 변이는 그런 유전이 동일한 복제를 일으키지 않을 때 발생한다. 그리고 자연 선택은 적응도가 떨어지는(즉 환경에 적응하지 못하는) 돌연변이가 제거되는 현상을 가리킨다. 이를 토대로 진화론자들은 〈자기 복제자replicator〉라는 개념을 도입하는데 그것은 스스로를 (거의) 동일하게 복제할 수 있는 능력을 지닌 실체를 가리킨다.

이미 알려졌듯이, 생명 출현의 기본 조건은 물, 이산화탄소, 메탄, 암모니아 등의 단순 화합물의 존재 여부에 있으며 이런 것들은 적어도 태양계의 몇 개 행성에 존재하는 것으로 확인되었다. 또 이런 물질들을 플라스크에 넣고 자외선이나 전기 방전 등의 에너지를 가한 후 2~3주가 지나면 그 플라스크 속에는 처음에 넣었던 분자보다 〈복잡한 분자를 많이 포함한 갈색의 액체가 생긴다〉.[51] 특히 그 액체에서는 아미노산이 생성되는데, 이것이 바로 생물체를 이루는 두 개의 대표적 물질 중 하나로서 단백질을 구성하는 요소이다. 이를 토대로 도킨스는 〈생명 탄생 이전에 지구의 화학적 상태

---

51 도킨스, 앞의 책, 61면.

를 본뜬 실내 실험에서 푸린purine이라든가 피리미딘pyrimidine이라고 하는 유
기물이 생성되었으며 이것들은 다름 아닌 유전 물질 DNA 자체의 구성 요
소이다〉라고 말한다. 바로 이러한 기초 위에서 자기 복제자가 출현하여 진
화를 촉진시키는데 도킨스의 입장은 다음과 같다.[52]

때로는 특히 놀랄 만한 분자가 우연히 생겼다. 이것을 〈자기 복제자〉라고
부르기로 하자. 자기 복제자는 반드시 최대 분자도 아니고 가장 복잡한 분자
도 아니었으나 스스로의 복제물을 만든다는 놀라운 특성을 지녔다.

여기서 〈우연히 생겼다〉는 표현은 매우 비과학적인 발언처럼 들릴 수 있
다. 하지만 자기 복제자의 출현을 진화라는 길고도 긴 모험의 과정에서 보
면 문제는 달라진다. 즉 이런 분자의 출현 가능성은 매우 희박하지만 진화
는 수억 년 동안 지속되었다는 점과, 그런 길고도 긴 세월 동안 〈단 한 번〉
만 발생하면 된다는 점, 그리고 특히 현재로서는 더 설득력 있는 가설이 없
다는 점을 인정하면 이 이론은 충분히 받아들일 만한 것으로 바뀐다.[53]
　자기 복제자의 존재 의미는 동일한 자기 복제 〈능력〉에 있을 따름이다.
간혹 복제 오류가 발생할 수도 있지만 자기 복제자는 복제의 정확성, 장수,
다산성을 생존 무기로 삼는다. 이를 위해서는 생존 기계가 필요한데 이것
이 미시적으로는 세포이며 거시적으로는 생명체이다. 이런 의미에서 다윈

---

52 도킨스, 앞의 책, 63면.
53 도킨스는 다음과 같이 피력한다. 〈그러나 이것의 탄생은 전혀 일어날 것처럼 보이지 않을
수도 있다. 확실히 그랬다. 그것은 매우 불가능한 일이었다. 한 사람의 일생에서 그 정도로 불가
능해 보이는 일은 실제로 불가능한 것으로 취급된다. 마치 당신이 축구 도박에서 재미를 못 보는
이유와도 같다. 그러나 생길 수 있는 것과 생길 수 없는 것을 판단할 때 우리는 수억 년이라는 세
월을 다루는 데 익숙하지 않다. 만약 1억 년 동안 매주 축구 도박에 돈을 걸면 분명히 여러 차례
횡재할 수 있었을 것이다〉. 같은 책, 62면.

이후의 여러 진화론자들은 인간을 비롯한 모든 생명체를 유전자의 〈생존 기계〉로 보는 것이다.

밈의 개념은 바로 이러한 자기 복제자의 개념을 문화 진화론에 적용시킨 유추적 개념이다. 앞서 언급한 것처럼 이런 관점은 문화가 진화하는 양상과 생명체가 진화하는 양상이 충분히 비교될 수 있다는 이른바 미메틱스의 토대가 된다. 이런 유추적 방법론은 다음과 같이 도식화될 수 있다.

기능	생물	문화
자기 복제자	유전자	밈
상호 작용자	신체	의식(뇌)

수전 블랙모어Susan Blackmore는 이와 같은 방법론적 전제를 보다 분명하게 설명하는데 그의 입장을 정리하면 다음과 같다.[54]

〈유전자〉	〈밈〉
세포에 담긴 유전자는 단백질을 만드는 복제 정보로서, 다른 생명체로 전달되기 위한 것이다. 유전자의 경쟁은 생물의 진화를 이끈다.	뇌에 담긴 밈은 행동을 만드는 정보로서, 모방을 통해 다른 뇌로 전달되기 위한 것이다. 밈의 경쟁은 사고의 진화를 이끈다.

유전자와 밈은 둘 다 자기 복제자이며 진화론의 일반 원리를 따를 것이다. 이런 의미에서 둘은 같다. 이런 관점을 벗어나면 둘은 매우 다르겠지만 유추적으로만 관련이 있을 따름이다.

---

54 "L'évolution des machines mémétiques", Paper presented at the International Congress on Ontopsychology and Memetics, Milano, May 18~21, 2002. http://www.susanblackmore. co.uk/Conferences/OntopsychFr.htm

혹자는 밈의 가정과 유추적 접근 방법에 의구심을 품을 수도 있을 것이다. 이런 유추적 개념이 과연 과학적인가 하는 의문을 제기할 수 있다는 말이다. 하지만 인문학은 물론이고 자연 과학의 수많은 연구도 다양한 가설에서 출발하며 그럼으로써 그 가설을 논리적으로(자연 과학에서는 실증적으로) 입증하거나 새로운 가설을 세우는 데 기여한다면 그것은 학문 발전에 도움이 될 것이다. 놈 촘스키Noam Chomsky의 언어 이론도 그렇게 발전하고 변형되었으며, 심지어는 소쉬르의 랑그langue도 과학으로서의 언어학이 성립될 수 있는 방법론적 대상이자 토대를 마련하는 데 더 큰 기여를 했다. 따라서 문화의 진화를 인정한다면, 그리고 이런저런 유행이 전파되는 현상이 분명 존재하는 이상 밈의 존재도, 적어도 방법론적으로는 인정할 수 있을 것이다.

밈

문화의 진화와 밈의 관계를 알아보기에 앞서 우리는 진화에 대해 보다 객관적인 개념을 정리할 필요가 있다. 왜냐하면 〈진화〉라고 하면 흔히 좋은 방향으로 발전한다는 의미로 풀이되기 때문이다. 그러나 진화는 생물학적으로나 문화적으로나 새로운 환경에 맹목적으로 적응하는 과정임을 거듭 강요할 필요가 있다. 즉 유전은 자기 복제자가 살아남기 위한 수단에 불과하다는 말이다. 그리고 어떤 식으로든 문화가 진화한 것이 사실이라면 그 진화를 가능케 한 건 다름 아닌 밈 또는 그와 유사한 무언가가 있기 때문일 것이다.

문화 진화론자들에 따르면, 밈은 일종의 인지 단위로서 모방을 통해 뇌에서 뇌로 건너뛰는 정보다. 하지만 우리가 접하는 모든 정보, 심지어 우리가 배우는 모든 것이 밈으로 간주될 수는 없다. 동물도 나름대로 무언가를 배운다. 하지만 그것은 밈이 아니다. 우리가 우연히 보는 것이나 멋진 추억들도 밈이 아니다. 우리가 혼자서 발견하는 효율적인 행위나 체계적인 학습을 통해 배우는 것도 밈이 아니다. 이에 관해 수전 블랙모어는 다음과 같이 말한다.[55]

모방 능력은 조류나 돌고래 그리고 유인원들에게도 존재한다. 침팬지와 오랑우탄도 제한된 모방 능력을 갖추었을 거다. 그러나 인간만이 특정하고도 일반적이며 관습적인 모방 능력이 있으며 이것이 밈의 진화를 결정하는 두 번째 복제자의 존재를 가능케 한다.

이렇게 밈은 인간 고유의 모방 능력이며, 그것의 존재 조건은 다른 이에게 복제될 수 있다는 데 있다. 문제는 어떤 정보들이 복제되는가(진화론자들의 표현에 따르면, 뇌에서 뇌로 건너뛰는가)를 규명하는 데 있을 것이다. 미메틱스를 표방하는 학자들은 밈의 발견을 인류의 탄생과 연결시킨다. 앞서 인용한 수전 블랙모어는 다음과 같은 설득력 있는 논의를 펼친다.

사람과(科)의 동물이 모방을 시작했을 때 결정적인 전환점을 맞이한다. 그것은 석기 시대 이전 뇌의 발전이 시작하기 전 아마도 250만 년 전에 일어났을 것이다. 진짜 모방이란 새로운 행동 내지는 다른 동물의 솜씨를 복제한다는 의미를 갖는다. 그것은 어려운 일이며 뇌의 뛰어난 능력과 많은 에너지를

---

55 "L'évolution des machines mémétiques" 참고.

요구하며 동물 세계에서는 매우 드문 현상이다. 그러나 이런 능력이 생겨난 다음부터 우리의 조상들은 사냥과 이동, 요리 또는 불을 만들거나 옷을 만드는 데 유용한 새로운 능력을 빠르게 모방할 수 있었을 것이다.

이러한 관점은 사회학자 가브리엘 타르드Gabriel Tarde에게서도 이미 발견되는데, 그는 〈인간에게 적용된 모방 현상은 개인의 유전자를 번식시키고 전파할 수 있는 능력을 향상시키는 행위로 고려될 수 있다〉고 역설하기도 했다.[56] 이렇게 모방과 인류의 문화 발전은 분명한 관계가 있어 보인다. 이 때문에 도킨스는 오히려 유전자와 비교했을 때 밈의 장점을 다음과 같이 설명한다.

우리가 사후에 남길 수 있는 것은 두 가지다. 즉 유전자와 밈이다. 우리는 유전자를 전하기 위해 만들어진 유전자 기계이다. 그러나 유전자 기계로서의 우리는 3세대 정도가 경과하면 잊히고 말 것이다……. 하지만 소크라테스, 레오나르도 다빈치, 코페르니쿠스 그리고 마르코니 등등의 밈 복합체는 아직도 건재하지 않은가.[57]

밈의 장수성이야말로 문화 진화론의 핵심 논거라고 할 수 있다. 왜냐하면 이것만이 수천 년 전에 생겨나서 지금까지 이어지는 각종 미신과 종교,

---

56 타르드는 모방의 법칙으로 ① 사회의 상층에서 하층으로 하강한다(모방의 흐름). ② 널리 공간적으로 전파한다. ③ 먼저 그 사회의 내부에서 시작되어 외부로 향한다는 것을 들고 있으며, 주로 ①에 의해 유행을, ②에 의해 유언(流言)을, ③에 의해 문화의 존속을 설명하려고 했다. 그는 모방 과정을 어떤 모델을 만났을 때 사람들 마음속에 형성되는, 일종의 심상의 지배하에 일어나는 최면 상태에 가까운 것이라 생각했다.
57 도킨스, 『이기적 유전자』, 346면.

이런저런 믿음과 관습 그리고 가치관을 설명하기 때문이다. 뿐만 아니라 세월의 흐름 속에 사라진 것들과 심지어는 기억과 모방의 탄생과 진화도 설명할 수 있을 것이다. 하지만 우리는 밈의 문제를 주로 이데올로기 및 문화 코드와 관련지어 살펴보기로 한다.

밈과 이데올로기의 전파

진화론자들에 따르면, 우리 개인은 〈밈에 감염된 원숭이의 특별한 형태〉에 불과하다.[58] 지금 우리의 모습과 문화는 이제까지 우리가 받아들인 밈의 결과물이라는 말이다. 또는 개인이나 집단의 문화적 정체성은 그것들이 받아들인 밈들의 총체와 그런 밈들이 일으키는 내외적 상호 작용의 결과라고 할 수 있다.

밈이 어떻게 전달되는가 하는 문제야말로 근본적인 커뮤니케이션 원리에 따른다. 머릿속에 있는 유용한 정보라도 그것은 매개체, 즉 기호를 통해서만 인지되고 전달되기 때문이다. 예를 들어 인류가 여명을 맞이한 시기는 생존에 도움이 되는 특정한 행동이 개인 차원에서 생겨났을 뿐만 아니라 다른 이가 그것을 모방함으로써 그 집단에 도움이 되기 시작한 순간과 일치할 것이다. 예를 들어 특정한 몸짓 또는 외침을 생각할 수 있다. 그러나 본능적이거나 반사적인 행동이라도 그것이 모방의 대상이 되었다는 점이 무엇보다 중요하다. 그리고 이것이 문화의 진화 과정을 촉발하는 밈의 출현이다. 그 순간부터 인류는 생존에 필요한 정보를 다른 이에게 전달하

---

58 이는 수전 블랙모어가 인용하는 대니얼 데닛Daniel Denett의 견해다. "L'évolution des machines mémétiques" 참조.

고 다른 이도 그것을 인지하는 기초 커뮤니케이션을 작동시켰다. 이런 커뮤니케이션은 반드시 의식적일 필요도 없다. 개체 생존을 위한 인간 특유의 모방이다. 하지만 그것은 밈을 통해 종족 생존의 차원으로 일반화되기 시작한다. 즉 문화의 탄생이라고 할 수도 있다. 그러나 진화론자들은 이 문제에 관해서도 밈의 이기적인 본질을 말한다. 다시 도킨스를 인용하자면 〈하나의 밈이 한 인간의 뇌의 집중력을 독점하고 있다면 《경쟁》의 밈이 희생되는 것은 틀림없다〉.[59] 이런 견해를 좀 더 현실적으로 설명하자면, 어떤 남자가 여성에게 잘 보이기 위해 취하는 행동(또는 행태)으로서의 밈을 생각해 볼 수 있다. 그는 어딘가에서(어쩌면 무의식적으로) 그것을 인지했으며 그런 밈이 필요할 때는 다시 무의식적으로 그 기호-행태를 표현할 수 있다. 그럼으로써 밈은 전달된다. 이때 다른 남성이 그런 행동의 효과를 목격하고 모방할 수 있으며, 이를 밈으로 받아들이게 되면 그는 기존의 밈(예를 들어 여성을 유혹하는 데 덜 효과적인 밈)을 버린다. 여성도 한몫하는데 그런 밈을 알게 되면 다른 남성에게도 최소한 그 정도의 효과적인 행동을 기대함으로써 비록 여성이 사용할 밈은 아니지만 정보적 가치로서의 밈을 전달받게 되는 것이다. 이것이 문화의 진화를 가동시키는 밈의 전파력이다.[60] 이때 더욱 중요한 문제는 이런 밈의 효력이 생물학적 유전자의 번식

59 도킨스, 『이기적 유전자』, 342면.
60 수전 블랙모어는 이런 문제를 일반화하여 다음과 같이 말한다, 즉 〈오늘날 우리 주변에서 볼 수 있는 밈들이 복제를 하기 위한 경쟁에서 살아남은 것들이라는 사실을 이해해야 한다. 이런 밈들은 《좋은 복제자》가 되기 위한 조건을 갖추고 있었다는 말이다〉. 같은 논문. 또한 옹거 Aunger는 〈뇌 속에서 활발한 밈들은 다른 뇌에서 같은 유형의 밈들을 활성화시킬 수 있는 신호를 보낸다. 신호《또는 주모자》들은 수신자가 있든 없든 자동적으로 발신되는데 이는 마치 식물들이 보내는 냄새가 어떤 생명체에게 전달되는지 상관없는 경우와 같다〉고 말한다. Jean Magnan de Bornie, Mèmes et évolution culturelle, texte provisoire, Séminaire économie et biologie, CREUSET et GREQAM, Université Paul Cézanne Aix-Marseille. 07, 2005 참고. http://junon.univ-cezanne.fr/bornier/publi.html.

(여기서는 유혹 시도의 성공 여부)과도 직결된다는 사실이다. 종합해서 말하면 밈은 〈개체의 진화에 유익한 정보〉라고 할 수 있으며, 여기서 말하는 개체는 오로지 유전자 전달을 책임지는 이타적/이기적 존재로 정의되어야 할 것이다.

이를 토대로 우리는 생물학적 진화가 아닌 문화의 진화와 특히 이데올로기 문제를 살펴볼 것을 제안하는데 이에 앞서 문화는 근본적으로 특정 이데올로기의 결정체라는 점을 다시 한 번 강조할 필요가 있다. 즉 문화의 차이는 곧 이데올로기의 차이이고, 그것은 다시 다양한 코드의 생성 및 존속의 토대가 되며 기호는 그런 토대 위에서 만들어진다. 이 점에 기초해서 우리는 이데올로기를 두 가지로 구분한 바 있다. 하나는 생존의 이데올로기이고 다른 하나는 문화 이데올로기인데, 지금부터는 이 두 가지 이데올로기를 미메틱스의 관점에서 살펴보기로 한다.

생존 이데올로기의 밈

생존 이데올로기는 말 그대로 생존을 위한 이데올로기라고 할 수 있다. 이것은 인간의 지적 수준에 따라 유형과 위력을 달리하는데 그중에는 이타주의가 있는가 하면 문화의 각종 하위 이데올로기, 미신과 의식 행위, 심지어는 노동 분화에 따르는 성차별 등이 있다. 앞서 언급했듯이 이런 이데올로기는 주로 인류 문화의 초기 단계에 전파된 것으로서 그 전이 경로는, 처음에는 동일 세대 안에서 수평적으로 번졌겠지만, 나중에는 수직적이라고 할 수 있는 이른바 부모-자식 내지 원로-젊은이라는 기초 교육(또는 훈육) 경로를 통해 전이되었다고 할 수 있다. 부모-자식의 경로에 관해서는 잘 알려진 아이의 모방 본능을 예로 들 수 있다.[61] 부모를 모방함으로써 아이는 생활에 필요한 기초적인 행동 패턴을 습득하는데 여기서도 부모는 의식적으로 모방 단위를 전달하려 하지 않으며 아이 또한 배우고자 하는 특별한 의도 없이 배운다. 그 과정이 다음 세대로 이어진다는 의미에서 밈이라고 할 수 있다(아마도 이는 한층 더 틀에 박힌 전이 과정일 것이다). 원로-젊은이의 경로는 좀 더 제도화된 교육 과정을 함축하는데 특정 기술을 물려주거나 터득한다는 것은 원로-젊은이 모두에게 유익하기 때문에 가능하다. 원로는 존경을 받고 젊은이는 자기 능력을 향상시킬 수 있는 정보를 얻는다는 의미에서 역시 밈이 전이된다고 할 수 있다. 생존 이데올로기 중에서 흥미로운 것이 바로 이런 이타주의라는 밈일 것이다. 매트 리들리는 다음과 같이 말한다.

> 인간 사회가 상호 의무의 네트워크라는 것을 보여 주는 증거는 아주 많다. 호혜주의는 언어나 몸짓처럼 인간 고유의 용도로 발전시켜 온 것 가운데 하나일 수 있으며, 다른 동물들은 호혜주의의 유용성을 발견하지 못했거나 그것을 활용할 만한 정신적 능력을 갖추지 못했을지도 모른다.[62]

좀 더 일반화해서 보자면 이타주의는 〈인간의 생존에 더 적합하다〉는 정보를 지닌 밈의 집합이자 밈의 가동 메커니즘이다. 이것은 인류 초기부터 다양한 경로를 통해 지금까지 전이되어 왔다. 이것이 원로-젊은이의 관계를 비롯하여 수렵 생활에서의 협동 사냥의 밈이자 농경 사회에서 협동의

---

61 여기서도 두 가지 모방을 구분할 수 있다. 하나는 반향 동작echopraxia이고 다른 하나는 반향 언어echolalia이다. 그러나 이 문제는 차후의 연구에서 다룰 것이다.
62 리들리, 『이타적 유전자』, 105면.

미덕인 밈이다. 이런 밈은 개체 보존과 종족 보존의 본능 양쪽과 밀접한 관계가 있다고 할 수 있다. 이렇듯 생존을 위한 정보의 밈들은 존재하고, 또 존재할 필요가 있었다.

그러나 이런 밈들 중에는 과학적인 근거가 없거나 효율성이 전혀 없는 것들도 있는데 그것이 바로 미신과 종교라는 이름의 밈들이다. 몇몇 진화론자들은 이런 밈을 〈바이러스 밈〉이라고 부른다.

종교, 의식, 고정 관념, 효과 없는 치료법과 같은 밈들은 정신의 바이러스로 취급되어야 하는데 왜냐하면 그릇된 것임에도 불구하고 그런 밈들은 사람들을 감염시키고 그것을 전파할 것을 강요하기 때문이다.[63]

진화론적 관점에서 볼 때 이런 바이러스 밈들이 수천 년 동안 전이될 수 있는 이유는 그것의 강력한 〈심리적 매력〉 때문일 것이다. 즉 논리적이고 실질적인 효율성이 아닌 상상의 유혹이 만들어 낸 밈인데, 예를 들면 〈지금의 불행이 사후의 행복이다〉와 같은 믿음을 생각할 수 있다. 이런 밈은 매우 높은 생존가와 감염력을 갖는데 과학의 발달에도 불구하고 사라지기는커녕 점점 유연한 합리화를 무기로 오히려 놀라운 적응력과 내성을 과시하고 있다.

---

63 Susan Blackmore, *The Evolution of Meme Machines*, essai présenté au Congrès International sur l'Ontopsychologie et la Mémétique, Milan 18~21 mai 2002.

문화 이데올로기의 밈

　문화 이데올로기 문제는 좀 더 복합적인 양상을 드러낸다. 왜냐하면 문화 이데올로기들은 권력, 계층, 세대, 대소(大小) 집단, 유행, 개인의 취향 등 문화의 모든 거시적·미시적 영역으로 분포되기 때문이다. 인간의 문화는 이토록 다양한 하위 이데올로기들의 집합체로서 그것들은 매우 유사한 경로를 따라 전이되는데 그것은 다름 아닌 밈의 전이 방식이다. 이런 이데올로기들이 밈의 지위를 갖지 못했다면 이토록 널리 전파될 수 없을 것이다. 여기서는 모든 하위 이데올로기들을 다룰 수 없기 때문에 우리는 〈유행〉 중에서도 〈패션〉이라는 밈을 예로 들어 그 전파 과정을 살펴보기로 한다.

　새로운 패션은 어느 누군가에 의해 창조된다. 그것은 패션 디자이너일 수도 있지만 비전문가로서의 한 개인, 예를 들면 찢어진 청바지를 처음 입은 펑크족의 일원일 수도 있다. 패션 디자이너는 기존의 패션(또는 기존의 패션 밈)을 세밀히 관찰한 뒤 그것을 대체할 수 있는 새로운 패션을 심사숙고하여 창조한다. 유명한 디자이너일수록 새로운 패션이 강력한 밈으로 전파될 가능성이 높다. 사람들은 패션쇼나 각종 매체를 통해 그것을 전달받는다. 모방을 통해 그 밈이 내포하는 상징(예를 들면 부의 상징 또는 자유의 상징)을 다시 표출하게 되고 그럼으로써 소규모 집단의 밈이 대규모 집단의 밈으로 점점 넓게 전이되기에 이른다. 이 경우 밈은 권력의 경로를 따르는 셈이다.

　그러나 패션 전문가가 만들어 내는 밈보다 문화 이데올로기적으로 더 흥미로운 것은 자연 발생적인 패션이다. 펑크 패션을 예로 들어 보자. 왜냐하면 펑크 패션은 무정부적이고 사회 반항적이며 세기말적인 이데올로기의 표명으로서 매우 상징성이 강한 밈을 탄생시켰기 때문이다. 여기서 우리는 밈의 상징성에 주목할 필요가 있다. 왜냐하면 펑크 이데올로기는 다른 상징을 채택할 수도 있었기 때문이다. 비둘기가 평화를 상징하는 유일한 대안이 아니듯, 속옷이나 파자마 패션도 불가능한 건 아니었다. 아마도 처음으로 찢어진 청바지를 입은 사람은 기존의 청바지가 가졌던 반항과 터프한 이미지에서 한 단계 더 나아가 쓰레기 인생의 이미지를 추가하는 동시에 허벅지의 맨살을 드러내는 이른바 바지 착용의 난센스를 드러내려 했을 것이다(이런 이유로 찢어진 양복 바지는 한때 잘나가다가 실패한 노숙자 인생을 상징했을 것이다). 쉽게 말해 쓰레기와 같은 반항적인 옷을 입고 세상을 비웃고 싶었으며 어쩌면 그는 버려야 하는 청바지를 그런 의도로 그냥 입을 것이다.[64] 어쨌든 나름대로의 상징을 만들어 본 것이고 그것은 곧바로 펑크족 내에서 채택되었다. 이것이 찢어진 청바지라는 밈이 탄생하는 순간이다. 왜냐하면 펑크족의 다른 구성원들도 무언가를 찾고 있었는데 마침 그런 바지가 적합하다고 느꼈기 때문이다. 이때부터 멀쩡한 청바지를 찢기 시작했으며, 마치 수도승의 의상이 신앙을 상징하듯이 그것은 펑크 집단과 그 문화의 총체적인 상징-기호가 되어 버렸다. 이런 밈의 전이 경로는 기본적으로 수평적인 특징을 갖는다. 즉 〈우선적으로는〉 동일 세대 안에서 전이된다는 말이다. 어쨌든 재미있는 것은 펑크 문화가 시든 다음에도, 즉 그 이데올로기가 거의 사라진 다음에도 그 패션은 남아 일부 전위 예술가들과 뮤지션들의 〈소박한 상징〉으로 유지되다가(이때까지만 해도 약간의 반항적 내지는 반사회적 상징성을 띠었다) 결국에는 펑크를 전혀 모르는 문화까지 건너와서 유행하기에 이르렀으며 급기야는 찢어진 청바지를 공장에서 대량 생산하는 현상까지 일어났다. 이런 경우 펑크의 밈은 강력한 이데올로

---

64 펑크 의상의 요소로는 개 목걸이, 닭 볏 머리 모양, 영화 「시계태엽 오렌지Clockwork Orange」의 주인공과 유사한 남자 화장 등을 언급할 수 있다.

기의 상징을 거쳐 가장 평범한 유행의 밈으로의 도태 과정을 걸어왔다고 할 수 있다.

펑크 패션을 예로 든 이유는 다른 문화적 이데올로기와 밈들도 이와 비슷하게 전파되기 때문이다. 물론 어떤 밈들은 수명이 훨씬 더 길다. 한국의 경우를 보자면 반공산주의, 호전주의, 민족주의, 집단주의가 그렇다. 하지만 문화가 진화한다면 이런 끈질긴 밈들도 종교의 밈들이 그랬듯이 언젠가는 새로운 환경에 적응해야 하거나 도태할 것이다.

밈의 전이 경로와 방식

앞서 언급한 것처럼 우선적으로 밈은 같은 세대 안에서 전이되지만 세대를 이어 가며 전이될 수도 있다. 밈의 전이 경로는 다양한 방향성을 갖는데 모나 아부드M. Abboud는 밈의 전이 경로를 다음과 같이 정리한다.

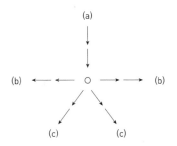

이 도식에서 (a)는 2세대(즉 부모-자식) 간의 수직적 전이를 나타낸다. (b)는 같은 세대 안에서의 수평적 전이를 가리키고, (c)는 친족 관계가 아닌 두

세대 간의 사선형 전이 방향을 가리킨다. 어떤 밈은 (b)유형으로 전이된 다음 (a)유형으로 전이되는데 이 두 단계를 거치는 것이 바로 생존 이데올로기들이다. 대신 유행이나 패션과 같은 밈들은 통상 (b)유형으로 전이되는 경향이 있다. 전통적으로 (c)유형으로 전이되는 밈들은 기술, 노하우, 지식 등 다양한 개인 및 집단적(또는 정규/비정규) 교육 과정을 통해 전이된다. 여기서 우리가 〈전통적으로〉를 강조하는 이유는 근대 이후 매스 미디어의 등장 이후 바로 이 경로가 많은 변화를 겪었기 때문이다. 특히 현대에 들어서면서 매스 미디어가 인간의 생활 전반에 막대한 영향을 미쳤다는 사실은 자명하다. 이 문제를 밈의 전이와 관련지어 접근해 보면 매스 미디어의 출현과 더불어 특정한 밈들이 생성, 조장, 강요되기 시작했다. 즉 매스 미디어를 통해 인간은 국가관, 역사관, 소비주의, 유행, 지식, 오락(또는 유희의 유형)의 밈들을 수동적으로 받아들이거나 강요받기에 이르렀다.[65] 밈의 이기적 성질을 고려하면 이런 문제는 매우 심각하다. 요컨대 〈한 밈이 한 인간의 뇌의 집중력을 독점하고 있다면 《경쟁》의 밈은 희생되는 것이 틀림없다〉면 매스 미디어가 살포하는 온갖 유혹적인 밈들은 유사한 분야의 다른 밈들을 밀어내면서 주입된다고 할 수 있다. 물론 이런 문제는 좀 더 세심한 고찰이 요구되지만 미메틱스는 매스 미디어와 권력의 문제를 이해하는 데도 도움이 될 것이다.

---

65 혹자는 〈강요받는〉 것은 밈이 아니라고 반박할 것이다. 그러나 특정한 밈을 미화시키면 상황은 달라진다. 게다가 어떤 개인이나 집단이 그것을 갖게 되면 밈의 모든 경로를 통해 전파된다.

밈 커뮤니케이션

앞서 말했듯이 밈은 〈개체의 진화에 유익한 기호〉일 뿐만 아니라 코드일 수도 있으며, 그것을 지배하는 이데올로기일 수도 있다. 게다가 자기 복제 자로서의 밈은 개인에서 개인에게로, 집단에서 집단으로, 세대에서 다음 세 대로 전달되기 때문에 명백한 커뮤니케이션의 대상이기도 하다. 지금까지 는 생물 진화론과의 유추적 관계를 강조하기 위해 〈전이〉라는 표현을 주로 사용했다. 그런 까닭에 커뮤니케이션의 관점에서 사실 〈전이〉는 〈전달 communication〉로 바꾸어 사용할 수도 있을 것이다. 이 점을 보다 명확히 하기 위해서는 모나 아부드가 제시하는 밈의 종류들을 인용해 볼 수 있다.

1. 개인의 뇌에 저장되어 다른 뇌로 전이될 수 있는 〈정보 단위〉
2. 개인에서 다른 개인으로 전파되는 〈모방 단위〉
3. 반복되는 행동의 일부분
4. 도구나 물건을 통해 나타나는 정보
5. 모방을 통해 복제할 수 있는 행동이나 습관
6. 바이러스처럼 개인의 정신을 통해 전파되는 〈전염성〉 있는 관념
7. 언어 및 비언어적 커뮤니케이션을 통해 전염되는 생각
8. 한 개인의 뇌세포 조직에 이식되는 새로운 연결망
9. 개인 및 공동체의 정신적 구현들
10. 언어, 제도, 규범, 세계관

밈의 종류는 이처럼 다양한데 그중에는 행태, 정보, 코드, 이데올로기도 있다. 밈은 의도적으로든 아니든 그것을 필요로 하는 이에게 전달된다. 밈

커뮤니케이션의 주요 매개체는 당연히 언어이다. 그러나 언어 자체도 일종의 슈퍼밈이다. 앞서 말했듯이 어떤 외침이 〈유용한 정보〉로 기억되고 모방되면서 언어가 탄생했을 것이다. 그것은 생존의 문제이기도 했다. 아이가 언어를 배우고 더 나아가 언어 기호의 자의성을 기꺼이 받아들이는 것도 그 단어가 필요하기 때문이고 간혹 자기 나름대로의 규칙을 찾아보는 행위도 언어 습득에 대한 적극성을 설명한다.[66] 어쨌든 언어가 밈 커뮤니케이션의 주 매개체가 될 수 있는 이유는 그것의 경제성에 있다. 언어를 통해 인간은 최소한의 물리적 노력으로 최대한의 정보를 전달한다. 그러나 이보다 더 중요한 것은 정보의 〈기호화〉이다. 즉 밈을 기호화함으로써 인간은 모방 단위를 시니피에로 기억할 수 있다. 예를 들어 초기의 인간이 개의 유용성을 알게 되었을 때 그는 그 개를 하나의 기호로 인식했다고 할 수 있다. 때문에 직접 목격한 개가 아닌 (전혀 다른 모습의) 다른 개도 유용한 동물로 알아보는 것이다. 또는 에코가 말했듯이 언젠가 원시인은 동굴을 대피소로 발견했고 그것의 개념을 기억함으로써, 즉 그 시니피에를 알게 됨으로써 크기나 깊이와 위치가 다른 동굴도 동굴로서 알아볼 수 있게 된 것이다. 그리고 이런 개념이 생긴 다음부터는 그런 공간을 인공적으로 만들겠다는 발상과 함께 드디어는 건축을 탄생시킬 수도 있었다. 게다가 언어는 지시 대상에서 자유로울 수 있는 특권이 있는 커뮤니케이션 도구이다. 언어의 메타언어적 기능, 언어를 언어로 설명할 수 있는 기능도 큰 몫을 하지만 이 모든 것은 개념화 덕분에 가능하다. 그래서 우리는 귀신이나 일각수처럼 존재하지 않는 것도 알 수 있는 것이다.

비언어적 기호로서의 밈도 많은데 그것들 역시 유사한 기호학적 문제를

---

66 예를 들어 프랑스 아이들은 간혹 nous prenons 대신 nous prendons이라고 말하는데 사실 이런 〈잘못〉은 나름대로의 규칙성을 찾는 행위로 간주되어야 한다.

제기한다. 어떤 행동이 유용함 때문에 밈으로 전달되는 경우 수신자는 그 것의 유용성을 기호화(또는 개념화)하는 것이다. 예를 들어 〈센 강가에서 독 서하는 모습〉을 자기도 모르게 모방하는 이유는 그 행위의 모방 자체에 있 는 것이 아니라 그것이 나름대로 〈멋있고 여유롭거나 지적으로〉 보이기 때 문일 것이다. 여기에는 의미 작용이 있으며 결국 언어를 매개로 한 밈의 전 달 과정과 다를 바 없다.

도구나 물건으로 나타나는 정보도 마찬가지다. 예를 들어 전문가용 카 메라를 구입하는 행위는 돈을 지불하고 물건을 소유해서 장롱에 처박아 두 려는 투자가 아니다. 구입자는 그것을 소유한 사람의 이미지(즉 문화적 의 미)를 인지했고 그것이 마음에 들었기 때문에 큰돈을 지불한다. 그럼으로 써 구입자는 사진을 본격적으로 찍을 수 있으며 나름대로의 사진과 관련된 문화 코드를 갖게 될 것이다. 어쨌든 밈의 관점에 보면 수신자는 그런 이미 지가 마음에 들 준비가 되어 있었던 셈이다.

문제는 이데올로기의 커뮤니케이션 방식이다. 이 문제는 좀 더 복합적인 양상을 띠는데 아마도 기본적으로는 언어를 매개로 하는 전이 방법이 가장 직접적인 방법일 것이다. 그러나 다른 정보 밈들도 언어 커뮤니케이션과 더 불어 시너지를 일으킬 수 있는데 이데올로기의 관점에서 보았을 때는 이런 전이 방법이 더 중요한 동시에 흥미롭다. 즉 주변의 행동이나 사물의 체계 도 이데올로기를 전이시키는데 우리가 여기서 〈체계〉라는 말을 사용하는 이유는 이것들이 다소 연관성을 갖는 의미 혹은 더 정확히 말해 내포적(또 는 상징적) 의미의 연결망을 형성하기 때문이다.[67] 예를 들면 어떤 사람이 다 음과 같은 밈-기호들을 개별적으로, 즉 별개의 경로를 통해 수신할지라도

---

67 그래서 도킨스는 밈 풀meme pool이라는 용어를 제시하기도 했다.

그 기호들의 시너지적 내포, 즉 〈통합적 내포〉를 만들어 낼 수 있다. 통합적
내포란 문화 기호학에서 결코 등한시할 수 없는 개념으로서 기호들의 내포
적 의미가 상호 연결되어 만들어 내는 상위의 추상적 내포인데 이데올로기
의 지위를 갖는 정보 통합체synthesis이다.

다음과 같은 일련의 밈-기호를 가정해 보자.

도표 1

밈-기호	시니피에	내포	통합적 내포
자전거 이용	건강	친환경적 사고	기존의 규범적 사고와의 차별화 및 상대적 진보주의를 표방하는 문화 이데올로기[68]
찢어진 청바지	예전의 펑크 패션	반제도적 패션	
록 음악	강렬한 음악	반항적 사고	
장발 머리	예전의 히피 머리	평화주의	

이 도표는 반드시 한 사람이 전달하는 밈들을 의미하지는 않는다. 이것
은 어떤 사람이 모임에 갔는데 네 명에게 받은 밈의 공통된 내포 혹은 각각
의 내포들이 만들어 내는 시너지 효과를 나타낼 수도 있다. 통상적으로는
이런 통합적 내포를 〈분위기〉라고 하겠지만 어떤 수신자가 이런 분위기를
정보로 받아들일 준비가 되어 있고 여기에 동화된다면 그것은 밈의 〈세트〉
로서 통합적 내포인 이데올로기로 작용한다. 여기서 우리는 통합적 내포
또는 내포의 통합 가능성의 중요성을 강조하기 위해 다음과 같은 상황을

68 〈상대적 진보주의〉라는 표현은 이런 시너지적 내포가 어떤 규범적 사회와의 차별성을 갖
는지에 따라 그 〈이질성〉이 다르게 느껴진다는 점을 나타내기 위해 사용했다.

설정하기로 한다.

도표 2

밈-기호	시니피에	내포	통합적 내포
고급 MTB 이용	취미, 건강	친환경적 사고, 장수(?)	
기능성 복장	전문성	경제력, 멋(?)	?
트로트 음악	기성세대의 음악, 노래방	순응적 사고(?)	
스포츠 머리	단정함	규범적 사고(?)	

도표 1과 도표 2의 근본적인 차이점은 내포적 의미의 통합성 여부에 있다. 도표 2의 밈-기호들은 통합이 어려운 내포들을 지닌다. 그렇다고 통합 자체가 불가능하다는 말은 아니다. 이런 합계도 나름대로는 문화 계층(소비 유형)을 가리킬 수 있지만 시너지 효과가 없거나 아주 미미하기 때문에 이데올로기로 작용하지 않는다. 수신자는 그중 일부분만 밈으로 받아들일 것이고 이 때문에 그것은 단순한 〈유행〉의 코드에 머물 가능성이 높다.

통합적 내포와 문화 이데올로기

우리는 문화 이데올로기가 전이되는 데 큰 역할을 하는 것이 통합적 내포로서의 밈이라고 생각한다. 특정한 취향이나 문화적 성향을 포괄하는 문화 이데올로기가 언어를 통해 전달된다는 것도 가능하지만 그보다는, 또는 그와 동시에 체험을 통해 수용하는 것이 감각 통합적이기 때문에 더 자연스러울 것이다. 예를 들어 재즈의 매력을 말로 설명할 수 있다. 그러나 제대로 된 재즈 클럽에서 그 음악을 라이브로 접하는 것과는 다를 것이다. 왜냐하면 그런 클럽의 분위기(사운드, 고객층, 실내 디자인, 소품 등의 다른 내포들)가 동시에 수신되기 때문이다. 정치 이데올로기도 마찬가지다. 어떤 독자가 『자본론』을 읽고 카를 마르크스의 사상에 도취될 수 있다. 하지만 그 독자가 당시(또는 그 시대와 유사한) 노동자의 삶을 체험했다면 그 책을 통해 전달되는 밈-이데올로기는 더 큰 영향을 미칠 것이 분명하다. 다시 말하건대 언어를 통한 문화 이데올로기의 전이가 더 약하다는 말은 결코 아니다. 단지 우리는 문화 이데올로기가 전달되는 과정에선 (청각을 포함한) 여러 감각을 통해 전달되는 밈-기호의 내포적 통합성이 중요하다는 점을 강조할 따름이다.

일단 밈으로서의 이데올로기가 전이되면 그것은 다른 밈들과 마찬가지로 기존의 것을 대체한다. 그렇지만 이와 동시에 이미 한 개인이 가지고 있는 밈-이데올로기는 새로운 밈의 침투를 막는 경향이 있다는 점도 중요하다. 우파 정치인이 갑자기 좌파적 성향으로 돌아설 수 없는 것과 같다. 이런 방향 전환이 불가능한 건 아니지만 특히 서로 반대되는 밈-이데올로기를 받아들인다는 것은 매우 어렵다. 바로 이 점이 밈의 이기주의와 이데올로기의 배타성을 동시에 설명하는 대목이다. 어쨌든 이런 과정을 통해 인간은 문화 이데올로기를 전달받음으로써 자기만의 문화 자본을 축적하게 된다.

후기 산업 사회에서 부각되는 자본은 문화 자본이다. 문화 자본은 하루 아침에 생겨나는 자본이 아니다. 부르디외가 강조했듯이 문화 자본은 다소 시간적 여유와 기본적인 경제력을 갖춘 가정에서 태어난 사람이라면 누구든지 가질 수 있는 자본으로서 문화적 유산과 현상들을 해석하고 즐길 수 있는 코드들의 총체로 간주될 수 있다.[69] 문화 자본이 축적되는 데 〈시간적 여유〉가 필요하다는 말은 바로 앞서 언급한 경로의 다양성 및 다수성과도 관련이 있다. 이런저런 취향과 문화 코드는 순식간에 또는 몇 분의 독서를 통해 터득할 수 없다는 말이다. 그것은 체험과 언어 커뮤니케이션의 다양한 자극을 필요로 하는 동시에 수신자에게는 그런 정보를 통합할 환경과 시간이 주어져야 한다는 의미를 갖는다. 문화 자본은 바로 이러한 체험과 통합(그리고 통찰)의 시간을 요구하며 이를 허용하는 것이 부분적으로는 경제 및 사회 자본이다. 따라서 생존의 관점에서 보면 문화 자본은 잉여의 자본 활용법이라고 할 수 있다.

문화가 진화한다면 그 과정을 이끄는 무언가가 분명 존재할 터인데 우리는 그것이 진화론자들이 말하는 밈이라고 가정해 보았다. 밈은 무의식적으로 모방되고 전이되는 유용한 정보-기호다. 이런 유용한 정보가 개체에도 도움이 되기 때문에 그것은 다시 유전자의 복제, 즉 짝짓기에도 유리하게 작용할 것이다. 바로 이 점이 밈의 존재를 가정할 수 있는 실증적 근거가 되기도 한다. 그러나 유전자와 마찬가지로 밈이 일종의 〈자기 복제자〉라면 인간의 문화적 정보-기호 및 코드는 물론이고 이데올로기도 밈을 통해 전파될 수 있을 것이다. 이 때문에 인간은 수천 년 동안 여러 전통과 가치관을 수정해 가며 새로운 생활 방식도 받아들였다고 할 수 있다.

69 Bourdieu, P., *La distinction: Critique sociale du jugement*, Les Éditions de Minuit, Paris, 1979, p. 56.

제2부

코드

1. 코드

코드는 메시지를 만들거나 해석할 때 필요한 일련의 규칙을 가리킨다. 코드 자체는 이데올로기가 아니라 그것을 표현하게 하는 문화적 매개체이다. 즉 문화적으로 결정된 표현의 형식 체계라고 할 수 있다. 때문에 이데올로기가 이런저런 코드로 표현되지만 우리는 또한 이 같은 코드를 습득함으로써(때로는 모방함으로써) 그것이 표현하는 이데올로기를 갖게 될 수도 있다.

인간에게 가장 일반적인 코드는 언어다. 언어는 인간의 근본적인 커뮤니케이션 도구이지만 동시에 한 문화권의 이데올로기를 표현한다. 한국어에는 문법과 어휘 체계로서의 존대법이 있고, 색깔이나 맛과 관련된 특유의 문화적 어휘 분포가 있는데 한국어를 배움으로써 그것을 매개로 하는 이데올로기의 큰 부분도 습득하게 되는 것이다.[1]

1 예를 들어 존대/비존대를 나타내는 어휘가 있으며(나이/연세, 밥/진지……), 여느 언어와 마찬가지로 특정 색깔에 대해 세밀한 구분을 하기도 하며(노랗다, 노르스레하다, 누르스레하다, 누르스름하다, 누르끼리하다, 노르무레하다, 노르스름하다, 노릇하다, 노르께하다, 노리끼리하다, 누르께하다, 노릇노릇, 누릇누릇), 맛의 표현에서도 특유의 표현을 가지고 있다(담백하다, 시

또 우리가 말을 할 때는 이미 정해진 규칙(언어 기호, 통사 체계, 억양 체계, 대화법 등)에 따라 메시지(문장, 언술)를 만들며 수신자도 동일한 규칙을 사용하여 메시지를 해석한다. 발신자와 수신자는 동일한 언어 코드(개별 언어)를 사용해야만 의사소통이 제대로 이루어질 수 있다. 언어는 어휘와 문장을 엮는 방법 및 억양 사용법으로 구성되는 복합적인 코드이지만 사실 우리가 말을 할 때는 몸짓 코드, 표정 코드 등이 동반되기 때문에 언어 코드 역시 완벽하게 닫힌 코드로 간주될 수는 없다.[2]

이데올로기와 마찬가지로 인간이 사용하는 코드 중에는 그 규모가 크거나 작은 것들도 있고, 닫혔거나 열린 코드도 있다. 예를 들어 한 나라의 헌법은 강력하고 구속력 있는 닫힌 코드이다. 패션이나 몸짓 코드처럼 다소 규모가 작고 유연한 동시에 열린 코드도 있다. 열린 코드란 다른 코드와 겹쳐 사용되거나 외부 영향에 노출되어 쉽게 변하거나 또는 개인적인 응용이 용이한 코드를 가리킨다. 거시/미시 코드, 열린/닫힌 코드의 구분은 강도의 차이에 의거할 뿐, 명확한 이분법의 대상이 될 수 없다. 엄밀히 말하면 다소 열린 코드가 있는가 하면 상대적인 큰 코드가 있을 따름이다. 그러나 〈지켜야 하는 규칙의 총체〉 내지 〈지켜야 하는 것으로 믿는 규칙의 총체〉임에는 변함이 없다. 뿐만 아니라 이데올로기와 코드는 모두 무형의 실체로서 때로는 이 둘의 구분이 명확하지 않을 때도 있다. 이는 우리가 시니피앙을 기호 자체로 인식하는 경우와 유사한 현상이기도 하다. 이런 이유로 코드의 종류와 규모의 차이도 연속선상에서 다룰 수밖에 없다. 따라서 문화 코드의 분포를 분석한다면 이데올로기를 분석할 때와 마찬가지로 위상

원하다 등).

2 이중 분절 체계란 모든 문장이 일차적으로 기호로 분절되고 기호는 다시 음소로 이차 분절되는 시스템을 의미한다. 이런 시스템 덕분에 인간은 20~30개의 음소를 이용하여 수천 개의 기호(단어)를 만든 다음 그것을 다시 무한한 수의 문장으로 조합할 수 있다.

적 관계와 열린 범주의 개념을 도입해야 하는데 이 문제에 관해서는 제1부를 다시 참고할 수 있을 것이다.

그럼에도 앞서 간략하게 언급했듯이 정치적 보수 이데올로기와 진보 이데올로기의 차이는 패션이나 소비 코드를 통해 꽤나 분명히 드러난다(즉 의식적으로든 무의식적으로든 표현된다). 이 세상 어디를 가도 호전주의적 의상에 허머Hummer를 타고 시내를 질주하는 환경 운동가는 드물다.[3] 유교적 이데올로기에 기초한 몸짓 코드는 다른 문화의 그것과 다르다. 사회적 위계 질서를 중시하는 문화에서 사람들은 더욱 겸손하고 조심스럽게 행동하며 이런 코드는 몸의 형태에도 영향을 미친다. 윗사람과 아랫사람이 마주 앉아 있을 때 각자의 앉는 방식도 다르고, 조선 시대에는 평민과 양반의 걸음걸이도 달랐다(심지어 볼록한 배는 부의 상징이었다). 이렇게 언어, 몸짓, 인사법, 음악, 패션, 건축 등은 그것들이 토대로 하는 이데올로기의 지배를 받아 다듬어진 코드들이다. 하지만 엄밀하게 말해서 이런 코드들은 이데올로기의 직접적인 산물이 아니다. 우리가 정확히 이해해야 하는 것은 대부분의 코드들이 기본적으로 현실의 일부분을 채택하거나, 생존 이데올로기의 코드를 활용하는 데서 출발했지만 그것들은 문화적으로 다듬어지면서 변해 왔다는 사실이다. 언어는 생존 이데올로기의 직접적인 산물이 아니다. 언어는 어떤 외침이 생존에 도움이 된다는 상호 인지와 기억 능력 덕분에 탄생했지만 태초의 모습은 의성어나 의태어의 잔재로만 남아 있다. 언어의 본질은 무엇보다 인간의 개념화 능력에 있다. 비를 피해 우연히 알게 된 동굴을 개념화하여 다른 모양의 동굴을 인식하고 활용하는 능력뿐 아니라 집이라는 인공적 피신처를 구상할 수 있는 능력을 갖춰야만 언어가 언어로

3 미군용으로 개발한 차세대 허머는 제너럴 모터스의 다목적 오프로드 차량 상표이다. 아널드 슈워제네거가 애용하는 차이기도 하다.

서 발전할 수 있는 것이다. 다시 말해 기호 작용이 가동되어야만 언어 능력을 가진다고 말할 수 있다. 하지만 개념화는 정신 능력이므로 언어는 지시적 기능 이외에 상징적 기능도 갖게 된다. 즉 언어 사용법이 문명화되면서, 다시 말해 이데올로기의 색채로 물들게 되면서 비로소 매우 정교한 커뮤니케이션 코드이자 문화 코드로 거듭나는 것이다. 의상도 마찬가지다. 의상의 기본적 기능만 고려한다면 그것은 생존 이데올로기와 관련이 있을 것이다. 하지만 문화 이데올로기는 의상을 엄연한 문화 현상으로 발전시켰고 그 결과 그 문화를 상징하게 되었다. 아라비아의 전통 의상 젤라바Jellaba와 케피에Keffieh는 사막에서 생활하는 유목민들의 의복이지만 이제는 아라비아 반도, 이라크, 요르단, 시리아를 비롯한 북아프리카 일부에서 착용하며 특히 팔레스타인 투쟁의 상징이 되었다. 따라서 코드 문제를 다룰 때도 생존 이데올로기의 코드(또는 자연 발생적 코드)와 문화 이데올로기의 코드를 구분할 필요가 있을 것이다.

자연 발생적 코드와 문화 코드

이 두 가지 코드의 구분은 생존 이데올로기/문화(권력) 이데올로기의 구분과 사실상 동일하다. 앞서 말했듯이, 생존-보편적 이데올로기는 특정 권력이나 계층의 이해관계에 의해 만들어지고 조정되는 것이 아니라, 이른바 공동체의 생존에 필요한 생활 관습 내지는 가치관으로서의 이데올로기라고 할 수 있다. 문화 이데올로기는 이미 공동체의 규범으로 자리 잡은 세계관이자 배타성과 강력한 상징성을 갖는 이데올로기이다. 기본적으로 자연 발생적 코드는 생존 이데올로기에 기초하는 것으로서 말 그대로 생존을 위한 일련의 적응과 생활 요령에 불과하다. 원시 언어, 최초 거주지로서의 동굴이나 오두막, 원시 의복 등이 그 대표적인 코드이다. 식물 줄기나 털가죽으로 만든 의복은 근본적으로 (성기를 포함한) 신체를 보호하는 수단이었다. 이런 코드의 공통점은 무엇인가? 그것은 기능성이다. 이는 움베르토 에코가 말하는 모든 코드의 일차적 기능이기도 하다. 건축은 공간 확보라는 일차적 기능을 가지며 언어에서 이런 기능은 생존을 위한 커뮤니케이션 기능일 것이다. 하지만 일차적 기능이 보장되고 일반화되면 또 다른 의미가 추가되는데 바로 이차적 기능인 상징성이다. 이때부터 코드는 문화 현상으로 바뀌는 것이다. 의복은 신체 보호 기능에서 심리 보호 기능과 장식화의 대상이 됨으로써 문화 코드로 발전했고 그럼으로써 권력, 계층, 출신을 나타내게 되었다. 언어는 내포적 의미, 다양한 어휘와 존대법 등의 사회적 하위 코드들이 추가되고 그 사용 능력이 차별화되면서 문화 코드로서의 기능도 갖게 되었다. 건축도 기본적으로 공간을 만드는 일에서 그 내·외부를 장식하는 단계로 넘어갔고 그 장식은 다시 건축 개념 자체를 바꾸는 동시에 명백한 상징으로 사용되면서 문화 코드로 탈바꿈한 것이다. 따라서 자연 발생적 코드가 자연환경에 도전하고 생존하기 위한 일관된 〈수단의 집합〉이라면, 문화 코드는 자연 발생적 코드가 인간의 관계 속에서 다듬어진 〈표현의 집합〉이라고 할 수 있다.

이데올로기 — 코드 — 기호

그러면 문화 이데올로기와 코드는 어떤 일반적 관계를 갖는가? 앞서 말했듯이 이데올로기는 일련의 기호를 통해 표현된다. 이데올로기의 차이에 따라 연애 방법도 다르고, 어휘 선택도 다르며, 몸의 관리법도 다르다. 기호를 선택하고 조합하는 코드가 다르기 때문이다. 동시에 우리가 이런 차이를 구분할 수 있는 것은 몇 가지 기호들이 비교적 일관성 있게 조합되기 때문이다. 〈일관성 있게 조합된다〉는 나름의 체계가 있음을 의미한다. 이 점에 기초하여 여기서는 한국과 프랑스라는 각기 다른 문화권의 식단을 비교·검토해 볼 것을 제안한다.

한식과 프랑스식 식단 비교

	한식	프랑스식
순서	동시적 식단	순차적 식단
구성	반찬 위주	메인 요리 위주
양태	집단 중심적	개인 중심적
시간	한 시간 이내	한 시간 이상

이 도표에서 설정한 네 가지 기준 이외에 (음주, 식기 사용법, 발효/비발효 음식 차이와 분포, 앉는 위치 등과 같은) 다른 기준을 추가할 수도 있지만 우선 이 네 가지 기준에 대한 약간의 부연 설명을 하면 다음과 같다.

순서의 차이를 보면, 기본적으로 한식은 모든 음식을 밥상에 한꺼번에 올리는 반면, 프랑스식은 애피타이저, 메인 요리, 후식을 차례로 제공할 뿐만 아니라 각각의 음식에 접시를 따로 쓴다. 한식에서 순서가 전혀 없는 건 아니지만 그것은 먹는 사람의 선택인 반면에 프랑스식은 엄격한 통사 규칙을 따르는 셈이다(이 때문에 프랑스인들에게 비빔밥은 상상하기 어려운 음식이다). 구성의 차이를 보면 한식은 반찬 위주의 식단으로 그 수도 많은 편이다. 그에 비해 프랑스식은 메인 요리 중심의 식단인데 그것을 중심으로 애피타이저와 와인을 선택한다.[4] 더 중요한 차이점은, 반찬은 여러 사람의 젓가락을 허용하는 반면에 요리는 각자의 접시에 따로 옮겨 놓고 먹는다는 점이다. 때문에 구성의 차이는 양태의 차이와 직결되는데 기본적으로 한식은 공동체 중심의 식단인 반면, 프랑스식은 개인 중심의 식단이라고 할 수 있다. 또한 소요 시간의 차이도 흥미롭다. 한국인의 식사 시간은 유난히 짧은 편인데 이유는 아마도 공동체의 확고부동한 위계질서 때문인 것으로 보인다. 즉 위/아래 사람의 구분이 명백한 집단이 식사를 할 때는 말을 아끼는 것이 양측에 더 유리하기 때문이다. 윗사람은 함축적이고 짧은 말로 권위를 지켜야 하고 아랫사람은 대체로 듣기만 하는 상황에서 대화의 양이 증가하기란 사실상 불가능하다. 대신 프랑스인들은 매우 평등한 발언권을 가지며, 식사 시간은 많은 이야기를 나누는 소중한 시간이다. 심지어 식사때 말이 끊기는 순간을 무척 어색해하고 말없이 먹기만 하는 행동은 실례가 될 수도 있다. 대신 식사와 구분되는 한국인의 술자리는 서너 시간 정도이어지는데 이는 흥미롭게도 프랑스인들의 저녁 식사 시간과 비슷하다. 결국 한국인이 주로 친구들과 술자리에서 대화를 나눈다면 프랑스인은 친구든 가족이든 식사 때 대화를 나누는 셈이다.

지금까지는 식단의 차이를 있는 그대로 기술했을 뿐이다. 문제는 이런 코드의 차이가 어떤 이데올로기적 차이를 의미하는지 파악하는 데 있다. 이 문제에 접근하는 방법으로 이런 차이와 관련되어 보이는 몇 가지 이데올로기적 차이를 열거해 보자.

---

4 어느 날 한국을 거의 모르는 프랑스인과 모 대학 교직원 식당에서 식사한 적이 있다. 재미있게도 그는 식판에 놓인 김치를 먼저 먹고 시금치나물을 끝낸 다음 불고기와 밥을 마지막으로 먹었다.

식단에 내포된 이데올로기의 차이

한국	프랑스
가족주의	개인주의
위계질서	평등주의

한국에서 〈가족주의〉와 〈위계질서〉는 상호 밀접한 하위 이데올로기이다. 대체로 이 두 가지 이데올로기는 경험주의를 바탕으로 직업이 대물림되는 문화에서 볼 수 있는 가치관들이다. 이를테면 산업 사회 이전의 사회에서 흔히 볼 수 있는 결합이다. 이에 반해 프랑스는 15세기부터 이농 현상을 겪었고, 이미 18세기에 입헌주의를 정착시키고 인권 선언을 선포했으며 19세기에는 산업 혁명을 경험했다. 한마디로 산업화의 역사를 차례로 겪은 문화라고 할 수 있다. 이 때문에 한국의 〈가족주의〉, 〈위계질서〉와 프랑스의 〈개인주의〉, 〈평등주의〉는 각각 〈농경 문화의 이데올로기〉와 〈산업 및 도시 문화의 이데올로기〉와도 관련된다고 할 수 있다. 게다가 한국의 경우는 유교 이데올로기가 〈가족주의〉와 〈위계질서〉를 지배하고 있다. 이에 반해 프랑스 문화는 역사적으로 〈가톨릭의 관습〉을 기반으로 하고 있을 뿐 그것은 이데올로기로서의 힘을 더 이상 갖지 않는다.

코드의 이데올로기적 함의

코드	한식		프랑스식	
	식단		식단	
하위 1	가족주의	위계질서	개인주의	평등주의
상위	농경 문화		도시 문화	
역사 1	유교 이데올로기		가톨릭의 관습	

이 도표들을 제시하는 이유는, 하나의 문화 코드가 그냥 존재하는 것이 아니라 그 기저에는 항상 이데올로기가 있으며 그것들은 상·하위 관계로 분포된다는 점을 강조하는 데 있다. 어쨌든 이데올로기가 사고의 틀이라면 코드는 그것을 표현하는 일종의 문법적 틀이다. 때문에 공동체나 개인이 받아들인 코드는 외부 상황 내지는 이데올로기가 바뀌어도 다른 코드로 쉽게 교체되지 않는다. 한국을 처음 방문하는 프랑스인은 김치나 시금치나물을 애피타이저나 샐러드로 인식할 것이고, 마찬가지로 도시 생활에 충분히 적응한 한국인들은 아직도 여럿이 식탁에 앉아 찌개나 전골 요리를 각자의 숟가락으로 떠먹는다(심지어는 케이크도 같은 방식으로 먹는다).

그러나 더 중요한 문제는 코드와 이데올로기의 관계를 규명하는 것이다. 다시 말해 〈한국 식단〉과 〈유교 이데올로기〉를 이해하는 문제다. 이 둘을 시니피앙과 시니피에로 보아야 하는가? 결론부터 말하면 아니다. 이유는 다음과 같다. 우선 위의 도표에서도 나타나듯이 코드와 이데올로기는 대응 관계를 갖지 않기 때문이다. 이데올로기는 다양한 코드로 표현되며 그런 코드들의 조합도 가능할 뿐만 아니라 새로운 코드도 생겨날 수 있다. 이 때문에 이데올로기는 코드를 차용한다고 보는 편이 더 정확할 것이다. 또한 코드와 이데올로기는 상징 기호처럼 유사성을 갖지 않으며 언어 기호처럼 자의성도 갖지 않는다. 게다가 코드는 기호 또는 기호의 조합으로 최종 구현되는 만큼 코드를 시니피앙으로 볼 수 없다. 이를 정리해 보자.

이미 강조했듯이, 이데올로기는 현실을 해석하는 방법이다. 하지만 거시 이데올로기는 부분 집합으로 나뉠 수도 있고, 부분 집합이 거시 이데올로기를 구성하게 만들 수도 있다. 어쨌든 현실을 형식화하는 방법임에는 틀림없다. 어떤 식으로든 이데올로기가 표현된다는 것은 그것이 일련의 행동, 일관된 반응 등으로 드러나기 때문이다. 다시 말해 이데올로기를 전달하거나 느끼게 하는 것은 기호 혹은 기호로 구성되는 메시지이다. 이런저런 기호가 특정 이데올로기를 일관되게 표현할 수 있는 것은 코드가 있기 때문에 가능하다. 그러나 코드는 관념 체계가 아니라 규칙의 집합이다. 코드는 언어학에서 말하는 통사 규칙과 비교될 수도 있다. 즉 연사적·계열적 관계를 갖는 일종의 문법적 틀이라고 할 수 있는 코드는 이런저런 기호를 일관된 패턴에 따라 사용하게 한다. 언어의 기본적 통사 구조는 SVO, OVS, SOV, OSV, VSO, VOS로 구분되지만 이런 구조는 언어를 표현하는 수단 중 하나일 뿐이다.[5] 통사 구조의 의미가 전혀 없는 건 아니지만 어쨌든 이런 구조는 이데올로기라는 관념 체계와 차원을 달리하는 〈규칙 체계〉이며, 역사적으로 다듬어진 〈표현의 형식〉이다. 또는 역사·문화적으로 차용되기에 이른 표현 체계라고 말할 수도 있다. 차용 관계라는 것은 모스 부호의 사용처럼 별개의 기호 체계를 차용하여 언어를 대신하는 상황을 가리킨다. 단지 모스 부호는 인공적인 기호 체계이자 합목적성을 위해 차용한 체계이다. 이에 반해 이데올로기와 코드는 역사적·문화적 산물이다. 초기의 생존 코드가 발전하면서 더욱더 형식화된 것이 문화 코드이며 그 때문에 역사와 민족에 따라 그 형태가 다양하게 진화한 것이다.

하지만 여기서 〈특정 기호와 이데올로기의 관계는 과연 무엇인가?〉라는 질문이 제기된다. 어쩌면 이것이 문제의 핵심일 수 있다. 여기서 중요한 것은 이데올로기가 코드의 기호 선택 범위를 제한한다는 점이다(고대의 예술 작품 소재와 현대의 그것은 다르다). 코드는 그런 기호들이 표현될 수 있는 틀

5 S는 주어, O는 목적어, V는 동사를 가리키는데 이런 조합의 차이가 개별 언어의 근본적 차이 중 하나를 설명한다. 예를 들어 영어는 SVO, 한국어는 SOV의 통사 구조를 갖는 언어이다.

을 제공한다. 다시 말해 이데올로기라는 추상적인 관념 체계가 코드라는 규칙의 집합체로 표현되는데(또는 그것을 차용하는데), 기호는 코드의 문법에 따라 메시지를 구성한다. 이 점을 받아들인다면 이데올로기는 코드를 매개로 기호의 범위를 결정하는 동시에 코드는 기호를 연사적·계열적 관계를 결정한다고 할 수 있다. 좀 더 구체적으로 말하면, 정치적 보수주의라는 이데올로기와 그것의 의상 코드는 차원을 달리할 뿐만 아니라 — 전자는 관념 체계이고 후자는 의상이라는 문법 체계이다 — 그런 이데올로기를 표현하는 데 사용하는 다른 코드(언어, 필체, 어투, 디자인 등)도 많다. 하지만 그런 의상 코드는 적어도 헤어스타일, 상의·하의, 신발이라는 연사적 틀과 그것을 채울 수 있는 계열적 틀을 강요한다. 이런 연사적 틀에서 상의라는 계열을 채우는 〈특정한 색깔의 셔츠〉가 기호이다. 우리는 기호가 이데올로기를 상징한다고 말하지만 한 기호가 갖는 상징성은 기본적으로 이데올로기가 제한하는 기호의 범주가 내포적 의미를 기준으로 구성되기 때문이다(이런 이유로 내용의 형식화라고 볼 수 있다). 이러한 내포적 의미의 기호들은 다시 코드를 통해 계열적으로 분포된다. 코드는 내포적 의미가 우선시되는 기호들을 체계적으로 구분하여 계열과 연사로 배치하는 것이다. 때문에 전통 아랍 문화권에서 여성이 입는 청바지는 젤라바가 아니어서 강력한 상징성을 갖는다. 그런 패션은 한여름 파리의 센 강변에서 가슴을 노출한 채 일광욕을 즐기는 여성의 〈패션〉보다 더 충격적일 수 있다(이런 노출은 수영복 상의 계열의 상략에 해당한다). 이렇게 기호 선택에는 문화·역사적 제약이 있기 마련이다. 이런 내포적 의미의 기호들이 어떻게 계열을 형성하는지를 보기 위해 다음과 같은 도표를 그릴 수 있다.

의상 코드의 예

	계열 1 / 헤어	계열 2 / 상의	계열 3 / 하의	계열 4 / 신발
A유형	8:2 가르마/ 짧은 머리	와이셔츠 +넥타이	양복 바지	구두
B유형	무 가르마/ 짧은 머리	폴로형 티셔츠	면바지	캐주얼화
C유형	장발	민소매 티셔츠	청바지	가죽 부츠

우리는 〈펑크 헤어〉, 〈삭발〉 또는 〈레게 머리〉와 그 코드의 계열들을 추가할 수 있지만, 이토록 간략한 도식에서도 각각의 유형은 각기 다른 생활 및 사고방식을 의미한다는 사실을 알 수 있다. 더 중요한 것은 코드의 존재를 확인할 수 있다는 점이다. 즉 각 유형의 계열을 무작위로 바꿀 수는 없는데 예를 들어 〈8:2 가르마/짧은 머리〉 + 〈민소매 티셔츠〉 + 〈양복 바지〉 + 〈가죽 부츠〉의 조합은 우스꽝스러울 것이다. 이 정도의 조합이라면 차라리 카우보이모자에 한복 상의와 가죽 바지를 입고 맨발로 고급 레스토랑에 가서 아랍어로 주문하는 것과 비슷할 것이다. 그럼에도 불구하고 이런 실험은 초현실주의자들이 즐겼던 〈우아한 송장〉 놀이를 연상케 한다. 마지막으로 지적할 수 있는 문제는 우리가 계열의 요소들을 다소 유연하게 사용할 수 있다는 점이다. 예를 들어 〈8:2 가르마/짧은 머리〉 + 〈폴로형 티셔츠〉 + 〈양복 바지〉 + 〈캐주얼화〉는 코드의 허용 범위, 즉 문화적 수용 범위를 벗어나지 않는다. 이런 이유로 패션 코드는 유연성을 갖는다고 말하는 것이다. 따라서 이데올로기 — 코드 — 기호(메시지)의 관계는 다음과 같이 정리될 수 있을 것이다.

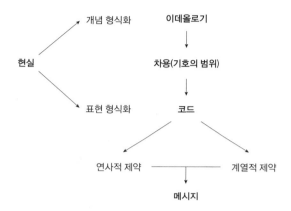

이데올로기 ─ 코드 ─ 기호의 관계

    지금까지의 논의에서 이데올로기를 표현하는 코드는 기본적으로 기호의
내포적 의미를 조합하여 메시지를 만드는 일련의 규칙으로 규명될 수 있
다. 또한 코드를 이데올로기가 차용하는 표현 형식 체계로 보는 이유는 그
것이 어느 정도의 독립성을 갖기 때문이다. 코드는 이데올로기를 표현하는
규칙의 집합이지만 그 자체는 이데올로기가 아니어서 모방 내지는 연출의
대상이 되기도 한다. 코드의 이런 특징이 앞서 분석한 바 있는 밈, 다시 말
해 이데올로기의 전달 단위 및 수단으로 작용할 수 있다. 또한 코드는 권력
에 의한 강요 대상이 될 수 있는데 이런 경우는 매스컴을 장악한 권력이 특
정 담론을 코드화하여 대중을 선동하는 사회에서 흔히 볼 수 있다.

코드의 상호 연계성

같은 이데올로기의 지배를 받는 다양한 유형의 코드들은 일종의 집합체를 형성하여 상호 보충성을 갖는데 우리는 이를 〈코드의 상호 연계성〉이라고 부르기로 한다. 예를 들어 특정 이데올로기의 패션 코드, 음악적 취향(코드), 주거 스타일로서의 코드들은 명백한 유사성을 드러내는데 이런 코드들은 기본적으로 특정 이데올로기에 근거하는 소비 코드의 하위 집합들이다. 또한 그런 코드를 가진 소유자의 문학 코드, 여행 스타일, 언어 사용 코드도 나름대로의 일관성을 가지며 이것들은 다시 시간 활용법, 대인 관계, 경제관 등의 미시 이데올로기와 밀접하게 연계된다. 이런 미시 이데올로기의 총체는 결국 더 거시적인 형태의 문화 또는 정치 이데올로기를 표현한다.

이런 계층적 상·하위 관계는 일종의 다단계 조직망을 구성하는데 이 때문에 코드와 최상위 이데올로기의 관계를 언뜻 파악하기 어렵게 만들 수도 있다. 예를 들어 〈미국의 패스트푸드와 할리우드 영화 사이의 공통점은 무엇인가?〉라는 질문은 다소 엉뚱하게 들릴 수 있다. 하지만 앞서 언급한 코드의 연계성과 상·하위 관계를 고려하면 대답은 극단적 자본주의에서 찾을 수 있을 것이다. 구체적으로 말하면 햄버거의 〈최소 영양가/최대 칼로리〉와 영화의 〈최소 내용/최대 볼거리〉, 〈일회성〉, 〈획일성〉, 〈최대 유통 경로〉, 〈최대 생산성〉, 〈생산 시스템화〉 등이 공통의 코드일 뿐만 아니라 이 모든 것은 〈최대의 효율성〉이라는 독점 자본주의적 이데올로기의 지배하에 생겨난 코드들이다. 이런 자본주의는 사람이 아닌 자동차 중심의 도시 계획에서 유명 대학의 기부금 입학제와 〈세계화〉에 이르기까지 거시적 사회·경제 시스템의 일부에 불과하다. 따라서 미국인들이 패스트푸드에 거부 반응을 보이지 않는 이유(그리고 할리우드식 오락 영화만을 생산하고 즐기는 이유)는 그들 스스로가 생산성만 중시하는 자본주의적 이데올로기를 갖고 있기 때문이라고 할 수 있다.

이제부터는 좀 더 친근한 현상들을 토대로 이 문제를 구체적으로 살펴보기로 한다. 그러면 다음과 같은 코드 분포의 차이를 고려해 보자.

소비 코드의 집합

코드 \ 유형	A유형	B유형
패션	캐주얼	정장
음악	록/재즈	클래식/가요
문학	현대 문학	고전 문학
여행	단독	단체
주거	기능	품격
운동	걷기/트레킹	골프

소비 코드 목록은 매우 길 수 있지만 여기서는 여섯 개 항목만을 비교해 보았다. 우선 지적할 점은 각각의 항목이 여러 하위 집합으로 구성될 수 있다는 것이다. 캐주얼 패션 코드에는 찢어진 청바지 패션이 있는가 하면 이탈리안 고급 캐주얼도 있을 수 있다. 정장도 중저가에서 유럽 명품까지 분포되며 여행 역시 단독 오지 여행이나 단독 뉴욕 여행이 있을 수 있다. 하지만 우리가 강조하고자 하는 것은 A유형과 B유형의 집단 혹은 개인의 코드들이 일관성을 갖는다는 점이다. 패키지여행과 히말라야 트레킹은 별개의 코드이자 취향이며, 록 음악을 진심으로 좋아하는 사람 중에 골프를 즐기는 사람은 드물 것이다. 때문에 각각의 문화적 유형은 저마다의 코드 집

합을 갖는다고 말할 수 있는 것이다. 물론 코드 일부가 모방되거나 차용될 수 있다. 예를 들어 B유형에서 가요 대신 재즈가 올 수 있고 품격 있는 주거 공간을 기능성 공간이 대신할 수 있다. 따라서 전체가 바뀌기는 쉽지 않지만 만약 그렇게 된다면 그것은 이런 코드를 지배하는 이데올로기가 바뀐다는 사실을 의미한다. 그러면 이 같은 소비 코드는 어떤 사회 코드와 일치하는지 살펴보자.

사회 코드의 집합

코드 ＼ 유형	A유형	B유형
언어	현대적	고전적
대인 관계	개인주의	집단주의
교육관	반규범적	규범적

여기서 말하고자 하는 현대적/고전적이라는 언어 사용법 차이는 대체로 친숙한 구어 중심의 언어를 사용하는 사람과 상대적으로 신중한 어투와 정제된 어휘를 사용하는 사람의 차이를 비롯해서 한글/한자 사용 등을 포괄하는 차이다(초창기 한겨레신문의 한글 사용 의도를 생각할 수 있다). 대인 관계에서도 개인주의적인 성향이 강한 사람이 있는가 하면, 소속감 없이는 못 사는 사람이 있다. 당연히 전자는 다수가 선택하는 패션, 전공, 직업보다는 개인의 취향에 맞는 방향을 택할 가능성이 높은 반면에, 후자는 대체로 다수의 의견을 존중하여 규범적인 진로를 선택할 가능성이 높다. 구체적으로 말해서 전자가 프리랜서를 선호한다면 후자는 대기업의 일원이 되는 것을 더 선호할 것이다(극단적으로 말하자면 예술가와 직업 군인의 차이를 생각할 수 있다). 그러면 소비 코드와 사회 코드의 유형적 차이를 드러내는 이데올

로기를 다음과 같이 설정해 보자.

이데올로기의 차이

이데올로기 \ 유형	A유형	B유형
경제	분배주의	성장주의
정치	친사회주의	친자본주의
환경	친환경주의	무관심

비로소 우리는 정치·문화적 보수주의와 진보주의의 차이에 이르게 되는데 엄밀히 말하면 이런 차이는 보편적이라기보다는 산업 사회에서 흔히 볼 수 있는 일반적인 차이에 불과하다. 보편적인 차이라면 모든 인간 사회에서 그것이 드러나야 하는데 현실은 그렇지 않다. 이슬람 문화권에서는 강력한 종교에 근거하는 코드-이데올로기의 분포를 고려해야 하며(따라서 종교적 이데올로기와 거리감을 두는 것도 진보주의로 비칠 수 있다), 러시아와 같은 신흥 자본주의 국가에서도 사정은 다를 것이다(그곳은 아직 친환경주의에 대한 관심이 적을 것이다). 마찬가지로 구(舊)동유럽 국가에서 보수주의는 곧 사회주의이고, 진보주의는 자본주의라는 구분이 채택될 수밖에 없었던 것이다. 문화에 따르는 총체적 차이 역시 거시 및 역사 이데올로기의 차이에 기초하므로 결국 문제의 핵심은 앞서 분석한 바 있는 이데올로기의 분포적 차이와 유사하다고 할 수 있다. 이렇게 우리는 일반적으로 구분해 볼 수 있는 코드의 분포를 설정한 것이고, 본래의 목적은 오로지 코드의 차이가 이데올로기적 차이를 반영한다는 사실을 드러내는 데 있었다.

2. 집단

코드는 이데올로기가 표출되는 규칙의 총체이지만 그것은 또한 집단을 전제로 한다. 왜냐하면 코드는 근본적으로 커뮤니케이션을 위한 규칙 체계이기도 하기 때문이다. 하지만 사회에 따라 〈집단〉이 갖는 의미가 매우 다를 뿐 아니라 집단의 양과 그 구성, 응집성을 비롯하여 집단 간의 관계도 다를 것이다.

인류의 시작과 함께 인간은 크고 작은 공동체를 형성하여 삶을 꾸려 왔다. 하지만 산업화와 그것이 만들어 낸 대도시에서의 삶은 개인 또는 핵가족 중심으로 바뀌었다. 이 때문에 통상적으로 후기 산업 사회라고 일컫는 사회는 집단보다는 개인 중심의 사회로 간주된다. 하지만 지금도 아프리카나 동남아 일부 농업 국가들은 공동체 중심의 사회에 기초하고 있다. 이에 반해 산업 국가로 분류되는 한국이나 일본은 집단이나 소속감을 매우 중시하는 사회로 알려져 있다. 물론 후기 산업 사회에선 집단이 전혀 없다는 말은 아니다. 그런 사회에도 각종 모임이 있지만 단지 집단에 대한 의식이 근본적으로 바뀌었을 뿐이다. 따라서 집단에 대한 의식 차이와, 코드가 집단 내에서 수용되고 유지되는 양상이 어떤 관계를 갖는지도 한번은 따져 봐야 하는 문제일 것이다. 왜냐하면 이러한 의식 차이도 문화적 차이를 결정하는 주요인 중 하나이기 때문이다.

인간과 집단

인간에게 집단은 생존 수단이었다. 즉 원시 사회에서 거친 환경의 도전을 물리치고 생존하기 위해 인간에게는 집단생활이 불가피했다. 집단생활은 우선 식량 확보에 절대적으로 유리했기 때문이다. 협동 사냥/경작, 남는 음식 나눠 먹기가 가장 큰 이득이라면 손해가 되는 점은 기껏해야 먹이를 나누어야 한다는 의무감이다(이런 의무감이나 의리를 미덕으로 승격시키면 문제는 해결될 수 있었다). 외부의 위험 요인으로부터 스스로를 방어하는 데도 수적 우세와 역할 분담을 보장하는 집단이 더 유리하다. 단점이 있다면 눈에 더 잘 띈다는 정도다. 상호적 이타주의를 발전시킬 수밖에 없는 집단에서는 양육도 더 안전하다. 대신 전염병이 쉽게 전파된다는 위험 요인이 있다. 마지막으로 번식을 위해 이성과 만날 수 있는 기회도 집단생활이 보장할 뿐만 아니라 권장했다. 단점이 있다면 동성끼리의 경쟁이 있다는 것이다. 결국 잃는 것보다 얻는 게 훨씬 더 많다. 그래서 진화론자들은 생존을 위한 이타주의가 인간의 유전자에 새겨졌다고 말하는 것이다.

이 때문에 수많은 지역의 농경 문화에서 집단의 가치는 매우 높다. 인종을 막론하고 농경 사회는 근본적으로 협력 노동에 기초하는 인맥 중심의 사회이다. 즉 농촌에서의 노동은 여러 사람이 힘을 모아 서로의 논밭일을 돕는데 이런 노동 조건에서는 당연히 서로에 대한 이해와 협력이 필요하다. 이 같은 문화에서는 서로를 잘 알고 힘을 보태며, 상호 보충적 생산 체계를 지향한다. 음식도 이웃과 나누어 먹을 뿐 아니라 술잔을 돌릴 수 있으며 커다란 용기에 담은 음식을 각자 퍼서 먹을 수도 있다. 사생활이란 개념도 거의 없다. 노동과 휴식 시간의 구분도 사실 별 의미가 없으며 오락 혹은 놀이 문화도 항상 〈함께하는〉 방식에 기초한다. 이런 사회는 정이 있는 사회다. 농경 사회에서 개인의 정체성은 출신 지역 및 이웃들과의 관계에 의해 결정되며 한 개인의 사회·경제적 지위 역시 토지 자본에 의해 좌우된다.

그렇지만 현대 세계에서 집단생활은 별 이점이 없다. 혼자 사는 것이 훨씬 더 편할 뿐 아니라 너무나도 쉽다. 음식은 식료품점에서 언제든 구입할 수 있고, 이런저런 식당에서 다양한 요리를 맛볼 수도 있다. 문은 굳게 잠기기 때문에 약탈당할 걱정도 할 필요가 없다. 게다가 공권력이 있으니 더욱더 마음을 놓을 수 있다. 세금을 내야 하지만 혼자 벌어 혼자 즐길 수 있고 짝을 찾을 때도 소속 집단의 눈치를 볼 필요가 없으며 선택의 폭도 무궁무진하다. 도시 생활은 익명성을 보장하고 개인은 군중 속에서 자유를 만끽할 수 있다. 집단을 통한 내가 있는 게 아니라 그냥 나만 있는 것이다. 〈내〉가 개체이고 나는 또 다른 나와 경쟁할 따름이다. 이 때문에 근대화의 가장 중요한 특징 중 하나는 개인주의 탄생이라고 말할 수 있다. 개인주의는 도시 문화의 필연적인 결과이기도 하며 이는 근본적으로 농경 사회의 생존 양식 중에서 가장 중요한 집단주의와 대립하는 개념이기도 하다.

그러나 집단에 대한 애착이 완전히 사라진 것은 아니다. 단지 그것은 생존이 아닌 유희의 수단이자 선택의 대상으로 바뀌었을 뿐이다. 비슷한 취향을 가진 사람들끼리 모여 즐기는 정도이다. 하지만 그것은 집단주의가 아니다. 그냥 집단을 통해 즐기는 방식이다. 다시 말해 개인 중심의 집단 활동이라고 할 수 있다. 대신 집단주의라고 하는 것은 그야말로 집단 중심주의로서 개인의 사생활과 개성을 저버리고 집단을 통해 나름의 정체성을 느끼는 사고라 할 수 있다. 요약하자면 어떤 사회든 집단은 있지만 집단주의가 사회 활동의 출발점이 되는 사회가 있는가 하면 그것이 거의 와해된 사회도 있다고 할 수 있다.

이타주의와 집단

집단의 개념을 보다 정확히 이해하려면 집단과 이타주의의 관계를 살펴볼 필요가 있다. 왜냐하면 이타주의는 집단의 핵심 코드이기 때문이다.

이타주의의 사전적 의미는 대략 〈타인을 위한 선(이익)을 행동의 정칙(正則), 의무의 기준으로 생각하는 입장으로서, 윤리적 이기주의(에고이즘) 그리고 부분적으로는 공리주의(功利主義)와 대립한다〉는 것이다. 타인에 대한 배려의 마음인 셈이다. 하지만 그 타인은 누구인가? 집단 내 사람인가 아니면 집단과 관계없는 사람인가? 사실 기본적으로 이타주의는 집단을 존속시키기 위한 의식적·무의식적 협력의 의지라고 할 수 있다. 여기에 집단과 집단주의의 차이가 있는데 이타주의와 집단/집단주의의 관계를 정확히 규명하기 위해서는 에드워드 윌슨Edward Wilson이 구분하는 두 가지 이타주의를 잠시 소개할 필요가 있다.

윌슨에 따르면 두 가지 이타주의 중 하나는 〈맹목성 이타주의〉이다. 그것은 〈베푸는 자는 똑같은 보답을 바란다는 욕망을 결코 표현하지 않으며, 그런 목적을 성취하기 위한 그 어떤 무의식적 활동도 하지 않는〉 이타주의를 가리킨다.[6] 그에 따르면 이런 이타주의는 〈경쟁 단위인 가족이나 부족 전체에 작용하는 친족 선택이나 자연 선택을 통해 진화해 왔을 가능성이 높으며 그것은 그 이타주의의 가장 가까운 친척들에게 기여하고 유연관계가 더 멀어질수록 기여 빈도와 강도는 급격히 줄어들 것이라고 예상할 수 있다〉. 이런 이타주의는 집단이 존속되어야 개인도 존재하기 때문에 생겨났으며 근본적으로는 친족 집단에서 찾아볼 수 있는 행동 패턴으로, 인간만의 특징은 결코 아니다. 상어 친족 집단, 개미·꿀벌 등의 사회성 동물 및 곤충에게서도 쉽게 찾아볼 수 있는 이타주의다. 인간의 관점에서 말하자면 결국 이런 이타주의는 생존 이데올로기의 기본 단위인 집단을 존속시키려는 협동 정신으로 간주될 수 있다.

또 다른 이타주의는 윌슨이 〈목적성 이타주의〉라고 부르는 것이다. 이런 이타주의적 선행은 보답을 기대하는 것인데, 기본적으로는 의도성이 깔린 선행이다. 그에 따르면 목적성 이타주의의 〈전략은 고통스러울 정도로 뒤얽힌 제재 규범과 요구 사항을 통해 진화해 왔을 것이며, 변덕이 심한 문화적 진화에 크게 영향을 받는다고 예상할 수 있다〉. 즉 〈목적성 이타주의는 인간에게서 극단까지 정교해져 왔다. 먼 친척 혹은 무관한 개인 사이에 이루어지는 보답은 인간 사회 구성의 열쇠이다. 사회 계약의 완성은 엄격한 친족 선택이 부과했던 고대 척추동물의 속박을 깨뜨렸다. 탄력적이고 무한히 생산적인 언어 및 어구 분류의 재능과 결합된 보답의 관습을 통해, 인간은 문화와 문명을 건설할 수 있을 만큼 오래 기억되는 계약을 맺는다〉.[7] 여기서 〈목적성〉이라는 용어를 무조건 부정적인 의미로 받아들일 필요는 없다. 하지만 우리가 기부를 하고 아프리카의 고아를 돕는 행위 또는 환경 보

---

6 윌슨, 『인간 본성에 대하여』, 217면 이하.
7 윌슨, 앞의 책, 218면.

호에 앞장서는 행위는 사회적으로 선한 사람으로 인정받으려는 행동일 수 있다. 하지만 이런 의도를 비난할 필요가 있는가? 선한 사람으로 인정받고자 하는 이를 이기주의자로 볼 수 있지만 그런 이기주의는 〈거의 완벽한 사회 계약〉에 이르는 열쇠가 될 수 있다. 게다가 타인이 아니라 스스로가 선한 사람으로 인정하거나 그런 사람이 되려는 것은 주체성을 찾는 과정일 수도 있다. 이런 경우는 스스로와 맺은 일차적인 커뮤니케이션이겠지만 이차적으로는 사회 전체와 맺게 되는 비의도적인 커뮤니케이션 과정이 될 수도 있다. 이런 이타주의는 사회적 개인주의로 간주될 수 있을 것이다. 결국 집단의 규모가 어떻든, 즉 동호회에서 사회 전체에 이르는 이런저런 집단에 소속된 사람이 드러내는 이런 이타주의는 〈고마움에 대한 상호 인정〉에 기초하며 그런 내집단 코드는 외집단으로 충분히 확대 적용될 수 있다. 왜냐하면 그것은 생존의 이데올로기가 아니기 때문이다. 이런 경우 타 집단의 존재는 위협이 되기는커녕 오히려 상호 인정주의의 출발점이 될 수 있다.

문제는 목적성 이타주의가 〈집단주의〉를 강화하는 코드로 작용할 때다. 이 경우 집단은 생존 의식과 다시 접목한다. 이런 집단주의는 내집단의 맹목적 이타주의와 타 집단에 대한 강력한 배타성으로 특징 지어진다. 정리하자면 원시 및 농경 사회에서 볼 수 있는 친족 집단과 그 맹목적 이타주의가 있는가 하면, 현대 사회의 개인 선택적 집단과 목적성 이타주의가 있다고 할 수 있다. 하지만 간혹 〈선택적 집단 내의 맹목적 이타주의〉도 있을 수 있다. 이것이 바로 현대적 의미의 집단주의이며 마피아 같은 집단의 이데올로기-코드이다. 일반적으로 이런 집단주의는 특수 목적을 지향하는 군사 조직이나 역사적 비밀 조직인 프리메이슨과 같은 조직 혹은 결사대 그리고 마피아 같은 불법 집단에서 찾아볼 수 있다. 이런 조직에서 응집력, 위계질서, 의리는 상호 연계된 시너지의 코드이며, 개인은 맹목적으로 조직에 충성해야 하고 조직이 와해되면 개인도 존재할 수 없는 현실과 믿음의 지배를 받는다. 이런 집단은 〈목적성 생존 집단〉으로 규명될 수 있다. 이런 집단은 경쟁 집단에 대해 공격적이고, 가능한 한 스스로를 살찌우려 하며 (집단 이기주의), 복잡하고 까다로운 가입(입문) 과정을 갖춘 동시에 탈퇴 또한 매우 어렵거나 거의 불가능한 특징을 갖는다.

조직의 이러한 특징만을 고려하면 사실 경찰과 폭력 조직은 매우 유사한 집단인 셈이다. 단지 전자는 합법의 세계에서, 후자는 불법의 세계에서 활동할 따름이다. 더 심각한 문제는 정치 집단과 기업들이 이런 〈목적성 생존 집단〉의 이데올로기로 무장하는 경우인데 안타깝게도 이것은 한국의 파벌 정치와 재벌 기업을 연상시킨다.

한국 사회와 집단주의

앞서 말했듯이, 집단 중심의 사회 가운데 한국 사회는 으뜸으로 꼽힐 것이다. 이유는 무엇일까? 세 가지로 집약될 듯싶다. 하나는 역사·종교적 배경일 것이다. 우선 유교 이데올로기가 있다. 유교는 인의예지신, 사람이 마땅히 지켜야 할 다섯 가지 도리, 즉 어질고, 의롭고, 예의 바르고, 지혜롭고, 믿음직함에 기초하는 윤리·정치 철학이다.[8] 참으로 이상적인 인간형으로 비치지만 이런 가치관은 기본적으로 사회 시스템이 원활히 돌아가기 위해 사람이 가져야 할 인성이다. 하지만 개인의 개성, 자유, 주체성과는 별 관계가 없을 뿐 아니라 사회적 불평등까지도 예의 바르게 받아들여야 하는 도

---

8 네이버 국어사전.

리가 아닌지 하는 의구심이 들게 한다. 사대주의까지 언급하지 않더라도 주체에 대한 개념이 없다면 개인이 매달릴 수 있는 것은 집단인데 그중에서도 힘 있는 집단이 더 유리할 것이다. 따라서 이런 사고는 집단 이기주의를 도모하는 촉진제가 될 수 있다. 그다음은 역사적 배경이다. 한반도는 너무 많은 침략과 지배를 당했다. 청일 전쟁, 일제 강점기, 한국 전쟁, 미국의 지배……. 이 정도면 사람들 스스로 뭉쳐야 산다고 생각할 만하다. 경제적으로도 아직 개발 도상국인 데다, 어쩌면 현대적 도시 문화의 역사가 짧고 농경 문화의 잔재가 남아 있는 동시에 경제적 불안감이 사회 도처에 깔려 있기 때문에 일종의 안전장치로서 집단 가입의 필요성이 느껴질 수도 있다.

두 번째 이유는 한국 사회의 정치·경제적 배경에서 찾을 수 있다. 신념을 가지고 활동하는 일부 정치인들도 있지만 한국 정치의 근본 이데올로기는 파벌 정치를 지향한다. 지역주의가 그 대표적인 경우이다. 그리고 기본적으로 한국에서의 정치 활동은 오로지 정당 중심이다. 즉 정치인 개개인의 의견이 종합되는 곳이 정당이 아니라 정당을 위해 의견을 조율할 따름이다. 이 때문에 한때 운동권에서 학생 활동으로 유명한 인사도 우파 정당에서 활동하는 경우를 흔치 않게 볼 수 있다. 국민도 〈힘 있는 정당〉을 선호하므로 어떤 인사가 정당을 바꾸는 일에 대해서도 별다른 거부감을 갖지 않는다. 현재 한국 정치의 특징은 〈내 적의 적은 친구다〉라는 원리에 기초하는 듯싶다. 다른 한편, 경제는 파벌주의 이전에 재벌을 중심으로 발전했기 때문에 그 신화는 온 국민이 동경하는 대상이 되어 버렸다. 재벌은 가장 노골적인 친족 집단의 맹목적 이타주의로 뭉친 조직이다. 이런 조직들이 한 나라의 경제를 이끄는 상황에서, 그 파워는 물론이고 세습 과정도 부러움의 대상이 되었다. 그 결과 조직의 구성이 어떻든 그 조직은 성공을 꿈꾸는 이들에게 수단보다는 목적을 중시하는 이데올로기가 되어 버렸다. 이 때문에 재벌 기업의 신입 사원 연수 과정은 군대를 방불케 하는 혹독한 신체 훈련과 집단의식 강화 교육으로 구성된다.

세 번째 이유는 집단주의를 강화하는 각종 장치들이 존재한다는 데서 찾아볼 수 있다. 유치원에서 대학에 이르기까지 졸업 앨범을 만드는 나라는 그리 흔치 않을 것이다. 그리고 각종 모임들 — 동창회, 학부모회, 부녀회, 반상회, 동아리, 군대, 골프 모임, 단체 여행, 단체 쇼핑, 심지어는 음악 감상 모임 등 — 은 수도 없이 많다. 대학에 입학하자마자 신입생은 학과별 오리엔테이션과 MT에 참석해야 하고, 동아리에 등록한다. 그럼으로써 누군가의 후배가 되고 규율을 잘 따르면 언젠가는 누군가의 선배가 된다. 심지어 두 명의 여학생이 한 짝이 되어 4년을 함께 보내는 경우도 있다. 이런 모임에는 서로에 대한 예의가 있고 의리도 있어야 한다. 하지만 의리가 미덕으로 포장되면 조폭 사회도 멋있게 보일 수 있다.[9]

그러면 현대 사회에서 〈이런 장치들이 자발적으로 만들어지는 것인가, 아니면 존재하기 때문에 사람들이 이를 활용하는 것인가〉 하는 질문에는 어떻게 답해야 하는가. 나는 장치의 존재 자체가 사회적 코드라는 점을 강조하고자 한다. 단지 그것을 만들어 낸 이데올로기가 특수한 역사·종교·경제적 배경에 기초하는 것이다. 이런 이데올로기가 집단의 장치로서의 코드를 만들어 냈지만 그것은 다시 이데올로기를 유지시키도록 작용한다고 할 수 있다. 이는 마치 내용이 형식을 만들어 냈지만 형식이 사라져 가는 내용을 붙잡아 두는 꼴이다.

---

9 지난 10여 년 전부터 꾸준히 인기를 모으는 조폭 영화들은 기본적으로 의리를 미화시키는 모티프에 근거한다.

집단과 규범

모든 집단은 어느 정도의 폐쇄성을 갖는다. 또한 집단의 폐쇄성은 두 가지 결과를 초래하는데 하나는 내집단의 규범이 강하게 작용한다는 점이고, 다른 하나는 외집단에 대한 무지를 유발한다는 점이다.

도널슨 포사이스Donelson R. Forsyth가 말하듯이, 〈규범은 집단 내에서 상당한 영향력을 발휘할 수 있다……. 집단의 규범을 어기면 집단 내에 갈등을 야기시키고, 지위를 상실하거나, 거부당하거나, 심지어는 추방될 수도 있다〉.[10] 몇 가지 일관된 코드가 집단의 규범으로 채택되면 그런 코드의 집합은 이데올로기로 작용하면서 다른 규범-이데올로기를 배척하게 된다. 타 집단에 대한 배타성이 생기는 것이다. 충분히 예상할 수 있듯이, 집단을 중시하는 사회에서 사람들은 그들이 속한 집단에 더욱 충실할 것이다. 여기서 〈충실하다〉는 표현은 내집단의 규범을 잘 따른다는 의미와 타 집단에 대한 몰이해가 발생한다는 의미를 동시에 갖는다. 거시적으로는 좌/우파가 그래 왔고 미술 유파들, 각종 학파들, 히피/여피도 마찬가지다. 더 작게는 대학 간의 운동 경기, 고교생들의 패싸움도 같은 집단주의에서 비롯된다고 할 수 있다. 하지만 평소 살고 있는 동네에서 서로 앙숙인 고등학생 몇 명이 안나푸르나 트레킹에서 우연히 만나게 되면 그들은 친형제보다도 더 친해질 것이다.

어쨌든 집단의 내적 규범주의와 대외적 배타주의는 기본적으로 코드의 공유에서 비롯되면서도 그것을 다시 더욱 확고하게 만든다. 이 때문에 집단의 응집성이 강할수록 그 내부의 규범-코드는 절대성을 갖는다. 다음과

---

10 포사이스, 『집단 심리학』, 187면.

같은 상황을 상상해 보자. 어느 나라에 고등학생들이 있는데 그들이 다음과 같은 상황에 처해 있다고 생각해 보자.

1. 교복을 입고 명찰을 닮으로써 특정 학교의 학생이자 그 소속감을 강요받는다.
2. 그들에게는 공부 외에 어떤 정보나 꿈도 없다(이국적 문화에 대한 관심, 여행, 문화 활동도 없다. 따라서 함께 나눌 대화 주제도 없다).
3. 그들을 평가하는 방법으로는 우등생/비우등생이라는 이분법만 적용될 뿐이다(이 때문에 등급별 패거리가 생긴다).

이런 상황에서 학생들이 학교별로, 또 등급별로 패싸움을 벌이지 않는다면 그것이 오히려 이상할 것이다. 하지만 이것이 1970~1980년대 한국 고교생들의 현실이었다.

또 하나 지적해야 할 문제는 이런 코드-이데올로기는 언행, 패션, 소비와 같은 다소 현실적이거나 물리적인 규율뿐만 아니라 감동 및 감정의 코드도 포함할 수 있다는 점이다. 감동과 감정 표현도 내집단에서 코드화된다는 말이다.(「에토스와 파토스」 참조) 이 때문에 한 집단이 유난히 싫어하거나 유별난 감정적 반응을 일으키는 무언가(에토스)가 있을 수 있다. 극우파 집단에는 유색 인종에 대한 증오가 기본 이데올로기라면 그런 증오를 표현하는 마초적인 폭력성은 나름대로 코드화된 형태의 감정 표현에 해당할 것이다. 또는 곤충에 대한 특별한 거부 반응이 없던 여중생이 어떤 집단에서 소속되고 그 코드를 받아들임으로써 작은 벌레만 봐도 소스라치고 난리 법석을 피우게 되는 상황도 있을 수 있다. 이처럼 프로이트가 말하듯이 〈집단은 무엇이든 쉽게 믿으며, 영향도 쉽게 받는다. 비판력은 전혀 없고, 아무리 있을 법하지 않은 일도 사실로 믿어 버린다. 집단은 이미지로 생각한다. 이미지는 연상 작용으로 또 다른 이미지를 불러일으키고, 이미지와 현실이 일치하는가를 이성의 작용으로 검증하는 경우는 결코 없다. 집단의 감정은 단순하기 이를 데 없고, 지극히 과장되어 있다. 따라서 집단은 의심할 줄도 망설일 줄도 모른다〉.[11]

만약 어떤 사회가 극히 폐쇄적인 집단으로만 구성된다면 무슨 일이 벌어질까? 한 생명체의 기관들이 서로 소통하지 못하고 마치 세포의 클론처럼 자신들의 세포만 증식시킨다면 그 생명체는 기형적인 모양을 갖게 될 뿐만 아니라 기능적으로도 엄청난 제약을 받을 것이다. 물론 인간 사회는 이런 지경까지 이르기 전에 나름의 대책을 세우겠지만 그동안에 개인은 혼자서 아무것도 못하는 무능 상태 또는 분리 불안 장애를 일으키거나 특히 객관적 판단력과 보편적 가치관을 잃을 수 있다는 점은 충분히 상상할 수 있을 것이다.

11 프로이트, 『문명 속의 불만』, 87면.

3. 문화 계층

우리 모두는 이런저런 거시 이데올로기와 그것에서 파생된 미시 이데올로기 일부분을 가지고 생활한다. 또 우리 모두는 문화를 소비하는 동시에 이런저런 모임에도 참석하며 나름의 취향을 가지고 있는데 그런 소비와 취향은 우리가 누구인가를 말해 준다. 당연히 어떤 이데올로기를 가졌는가에 따라 좋아하는 것과 만나는 사람들이 다르다. 주변을 살펴보자. 록 음악을 좋아하는 사람이 있다.[12] 정치적으로 그는 다소나마 좌파이며 무신론자이

12 음악을 먼저 제시하는 이유는 부르디외가 말하듯이, 〈음악 취향만큼 한 사람의 《계급》을 분명하게 확정해 주고, 이것만큼 틀림없이 한 사람을 《분류해》 줄 수 있는 것도 없기〉 때문이다. 그는 다음과 같이 말한다. 〈이 경우 그에 상응하는 성향을 획득할 수 있는 조건이 아주 드물기 때문에 음악회에 가거나 《귀족적인》 악기를 연주하는 것(다른 조건이 동일하다면, 이것은 아직 연극을 보러 가거나 박물관을 관람하는 일 또는 현대 미술 작품을 전시해 놓은 화랑에 가는 일 보다는 대중적이지 않다)보다 《계급 분류적인 작용》을 하는 것도 없기 때문이다. 하지만 이것은 동시에 《음악적 소양》을 과시하는 일이 다른 경우처럼 문화적 소양을 드러내는 일과는 전혀 무관하기 때문이기도 하다. 사회적 규정과 관련해 볼 때, 《음악적 소양》은 음악에 대한 지식이나 경험의 양 또는 음악에 대해 이야기할 수 있는 능력과는 좀 다른 것이다. 음악은 정신 예술 중에서 가장 《정신적인》 것으로, 음악에 대한 사랑은 《정신적 깊이》에 대한 보증이 된다〉. 『구별짓기 — 문화와 취향의 사회학』, 44면.

고 가끔은 그린피스의 활동에 박수를 보내기도 한다. 이런 사람의 소비는 어떨까? 아마도 의상은 약간 반규범적일 것이고, 아주 저렴한 술과 비싼 술을 두루 즐기며, 자신의 정치적 신념을 대변하는 신문을 구독하고, 고급 차보다는 자전거를 애용하거나 걸어 다닐 것이다. 여행을 떠나도 패키지여행보다는 혼자서 오지를 헤매거나 런던이나 뉴욕 한구석에 처박혀 술집이나 화랑을 배회할 것이다. 또 다른 사람을 생각해 보자. 음악 자체에 관심이 없는 사람으로서 일요일엔 교회에 가고, 정치적으로는 우파이며 조선일보를 본다. 동창이나 동료들과의 모임에는 빠지지 않으며 TV 뉴스와 몇 가지 오락물을 즐겨 본다. 이런 사람의 소비는 또 어떨까? 차는 회색 세단일 것이고, 의상은 주로 〈유명 상표〉 제품이고, 휴가 때면 해외 유명 휴양지에 가족과 함께 다녀올 것이다.

매우 다른 소비이자 취향이며 이데올로기다. 그러나 공통점이 있다면 두 사람 다 본인이 어떤 이데올로기를 가졌는지 모를 수 있다는 것이다. 그들이 소비하는 것도 그냥 좋아서 하는 것일 뿐, 그들의 이데올로기가 그것을 조정하고 결정한다는 사실을 알지 못한다. 좀 더 정확히 말하면 이들은 자신이 나름의 정치적 성향과 인생관을 가졌다고 말할 수 있겠지만 그것이 이데올로기이며 그 이데올로기가 자신을 어떻게 개체로 구성했는지를 정확히 인식하지 못한다. 앞서 분석한 바 있듯이, 사람들은 이데올로기적 장치 속에서의 실천을 통해 호명되며, 가족 환경과 학교에서 어떤 1차 주체성을 갖게 되었는지, 그리고 이를 토대로 또 어떤 2차(즉 문화) 주체성을 갖게 되었는지에 대해 구체적으로 고민하지 않는다. 그 결과, 〈왜 이런저런 것을 좋아하는지〉를 따지기보다 〈나는 본래 그렇다〉는 식으로, 즉 모든 걸 당연하게 받아들인다. 때문에 여름에는 당연히 푸켓으로 패키지여행을 가고, 자동차는 당연히 요즘 새로 나온 신형 쏘나타이며, 옷은 당연히 버버리나라코스테가 좋으며, 술은 (가능하면) 17년산 밸런타인을 섞어 만든 폭탄주를 마시게 되는 것이다. 이 모든 것이 그의 취향이다.

이렇게 취향은 자연스럽고 당연한 것으로 인식되기 때문에 이데올로기화의 결과이다. 〈취향〉은 문화 소비이자 문화 이데올로기의 표명인 셈이다. 동시에 한 개인의 문화 계층을 나타내는 시니피앙이기도 하다. 비유하자면 개인이나 집단의 취향들은 소쉬르가 규명한 바 있는 파롤에 해당하고, 이데올로기는 랑그에 해당한다고 말할 수 있다. 이제부터는 이 점에 기초하여 취향이 어떻게 분포되는지를 검토함으로써 현대 사회의 문화 계층과 이데올로기에 접근해 보기로 한다.

사회 계층과 문화 자본

취향의 차이와 자본의 차이가 어떻게 사회 계층을 구분시키는지를 가장 포괄적으로 분석한 사람은 부르디외다. 『구별짓기 ─ 문화와 취향의 사회학』에서 그는 방대하고 객관적인 현장 조사를 통해 학력 자본, 상속 자본, 문화 자본이 어떻게 상호 작용하여 개인과 집단의 문화적 취향과 정체성을 결정하는지를 매우 세심하게 분석했다. 비록 그의 분석이 현장 조사에 기초하는 이유로 1970년대 프랑스 사회를 기술하고 있지만 그가 제시하는 이론적 개념들은 충분한 실증적 가치를 지닌다. 우리는 그의 분석 개념과 몇 가지 분석 결과를 활용하여 이데올로기와 계층의 문제를 보다 더 현실적으로 파헤쳐 보기로 한다.

부르디외에 따르면, 〈모든 문화적 실천(박물관 관람, 음악회 참석, 독서 등), 문학, 회화, 음악에 대한 선호도는 (학위나 학교에 재학한 햇수에 의해 측정되는)

교육 수준과 이차적으로는 출신 계급과 밀접하게 관련되어 있다. 가문의 배경과 형식적 교육(이 교육의 유효성과 지속성은 출신 계급에 크게 의존한다)의 상대적 비중은 다양한 문화적 실천이 교육 체계에 의해 공인되고 교육되는 정도에 따라 다르며, 자유 교양이나 아방가르드 문화에서는 다른 조건이 동일할 경우, 출신 계급의 영향력이 가장 크다. 사회적으로 공인된 예술 그리고 각 예술의 장르와 유파 또는 시대의 위계에 소비자들의 사회적 위계가 상응한다. 이 모든 것은 취향이 《계급》의 지표로 기능하는 기반이 된다〉.[13] 그가 말하는 취향은 결국 매너와 미적 감각과, 기본적으로 문화를 소비하는 방식을 가리킨다. 취향은 계급의 지표이지만 얼마나 많은 상속 자본(출신)과 학력 자본 그리고 문화 자본을 가졌는지, 그리고 그것들이 어떻게 분포되는지에 따라 결정된다. 상속 자본은 개인의 선택 대상이 아니라 그가 태어난 환경이 제공하는 각종 혜택을 가리킨다. 매우 부유한 집안에서 태어나 각종 경제적·문화적 혜택을 누렸지만 경제적으로 매우 소박한 삶을 살거나 선택할 수도 있다. 반대로 어떤 혜택도 받지 못한 출신이지만 높은 학력에 도달하거나 막강한 경제력을 갖게 될 수도 있다. 이 모든 조합은 다양한 문화 계층을 만들어 내고, 그 다양성은 다름 아닌 취향과 문화 자본의 유형으로 비교적 정확하게 드러난다.

부르디외[14]에 따르면, 문화 자본은 사회 경쟁에서 (의식적으로 또는 무의식적으로) 사용될 수 있는 모든 에너지를 가리킨다. 그는 다음과 같이 세 가지 형태의 문화 자본을 구분한다.

---

13 Bourdieu, P., *La distinction: Critique sociale du jugement*, Les Éditions de Minuit, Paris, 1979, IntRoduction I~II.

14 Bourdieu, 앞의 책, p. 105.

1. 육화된 상태(즉 유기체의 지속적 성향들의 형태로 존재하는 문화 자본. 예를 들어 가족의 경제적 조건에서 비롯되는 최대한의 자유 시간은 최대한의 문화 자본에 사용된다), 구체적으로 지식, 교양, 기능, 취미, 감성 등을 들 수 있다.

2. 객체화된 상태 또는 문화적 상품(그림, 책, 사전, 도구, 기계)의 상태

3. 제도화된 상태(예를 들어 학교 졸업장)

문화 자본은 이처럼 경제 및 학력 자본의 토대 위에 주어지는 자본이다. 다시 말해 문화 자본은 다소 시간적 여유와 기본적인 경제력을 갖춘 가정에서 태어난 사람이라면 누구나 가질 수 있는 자본으로서, 문화적 유산과 현상들을 해석하고 즐길 수 있는 코드들의 총체로 간주될 수 있다. 부르디외가 거듭 강조하듯이 〈예술 작품은 오직 문화적 능력, 즉 해독의 기준이 되는 코드를 갖고 있는 사람에게나 의미가 있고 오직 그런 사람의 관심만을 불러일으킬 수 있다〉.[15] 그러나 이러한 문화와 미적 코드를 갖지 못하는 사람은 〈영문도 모른 채 음과 리듬, 온갖 색채와 선의 카오스 속에《익사할》수밖에 없게 되는 것이다. 따라서 이런 사람들은 매우 원초적이고 정서적인 반응만을 보이며 기껏해야《이것은 꾸밈이 없다》,《멜로디가 흥겹다》와 같은 평가만을 내린다〉.[16] 따라서 취향은 문화 자본이 허용하고 활용되는 문화 실천의 공간적 범주라고 할 수 있다. 우리가 공간적 범주라는 말을 사용하는 이유는 문화 실천 혹은 취향의 영역이 일종의 열린 공간을 구성하기 때문이다. 즉 이런 공간은 앞서 언급한 바 있는 이데올로기의 위상적 구성과 유사하다. 즉 핵심적인 실천 영역과 주변적인 영역이 강도의 차이로 구분되며 주변적 영역

15 Bourdieu, 앞의 책, IntRoduction II.
16 Bourdieu, 앞의 책, IntRoduction II.

은 다른 취향의 집합과 겹칠 수도 있다. 좌파 성향의 자유분방한 사람의 몇 가지 취향은 우파 성향의 보수적인 사람들의 그것과 겹칠 수도 있다(즉 취향의 교차 범주가 가능하다). 이 때문에 취향의 범주를 도표로 표현하면 다음과 같은 위상적 특징을 고려해야 할 것이다. 예컨대 연한 회색으로 표현한 취향의 주변적 요소들의 집합이 있으며 이 부분이 교집합을 허용할 것이다.

취향 범주의 위상적 특징

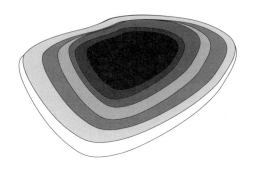

사실 타인들과 교류에서 취향의 차이가 어떤 의미를 갖는지에 대해 우리 모두는 어느 정도 알고 있다. 즉 일상에서, 우리는 이런저런 사람의 스타일을 보고 그가 어떤 유형의 사람인지 짐작한다. 하지만 그런 〈스타일〉은 실제로 라이프스타일이자 사회 계층의 지표이며 사람들은 적어도 그렇게 해석한다. 우리는 이 문제를 부르디외의 몇 가지 조사 결과를 토대로 살펴보기로 한다.

세 개의 음악 작품에 대한 계급 분과별 선호도

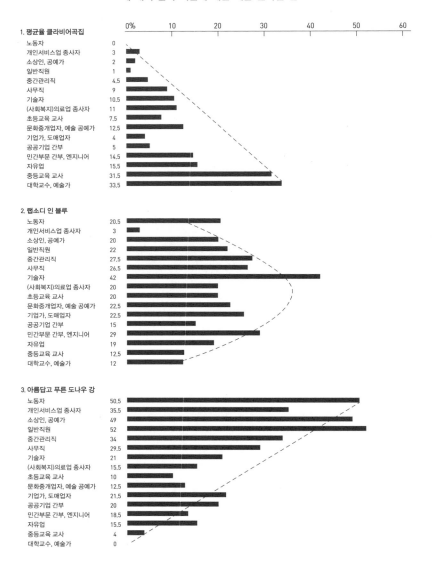

1. 평균율 클라비어곡집

직업	값
노동자	0
개인서비스업 종사자	3
소상인, 공예가	2
일반직원	1
중간관리직	4.5
사무직	9
기술자	10.5
(사회복지)의료업 종사자	11
초등교육 교사	7.5
문화중개업자, 예술 공예가	12.5
기업가, 도매업자	4
공공기업 간부	5
민간부문 간부, 엔지니어	14.5
자유업	15.5
중등교육 교사	31.5
대학교수, 예술가	33.5

2. 랩소디 인 블루

직업	값
노동자	20.5
개인서비스업 종사자	3
소상인, 공예가	20
일반직원	22
중간관리직	27.5
사무직	26.5
기술자	42
(사회복지)의료업 종사자	20
초등교육 교사	20
문화중개업자, 예술 공예가	22.5
기업가, 도매업자	22.5
공공기업 간부	15
민간부문 간부, 엔지니어	29
자유업	19
중등교육 교사	12.5
대학교수, 예술가	12

3. 아름답고 푸른 도나우 강

직업	값
노동자	50.5
개인서비스업 종사자	35.5
소상인, 공예가	49
일반직원	52
중간관리직	34
사무직	29.5
기술자	21
(사회복지)의료업 종사자	15.5
초등교육 교사	10
문화중개업자, 예술 공예가	12.5
기업가, 도매업자	21.5
공공기업 간부	20
민간부문 간부, 엔지니어	18.5
자유업	15.5
중등교육 교사	4
대학교수, 예술가	0

출처: Pierre Bourdieu, *La distinction: Critique sociale du jugement*, Les Éditions de Minuit, Paris, 1979, Graphique 1, p. 15.

제목대로 이 조사표는 음악에 대한 계급 분과별 선호도를 나타낸다. 비록 프랑스인들을 대상으로 했지만 이런 결과가 시사하는 바는 매우 현실적이고 흥미롭다. 가장 두드러지는 것은 「피아노 평균율」과 「아름답고 푸른 도나우」에 대한 계층별 선호도 차이다. 이 두 곡의 차이는 무엇인가? 요한 슈트라우스의 「아름답고 푸른 도나우」는 클래식 중에서 서정적이며 비교적 단순한 음계에 기초하여 만든 왈츠곡이다. 이에 반해 바흐의 「피아노 평균율」은 24곡의 전주곡과 푸가 기법이 포함되어 있으며 C장조에서 비롯하여 24개의 장조와 단조가 모두 사용되고 있다. 이 곡은 당시 실용화되기 시작한 평균율을 새로운 조율법에 적용한 것으로 그 기술적인 가능성을 대담하게 탐구하는 동시에 건반 음악사상 비길 바 없는 예술적 표현을 이룩한 것으로 평가받고 있다. 한마디로 「아름답고 푸른 도나우」가 (춤을 출 수도 있는) 그냥 즐기는 곡이라면 「피아노 평균율」은 음과 음계의 모든 조합을 선사하는 음악인 셈이다. 이런 차이는 재즈에서 케니 지Kenny G와 찰리 파커Charlie Parker의 차이를 떠올리기도 하는데 역시 재즈를 잘 모르는 사람들은 케니 지의 곡을 더 〈편하게〉 느낄 것이다.

이런 현상은 대중음악의 선호도에서도 그대로 나타나는데 민중 계급의 가수 선호도는 샤를 아즈나부르Charles Aznavour, 조르주 브라상스George Brassens, 자크 브렐Jacques Brel의 순서로 분포되는 반면에, 교수·예술가들의 선호도는 브라상스, 브렐, 아즈나부르의 순서를 드러낸다. 브라상스(1921~1981)는 싱어송라이터로 프랑스의 좌파 지성인을 대표하는 가수이자 시인이며, 브렐(1929~1978)은 벨기에 출신의 싱어송라이터로서 재치 있는 가사와 솔직한 감정 표현으로 많은 이들의 사랑을 받은 가수이다. 아즈나부르(1924~)는 프랑스의 프랭크 시나트라로 불릴 만큼 대중성을 지닌 가수이다. 결국 일반 대중은 접근이 다소 쉬운 음악이나 별 부담 없이(노력

없이) 즐길 수 있는 음악을 선호한다는 사실이 확인되는 셈이다.[17]

하지만 앞서 언급했듯이 부르디외의 조사는 1970년대에 이루어졌으며 프랑스 대중음악에만 국한되었다. 만약 이런 조사가 음반 판매 순위나 FM 라디오 방송 순위를 기준으로 실시되었다면 당연히 비틀스와 롤링 스톤스 같은 록 음악도 언급되었을 것이고 그것은 역시 매우 명백한 세대적 차이를 드러냈을 것이다(마찬가지로 클래식 음악 조사에서 파가니니와 스트라빈스키를 추가하면 편차는 더 컸을 것이다). 그럼에도 불구하고 대중음악 선호도가 클래식 음악의 선호도와 일치한다는 사실은 분명 시사하는 바가 있다. 이런 차이는 오늘날에도 유효하며 프랑스가 아닌 다른 나라에서도 비슷하게 나타날 것이다. 미국의 경우, 일반 서민 계층은 컨트리 뮤직을, 교수·예술가들은 재즈나 클래식 음악을 선호한다. 영화 「블루스 브라더스」에서 블루스 브라더스 밴드가 본의 아니게 컨트리 바에서 연주를 할 때 받는 야유와 술병 세례를 떠올릴 수 있다. 한국의 경우, 서민 계층은 나훈아·설운도·주현미·현철을 선호하며, 10대와 20대들은 댄스 음악만을 좋아하고 신흥 부르주아 계층은 클래식을, 예술가들은 재즈나 클래식을 그나마 선호할 것이다.[18] 하지만 한국인의 대중음악 선호도는 좀 더 복잡할 수 있다. 왜냐하면 한국에서 소비하는 음악은 〈국내 음악〉과 〈서양 음악〉으로 나뉠 뿐만 아니라 한국 음악의 범주는 국악, 트로트, 댄스 음악으로 구성되고 서양 음악은 클래식, 팝송, 록 음악으로 구성되는데 국악은 일제 강점기 때 거의 말살되다시피 하여 맥을 이어 가지 못했고, 트로트 음악은 바로 그런 강점기의 잔재이며, 〈서양 음악〉은 미8군을 통해 들어온 미국 음악이기 때문이

17 대중음악은 기본적으로 대중을 위한 음악을 의미하지만 그중에는 좀 더 대중적인 것과 그렇지 않은 것이 있다. 가장 대중적인 음악의 특징은 멜로디가 서정적이고 가사는 주로 애정 문제를 다루며 편곡도 따라 부르기 쉬운 특징을 갖는다.

18 26년의 역사를 자랑하는 대중 참여 음악 프로그램 〈전국 노래자랑〉을 참고할 수 있다.

다. 자연스러운 수요 공급 관계가 음악의 여러 장르를 상호 보충적으로 탄생시킨 게 아니라 외세를 위한 외세의 음악이 강요된 셈이다.[19] 게다가 1970년대 박정희 정권은 그나마 조금은 자생적으로 태동한 록 음악과 〈저항 음악〉을 공개 처형했다. 그리고 특히 절대 존재로 군림하게 된 텔레비전은 대중에게 특정 음악을 일방적으로 강요함으로써 다시 한 번 선택의 여지를 근본적으로 박탈한다(이 문제는 「대중음악과 이데올로기」에서 다루기로 한다). 마지막으로 재즈나 클래식 음악에 대한 선호도도 극히 짧은 역사와 빈약한 음반 및 공연 시장 규모로 인해 극소수의 전유물에 그치거나 신흥 부르주아지의 과시형 문화 자본으로 활용되고 있는 실정이다.[20]

　어쨌든 사회 계급에 따르는 취향의 분포는 매우 일관되게 나타난다. 다음 도표는 사회 계급에 따르는 작곡가와 영화감독에 대한 지식과 선호하는 책 그리고 어투를 조사한 결과를 나타낸다.

　19 1927년에 개국한 경성방송국은 그 이듬해부터 음악 프로를 선보였으며 일본인들이 제작한 국내 가수들의 음반들이 서서히 대중음악으로 자리 잡게 되었다. 당연히 한국 최초의 〈신가요〉는 일본 가요를 번안한 것이었다.(국내 최초의 유성기 음반은 1908년 빅터Victor사가 취입한 이동백의 「적벽가」였지만 초기에는 일본에서만 음반 제작이 가능했기 때문에 그 자본은 일본 자본이었으며 제작의 콘셉트도 일본의 방식을 따랐다. 또한 1928년 4월 13일에는 〈경성방송국 전속 관현악단〉이 설립된다). 이는 음반 산업이 초기부터 일본의 자본에 의해 주도되었음을 의미하는 동시에 음반 시장의 경제적 침탈을 의미한다. (……) 따라서 조선에서의 음반 산업은 산업화가 가져다준 문명이기 전에, 자본을 가진 나라의 이익을 위해 그 기능을 성실히 이행하는 도구로 기능했고, 특히 정치·경제적으로 식민지에 대한 일본 제국주의의 지배 이데올로기를 보급하는 수단으로 기능했다. 근대화의 바람을 타고 등장한 일본식 대중가요들은 다른 문화적 상품과 함께 우리의 정서를 크게 바꾸어 놓았고 그 결과 〈국악과 민족악은 일제의 의도적인 문화 정책에 의해 학교의 교과목에서 제외됨으로써 명맥을 유지하기도 어렵게 되었다. 따라서 민족악과 국악은 기생 조합이라는 사회의 음지 속으로 그 모습을 숨김으로써 대중들과의 거리는 더욱 멀어지기 시작한다〉. 1950년대부터 한국의 대중음악은 미국 대중음악의 영향을 받기 시작한다. 이 문제에 관해서는 최초의 텔레비전 방송국이 미국 자본으로 개국된다는 사실을 언급할 수도 있지만 무엇보다 한국 전쟁 이후 남한에 주둔하기 시작한 미군(미8군)의 영향이 컸다.
　20 강남의 재즈 바 〈블루문〉과 일부 부유층이 집에서 여는 클래식 설명회식 파티를 생각할 수 있다.

취향과 문화적 실천

	작곡가 (1)				영화 감독 (2)			독서 (3)								언어 (4)						
																언행			사투리			
	0~2	3~6	7~11	12명 이상	없음	1~3	4명 이상	애정물	여행 이야기	스릴러	역사물	현대문학	고전문학	시집	철학 수필	비어·속어	비문	정확도	보수성(또는 문어체)	심함	가벼움	없음
서민 계층	77	19	4	–	89	10	2	36	61	57	40	19	10	8	2	8	50	42	–	32	54	12
수공업, 소상인	65	27	7	1	80	18	2	3	60	3	51	22	11	10	8	4	28	68	–	12	37	50
일반 사무직	49	31	17	3	59	37	4	28	49	54	47	40	28	21	5	4	14	77	4	16	56	28
기술자, 교사	17	28	36	19	56	32	11	9	38	38	49	38	32	17	14	–	–	94	6	–	35	65
신 소시민	20	22	39	18	39	44	17	10	25	25	34	56	41	35	30	5	–	74	21	5	26	68
중산 계층	41	28	22	8	58	35	7	23	45	43	45	40	28	21	12	3	14	78	5	10	44	46
중소기업 운영인	30	28	26	15	61	29	10	10	41	43	68	36	30	6	8	–	–	80	20	–	33	67
고급사무직, 엔지니어	16	22	41	21	52	39	9	3	38	38	40	41	36	29	27	–	–	94	6	–	13	87
자유업	11	13	40	35	42	38	19	8	25	44	48	36	21	25	38	6	–	81	12	–	12	87
교수, 예술가	4	11	33	52	22	46	32	7	15	29	24	55	47	35	34	10	–	85	3	–	7	93
상류 계층	15	22	37	26	47	38	15	6	33	38	41	42	35	25	25	5	–	84	11	–	16	84

백분율에는 답변 거부를 포함하지 않는다.
1. 16개의 음악작품에 대해 알고 있는 작곡가 수.   2. 19편의 영화에 대해 알고 있는 감독 수.
3. 10가지의 장르 중에서 3가지를 선택했다.   4. 조사자가 별도의 항목에 표시한 내용.

출처: Pierre Bourdieu, *La distinction: Critique sociale du jugement*, Les Éditions de Minuit, Paris, 1979, Goûts et pratiques culturelles 3, p. 617.

민중 계급에서 절대다수가 두 명 이하의 작곡가를 알고 있다면 그와는 반대로 교수·예술가들은 대다수가 12명 이상의 작곡가를 알고 있었다. 영화감독에 대한 관심도 마찬가지다. 민중 계급의 절대다수가 한 명 미만의 감독을 알고 있다면, 교수·예술가들 50퍼센트는 13명 이상의 영화감독을 알고 있었다. 이미 잘 알려진 사실이지만 영화를 오락으로 즐기는 사람들은 대체로 배우를 중심으로 영화를 선택하지만 영화를 예술로 즐기려는 사람들은 대체로 작가로서 감독을 기준으로 선택하는데(제작자, 촬영 감독, 음악 감독도 고려할 수 있다) 이런 차이는 그냥 유행하는 가수를 좋아하는 것과 싱어송라이터 내지는 자기만의 음악적 세계를 구축한 아티스트를 선호하는 차이와 비교될 수 있다.[21] 도서 취향도 비슷하게 나타나는데 민중 계급은 모험·추리 소설을 선호하는 반면에 교수·예술가들은 현대 작가의 작품을 선호한다. 이 문제 역시 모험·추리 소설은 할리우드 액션 영화를 즐기는 취향과 비교될 수 있다. 또 현대 작가들의 작품을 즐긴다는 것은 고전 작품을 이미 섭렵했음을 전제로 한다. 어투 역시 표현의 정확성과 문법적 정확도에서 현저한 차이를 드러낸다. 이는 이미 오래전 사회 언어학자들이 밝힌 문제로서 하급 계층일수록 어휘 사용의 폭이 매우 제한되고 문장 구성력도 불안정하다는 조사 결과와 일치한다. 이 문제는 주변에서도 흔히 관찰되는데 어떤 음악을 들려준 뒤 그 느낌을 말하라고 했을 때, 〈좋아요〉 혹은 〈멋있어요!〉라고만 대답하는 사람이 있는가 하면, 〈정음에 살짝 못 미치면서 아주 섬세한 바이브레이션 그리고 조금은 거칠어 보이는 톤이 이 뮤지션의 삶을 잘 표현한다〉는 식의 언어적 반응도 나올 수 있는 것이다.[22]

지금까지 우리는 주로 쌍극을 이루는 계층을 언급했는데 중간 계급의 문화 자본도 매우 흥미로운 현상을 드러낸다. 우선 프랑스의 경우, 〈상공업

21 이에 관해 부르디외는 다음과 같이 말한다. 〈문화 자본이 전혀 풍족하지 않기 때문에 노동 계급과 중간 계급 분파들이 모든 종류의 형식 실험recherche formelle에 대해 갖게 되는 적대감은 연극과 회화에서도 분명하게 드러나며, 이 두 부분보다 훨씬 더 정통성이 없는 사진과 영화에서는 한층 더 분명하게 드러난다. 영화도 마찬가지지만 연극에서 일반 청중들은 논리적-연대기적으로 해피엔드happy end를 향해 나가는 플롯을 즐기며, 애매모호하고 상징적인 인물이나 행동 또는 잔혹극의 수수께끼 같은 문제들보다는 단순하게 설정된 상황이나 인물들과 스스로를 《동일시》하는 쪽을 훨씬 더 선호한다〉. Bourdieu, *La distinction*, 33~34.
22 예를 들어 한국어에서는 〈국어를 가리키다〉와 〈국어를 가르치다〉의 혼동을 자주 목격할 수 있다. 또한 문장 자체가 잘못 구성되는 경우도 빈번하다. 예를 들어 〈차이점은 A는 수입산이고 B는 국내산이라는 차이점에 있다〉와 같은 문장.

신문 잡지와 정치 공간

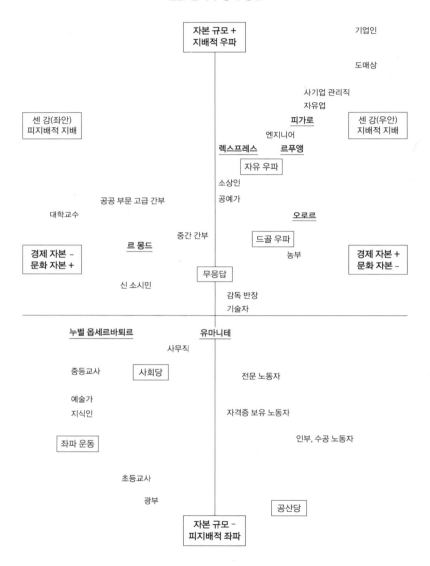

출처: Pierre Bourdieu, *La distinction: Critique sociale du jugement*, Les Éditions de Minuit, Paris, 1979, Graphique 21, p. 527.

경영자들〉의 문화 자본은 민중 계급과 교수·예술가 사이에 위치한다. 이는 경제 자본은 풍부하지만 문화 자본이 상대적으로 약하다는 점을 드러낸다. 대신 〈어투〉 항목은 매우 훌륭한 것으로 나타나는데, 이는 대체로 학력 자본이 비교적 많거나 그렇게 보이려는 의도로 풀이된다. 한마디로 〈상공업 경영자 계층〉은 경제 자본의 혜택을 입어 높은 학력과 기본적인 문화 자본을 소유하기 〈시작한〉 계층으로 규명될 수 있을 것이다. 또한 이 조사에 따르면, 상류 계급은 모든 조사 항목에서 높은 〈점수〉를 기록하는 것으로 나타난다. 이 계층은 그야말로 경제 자본, 학력 자본, 문화 자본을 상속받은 계층으로서 이런 자본들을 충분히 유지하고 활용할 수 있는 계층을 가리킨다.

결국 경제 자본과 문화 자본의 소유 정도에 따라 네 가지 계층을 설정할 수 있다. 예컨대 대략 상류층으로 볼 수 있는 계층은 두 가지 자본 모두를 충분히 갖춘 집단, 즉 〈+경제 자본, +문화 자본〉의 계층일 것이다. 지식인은 대체로 〈-경제 자본, +문화 자본〉에 해당하고, 신흥 부르주아는 〈+경제 자본, -문화 자본〉, 하급 계층은 〈-경제 자본, -문화 자본〉으로 분류될 것이다.

부르디외는 『구별짓기 — 문화와 취향의 사회학』에서 이런 계층들의 취향이 정치 이데올로기적으로도 동일하게 분포된다는 사실을 다음과 같은 도표로 정리했다.

옆의 도표는 〈경제 자본-문화 자본〉의 분포와 정치적 이데올로기가 얼마나 일치하는지를 잘 보여 준다. 각 계층이 지지하는 정당은 물론이고 선호하는 일간지와 시사 주간지도 일치한다. 예컨대 『르 누벨 옵세르바퇴르le Nouvel Observateur』는 대표적인 좌파 시사 주간지이고, 『렉스프레스L'Express』는 우파 독자들이 선호한다. 한국에서는 경향신문과 조선일보에 해당하는 셈이다. 또 파리에서는 센 강 왼쪽/오른쪽이 좌파/우파로 나뉜다는 점도 시사하는 바가 크다. 이는 거주 지역과 문화 섹터도 이데올로기적으로 구분된다는 사실을 의미한다. 뉴욕에 그리니치빌리지가 있듯이 파리에는 라탱 지구가 있으며, 서울도 이미 오래전에 강북과 강남의 차이가 가시화되었을 뿐만 아니라 홍대 입구와 청담동은 무척이나 다른 문화 소비를 지향한다.[23] 더 중요한 문제는 이러한 지역 구분이 사회 계층적 내혼endogamy을 유발하는 〈인프라〉로 작용한다는 점이다. 즉 같은 계층끼리 결혼하여 모든 자본을 상속 자본으로 만들고 그것을 대물림할 수 있는 토대가 된다는 말이다 (이 문제는 차후에 다시 언급할 것이다).

이렇게 사회 계급은 취향의 분포를 통해 비교적 명백하게 표출되지만 한두 가지 기준 또는 자본으로만 결정되지 않는다. 상속 자본이 풍부해도 학력 자본이 약할 수 있고 경제 자본이 막강해도 문화 자본이 빈약할 수 있다. 이 때문에 부르디외는 〈사회 계급은 하나의 특성에 의해 규명되지 않으며(그것이 자본의 규모나 구조처럼 가장 결정적인 특성이라도 마찬가지다), 특성들의 총체에 의해 결정되지도 않는다(성적, 연령별, 출신계급 또는 인종적 — 예를 들어 백인 대 흑인 비율 토착민 대 이주민의 비율 — 특성들). 심지어는 하나의 기본 특성을 출발점으로 인과관계 내지는 연쇄적 조건화의 관계로 연결되는 일련의 특성들로 규명되지 않는다. 사회계층은 모든 관여적인 특성들 사이의 관계 구조에 의해 규명되는데 그런 관계들은 각각의 특성들에게, 그리고 특성들이 실천에 미치는 효과에게 특유의 가치를 부여하게 된다〉고 역설한다.[24]

23 하지만 한국에는 명백한 좌/우파의 대립이 없으므로, 그것은 문화 소비의 차이일 뿐 정치 이데올로기적 차이라고 단정 지을 수 없다.
24 Bourdieu, 앞의 책, p. 117.

뿐만 아니라 사회 계층의 분포와 각 계층의 규모도 나라에 따라 다르다. 이런 분포 차이는 각 나라의 경제적 수준과 역사적인 문화 자본의 보유 정도에 따라 결정된다. 예를 들어 중국 하급 계층의 인구 규모는 미국에 비해 월등 클 것이다. 하지만 같은 하급 계층일지라도 중국의 사정과 미국의 사정은 다르다. 전자는 그나마 정통적인 문화 자본을 어느 정도 갖고 있겠지만 후자의 경우는 그렇지 못할 것이다(이런 차이는 음식 문화에서 적나라하게 드러난다). 결국 민족적 차원에서든 가족적 차원에서든 상속 자본의 양과 질은 현대의 다른 자본들이 개발되고 활용되는 토대로 작용한다. 한국의 예를 들면 상류층(+상속 자본, +경제 자본, +문화 자본)은 사실상 부재하다시피 한다. 한국 상류층이 본래 없었던 것은 아니다. 이 계층은 외세에 의한 〈근대화 과정〉에서 와해되어 버렸다. 처음에는 일제에 헤게모니를 빼앗기면서 권력과 정체성까지 박탈당하고 그다음에는 한국 전쟁에서 크나큰 타격을 입는다. 경제 및 문화 자본이 풍부했던 한국의 지배 계층 중에서 북한에 남은 사람은 모든 걸 몰수당하고, 남한으로 피난 온 이들은 빈손으로 다시 시작해야 했다. 때문에 한국에서는 상속 자본을 논하기가 현실적으로 어렵다. 다시 말해 한국의 자본은 상속 자본을 제외한 나머지 자본으로 구성된다고 할 수 있다. 이런 상황은 한국만의 것이 아니다. 앞서 말했듯이, 미국도 상속 자본이 거의 없는 편이다. 하지만 미국은 역사 자체가 2백여 년에 불과하기 때문에 어쩔 수 없다고 할 수 있다. 대신 캄보디아는 비극적인 제노사이드로 인해 상속 자본을 대거 상실한 대표적인 나라이다. 1975~1979년 사이에 희생된 2백만 명 중 다수가 지식인이었다. 그 결과 캄보디아는 역사와 지식 전달이 단절되는 비극을 지금까지도 경험하고 있다.[25]

25 캄보디아의 비극은 다음과 같은 상황에서 발생했다. 베트남 전쟁 때 미국은 캄보디아에 군사 기지를 세우기 위해 쿠데타를 일으키게 하여 친미 정권을 권좌에 앉혔다. 이에 반발한 공산

취향과 사회 계급에 대해 다시 말하자면 이 둘의 관계는 시니피앙과 시니피에의 관계를 강하게 연상시킨다. 즉 현대 사회에서 사회 계급이 일종의 관념이라면 그것의 표출 방식은 문화 소비라고 할 수 있다. 이 둘의 기저에 깔린 것이 이데올로기다. 이데올로기는 정치적으로 표출되기도 하고 문화적으로 표출되기도 하는데 프랑스의 경우는 문화적 피지배 계층이 피지배적 좌파일 때가 더 많고, 문화적 지배 계층은 경제 자본의 규모에 따라 지배적 좌파나 우파로 나뉜다. 이 때문에 이데올로기는 개인의 경제 자본과도 밀접하다고 말할 수밖에 없는 것이다. 다시 말해 개인의 경제 자본은 특정 이데올로기를 받아들이는 조건이 된다고 할 수 있다. 하지만 이 문제도 개인이 태어난 곳에서 어떤 이데올로기들이 그를 기다리고 있는지에 따라 다를 수밖에 없다. 다시 프랑스를 언급하자면 그 나라에는 이미 좌/우파의 명확한 대립적 이데올로기들이 포진해 있는 반면에 한국의 사정은 전혀 다르다. 남북한의 대립으로 인해 한국은 자칭 정통 우파 국가임을 표명하게 되었고, 그 때문에 좌파 정당의 역사도 매우 짧으며 그 이데올로기는 사실상 정치적 세력을 확보하지 못했다. 대신 몇몇의 시민운동이나 노동조합을 통해 다소간의 세력을 확보한 정도다. 그 결과 좌파 이데올로기는 일반적인 문화 세력(또는 견제 세력)이나 (반)문화 이데올로기로 발전하지 않았다.[26]

지금까지는 취향의 분포와 계급-이데올로기의 관계에 대해 살펴보았다. 그러면 취향 자체는 과연 무엇인지에 대해 알아보기로 하자.

주의자들이 중국의 지원을 받아 전쟁을 일으켜 다시 정권을 잡는데 그 장본인이 폴 포트다. 이때부터 4년간 대대적인 계층 청소가 실시되어 2백만 명이 희생당했다.

26 한국에 록 음악이 뿌리내리지 못한 이유 중 하나를 바로 좌파 문화 이데올로기와 그 세력이 부재하는 데서 찾을 수 있을 것이다.

취향

「타인의 취향」이라는 영화가 있다.[27] 내용은 다음과 같다. 〈중소기업의 사장 카스텔라는 어느 날 조카와 함께 보러 간 연극의 주연 배우 클라라가 자신의 영어 선생임을 알고 그녀에게 호감을 느낀다. 그러나 클라라는 문화적 소양이 없고 단순하기 짝이 없는 카스텔라에게 어떤 매력도 느끼지 못한다. 카스텔라는 클라라를 따라다니면서 연극과 미술 분야에 종사하거나 관심 있는 그녀의 친구들을 만나지만 항상 놀림감이 된다. 하지만 나중에 클라라는 카스텔라의 순수함을 통해 문화적 교양을 뽐내는 친구들의 이기주의를 발견함으로써 두 사람 사이에는 진정한 우정이 싹트게 된다.〉이 영화는 순수한 우정을 주제로 하지만 기본 줄거리는 문화 자본과 경제 자본의 대립을 모티프로 삼고 있다. 고급 취향이 그렇지 못한 취향을 노골적으로 무시한다. 감독은 문화 자본의 폭력적인 측면을 드러내면서 또 다른 차원의 인간미를 일깨우려 한다.

앞서 말했듯이 취향은 문화 이데올로기의 집결체이자 시니피앙이다. 우리가 시니피앙을 기호로 인식하는 것처럼 취향은 곧 이데올로기라고 할 수 있다. 이데올로기와 마찬가지로 취향도 배타성을 갖는다. 취향은 다른 취향을 인정하지 못한다. 취향은 스스로를 인식 못할지라도 다른 취향을 정확히 알아본다. 부르디외는 미적 감각과 취향에 대해 다음과 같이 말한다.

그것은 사회 공간 안에서 차지하는 특권적 위치의 변별적 표현이기도 한데, 이 공간의 변별적 가치는 다양한 조건으로부터 생성되는 여러 표현과 관

27 아녜스 자우이 감독, 1999.

계 속에서 〈객관적〉으로 규명된다. 다른 모든 취향과 마찬가지로 이것도 사람들을 묶어 주기도 하고 단절시키기도 한다. 특수한 생활 조건과 관련된 조건화의 산물인 만큼 미적 성향은 동일한 조건의 산물인 모든 사람들을 함께 묶어 주는 동시에 그 밖의 다른 사람들과는 구분시켜 준다. 그리고 가장 핵심적인 측면을 구별하게 한다. 왜냐하면 취향은 인간과 사물을 포함하여 우리가 가지고 있는 모든 것의 원리이자, 타인에게 비추어진 우리의 모습이자 스스로를 구분하고 구분되는 원리이기 때문이다. 취향은 피할 수 없는 차이의 실천적인 표명이다. 따라서 취향을 증명할 때는 부정적으로, 즉 다른 취향들에 대한 거부 형태를 취하게 되는 것이다. 아마 취향의 문제만큼 모든 규정이 부정omnis determinatio negatio일 수밖에 없는 영역도 없을 것이다. 무엇보다 취향 goûts은 먼저 혐오감dégoûts, 다른 사람의 취향에 대한 혐오감 또는 본능적인 짜증(〈구역질 난다〉)에 의해 촉발되는 불쾌감이다. 취향에 대해서는 논쟁하지 마라〉라는 말도 있지만 그것은 모든 취향이 본성이기 때문이 아니라 모든 취향이 본성에 녹아들었기 때문이다.[28]

취향은 사람들을 묶어 주고 스스로와 타인을 구분한다. 프랑스의 속담 〈끼리끼리 뭉친다Qui ressemblent, s'assemblent〉를 보더라도 이런 현상은 지극히 자연스러운 것으로 받아들여진다. 하지만 취향만이 사람들을 하나로 묶는 건 아니다. 다급한 상황에서는 민족성이 사람들을 묶어 줄 수도 있고 현대 사회에서도 〈내 적의 적은 나의 친구다〉라는 논리가 아직도 통하고 있다. 심지어 별로 친하지 않은 사람들이 낯선 오지에 가서는 매우 가깝게 지낸다. 사람들을 묶어 주는 동기는 사실상 이기주의에 있는 셈이다.

---

28 Bourdieu, 앞의 책, p. 59~60.

이 문제는 매너의 역사에서도 잘 드러난다. 앞서 언급했듯이, 유럽에서 취향의 직접 표현 방식인 매너의 기준은 15세기에 생겨났다. 엘리아스Elias가 분석한 것처럼 유럽 문명사에서 예절과 매너가 탄생하는 주요인은 중세에 일어난 상류층의 구성 변화에 있다. 이 시기에는 중앙 집권화와 더불어 전사 계급이 궁전 사회로 재편된다. 국왕을 중심으로 귀족 사회의 새로운 위계질서가 생겨났고 새로운 경쟁의 기준이 요구되었다. 새로운 상류층 가신들은 궁전에서 다른 사람들, 즉 후원·총애·출세 등을 위해 자신들이 의존했던 사람들과 가깝게 지내게 되었고 적어도 겉으로는 비슷한 취향을 과시함으로써 드디어 다른 집단(예를 들어 다른 지방의 귀족)들보다 더 돋보여야 했다. 취향과 매너는 작은 집단을 만드는 도구가 되었고 그 안에서 더욱더 세련된 사람은 무언가를 더 얻을 수 있는 위치에 서게 되었다. 그 이전에는 어땠는가? 중세의 생활 환경을 고려하면 매너를 따질 형편이 안 되었을 것이다(이는 패션의 부재에서도 잘 나타난다). 그리고 이런 현실은 다른 문명에서도 마찬가지였을 것이다. 이렇게 보면 취향과 매너는 좁은 의미의 생존 걱정이 해소된 상황에서 누릴 수 있는 잉여의 관심 영역이라 할 수 있으며 그런 잉여의 에너지가 다듬어지면서 결국에는 사회적 경쟁에 필요한 도구, 즉 문화 자본의 핵심으로 자리 잡게 되었다고 할 수 있다.

어쨌든 취향의 문화적 가치가 인식된 이후 그것이 사회 경쟁에서 유리한 고지를 확보할 수 있는 도구로 사용된다는 것은 명백한 사실이다. 그러나 취향은 타고나는 것이 아니라 개인이 태어난 환경에서 터득하는 것이다(어린 시기부터 부모들은 아이에게 매너와 미각을 가르치고 호기심을 자극함으로써 세련된 취향을 갖게 할 수 있고 실제로 그렇게 한다). 심지어는 나이가 들어서도 의도적인 훈련을 통해 터득할 수 있다. 어떤 개인이 특별한 자극을 받거나 앞서 분석한 바 있는 밈에 전염되어 스스로 훈련할 수도 있다.[29] 이 때문에 취향은 끼리끼리 뭉치게도 하지만 근본적으로는 문화 코드의 이기주의적인 활용에 기초하는 셈이다. 때문에 이기주의적인 활용은 두 가지 방향을 갖는다고 말할 수 있다. 예를 들어 재즈에 대한 지식은 애호가들을 뭉치게 하거나 처음 보는 사람에게 호감이나 공감대를 느끼게 할 수 있다. 그러나 자기보다 더 많은 정보를 가지고 있는 사람에게 〈받을 걸 받은 다음〉에도 우호적인 관계가 이어지리란 보장은 없다. 우호적인 관계가 지속되기 위해서는 자기만의 또 다른 지식이나 취향을 인정받음으로써 타인과의 (문화) 이해적 균형이 유지되어야 한다. 아무리 같은 취향의 집단일지라도 개인에게 보탬이 되지 않으면 집단은 와해된다. 결국 취향이 사람들을 뭉치게 하는 조건은 일차적으로 다른 집단과의 차별성을 표명하고(18세기 프랑스의 살롱들도 그 내적인 특징이 아니라 다른 살롱과의 차이에 의해 정체성을 확보했다), 이차적으로는 그 내부에서도 공통의 취향을 토대로 하되, 각자의 자본이 상호 인정받아야 한다는 데 있다. 한마디로 뭉치게 하는 이타주의형 이기주의와 뭉친 후의 이기주의가 균형을 잡아야 하는 것이다. 남녀 관계도 근본적으로는 같은 메커니즘을 따른다. 서로 주고받을 수 있는 것의 양적/질적 및 정서적 균형이 깨지면 관계를 지속시키기가 어려워진다. 이를 대비해 인간 사회는 공개적 혼인 제도를 의무화함으로써 결혼한 남녀가 헤어지기 어렵게 만들었다. 정치 투쟁이나 혁명에서도 마찬가지다. 당통과 로베스피에르를 갈라놓은 이유도 〈뭉친 후의 이기주의〉가 심하게 대립하여 타협점을 찾지 못한 데 있다.

그럼에도 불구하고 현대 사회에서 취향은 문화적 무기다. 그리고 무기임

---

29 부르디외는 〈타고난 취향의 이데올로기는, 일상의 계급투쟁에서 비롯되는 모든 이데올로기적 전략과 마찬가지로, 문화 습득 방식의 차이를 〈당연한〉 차이로 변환하면서 실질적인 차이들을 역시 당연한 것으로 만든다〉라고 말한다. Bourdieu, 앞의 책, p.

을 자연스러움으로 포장해야 한다(이처럼 취향은 흉내나 연출에 그칠 수도 있으며 이런 경우는 엄격한 의미의 이데올로기와 다르다). 자연스러움이야말로 취향이 효과를 낼 수 있는 기본 조건이다. 즉 취향은 모든 자본과 마찬가지로 투자 감각도 겸비해야 하는 것이다. 주변을 관찰하면 간혹 이런 조건을 충족시키지 못해 문화 자본을 제대로 활용하지 못하는 경우를 볼 수 있다. 예를 들어 한 남자가 여자에게 잘 보이기 위해 지나치게 문화 자본을 펼쳐 놓는 상황을 생각할 수 있다. 하지만 여성의 문화 자본이 유난히 약한 경우 그 여성은 계층의 차이를 차별로 느낄 수 있으며 그 결과 남자는 원하는 바를 얻지 못한다. 이런 실수는 실리에 눈이 멀어 감정적 이윤을 놓치는 경우라 할 수 있다. 자연스러움을 확보하는 방법은 하나이다. 문화적 감각과 자본을 체화하는 것이다. 부르디외의 개념을 빌리자면 체화는 다름 아닌 아비튀스를 통해 이루어진다. 앞서 언급했듯이, 아비튀스는 〈육체 위에 각인된 지배 관계의 결과물로서, 구조화되는 구조이며 구조화하는 구조인 아비튀스는 인식connaissance과 인정reconnaissance을 지배하는 실천의 원칙으로서, 지배자와 피지배자들 사이에 등장하는 차이, 즉 사회적 정체성을 만들어내는 주술적 힘이다〉.[30] 이렇게 아비튀스는 단순한 지식이 아니라, 개인의 역사 혹은 집단적 역사로서 획득되는 〈실천을 위한 실천적 기반〉이다.[31]

30 홍성민, 『문화와 아비투스』, 113면.
31 〈체계성systématicité은 작용방식modus operandi 안에 존재하기 때문에 작용 결과물 opus operatum 안에 있다. 체계성이 이중적인 의미에서 개인과 집단을 둘러싸고 있는 집, 가구, 그림, 책, 자동차, 술, 담배, 향수, 옷 등과 같은 《특성》들 전체와 스포츠, 게임, 문화적 여가 활동 등을 통해 탁월함을 드러내는 실천 속에 있는 이유는, 그것이 근본적으로 모든 실천의 발생 원리이자 통일 원리인 아비튀스의 총괄적인 통일성 안에 있기 때문이다. 취향은, 즉 구분하고 구분된 특정한 대상 전체를(물질적으로 또는 상징적으로) 전유할 수 있는 적성이나 능력은 동산(動産), 옷, 언어, 또는 육체적 엑시스와 같은 각각의 상징적 하위 공간sous-espaces의 특수한 논리 안에서 동일한 표현적 의도를 드러내는 생활 양식의 생성 양식, 즉 구별적 기호(嗜好)의 통일적인 체계이다.〉 Bourdieu, p. 193.

자연스러움을 획득한 취향과 매너로 표현되는 문화 자본은 실제로 매우 높은 이윤을 보장한다. 그것은 실질적 및 정서적이라고 할 수 있는 이중적 이윤을 보장하기 때문에 단순한 경제학적 이윤보다 더 큰 셈이다. 부르디외가 말하듯이, 〈문화 능력의 획득은 부지불식중에 건전한 문화적 자기 투자에 대한 《감각》을 획득하는 과정과 불가분의 관계〉에 있으며 특정한 능력을 제대로 활용하기 위해서는 투자 감각을 익혀야 하는데 이런 감각 역시 취향의 일부를 구성한다. 이에 대해 그는 다음과 같이 말한다.[32]

투자 감각은, 객관적으로 그러한 감각을 길러 주는 이윤을 낳을 수 있는 조건의 객관적 기회에 적응할 수 있는 여러 가지 전략을 만들어 내는 과정에서 이윤을 추구하지 않고도 얼마든지 획득할 수 있는 이윤을 보장해 준다. 이런 투자 감각은 정통 문화를 제2의 본성으로 갖고 있는 사람들에게 문화를 아무런 타산 없이, 냉소적이거나 상업적인 방식으로 이용하지 않는 이른바 완벽하게 순결한 사람들로 보일 수 있는 추가적인 이익을 가져다준다. 다시 말해 〈투자〉라는 개념은 경제적 투자(흔히 이 의미는 오인되지만 객관적으로는 이미 그렇게 사용되고 있다)와 심리, 더 정확하게는 일루시오, 신념, 휩쓸림 involvement 또는 게임을 생산하는 게임에의 참여 속에서 진행되는 감정적 투자 감각이라는 이중적 의미로 이해되어야 한다. 예술 애호가는 예술에 대한 자신의 사랑 말고는 다른 이유를 가질 수 없으며, 마치 본능적으로 매 순간 사랑하듯이, 그는, 굳이 돈을 벌려고 하지 않을 때에도 여전히 돈을 벌게 되는 사업가처럼, 냉소적인 계산이 아니라 자신의 즐거움, 진지한 열정을 추구할 따름이다. 그리고 이러한 열정이야말로 성공적인 투자가 이루어질 수 있는

32 Bourdieu, p. 961.

조건 중의 하나이다.

취향은 이토록 복합적인 실천이고 커뮤니케이션이자 사회 경쟁에 필요한 도구이다. 그것은 근본적으로 개체 중심적 문화 자본의 활용이지만 공감대를 통해 집단을 만들 수도 있으며 그럼으로써 타인과의 차별성을 드러내는 수단이 될 수 있다. 취향은 자연스럽게 전달됨으로써 감성적 이윤을 보장받을 수 있는 문화 자본의 본질이다. 〈이처럼 취향은 사물을 명확하고 구별적인 기호(記號)로 변형시키고, 연속적인 분포를 불연속적인 대립으로 변화시키는 실천의 작동인(作動因)이다……. 취향은 물체의 〈물리적 질서〉에 기록된 차이들을 변별적 의미를 갖는 〈상징적 차원〉으로 끌어올린다. 취향은 하나의 조건이 그 자체를 의미하는 객관적 실천들을 이른바 분류하는 실천으로 변형시킨다. 다시 말해 상호 관계를 지각함으로써, 그리고 사회적 분류의 도식에 따라 계급적 지위의 상징적 표현으로 변형시키는 것이다.〉[33]

흥미로운 점은 취향이 문화 이데올로기의 시니피앙이라면 소비는 취향의 시니피앙으로 작용한다는 점이다. 무엇을 소비하는가는 결국 어떤 취향을 가졌는지를 드러내는 주요 수단이 된다. 이 때문에 특정 계층의 소비를 모방함으로써 그런 취향의 소유자임을 연출할 수도 있는 것이다(물론 그 자연스러움을 기준으로 연출 여부가 느껴질 수도 있다). 이런 맥락에서, 오로지 한 개인만의 취향은 존재하기 어렵다고 말할 수 있다. 취향은 특정 문화 계층의 소비 패턴으로 드러나는 경우가 더 일반화되었기 때문이다. 바로 이 점이 취향은 밈의 세트로 전파된다는 사실을 어느 정도 입증한다고 할 수 있

---

33 Bourdieu, 앞의 책, p. 194.

다. 왜냐하면 취향은 이미 몸과 몸짓, 미각과 음식 소비, 패션과 공간 미학 등 모든 문화 코드의 시니피앙이기 때문이다.

4. 몸

얼핏 보면 이데올로기는 인간의 정신 활동과 관련될 뿐, 몸과는 아무런 연관성이 없어 보일 수 있다. 역사적으로나 종교적으로나 인간의 마음, 정신, 영혼은 고귀하고 영원하며 신성한 것인 반면에 몸은 언젠간 늙고, 죽고, 썩는 외피로 치부되었다. 더욱이 데카르트가 〈나는 생각한다, 고로 존재한다〉라고 선언한 이후 적어도 서양 문명에서는 몸과 마음의 근본적인 분리가 하나의 진리처럼 받아들여졌다. 인간의 정신은 몸에 거처하지만 몸은 별개의 것으로 인식되었던 셈이다. 정신에 직접 다가가는 것은 내면적 성찰을 통해서만 가능하다고 믿었고, 몸은 정신의 기본적인 도구에 불과했으며, 금욕주의 시대에는 육체를 정신적 지복(至福)에 대립하는 악으로 보고 이러한 지복을 얻기 위해 스스로 신체에 고통을 주는 종교 의식이 자행되기도 했다.[34] 이러한 전통들은 몸과 마음을 다음과 같은 이분법으로 구

34 기본적으로 고행은 정신과 육체의 싸움을 인정하는 철학적 이분법을 전제로 하며 일부 종교에서 발달했다. 가장 성행한 것이 인도 힌두교의 타파스tapas이다. 미래에 즐거움의 과보(果報)를 얻으려면 현세에서 고통을 겪어야 한다는 생각으로 출발한 타파스는 단식, 육체적 고통에 기초한다. 중세 수도원에서는 고행에 가까운 수도 생활을 많이 했고 금욕적이고 청빈한 생활을

분했다.[35]

정신	사적	내부	문화	이성
몸	공적	외부	자연	격정

하지만 오늘날에는 이런 이분법이 과연 설득력이 있는가? 아마도 이런 질문에 긍정으로 답할 사람은 많지 않을 것이다. 하지만 부정으로 답할 사람도 많지 않을 것이다. 몸에 대한 이런 애매한 가치 부여를 고려하여 이 장에서는 다음과 같은 세 가지 문제 제기, 즉 정신도 뇌의 활동이기 때문에 결국에는 몸이 주체이며, 인간 커뮤니케이션에서 몸의 역할이 일차적일 뿐만 아니라, 몸도 정신도 관리 대상이라는 사실에 기초하여 특히 몸과 이데올로기의 관계에 대해 알아보기로 한다.

몸 -기호

〈정신〉의 사전적 의미를 보면, 〈사물을 느끼고 생각하며 판단하는 능력 또는 그런 작용〉이다. 하지만 무언가를 느끼기 위해서는 오감이 필요할 뿐 아니라, 생각하는 능력 역시 뇌의 활동이며 뇌는 몸의 특수 부위이다. 몸도 정신도 바이러스에 감염될 수 있다. 다소 위험하거나 유해한 바이러스가 몸에 침투하여 이런저런 불편함을 줄 수 있듯이, 정신 질환은 물론이고 불

하는 수도사들이 사람들의 존경을 받았다. 그 가운데 10~12세기 후반까지 유럽 종교에 활력을 불어넣었던 파리의 클뤼니Cluny 수도원은 고행적 수도 방법이 많았던 곳으로 잘 알려져 있다.
35 일레인 볼드윈, 『문화 코드 어떻게 읽을 것인가 — 문화 연구의 이론과 실체』, 130면.

필요하거나 근거 없는 생각에 사로잡혀 온갖 고생을 할 때도 있으며 도킨스가 밈-바이러스로 규명하는 것들도 수없이 많다. 중요한 것은 어느 한쪽이 이상을 일으켰을 때 다른 한쪽도 막대한 영향을 받는다는 사실이다. 지극히 당연한 현상이지만 몸이 아프거나 불치병에 걸리면 사람들의 정신 상태, 종교관, 이데올로기는 어느새 바뀐다. 반대로 정신이 아프면 몸도 온갖 증세를 드러낸다. 이상한 행동, 마비, 경련을 일으키거나 눈빛이 바뀌고 어투를 비롯하여 장기적으로는 체형도 변한다. 반대로 신나는 일이 있으면 몸도 좋아지며 특히 사랑을 느낄 때는 호르몬 분비(테스토스테론), 생식기, 심장 박동, 호흡에 즉각적인 변화가 온다. 정신적 문제이든 몸의 문제이든 그것은 몸을 통해 나타나며 오래전 의학은 그런 증후를 분류하는 것에서 출발했다. 그리고 이 때문에 전통적으로 우리는 운동, 감각, 의식 기능을 완전히 상실한 식물인간일지라도 끝내 사람으로 인정하려는 것이다(물론 여기에서는 종교 이데올로기적 문제가 개입한다). 하지만 데카르트 식 이분법만을 적용한다면 식물인간의 안락사는 논쟁의 대상이 될 필요도 없을 것이다.

다른 한편, 사회 구성주의적 관점에 보면 인간의 몸은 적어도 자연과 문화의 두 영역에 걸쳐 존재하는 것으로 간주할 수 있다. 물질적인 몸의 기능이 생물·생리학적 원리의 지배를 받는다는 사실을 부인할 수 없다. 그러나 유전학적인 몸의 골격 또는 인종의 외형적 차이를 부인하는 것은 아니지만 세계를 살아가는 몸과 그 활동은 분명 사회적·문화적인 영향을 받으면서 형성되기도 한다. 예컨대 인간의 몸을 논할 때 근본적으로 나이와 젠더를 빠뜨릴 수 없는 것도 그런 이유에서다. 세상에 나올 때는 동종이형으로 분류될 수 있는 유기체였지만 〈소년〉이나 〈소녀〉라는 확연히 구분되는 사회적인 구성물로 아주 일찍부터 바뀐다. 이것이 〈남성성〉과 〈여성성〉으로 인식된 특성을 만드는, 문화적이고 관습적인 성의 상호 관련적인 속성이며 그것은 수많은 인간 사회에서 남성과 여성을 대하는 방법을 차별하게 만들었다(수많은 사회에서 여성은 으레 약한 존재로 대우받게 되었다). 또한 대부분의 사회에서는 연령별로 사람을 달리 대우한다. 일반적으로 경험론적 지식이 지배하는 문화권에서는 나이 차이가 더 중요하게 인식되며 원로 중심 사회를 지향하는 반면에, 산업 사회와 그 문화에서는 상대적으로 덜 중요하지만 몸이 표현하는 연령은 커뮤니케이션에 영향을 미친다. 나이를 먹으면서 축적되는 경험이 늙어 가는 몸으로 표현된다는 것은 함께 변화하는 시니피에와 시니피앙의 관계와도 비교될 수 있다. 이 때문에 나이와 젠더는 인간의 몸을 문화적으로 형성하는 근본적인 두 가지 틀이자 몸-기호의 기본적인 의미 분할이라고 할 수 있다.

피터 버거Peter Berger와 루크만Luckmann이 주장했듯이, 우리는 몸을 〈가지고〉 있는 동시에, 우리 스스로가 몸〈이다〉.[36] 정체성 없는 몸은 없기 때문이다. 우리는 물질적 〈욕구〉를 충족시켜야 할 몸을 가지고 있다. 몸에 에너지를 공급해야 할뿐더러, 체형과 외모에 신경을 쓰고 몸의 건강을 항상 예의 주시한다. 하지만 몸을 통해 사회적으로 존재한다는 의미에서 우리는 또한 몸이다. 세계 속에서 우리 존재는 인간으로서 우리가 구현된 상태에 토대를 두고 있으며 우리 자신은 몸과 함께 바뀐다는 사실을 알고 있다. 이런 이유 때문에 몸과 주체는 대등하게 취급될 수 있는 것이다. 왜냐하면 내 몸은 타인에 의해 분류될 수 있고, 내가 내 것으로 인정하거나 소유한다고 생각할 수도 있지만 그 이전에 몸은 나 자신이기 때문이다. 이렇게 몸은 주체로서, 자아가 구체화되고 주체성이 정의되는 공간인 셈이다.

36 Berger, P. & Luckmann, T., "The Social Construction of Reality", http://www.persee.fr/web/revues/home/prescript/article/polix_0295-2319_1988_num_1_1_2000.

몸과 문화 정체성

뇌 활동으로서의 정신과 마찬가지로 몸도 교육, 훈련, 훈육의 대상이다. 단지 정신에 비해 몸은 오랫동안 평가 절하되었기 때문에 상대적으로 소홀히 관리되거나 그 중요성이 덜 부각되었다. 인간은 정신을 계발하기 위해 엄청난 훈련과 모험을 마다하지 않는다. 가정 교육, 제도권 교육, 개인적 체험, 종교적 체험, 명상, 독서, 여행, 토론 등이 정신의 원활하고 능력 있는 활동(판단력, 이성, 상상력……)을 위해 우리가 노력하고 투자하는 방법들이다. 하지만 앞서 언급했듯이, 오랫동안 몸과 영혼은 별개의 것으로 간주되었고 몸은 기본적으로 생존의 도구이자 영혼의 원활한 활동을 위한 물리적 수단이라는 인식에서 크게 벗어나지 못했다. 몸이 조금씩 〈정당한 대우〉를 받기 시작한 시기는 역시 르네상스이다. 이 시기에 만물의 척도로 부상한 인간은 드디어 육체의 아름다움을 뽐낼 수 있게 된다.[37] 르네상스 이후부터 몸은 확장된 의미를 부여받는다. 또한 알몸이 아닌 사회적 몸의 의미로 통용되기에 이른다. 그리고 프랑스를 중심으로 17세기부터는 의상과 매너가 몸의 일부로 인식되기 시작했다. 그 결과 몸은 단순한 기능적 의미에서 벗어나 문화적 의미를 부여받기 시작한다.

현대 사회에서 몸은 문화 기호이며 한 개인의 문화 정체성을 드러내는 변별적 자질을 갖게 되었다. 이미 오래전에 인류학자 마르셀 모스Marcel Mauss는 「몸 테크닉」이라는 논문을 발표한 바 있는데 그는 〈사회마다 남성이 자신의 몸을 어떻게 사용하는지를 아는 방식〉을 묘사함으로써 〈극한 상황을 제외한다면 몸의 행동 중에서 《자연 그대로의》 형식은 없다〉는 결

---

37 푹스, 『풍속의 역사』 제1권, 1면.

론에 이른다.[38] 즉 걷기, 수영하기, 침 뱉기, 땅파기, 행진은 물론이고 심지어 응시나 출산 같은 행위에도 범인간적·범문화적·보편적·내재적 형식은 없다는 것이 그의 결론이었다. 사실 흑인들은 마치 춤을 추는 듯 걷고, 인디언 여성들은 두 발로 서서 아이를 출산한다. 아저씨의 몸과 아줌마의 몸이 있는가 하면 싱글족의 몸도 있다. 이렇게 몸의 행동은 역사적으로나 환경적으로나 변하기 쉬우며 문화적으로 특정 구성원임을 나타내는 후천적 속성을 다분히 갖고 있다.

최근 들어 사회적 몸에 대해 체계적인 연구를 시도한 학자로는 부르디외와 크리스 실링Chris Shilling을 언급할 수 있다. 부르디외는『구별짓기 ── 문화와 취향의 사회학』에서 사회적 위치에 따르는 몸에 대한 인식의 내면화를 분석했으며, 다소 페미니즘의 시각에서 집필한 실링의『몸의 사회학』도 문화적 실체로서의 몸을 분석하고 있다. 이들 연구의 몇 가지 내용을 이데올로기와 관련지어 살펴보면 다음과 같다.

우선 부르디외에 따르면, 현대 사회에서 몸은 변별성 있는 상품이거나 자본이다. 몸-상품이라는 개념은, 기본적으로 현대인은 노동력을 매매한다는 의미를 갖는다. 실링도 비슷한 견해를 피력한다. 그에 따르면, 〈몸을 사회적 실체로 전환하기 위해서는 노동 행위가 요구되는데 이 행위들은 사람들이 자신의 육체형을 계발하고 유지하는 방식에 영향을 주며, 사람들은 걸음걸이, 말씨 및 차림새를 통해 자신의 몸을 표현하는 방법을 학습〉하는 것이다.[39] 바꾸어 말하면 생계를 위한 노동의 유형이 그에 걸맞은 몸과 그 표현을 다듬는다고 할 수 있다. 부르디외가 계층에 따르는 몸의 차이를 강

38 M. Mauss, "Les techniques du corps", Article originalement publié Journal de Psychologie, XXXII, ne, 3-4, 15 mars - 15 avril 1936. http://classiques.uqac.ca/classiques/mauss_marcel/socio_et_anthropo/6_Techniques_corps/techniques_corps.pdf.
39 실링,『몸의 사회학』, 188면.

조한 이유는 모스와 마찬가지로, 몸의 표현들이 선천적인 것이 아니라 개인이 속한 사회 계급에서 적응한 과정의 결과라는 점을 부각시키기 위해서이다. 실제로 젠더의 구분이 명확한 문화일수록 남녀가 갖는 몸의 차이뿐만 아니라 몸에 대한 인식의 차이도 크다. 원시 시대부터 일어난 노동의 분배로 인해 여성이 남성에 비해 더 작은 신체 구조를 갖게 된 것도 같은 맥락에서 접근할 수 있다. 마찬가지로 계급 사회일수록 신분의 차이가 몸으로 나타나듯이(조선 시대에는 양반과 평민의 의상은 물론이고 걷는 방식도 달랐다), 특정 계층의 직업에 더 적합한 몸의 유형은 어느 정도 구분된다(석공의 근육 분포와 패션모델의 그것은 다를 수밖에 없다). 부르디외는 이 같은 몸의 사회성을 전제로 삼아 그것을 계급의 상징물로 만드는 세 가지 요인을 설명한다. 세 가지 요인이란 개인의 사회적 위치, 아비튀스의 형성 그리고 취향의 계발을 가리킨다.

사회적 위치란 계급에 기초한 물질적 환경으로서 일상의 흐름을 결정하고 그에 맞는 몸을 갖게 하는 계급적 공간을 의미한다. 예를 들어 전통 이슬람 사회와 같은 자유연애가 불가능한 사회에서 여성이 몸매에 신경 쓸 가능성은 매우 희박하다. 따라서 아라비아의 전통 의상인 아바야Abaya 속에 숨긴 몸이 S라인을 갖기란 쉽지 않을 것이다. 마찬가지로 문화·경제적으로 혜택받지 못한 계층의 아이들은 지적인 경쟁보다는 근력 경쟁에 일찍이 뛰어들 가능성이 더 높다. 근육으로 경쟁하는 사회에서 날씬한 몸매를 가진 남성은 온갖 오해의 대상(이를테면 동성애자로 몰리는 대상)이 될 수 있다. 두 번째 요인으로 제시되는 것은 역시 아비튀스다. 이는 부르디외 이론의 핵심 개념으로, 《《사회적으로 구성된 인지 및 동기 구조 체계》로서 개인들에게 친숙한 상황과 낯선 상황을 연관 짓고 분류할 수 있는 계급 성향을 띤 방법들을 제공한다》.[40] 앞서 말했듯이 아비튀스는 〈육체 위에 각인된 지배 관계의 결과물로서, 구조화되는 구조이며 구조화하는 구조인 아비튀스는 인식과 인정을 지배하는 실천의 원칙으로서, 지배자와 피지배자들 사이에 등장하는 차이, 즉 사회적 정체성을 만들어 내는 주술적 힘이다〉.[41] 아비튀스는 위계적 사회 공간에서 형성되어 몸을 통해 자연스러운 것으로 받아들여지는 〈계급적 세계관〉이기도 하다. 말하자면 사회적 위치가 만들어 내는 계급 동화적 이데올로기라고 할 수 있다. 이것이 몸-행동에 다시 반영된다는 것은 지극히 당연한 현상일 것이다. 걷기, 뛰기, 먹기(또는 식사 매너), 어투와 어휘 사용 등의 말하는 방식, 노는 방식, 침 뱉기 등 몸이 행하는 사소한 모든 것이 결정된다고 할 수 있는데 막상 당사자(또는 행위자)는 그것이 어떤 사회적 차이를 의미하는지 잘 모른다. 이런 차이를 인식하지 못하는 이유는 그런 행위들이 나름의 코드를 구성하고 그 코드는 다름 아닌 당사자가 속해 있는 문화·계층적 이데올로기에서 비롯되기 때문이다. 여기서 코드를 언급하는 이유는 몸의 사회적 행동들이 나름의 일관성을 갖기 때문이다. 예를 들어 침 뱉기를 일삼는 사람의 식사 매너가 좋을 리 만무하며 고성방가를 즐기는 사람이 클래식의 실내악 연주를 음미하는 것도 거의 불가능하다. 따라서 식사 매너, 의상, 어투 및 어휘 사용, 노는 방식, 침 뱉기 등은 각기 다른 행위이지만 그것들은 각각의 영역에서 변별적으로 구분되며, 그럼으로써 전체적으로도 〈비례적 변별성〉을 만들어 낸다고 할 수 있다. 이것이 몸의 문화적 정체성을 결정하는 구성적 시니피앙의 집합이라고 할 수 있다.

부르디외가 제시하는 세 번째 요인은 취향의 계발이다. 이미 잘 알려졌듯이 취향은 문화 자본의 시니피앙이며 문화 집단을 만들기도 하고 타자와의 차이를 드러내는 의도적 및 비의도적 수단이기도 하다. 당연히 매우

---

40 실링, 앞의 책, 188면.
41 홍성민, 『문화와 아비투스』, 113면.

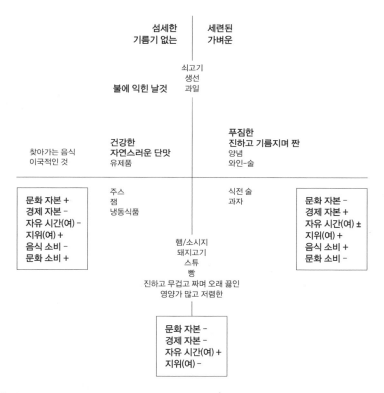

음식 소비의 공간

섬세한
기름기 없는

세련된
가벼운

쇠고기
생선
과일

불에 익힌 날것

푸짐한
진하고 기름지며 짠
양념
와인-술

찾아가는 음식
이국적인 것

건강한
자연스러운 단맛
유제품

주스
잼
냉동식품

식전 술
과자

문화 자본 +
경제 자본 −
자유 시간(여) −
지위(여) +
음식 소비 −
문화 소비 +

문화 자본 −
경제 자본 +
자유 시간(여) ±
지위(여) +
음식 소비 +
문화 소비 −

햄/소시지
돼지고기
스튜
빵
진하고 무겁고 짜며 오래 끓인
영양가 많고 저렴한

문화 자본 −
경제 자본 −
자유 시간(여) +
지위(여) −

출처: Pierre Bourdieu, *La distinction: Critique sociale du jugement*, Les Éditions de Minuit, Paris, 1979, Graphique 9, p. 209.

다양한 취향이 있다. 그중에서 몸과 직결되는 것이 있다면 운동과 음식 소
비일 것이다(패션도 있지만 여기서는 간략한 언급만 할 것이다). 실링도 거듭 강
조하듯이, 〈취향이 몸에 미치는 영향과 계급이 취향의 발달에 미치는 영향
을 극명하게 보여 주는 실례는 바로 음식 소비다. 예를 들어 프랑스와 영국
사회의 노동 계급은 값싸고 기름진 음식을 많이 소비하는데 이는 그들의

체형뿐만 아니라, 상류층보다 높은 심장병 발병률에도 영향을 미친다〉.[42] 이렇게 운동과 음식에 관한 취향은 계층적 차이를 적나라하게 드러내는 소비 영역이기도 하다. 여타의 취향과 마찬가지로 계층에 따라서는 운동과 음식 소비에 대해 아예 관심을 갖지 않을 수도 있고, 반대로 지대한 관심을 가질 수도 있다. 운동을 전혀 안 할 수도 있듯이 음식도 되는대로 섭취하는 사람들도 있으며, 반대로 어떤 운동을 하고 어떤 음식을 선택할 것인지 고민하는 사람들도 있다. 예상할 수 있듯이, 전자는 문화·경제적으로 궁핍한 계층일 가능성이 더 높고, 후자는 그 반대의 계층일 것이다. 『구별짓기 ― 문화와 취향의 사회학』에서 부르디외는 프랑스의 식품 소비 공간을 다음과 같은 도식으로 정리한다.

다음 도표는 프랑스를 기준으로 한 계층별 식품 소비 공간을 나타내지만 한국의 경우도 이와 상대적으로 유사할 수 있다. 서민 계층이 소주를 곁들인 돼지갈비나 삼겹살을 즐겨 먹을 뿐만 아니라 탄수화물을 다량 소비한다면 소위 중산층 이상의 계층에서는 탄수화물 소비량이 적을 뿐만 아니라 각종 유기농 채소와 좀 더 다양한 육류는 물론이고 와인 소비도 훨씬 더 클 것이다(하지만 얼마 전까지 유기농이란 개념은 존재하지도 않았고 삼겹살은 중산층의 상징이었다). 이런 소비 공간의 차이는 특히 미국에서 두드러지게 나타난다. 세계 최고의 비만 인구를 자랑하는 미국에서도 상류층의 비만은 그리 걱정할 수준이 아니다. 진짜 비만 인구는 안타깝게도 하급 계층에 모여 있다. 미디어는 이런 계층이 주로 인스턴트식품이나 패스트푸드와 같은 정크 푸드만을 소비하기 때문에 각종 질병에도 노출될 수 있다고 경고한다. 잘못된 경고는 아니지만 그렇다고 정확하게 원인을 짚어 주는 경고도

42 실링, 앞의 책, 190면.

아니다. 왜냐하면 미국의 비만 계층은 이런 사실을 알고 있기 때문이다. 심지어 정부 차원의 각종 캠페인들도 그들의 〈잘못된 음식 소비〉를 고발하지만 변하는 건 거의 없다. 진짜 이유는 그들이 속해 있는 사회적 위치가 그런 소비와 몸을 당연시하게 만든다는 데 있다. 구체적으로 말하면 어떤 흑인 청년의 몸이 계속 비대해져도 그가 속한 사회적 위치는 이를 문제로 인식하지 못하게 만든다. 주변도 다 그렇기 때문이다. 만약 이런 청년을 전혀 다른 사회적 위치로 옮겨 놓으면 그는 아마도 새로운 문화적 환경에 맞는 몸을 가지려고 노력할 것이다. 여기에도 근본적으로는 이데올로기가 작용하는 셈이다.

운동을 즐기는 방식도 몸에 큰 영향을 미친다. 이에 관해서도 부르디외는 각 사회 계급의 성원들이 자신들의 신분을 분명히 증명할 수 있는 몸 관리 방식을 취함으로써 서로 다른 몸의 형태를 생산한다고 역설한다.[43] 부르디외도 노동자 계급의 특징 중 하나는 몸을 노동의 도구로 간주한다는 데 있다고 말한다. 즉 〈노동 계급이 선택하는 운동에서도 몸의 도구성은 분명하게 드러난다. 하루 종일 심한 육체노동에 자신의 몸을 사용한 노동자들이, 그들의 눈에 겉치레로 보이는 조깅이나 헬스 및 육체미 관리에 시간을 할애하기란 매우 어렵다〉(여기서 말하는 헬스는 터미네이터 근육이 아닌 매끈한 몸매를 위한 것이다).[44] 심지어 운동을 해도 노동 계층은 럭비나 축구처럼 육체적 우수성을 부각시킬 수 있는 영역에 머물 것이다. 다른 한편, 문화·경제적인 혜택을 받지 못한 계층의 여성들은 임금 노동과 가사 노동의 이중 부담을 떠안는데 이런 현실은 남자들에 비해 여자들이 자신의 몸을 더욱 도구로 사용하게 만든다. 실제로 이런 계층의 여성들이 자기 몸을 관리하

43 Bourdieu, La distinction, p. 232.
44 실링, 앞의 책, 190면.

기란 쉽지 않을뿐더러 그런 생각조차 못한다. 실링이 말하듯이, 〈그들은 남편과 자식들의 욕구를 우선적으로 충족시키기 위해서 자신들의 몸의 욕구들〉을 희생시킬 수밖에 없기 때문이다.[45] 하지만 사회적 위치에 따르는 몸의 차이 외에 전통적 이데올로기의 지배를 받는 몸도 있다. 예를 들면 현모양처의 이데올로기에 사로잡힌 여성이 자신의 몸매를 섹시하게 만들 리도 없다(현모양처의 성적 이데올로기는 쾌락보다 생식을 더 중시하기 때문인데, 이는 앞서 언급한 이슬람 사회에서의 여성 이데올로기와 다를 바 없다). 이 경우는 계층의 문제라기보다는 보다 근본적인 젠더 이데올로기의 문제라고 보아야 할 것이다.

결국 개인이 자기 몸을 인식하는 방법의 차이는 이데올로기적 차이로 집약된다고 할 수 있다. 사회적 위치에 따라, 또는 종교와 같은 보다 전통적인 이데올로기에 따라 몸은 자아의 일차적 기호로서 관리 및 보살핌의 대상이 될 수도 있고 아닐 수도 있다. 하지만 몸을 관리하든 안 하든 당사자들은 그런 인식을 의식하지 못하는 경우가 태반이다. 왜냐하면 그런 인식이 사회 공간적 이데올로기의 일부분을 구성하기 때문이다. 부르디외는 인간의 몸-코드가 아비튀스를 통해 습득된다고 주장한다. 이에 관해서는 다른 주장도 있을 수 있지만 현재로서는 나름대로 설득력을 갖는 이론이라고 할 수 있다. 어쨌든 몸이 계층의 상대적 차이를 드러낸다는 것은 결국 어떤 식으로든 커뮤니케이션에 참여한다는 사실을 의미한다.

45 실링, 앞의 책, p.

몸 – 커뮤니케이션

타인을 처음 대할 때 그의 몸을 통해 전달되는 일차적인 느낌과 정보는 문화적 계층 내지는 정체성과 관련이 있다. 인간은 언어를 통해 타인들과 수많은 정보와 지식을 주고받지만 언어적 커뮤니케이션이 본격적으로 이루어지기 전이나 그것이 이루어지는 동시에 우리는 항상 타인을 시각적으로 분석하여 기초 정보를 얻는다. 그런 시각적 분석의 대상은 몸이며 그 결과는 나머지 커뮤니케이션에 큰 영향을 미친다. 이런 기초 정보는 매우 짧은 시간에 처리된다. 심리학자들에 따르면, 타인과의 첫 대면에서 상대방에 대한 호감 여부는 불과 3~4초 만에 결정된다. 이런 짧은 시간에 주고받을 수 있는 말은 기껏해야 틀에 박힌 인사말 정도일 것이다. 대신 상대방의 어투, 체형, 의상, 시선, 행동은 거의 동시에 분석되는데 이 모든 요소들은 분명 몸과 관련이 있다. 단지 이런 몸은 벌거벗은 몸이 아니라 확장된 몸(또는 사회적 몸)의 의미로 이해할 필요가 있다. 이 점을 인정한다면 몸은 커뮤니케이션에 적극 개입하는 주인공이라고 할 수 있다.

일상의 다양한 상황에서 사회적 몸은 어떤 역할을 하는가? 어빙 고프먼 Erving Goffman과 같은 사회학자는 사람들이 서로 대면할 때마다 특별한 일련의 문화적 소통이 이루어진다는 사실을 강조한다.[46] 예를 들어 누군가를 만날 때나, 대중교통을 이용해 여행할 때, 우리는 타인에 관해 그들의 지위, 취향, 성격에 대한 정보를 필요로 하고 실제로 탐색한다. 우리가 처음 방문하는 나라 사람들의 행동을 정확하게 해석하지 못하는 이유도 바로 몸의 문화적 의미를 모르기 때문이다. 같은 문화권에서도 우리는 이런저런 사람

---

46 *La Mise en scène de la vie quotidienne*, t. 1, *La Présentation de soi*, Éditions de Minuit, *coll.* Le Sens Commun, 1973.

의 몸을 보고 그를 대하는 방법을 조율한다. 중년 신사와 처음 대면하는 것과 홈리스를 대하는 방법은 다소 다를 수 있다. 나이트클럽에서 섹시한 여성을 대하는 방법과 학술 대회에서 어느 여성 발표자를 대하는 방법도 제법 다를 것이다. 극단적으로 말하자면 이란의 외딴 마을까지 가서 검은색 베일로 무장한 여성을 유혹할 이는 없을 것이다. 물론 첫 대면 이후에 이어지는 교류는 주로 언어로 이루어지지만, 첫인상이 나머지 커뮤니케이션에 영향을 미친다는 사실을 부인하기는 어렵다(게다가 언어로 주고받는 정보는 정확한 대신 매우 느린 편이다). 이런 이유 때문에 일차적인 정보는 특정한 문화적 공간에서 지각되는 사회적인 행위, 즉 체형, 표정, 자세, 의상 등에서 〈풍기거나〉 배어 나온다는 데는 이의가 없어 보인다.

고프먼은 앉는 자세, 다리의 배치, 말의 어조 등 제스처의 문화적 의미는 매번 새로운 조합을 허용하는 〈언어〉라기보다는 일종의 관용구, 즉 표준화된 패턴을 따른다고 말한다. 이 때문에 그는 〈몸 관용구body idiom〉라는 개념을 사용하는데 그것이 일종의 스테레오 타입을 구성하는 만큼 명백한 〈몸의 코드〉라고 할 수 있으며, 이는 또한 앞서 언급한 〈몸-기호들의 비례적 변별성〉과도 직결되는 문제이다. 어쨌든 사회학자로서 고프먼은 몸을 개인의 물질적 자산으로 간주하는데, 이는 부르디외가 말하는 육체 자본의 개념과도 유사하다고 할 수 있다. 실링은 고프먼의 관점을 다음과 같이 설명한다.

몸에 부여되는 의미는 개인들이 직접적으로 통제할 수 없는 사회적으로 〈공유된 몸 관용구〉에 의해서 결정된다. 몸 관용구는 습관화된 비구어적 의사소통 양식으로 많은 사람들 앞에서 행동할 때 무엇보다 중요한 요소이다. 몸 관용구는 일반적으로 〈의복, 태도, 동작과 위치, 소리의 크기, 손짓과 인사와 같은 육체적 제스처, 얼굴 표정 및 기타 광범위한 감정 표현 등을 가리킨다. 이런 관용구는 우리에게 몸이 보낸 정보를 분류하고 이 정보에 따라 사람들을 낙인찍고 《서열화》하는 범주를 제공한다. 결과적으로 이러한 분류 체계는 개인들이 자신들의 몸을 운용하고 표현하고자 하는 방식에 상당한 영향을 미친다〉.[47]

결국 몸은 개인의 소유이지만 그것의 의미는 사회적으로 결정되는 셈이다. 바꾸어 말하면 〈몸은 사람들의 자아 정체성과 사회적 정체성의 관계〉를 매개하는 중요한 역할을 하며, 특정한 몸의 형태와 실행에 부여된 사회적 의미들이 개인에게 내면화되면서 그가 느끼는 자아감과 내적 가치에 강력한 영향을 미칠 수 있다는 것인데, 이 점이 고프먼의 몸 접근 방식의 핵심이기도 하다.[48] 이렇게 고프먼이 말하는 내면화를 통한 자아감은 부르디외의 아비튀스를 연상시키며, 물질적 자산으로서의 몸은 육체 자본과 대등한 개념이라고 할 수 있다. 상대적으로 그가 강조하는 문제는 몸 관용구라는 개념으로 집약되지만 그것은 오래전부터 기호학자들의 관심사이기도 한 코드의 문제이다.

몸 – 코드

이렇듯 의상, 태도, 동작, 자세, 소리의 높낮이, 손을 흔들거나 인사하는 등의 제스처, 얼굴 표정과 같이 몸이 행하는 모든 것이 결국 우리 스스로를 드러내는 기호의 총체임에는 틀림이 없다. 일반적으로 기호학에서는 이런 기호들을 제어하는 코드를 구분하기도 한다. 예를 들어 표정 및 근접학적

47 실링, 앞의 책, 124면.
48 실링, 앞의 책, 125면.

코드proxemic code, 대체 언어 코드paralinguistic code, 패션 코드 등이 그것이다. 하지만 여기서는 이런저런 코드의 분류와 명칭 부여에 초점을 맞추기보다 몸과 관련된 몇 가지 행위 유형을 선택하여 그것들이 어떤 상호 관계 및 조합적 특징을 갖는지를 간략히 살펴보기로 한다.

태도: 몸의 태도는 다소간의 자신감(이하 +/-자신감)으로 구분하기로 하는데 그 하위 구분으로는 신중함/가벼움, 반듯함/흐트러짐도 있을 수 있다. 이러한 기준은 이분법적인 기준이 아닌 강도의 차이를 따를 뿐이다. 이를테면 〈다소 거만한〉 태도가 있다면 〈다소 소심한〉 태도가 있을 따름이며 이하 제시되는 기준들도 마찬가지다.

동작과 자제: 절도 있음/절도 없음(이하 +/- 절도)의 기준을 적용할 수 있으며 그 하위 구분으로는 느림/빠름의 기준도 있을 수 있다.

목소리: 높낮이의 기준과 편의상 말의 속도를 기준으로 선택할 수 있다.

표정: 밝음/어둠의 차이와 시선 처리를 기준으로, 경청과 무관심의 차이도 언급할 수 있다.

의상: 다소 규범적인 패션과 그렇지 않은 패션이 있을 수 있다. 하위 구분으로는 유행을 따르는 여부와 고가/저가 의상도 추가될 수 있는데 여기에는 여러 중간 단계와 조합이 있다.

이런 도식화를 통해 우리가 강조하고자 하는 것은 각각의 유형들이 다른 것과 비례적 관계를 갖는다는 점이다. 예를 들어 태도의 〈+자신감〉은 〈동작과 자세의 +절도〉와 〈목소리의 +느림〉, 〈표정의 +밝음〉을 동반할 가능성이 더 높을 것이다(이런 조합을 A조합이라 부르기로 하자). 이에 반해 〈태도의 -자신감〉은 〈동작과 자세의 -절도〉와 〈표정의 -밝음〉(목소리는 상황에 따라 다르지만 다급함이나 당혹감은 말의 속도를 증가시킬 것이다)을 동반할 것이다(B조합).[49] 여기에 의상의 기준이 추가될 수 있는데 A조합에 이른바 규범적이고 고가의 패션이 더해지면 그것은 기업인 유형의 사회적 몸으로 해석될 것이고, B조합에 매우 저가의 반규범적인 패션이 추가되면 그 전체는 전혀 다른 의미로 해석될 것이다. 이런 조합에 기본적인 몸매의 유형이 추가되면 최종적인 해석 방향을 결정하게 만든다.[50]

이 조합의 특징은 마치 동일한 수의 단어로 문장을 구성하는 경우를 떠올리는데 문장의 통사적 계열에 어떤 단어를 선택하는가에 따라 문장의 의미와 문체가 달라지는 것과 매우 유사한 방식으로 작용한다. 사회적 몸의 구성을 문장의 구성과 비교할 수 있는 이유는 그것의 조합 특징뿐만 아니라 몸의 표현에도 규범이 있기 때문이다(예를 들어 앞서 언급한 A조합과 B조합). 그와 동시에 문체적 표현 내지는 수사학적 문장이 있듯이, 몸의 표현도 규범을 벗어남으로써 독창적이거나 심지어는 우스꽝스러운 의미를 만들어 낼 수 있다. 예를 들어 자신감 넘치는 태도를 보이지만 어두운 표정(따라서 덜 사교적인 표정)에 매우 반규범적인 의상의 조합은 색다른 의미로 해석

---

49 이에 관해 부르디외는 〈몸가짐에서와 마찬가지로 말하는 방식에 있어서, 부르주아지의 탁월성은 항상 긴장 속에서의 완화détente dans la tension, 절제와 절도속에서의 여유, 상반적인 특성 사이에서의 흔하지 않은, 흔치 않은 조합에 의해 정의된다〉고 말한다. 『구별짓기 ― 문화와 취향의 사회학』, 521면.

50 부르디외의 부연 설명은 다음과 같다. 〈순수한 신체 형태상의 차이에 몸가짐maintien의 차이, 즉 사회 세계에 대한 관계 전체를 표현하는 제스처, 태도, 품행의 차이가 추가되고, 상징적으로 강조된다. 여기에 미용적 특징(헤어스타일, 화장, 턱수염, 콧수염, 구레나룻 또는 의류적 특징처럼 신체의 변경 가능한 부분에 대한 모든 의도적 수정이 첨가된다. 투자 가능한 경제적-문화적 수단에 따라 크게 다르게 나타나는 이러한 특징들은 사회적 표식으로 기능하면서, 이러한 표식들이 구성하는 변별적 기호 체계(이것 자체가 사회적 지위 체계와 상동 관계를 이루고 있다), 기호의 담지자인 신체는 동시에 기호의 생산자로, 각 기호는 신체와의 관계에 의해 지각되는 실체를 표현한다.〉Bourdieu, 앞의 책, p. 214.

될 것이며(경우에 따라서는 예술가로 해석될 수도 있다), 이런 몸이 기본적으로 비만한 체형인가 날씬한 체형인가에 따라 해석은 또 달라질 수 있을 것이다. 마찬가지로 아널드 슈워제네거가 아무리 비싼 양복을 입어도 세련된 사람으로 보일 가능성은 희박할 것이고, 그런 몸이 히피 의상을 입고 허머를 몰면서 그린피스 운동가로 활약한다면 그것은 코미디로 해석될 것이 분명하다(실제로 수많은 캐리커처들이 이런 조합을 적극 활용한다). 하지만 아무리 색다른 의미를 전달할지라도 다수의 사람들이 그런 조합을 수용하면 그것은 언어가 진화하듯이, 또 다른 규범으로 자리매김할 수 있다.

이처럼 몸은 커뮤니케이션을 한다. 몸은 사회·문화적 계층과 취향 그리고 몸에 대한 의식의 차이를 자연스럽게 드러낼 뿐만 아니라, 경우에 따라서는 의도적으로 꾸밀 수도 있기 때문에 강력한 사회적 자아-기호가 되는 것이다. 그리고 무엇보다 몸이라는 자아-기호는 어떤 사회적 만남이든 잠시라도 커뮤니케이션을 중단하지 않는다. 한마디로 몸은 침묵을 지킬 수 없기 때문에 타인에게 항상 열려 있는 것이다.

몸-자본

근대 이후 몸은 노동의 도구 이상의 것으로서 다양한 가치로 환언될 수 있는 자본이 되었다. 이 때문에 부르디외는 육체 자본이라는 개념을 사용하는데 그것은 여타의 자본과 마찬가지로 사회 경쟁에 필요한 자산이라는 의미를 갖는다. 가장 쉬운 예가 여성의 미모일 것이다. 아름다운 여성이 사회적으로 어떤 혜택을 받는지는 나열하기가 어려울 정도이다. 진화론적으로 말하자면 잘생긴 남자를 만나 역시 잘생긴 아이를 낳을 수도 있으며, 부유하게 보이는 여성의 몸은 부유한 남자를 만나 윤택한 삶을 살 수 있다(이 때문에 부유함을 연출하기도 한다). 심지어 교통 위반을 했을 때도 미녀에 대한 경찰관의 대우는 제법 다를 수 있다. 게다가 그런 미녀의 몸이 모든 사회적 세련미로 무장하면 사업가로서 성공할 가능성을 더 높일 수도 있지만 이런 경우는 몸-기호의 가치를 인식하는 경우이다. 남자도 마찬가지다. 일상적인 대인 커뮤니케이션을 비롯하여 면접시험이나 전문적인 만남에서도 지성미와 세련미 넘치는 남성은 추남보다 더 유리한 입장에 설 것이 분명하다. 이렇게 몸은 개인의 자산이지만 앞서 강조했듯이, 그것은 투자를 요하며 몸에 대한 투자는 개인이 자리 잡고 있는 사회적 위치가 허용해야만 가능하다. 물론 그런 투자의 노력이 얼마나 힘겨운 것인지를 이해하려면 매끈한 몸매를 꿈꾸는 여성들의 운동과 다이어트를 생각해 볼 수 있다(달리 말하자면 몸-이데올로기를 바꾸는 것이 그만큼 힘들다고 할 수 있다). 실링은 다음과 같이 말한다. 즉 〈육체 자본을 생산한다는 것은 사회 현장social fields에서 가치를 인정받을 수 있는 방식으로 몸을 개발한다는 것을 뜻한다. 그리고 육체 자본의 전환이란 일, 여가, 그 밖의 여러 분야에 개입하고 있는 몸이 다른 형태의 자본으로 바뀌는 것을 뜻한다. 가장 통상적으로, 육체 자본은 경제 자본, 문화 자본, 그리고 사회 자본의 형태로 전환된다〉.[51]

앞서 우리는 몸에 투자하는 방식 중에서 특정 스포츠를 즐기는 방식도 계층에 따라 현저한 차이를 드러낸다고 말한 바 있다. 요컨대 대중적이고 다소 거친 스포츠(럭비, 축구 등)가 있는가 하면 세련된 고가의 스포츠가 있는데 이런 스포츠들은 몸을 단련시킨다는 공통점이 있음에도 불구하고 엄청난 상징 투자의 차이를 갖는다. 구체적으로 말하자면 고급 스포츠를 즐긴다는 것은, 한편으로는 육체 자본을 개발하는 방법이지만, 다른 한편으론 그런 자본을 〈활용〉하는 방법이 될 수 있기 때문이다. 부르디외는 이 문

51 실링, 앞의 책, 186면.

제를 다음과 같이 설명한다.

스포츠의 계급별 분포를 이해하려면 각 계급에 고유한 지각 도식과 평가 도식에 따라 각 계급이 다양한 스포츠에 따르는 (경제적, 문화적, 〈육체적〉) 비용과 이익을 어떻게 표상하는지를 고려해야 할 것이다. 이러한 이익은 아주 다양하게 나타나는데, 예를 들어 (건강과 미, 힘처럼) 직접적이거나 아니면 서서히 나타나는 〈육체적〉 이익이 있으며, (사회적 지위 행사 등) 경제적-사회적 이익도 있으며, 각 스포츠는 분포상 또는 지위상의 가치(각 스포츠는 희귀성 정도에 따라 각기 다른 가치를 갖게 되는데, 권투와 축구, 럭비 또는 보디빌딩은 노동 계급을 연상시키는 반면, 테니스와 스키는 부르주아지 계급을, 골프는 상류 부르주아지 계층을 연상시킨다)에 따라 직접적인 또는 시차를 갖는 상징적 이익도 있다. 그리고 신체 자체에 직접적으로 나타나는 효과(미끈하다/선탠을 했다/드러나는 근육질 피부 등) 또는 (골프나 폴로처럼) 스포츠를 통해 형성되는 극히 선별적인 집단에 접근함으로써 얻는 차별과 이익도 있다.[52]

이렇게 몸을 인식하는 방법, 몸에 투자하는 방법 그리고 더 나아가 그것을 활용하는 방법은 사회 계층에 따라 다르며, 특정 계층과의 교류의 길을 열어 주기도 한다. 뿐만 아니라 그런 차이를 인식하는 이들에게는 이 모든 것이 스스로를 차별화하는 방법으로 사용될 수 있다. 이런 경우에도 몸은 곧 언어라는 생각을 지울 수 없게 한다. 언어 사용이 사회적 계층에 따라 차이를 드러내듯이 몸을 인식하는 방법도 문화적 계급과 취향에 따라 다르다. 17세기의 프랑스 궁전 사회에서는 말솜씨가 개인을 돋보이게 하는 수

---

52 Bourdieu, 앞의 책, p. 18~19.

단이 되면서 몸도 문화 코드로 다듬어지기 시작했다(하이힐과 가발의 발명, 「미」 참고). 마찬가지로 현대 사회에서 언어는 문화 커뮤니케이션의 무기가 되었을 뿐 아니라 그것을 전문적으로 다루는 직업들도 생겨났다(작가, 기자, 카피라이터 등). 하지만 시청각적 오락물(영화, TV 드라마)이 대거 등장하면서 그 초점은 몸으로 옮겨 왔으며 특히 디지털 미디어가 지배하는 세상에서 이런 변화는 필연이라고 할 수 있다.

이처럼 몸은 취향의 시니피앙이며 취향은 문화 이데올로기의 시니피앙이다. 이는 결국 여타의 코드와 마찬가지로 몸-코드도 문화 코드의 한 유형임을 의미한다. 때문에 몸-코드는 나라에 따라 다를 뿐 아니라 문화 계층에 따라서도 다르지만 일반적으로 개인은 몸이 이데올로기의 산물이라는 사실을 잘 알지 못한다. 몸은 나의 것이지만 나의 이데올로기적 취향이 자신도 모르는 사이에 내 몸을 다듬고 그것을 일종의 건축적 의미의 디자인으로 주변에 전달한다. 이 때문에 몸은 노동력을 제공하는 수단으로서의 자본이기도 하지만 개인의 문화 자본을 표현하는 상징적 자본이기도 하며 그런 자본으로 활용될 수도 있다. 이렇게 몸은 〈말을 하고 있으며〉 커뮤니케이션의 주체로 항상 최전방에 위치하면서 언제든 노출되어 있다. 때문에 몸은 본질적으로 침묵할 수 없는 것이다. 내가 아무 말 없이 공원 벤치에 앉아 있어도 내 몸은 〈지속적으로〉 나를 드러내고 있는 것이다. 한마디로 존재는 곧 몸이며 결국은 나 자신의 기호라고 할 수 있다.

5. 에토스와 파토스

우리는 쉴 새 없이 커뮤니케이션을 한다. 주변 사람들과 다양한 대화를 나눌 뿐만 아니라 말없이 공원 벤치에 앉아 있어도 우리의 몸과 의상은 우리를 드러내고 있으며 그런 와중에 수많은 광고들이 우리에게 새로운 제품을 소개하면서 구매하도록 설득하고 있다. 하지만 커뮤니케이션이라고 하면 통상적으로 〈사람들끼리 서로의 생각, 뜻 정보를 주고받는 과정〉으로 여긴다.[53] 때문에 커뮤니케이션 현상을 분석하는 글들 대다수는 전달의 내용에 집중되어 있다. 잘못된 입장은 아니지만 동시에 커뮤니케이션을 할 때 무엇보다도 이런저런 내용이 전달되기를 〈원한다〉는 사실에 대해서도 관심을 가져 볼 만하다. 이런 의미에서 모든 커뮤니케이션에서는 다소간 설득의 의도가 항상 존재한다는 사실도 상기할 수 있다(내가 어떤 음악에 대해 말하는 경우에도 〈음악에 대한 정보〉 이외에 거기에는 〈그 음악이 좋은 것이다〉 또는 〈나는 그런 음악을 제대로 알고 있다〉는 내용도 전달되길 바라는 것이다). 그

---

53 본래 communication이라는 단어는 라틴어의 〈나누다〉를 의미하는 〈communicare〉에서 유래되었다.

러나 아무리 논리적이고 타당한 내용도 제대로 전달되지 않는 경우가 있는데 이유는 그것이 감정적으로 수용되지 않기 때문이다(아무리 맛있는 음식도 기분이 나쁘면 큰 감응이 없다). 바꾸어 말하면 커뮤니케이션이 제대로 이루어지기 위해서는 논리적인 내용만큼이나 발신자와 수신자의 감정적 공감대도 중요하다는 말이 된다.[54] 그래서 이런 문제는 콘라트 로렌츠 Konrad Lorenz의 주장, 〈감정이 느끼지 못하는 건 이성도 분석할 수 없다〉는 견해를 떠올리기도 한다. 감정은 〈어떤 현상이나 일에 대하여 일어나는 마음이나 느끼는 기분〉이라고 한다.[55] 그런데 커뮤니케이션에서 좋은 기분을 느끼거나 또는 감동을 받는 것도 크고 작은 이데올로기가 일치하기 때문이다. 네오나치주의자는 다큐멘터리 영화에서 흘러나오는 히틀러의 연설을 듣고 가슴이 뭉클해질 것이고, 어떤 청소년은 아이돌 음악에 환희를 느낄 것이다. 또 다른 이들은 커트 코베인(Kurt Cobain, 1967~1994)의 음악에 흥분하거나 그린피스 운동을 자랑스럽게 생각할 것이다.[56] 당연한 얘기지만 기러기 아빠, 골프 애호가, 재즈 마니아, 오지 여행가, 처음 만난 남녀 모두는 비슷한 감정과 취향을 서로 확인할 때 기분이 좋아지고 논리적으로는 관대해진다.

하지만 커뮤니케이션이 오로지 비슷한 감정이나 사상을 공유하는 사람들 사이에만 이루어지는 것은 아니다. 우리는 다양한 사람들을 만나 그들과 이야기를 나누고 또 무언가를 주고받는다. 싸움을 원하지 않는 이상 모

---

54 지금 생각하면 파스칼이 〈우리의 이성은 감정에 스스로를 양보한다Tout notre raisonnement se réduit à céder au sentiment〉라고 말한 것은 당시에 이미 거대한 패러다임을 제시했던 데카르트의 이성주의에 대한 반격이었을 수도 있다.

55 여기서는 〈필요에 의한 호감〉은 언급하지 않기로 한다.

56 1990년대 혜성처럼 나타나 전 세계의 록 음악 팬들을 사로잡은 뮤지션으로, 전성기 때 자살했다.

든 사람은 기본적으로 커뮤니케이션이 원활하게 이루어지기를 원한다. 그렇기 때문에 상대방에 대한 〈감정적 배려〉를 무시할 수 없으며 이를 위해 대화의 예절을 지키고 상대방과 공감대를 만들려 한다. 하지만 자세히 살펴보면 감정적 호의를 얻어 내는 방법은 꽤나 다양하다. 커뮤니케이션 상황에 어울리는 태도, 제스처, 어투, 의상 등이 있는가 하면, 어휘 사용과 문장 구성, 농담과 재치의 적절한 활용도 있으며 그냥 호의적인 대화의 주제 선택도 있다. 다소 쿨해 보이면서도 경제적으로도 여유 있어 보이는 남자가 어떤 여성에게 그녀가 좋아하는 주제에 대해 제법 세련된 어휘와 재치 있는 패러디를 적절히 활용하여 대화를 이끌어 가면 호감을 얻을 게 뻔하다. 대신 오스트레일리아 유학을 다녀온 여성에게 오스트레일리아의 한국 여성 매춘 문제의 심각성에 대한 이야기만 늘어놓으면 반감을 살 게 뻔하다. 때문에 이미 오래전에 그리스인들은 원만한 커뮤니케이션이 이루어지기 위해서는 화자(話者) 고유의 성품을 뜻하는 〈에토스〉와 감동을 받을 수 있는 주제 혹은 내용을 가리키는 〈파토스〉에 대한 정확한 인식이 무엇보다 중요하다고 역설했다. 우리는 이 두 가지 개념에서 출발하여 감동과 이데올로기는 어떤 관계를 갖는지 살펴보기로 한다.

에토스와 파토스의 정의

고대 수사학자들은 에토스를 〈담화를 통해 웅변가가 스스로 만드는 이미지〉라고 설명했다. 현대의 설득 커뮤니케이션 이론가들은 이 개념을 〈정보원의 특성인 공신력(명성, 기술적 전문성, 신뢰성)으로서 주장의 영리함, 단어의 사용, 몸짓, 역동성, 시각 접촉 등과 같은 표지가 포함되는 것〉으로 정의한다.[57] 에토스는 누군가를 설득하기 위해 발신자가 취해야 하는 〈모습〉인 셈이다. 앞서 몸과 관련해서 말했듯이, 특정한 사회적 위치는 이런저런 모습을 자연스레 갖추게 할 수도 있다(예를 들어 작가는 자연스럽게 작가다운 모습을 풍길 수 있다). 하지만 그것을 흉내 낼 수도 있다. 이는 인간의 모든 사회에서는 나름의 규범화된 〈모습〉이 분명 있음을 의미한다. 사회적으로 통용되는 교수다운 모습이 있듯이, 대통령다운 모습도 있다. 실제로 커뮤니케이션에 임하는 사람은 대부분 어떤 모습과 어떤 소리 즉 발성, 톤, 속도 등이 더 효과가 있다는 사실을 〈어느 정도〉 알고 있다. 이렇게 에토스는 보다 더 효과적인 설득에 필요한 〈이미지〉 또는 그것을 만들기 위해 동원되는 특별한 취향이나 성질 등 모든 (언술적 및 비언어적) 태도와 행위에 해당한다고 할 수 있다. 이 때문에 에토스는 관습적으로 생겨났거나 다듬어진 〈정신 내지는 도덕의 한 형태〉로서 일종의 〈설득 기반을 위한 문화 코드〉로 간주될 수 있을 것이다.

파토스 역시 그리스어에서 유래된 단어인데 그것의 사전적 정의는 〈강조된 문체로 감동을 주는 기술 또는 비장미〉이며 이 단어에서 파생된 프랑스어 Pathétique는, 명사로서는 〈큰 감동을 유발할 수 있는 문학 장르〉, 형용사로서는 〈강한 감동을 주는 것으로서 그 드라마적 강도는 깊은 슬픔의 감정을 일으키는 성질〉을 가리킨다. 이 정의에서 핵심어는 〈감동〉이다. 단지 옛날 고대인들이 생각하기에 진정한 감동을 유발하는 것은 다름 아닌 문학의 비극이라고 생각했다. 중세까지도 오로지 비극만이 문학의 진수로 인정받았고 웃음은 아예 금기시되기도 했다.[58] 당시에는 종교적 신념, 정의,

---

57 존 오서네시·니컬러스 잭슨 오서네시, 『광고와 설득 커뮤니케이션』, 67면.
58 천하기 짝이 없는 것으로 치부됐던 웃음은 17세기에 몰리에르Molière가 등장하면서 정당한 대우를 받게 된다. 이때부터 희극도 카타르시스를 느끼게 하는 문학 장르로 인정받는다. 움베르토 에코의 『장미의 이름』은 이러한 역사를 잘 드러내 준다.

사랑을 위해 자신을 희생시키는 주제가 가장 감동적인 주제였다(무어족을 무찌르는 『엘 시드』와 죽음으로 치닫는 사랑 이야기 『로미오와 줄리엣』을 생각해 볼 수 있다). 세월과 함께 이런 주제도 바뀌었고 이런 변화는 문학사과 맥을 같이 했지만(프랑스의 경우 17세기 고전 비극에서 낭만주의, 리얼리즘, 자연주의 등 문학적 파토스의 변화가 있었다) 오늘날 현대 사회를 가득 채우고 있는 설득 커뮤니케이션에서는 보다 다양한 감동적 소재들이 사용되고 있다. 물론 영화에서든 광고에서든 애국심, 가족애, 사랑과 같은 전통적인 파토스는 계속 사용되지만 이제는 동물 사랑, 자연 사랑 등의 주제도 활용되고 있으며 때로는 심각성을 비웃는 수단으로 난센스, 패러디, 키치적 요소들도 동원되고 있다. 결국 고전 문학에서든 현대의 커뮤니케이션 상황에서든 감동을 불러일으키는 〈무언가〉는 항상 있는 셈이다.

이 때문에 존 오셔네시John O'Shaughnessy와 니컬러스 잭슨 오셔네시Nicholas Jackson O'Shaughnessy는 파토스를 〈감성 소구를 통해 수용자 마음의 어떤 구성을 이끌어 내는 것〉이라고 정의한다.[59] 그러나 앞서 강조했듯이, 이러한 파토스는 논증성이나 이성과 별 관계가 없다(이미지의 시대라고 할 수 있는 현대에서는 모든 것이 아이콘화되고 있으며 정치도 예외가 아니다). 같은 이유에서 고대 수사학자들도 청중을 설득하기 위해서는 우선적으로 이성이 아니라 정념에 호소하는 것이 더 효과 있다고 피력했던 것이다. 존 오셔네시와 니컬러스 잭슨 오셔네시가 거듭 주장하듯이 〈시각 변화는 논리적 소구보다는 간접적인 설득 수단을 통해 이루어지기 때문에 수사학이 상대적으로 유용한 경향이 있다. 대체로, 모든 수사학적이며 감성적인 설득 수단은 논리보다는 느낌을 활용하므로 이성의 사용과는 반대된다〉.[60] 이렇게 청중을 사

---

59 존 오셔네시·니컬러스 잭슨 오셔네시, 앞의 책, 67면.
60 존 오셔네시·니컬러스 잭슨 오셔네시, 앞의 책, 67면.

로잡으려면 발신자는 그들의 마음을 흥분시키거나 가라앉힐 수 있는 요인과 동기를 알아야 한다. 그러나 이런 전략은 전통적 의미의 수사적 담론에만 국한되는 게 아니다. 상대방의 동정심이나 관심을 사야 하는 모든 커뮤니케이션 행위, 즉 사소한 대화에서 매 순간 우리를 유혹하는 광고에 이르기까지 이런 전략은 빠짐없이 동원된다. 결국 모든 설득의 메시지는 (어떤 식으로든) 발신자의 적합한 이미지(에토스)를 출발점으로 삼아 정확히 파악해야 하는 파토스, 즉 수신자의 정념 체계를 고려해서 만들어진다고 할 수 있다.[61] 이를 바꾸어 말하면 설득 커뮤니케이션에서의 에토스는 〈상황 설정〉에 해당하며, 파토스는 〈상황 파악〉에 해당하는 셈이다.

에토스와 파토스 그리고 커뮤니케이션

이렇게 인간이 커뮤니케이션을 한다는 말에는 상대방을 어떻게 다루어야 하는지에 대한 〈방법〉도 포함시켜야 한다. 물론 이런 방법에 서투르거나 그것을 잘 모르는 사람도 있다. 그런 사람은 커뮤니케이션 내지는 설득

---

61 기호학에서 정념의 문제를 다루기 시작한 것은 최근 일이다. 이 문제를 등한시한 이유는 어쩌면 이성 중심주의에서 비롯되었다고 할 수 있다. 역사적으로도 정념 혹은 파토스의 문제는 객관적 사실에 기초하는 형식적 추론을 무시한 채 감정을 조작하는 방법으로 간주되었다. 대신 고대 철학에서는 이 문제가 명백하게 언급된다. 뱅상 페레Vincent Ferré가 상기시키듯이, 아리스토텔레스는 『수사학』과 『시학』에서 《파토스는 설득을 위한 논증이되, 수신자를 감동시키는 기술 중 하나》라고 말했다. 그럼에도 불구하고 우리는 다음과 같은 질문을 던져 볼 수 있다. 이성주의에 기초하는 과학은 과연 정념과 전적으로 무관하게 발전해 왔는가? 과학에서의 감성과 상상력은 과연 이성적인 발상인가? 발명의 근본적인 동기는 이성이 아닌 정념(또는 정념의 파괴)이 아닌가? 이 문제는 당연히 우리 연구의 한계를 넘어선다. 정념이 과학을 어떻게 이끌어왔는지를 이해하기 위해서는 광범위한 연구가 필요하겠지만 적어도 설득 커뮤니케이션에서는 이성보다 정념이 훨씬 더 효과적이라는 데에는 이의가 없을 것이다.

이 실패하는 이유 또한 알 수 없다. 반대로 에토스와 파토스의 유형을 알고 그것을 적절히 사용한다면 설득의 성공 내지는 실패의 이유도 알 수 있다. 예를 들어 입사 면접, 맞선, 사업상의 만남을 비롯하여 일상적인 만남에서도 대다수의 사람은 커뮤니케이션 상황을 나름대로 인식하고 행동한다. 여기에는 의상, 태도, 몸짓, 언어, 근접학적 및 대체 언어 코드paralinguistical code 등의 〈몸의 언어〉가 동원된다. 예를 들어 신입 사원이 첫 출근 하는 날 그는 그 회사에 어울리는 의상과 나름의 성실한 태도, 바른 몸짓은 물론이고 명확한 언어 사용과 다소간의 물리적 거리감을 비롯하여 뭔가 성의 있고 열의가 느껴지는 목소리 톤을 가지려고 할 것이다.[62] 이런 코드의 총체는 불과 몇 초 만에 해석되는데, 이는 인간의 해석 능력이 뛰어나서라기보다는 그런 요소들이 틀에 박힌(또는 예상 가능한) 집합체를 구성하기 때문이다(때문에 코드라는 말을 사용할 수 있다). 어쨌든 에토스가 얼마나 중요하게 작용하는지를 설명하기 위해 움베르토 에코는 〈루브르 박물관에서 「모나리자」를 보고 있을 때 미술 전문가처럼 생긴 중년의 남자가 그 작품이 모작이라고 말하면 나는 순간적으로 그 말이 맞을 수도 있다는 생각을 하게 된다〉는 사실을 상기시킨다.[63] 잠시나마 이런 말이 작은 동요를 일으킨다는 것은 누가 어디서 어떤 태도로 말하는가가 커뮤니케이션에 어떤 식으로든 영향을 미친다는 사실을 의미한다. 이처럼 상대방에게 호감을 얻고 더 나아가 설득을 하려면 발신자가 취해야 하는 일련의 〈태도〉가 있음은 분명한 사실이다. 물론 무언가를 설득해야 하는 상황은 이런 첫 대면의 범위를 넘어선다. 즉 발신자는 파토스를 정확히 파악한 뒤 로고스를 뒷받침하는 에토스

---

62 이런 코드 중 일부를 고의로 무시하여 변별성을 꾀하려는 또 다른 차원의 수사학적 전략은 여기서 언급하지 않는다.

63 움베르토 에코, 『해석의 한계』, 233면.

를 적절히 활용하려 할 것이다.

파토스는 설득 커뮤니케이션에 필요한 감성적 타깃에 해당한다(이는 광고에서 말하는 주 타깃 또는 실질적인 구매 결정자의 소비 심리 및 욕구와 매우 유사하다). 메시지의 발신자는 상대방이 메시지의 주제, 내용, 형식에 더 민감하게 반응하는지를 알고 있거나 몇 가지 가정을 통해 확인한다. 예를 들어 노인들에게 건강식품을 마치 불로장생의 효능을 가진 것으로 판매할 때나, 고급 자동차 광고를 제작할 때나 파토스에 대한 예비지식은 결과에 큰 영향을 미칠 것이다. 이때 발신자는 수신자의 생각과 믿음의 세계를 파악해야 하고 특정한 설득 담화에 어떻게 반응할지도 알아야 한다. 다른 상황도 생각해 볼 수 있다. 앞서 간략히 언급했듯이, 어떤 여자의 매력에 이끌려 말을 걸고 호감을 얻고자 할 때 남자는 당연히 그 여성이 관심 가질 만한 주제를 예측하고 대화에 임한다(예를 들어 휴양지 나이트클럽에서의 첫 대화와 뉴욕 현대 미술관에서의 첫 대화는 주제를 달리해야 하는데 사실 그렇게 하지 못하는 남자도 제법 많다). 하지만 남성은 단 하나의 주제만을 가정하지는 않을 것이며 그는 더욱 효과 있어 보이는 파토스를 탐색할 것이다. 좀 더 구체적으로 말하자면 문학이나 공연 등 〈문화적 주제〉가 더 효과 있다고 판단되는 대상이 있을 것이고, 아니면 텔레비전이나 연예인과 관련되는 보다 〈일상적이고 대중적인 주제〉가 더 적합하다고 판단되는 대상도 있을 것이다. 다시 에토스의 관점에서 보면 이런 남성은 〈좀 더 지적인 이미지〉를 드러내거나 〈부유함의 상징들〉을 드러내 보일 수도 있다. 여기서 중요한 것은 이데올로기의 배타성과 마찬가지로 〈적합한 주제(또는 이미지)〉는 〈적합하지 못한 주제(또는 이미지)〉를 전제로 한다는 사실이다. 고급 양복을 빼입은 남자가 펑크 록 콘서트에서 여자를 유혹하려면 실패할 것이 뻔하고, 히피 차림으로 월 스트리트 근처 고급 술집에서 여성을 유혹하려 해도 결과는 뻔할 것이다. 외모를 떠나서도 지적인 여성이 텔레비전 드라마 얘기만 늘어놓는 남성을 좋아할 리 없고, 마찬가지로 지식 기반이 매우 약한 여성에게 전위 예술 얘기만 늘어놓는 남성은 거부 반응을 일으킬 수밖에 없는 것이다. 한 마디로 〈전국 노래자랑〉에서 프리 재즈를 연주하면 야유받을 게 뻔하다는 말이다. 이렇게 파토스를 다루는 논증의 기술은 사회 현실을 주관적으로 정의하려는 경향을 갖는 동시에 상대방을 감동시키는 정념은 공동의 정념, 다소 규범화되거나 나름의 정념의 틀을 갖는다. 파토스를 고려하는 담론은 바로 이런 〈정념의 틀〉에서 소재를 끌어온다. 이렇듯 파토스의 담론이 효과를 거두려면 〈청중의 마음과 육체를 하나로〉 만들어야 하는 것이다.[64] 결국 파토스의 담화는 공감대를 연출하는 방법일 수도 있지만 공감대라는 것은 이미 결정된 문화 코드의 총체를 일종의 모델로 규격화한 데 불과하다. 결국 우리는 취향과 미적 이데올로기의 문제로 다시 돌아오게 되는 셈이다.[65]

에토스와 파토스의 유형

이렇게 에토스는 관습적으로 생겨난 〈설득 기반 또는 커뮤니케이션을 위한 문화 코드〉라고 할 수 있다. 하지만 에토스를 객관적으로 유형화하기는 매우 어렵다. 거시 및 미시 이데올로기와 마찬가지로 에토스는 변별적

---

64 Ferré, V., "Le pathos en action: l'usage des émotions dans le discours". 다른 한편, 〈마음과 육체를 하나로 만들다〉는 표현은 광고에서 추구하는 〈마음의 변화(좋아하기) → 행동의 변화(구매하기)〉를 떠올린다.
65 에코도 〈수사학적 공식들이 특정한 이데올로기적 입장을 대변한다는 생각은 널리 알려진 사실이다〉라고 역설한 바 있다. 『기호와 현대 예술』, 223면.

인 자질로 구분되지 않으며 강도의 지속적인 차이를 드러낼 따름이다. 따라서 현재로서는 보다 〈신중〉하거나 〈가벼운〉 태도와 다소 〈권위적〉이거나 〈친근한〉 태도 등이 있다는 사실을 지적할 수 있을 뿐이다. 다시 말해 발신자가 사용할 수 있는 코드들은 이미 존재하는 문화 코드들, 즉 의상 코드, 근접학적 코드, 몸짓 코드 등인데 이런 코드들은 본질적으로나 그 조합적 성격으로나 구조주의적인 분석을 어렵게 만든다. 예를 들어 텔레비전 저녁 뉴스는 〈신중한〉 태도를 연출할 것이고, 비슷한 시간대의 스포츠 뉴스는 〈활기찬〉 모습을 앞세울 것이다. 물론 〈권위적〉인 태도로 〈우스꽝스러운〉 로고스를 펼치면 이 또한 새로운 설득의 기술(코미디)로 활용될 수 있겠지만 이 문제는 여기서 다루지 않기로 한다.

파토스 역시 그 유형을 명확히 구분하기는 어렵지만 문화·심리적 코드의 조합임에는 틀림없으며 이 때문에 몇 가지 하위 범주를 구분해 볼 수 있다. 이데올로기에 대해 시도한 바와 같이 여기서도 파토스를 〈보편적 파토스〉와 〈개별 문화적 파토스〉로 구분해 볼 것을 제안한다.[66]

보편적 파토스라고 하면 특정한 문화나 역사적 시점에 국한되지 않는 이른바 인간 고유의 정념 체계 내지 그 구성 요소로 정의해 볼 수 있다. 예컨대 죽음, 삶, 사랑, 우정 등을 언급할 수 있는데 이런 파토스들은 〈생존의 이데올로기〉와 발생적 유사성을 갖는다.[67] 이 같은 주제에 대해 인간은 기본적으로 공감, 동정심, 호감, 연민을 느낀다. 이런 정념들은 사실 인간의 근본 윤리를 결정하는 심리적 범주이기도 하다. 때문에 이런 파토스를 자극함으로써 기대할 수 있는 효과는 다소 약할 수 있다. 말하자면 식상한 주제인데 광고에서든 일상 커뮤니케이션에서든 일반적인 삶이나 우정에 대

66 김광현, 「이데올로기와 헤게모니」, 『기호학 연구』 제14집, 2004, 224~226면.
67 김광현, 『기호인가 기만인가』, 77~81면.

해 이야기를 끌고 가면 기억에 남는 것이 많지 않을 것이다.

문화적 파토스는 특정 시대에 중시되는 파토스의 유형으로서 보편적 파토스의 일부분이 유난히 강조되거나 좀 더 특별한 파토스와 융합된 형태를 갖는 것으로 간주할 수 있다. 예를 들어 〈가족〉에 〈효〉를 추가한다든지, 〈사랑〉과 〈의리〉 또는 〈삶〉과 〈가족〉 등이 혼합되는 경우가 있다. 이런 조합 중에는 시대적 요구에 의해 생겨나는 것도 있다. 전쟁을 여러 차례 겪은 나라에서는 〈희생정신, 의리, 우정, 가족〉의 파토스 조합이, 그리고 평화와 풍요로움을 만끽하는 나라에서는 〈사랑, 모험, 예술〉과 관련된 파토스의 조합이 큰 감동을 일으킬 것이다. 물론 이런 조합 또한 하나의 문화권이 가지고 있는 역사·이데올로기적 배경에 따라 다소 차이가 날 수 있다. 이런 경우 파토스의 조합들은 자연 발생적인 특징을 어느 정도 갖는다고 해야 할 것이다. 그러나 중요한 것은 현대 사회에서 대다수의 문화적 파토스들이 자연 발생적이기보다는 이데올로기적 장치들에 의해 조장되고 강요된다는 점이다. 할리우드 영화가 끊임없이 강조하는 가족애와 애국심, 한국 영화의 단골 메뉴인 조폭들의 의리, 스포츠와 애국심, 한국 광고의 〈효〉 시리즈 등이 그것이다. 자기 가족을 소중히 생각하지 않는 사람은 거의 없겠지만 모든 영화, 드라마, 광고에서 가족의 소중함을 지속적으로 강조하고 강요하면 사람들은 그것을 인간의 본성으로 수용하고 그 유형(예를 들어 4인 가족의 구성과 행태)까지도 절대 진리로 받아들이게 된다는 말이다. 하지만 자본주의 체제에서 가족애를 미화시키는 진짜 이유는 각종 사회 문제를 미연에 방지하고 소비주의를 유지하는 데 있다. 달리 말하면 모든 가족은 안정된 삶을 지향하고 비슷한 소비를 하며 인구 증가를 보장하는, 이른바 소비 국가에서 없으면 안 될 기본 단위이기 때문이다. 마찬가지로 스포츠는 국민을 결집시키는 결정적인 역할을 하며 강도의 차이는 있겠지만 이제 지구 상에 스포츠 경쟁에 뛰어들지 않은 국가는 없다. 하지만 올림픽 게임에서 자국 선수가 금메달을 받으면서 국가가 울려 퍼질 때 느끼는 감정은 본래 선천적인 것인가? 아마도 그런 문제에 대해 고민하는 사람이 없다는 답변이 옳을 것이다. 왜냐하면 대다수의 사람들은 이런 파토스를 이미 자연스러운 것으로 받아들이고 있기 때문이다.

  개인적 파토스는 말 그대로 개인이나 소수 집단에 국한되는 정념 체계이자 앞서 언급한 취향 및 미적 코드와 관련이 있다. 예를 들면 다소 전문화된 소비, 음악, 독서, 여행 등의 문화 영역들이 그것이다. 개인적 파토스를 예상하기는 쉽지 않지만 적중하면 더 큰 효과를 기대할 수 있다. 그리고 무언가를 설득하는 상황이 아니더라도 비슷한 취향의 사람을 만나면 즐거운 대화가 이어지기 마련이다(그런 이유로 취향은 문화 계층별 만남을 결정하는 주요 매개체가 되기도 한다). 이 문제와 관련해서는 존 오셔네시와 니컬러스 잭슨 오셔네시도 비슷한 입장을 피력한다. 즉 〈공감하기 쉬운 가치는 표적 수용자가 속해 있는 관련 하위문화의 가치(우리는 하나 이상의 하위문화에 속하는 경향이 있다)이다. 그것은 하위문화의 가치관이 문화 전체의 가치관보다 더욱 활력을 갖고 더욱 큰 영향력을 행사할 가능성이 있기 때문이다〉.[68] 때문에 이런 파토스를 알고자 하는 발신자는 앞서 언급한 두 가지 파토스를 매개로 하여 접근할 것이다(예를 들어 어떤 발신자는 보편적 파토스와 개별 문화적 파토스를 거쳐 이런 개인적인 영역에 이를 것이다). 여기에서도 좀 더 능통한 발신자와 그렇지 못한 발신자가 있을 것이고, 그 결과도 다를 것이다.

---

68 존 오셔네시·니컬러스 잭슨 오셔네시, 『광고와 설득 커뮤니케이션』, 55면.

비대인 커뮤니케이션과 에토스 – 파토스

에토스와 파토스는 언어뿐만 아니라 커뮤니케이션 전반에서 파악되는 현상이다. 또한 불특정 다수를 대상으로 하는 커뮤니케이션에서도 적극 활용되고 있다. 여기서는 몇 가지 사례만을 살펴보기로 한다.

한국의 국회 의사당을 예로 들어 보자. 그 디자인과 규모, 도로와의 거리와 특히 완공 후 추가된 돔은 권위주의, 접근 불가능성, 사회 본위주의를 내포하는 에토스를 나타낸다. 도시 계획의 예를 들자면 프랑스 파리의 루브르, 콩코드 광장, 개선문(그리고 나중에는 라데팡스의 신개선문)으로 이어지는 일직선 대로는 19세기 프랑스 제국주의를 상징하는 담론(로고스)이었지만 역사적으로는 에토스로 자리매김했다.[69] 자동차 제조업체에서 신차 발표회를 하는 이유와 그 연출 방식도 에토스에 해당한다. 이 경우 신차 자체는 로고스에 해당할 것이고 파토스는 신차 개발 단계와 마케팅(광고)의 관점에서 이미 고려했다고 볼 수 있다. 에토스와 파토스가 적절하게 측정되지 않았기 때문에 커뮤니케이션의 오해를 일으키는 경우도 있다. 또는 고졸 출신의 진보적인 대통령이 있다고 가정해 보자. 일부 보수 언론이나 정치인들의 눈에는 그런 대통령이 학력으로나 경력 그리고 심지어는 몸짓 모두가 〈대통령답지 않게〉 보일 수 있다. 즉 대통령이 갖추어야 하는 에토스가 부재하거나 부족하다고 느끼는 사람들이 있을 수 있다. 게다가 그런 대통령이 가끔씩 속어가 섞인 민중적인 언어를 사용한다면 보수적인 관점에

---

69 파리의 도시 계획은 1850년대 호스만Haussmann이 도시 계획을 담당하여 방사선 도로를 중심으로 번화가, 주택가 등을 건설하게 하는데 루브르 — 콩코드 광장 — 개선문으로 이어지는 일직선 도로는 1855년의 만국 박람회를 통해 프랑스의 번영과 영광을 전 세계에 알리는 데 사용되었다. 신개선문까지의 일직선 대로는 1970년대에 시작되는 라데팡스 개발의 일환으로 건설되는데 이 또한 19세기 도시 계획적 에토스의 연장선으로 보아야 할 것이다.

서 그 또한 대통령답지 않게 보일 것이다. 그 대통령은 탈권위적인 언어를 생각했겠지만 극도로 보수적인 정치 사회적 풍토에서는 코드의 불일치가 있었다고 할 수 있다.[70] 이러한 에토스상의 오해 또는 불일치 때문에 아무리 논리적이고 불가피한 정책도 제대로 전달이 안 되고 결국에는 실패로 돌아갈 수 있는 것이다.

공중파 TV의 보도 프로그램의 기본 에토스는 보수주의, 신중함, 권위주의로 집약된다. 시사 프로나 뉴스 등의 프로그램들은 보도의 신뢰성을 강조하기 위해 특유의 어조, 의상, 표정의 코드를 사용하며 표준어의 절대적인 사용 역시 이런 코드의 사용을 뒷받침한다. 구체적으로 말하자면, 남성 앵커의 어조는 비교적 낮은 편(낮은 주파수)이고 의상은 가장 점잖은 색깔의 양복과 넥타이, 표정은 엄숙하며 표준어는 문어 중심의 발음을 고수한다 (한 예로 〈효과〉를 발음할 때는 구어식 발음 /효꽈/를 회피한다).[71] 게다가 남성 앵커는 여성 앵커보다 나이가 많으며(대체로 직위도 더 높다) 외모 중심의 여성 앵커는 그를 돕는 위치에 있음으로써 가부장적인 한국 가정에서의 남녀 위계질서를 그대로 반영한다. 화면 구성 역시 이 점을 뒷받침하는데 여성 앵커를 화면 오른쪽에 앉히는 이유도 그 위치가 미적 시선을 끌기 때문이다 (주부 시청자들을 겨냥한 아침 뉴스에서는 그 배치가 다를 수 있다).

그러나 TV 담론을 분석할 때는 역시 파토스가 더 복합적인 문제를 제기한다. 무엇보다 한국에서 TV 담론은 〈우리〉, 〈가족〉, 〈민족〉이라는 파토스를 사용하고 강조한다. 〈한국〉 또는 〈대한민국〉이라는 공식 명칭은 무조

---

70 프랑스 정치인들의 언행을 살펴보아도 좌파 정치인들의 언행은 우파 정치인들에 비해 훨씬 더 〈구어적이고 일상적인 어휘〉의 사용으로 특징 지어진다.

71 〈효과〉의 자연스러운 발음은 /효꽈/이며 이유는 이중 자음 /ㄲ/의 영향 때문이다. 방송에서 /효과/를 고집한다면 〈떡볶이〉, 〈자장면〉, 〈연락〉도 /떡뽀끼/, /짜장면/, /열락/으로 발음하면 안 될 것이다.

건 〈우리(나라, 측, 쪽……)〉로 지칭되고 〈가족 사랑〉과 그에 뒤따르는 〈모성애〉, 〈부성애〉, 〈효〉 등은 절대적인 미덕으로 강요되고 있다. 〈민족〉은 〈자부심〉의 대용어로 사용된다. 민족·애국주의가 얼마나 강하게 작용하는지를 확인하기 위해서는 해외에서 활동하는 운동선수들에 대한 애칭과 그들에 대한 각별한 보도를 살펴볼 수 있다(〈코리안 특급〉(박찬호), 〈국보급 킬러〉(박주영), 〈산소 탱크〉(박지성)……]. 뿐만 아니라, 유명세를 타는 한국계 2세나 한국계 혼혈인도, 그들의 문화적 정체성을 뒷전으로 한 채, 무조건 민족적 우월성의 상징으로 치부되기도 한다(하인스 워드, 위성미). 일반 대중은 본래부터 이러한 〈국수주의〉, 〈가족주의〉, 〈민족주의〉를 파토스로 가지고 있지 않았을 것이다. 하지만 앞서 말했듯이, 하루도 빼놓지 않고 이런 파토스를 주입하면 언젠가는 당연한 것이 될 수밖에 없다.[72] 이렇게 〈우리〉의 개념은 모든 국민적 담론을 지배하는 개념으로 확실히 뿌리를 내린 듯하다. 그 결과 어떤 대학생들은 배낭여행 길에 태극기를 보면 가슴이 벅차오르는 느낌을 받게 된 것이고, 어떤 국회 의원이 애국가를 바꾸자고 말하면 그는 매국노가 되는 것이다.

광고에서의 감동 자극 소재는 조금씩 바뀌어 왔으며 바로 그런 변화가 이데올로기적 변화를 말해 주기도 한다. 요즘 한국 소비문화와 특히 그것을 자극하는 광고들을 관찰하면 매우 독특한 에토스와 파토스가 드러나는데 그것은 다름 아닌 〈귀족주의〉, 〈명품주의〉이다. 한 예로, 한국 분유 시장을 주도하는 업체 매일유업과 남양유업의 주력 상품은 〈프리미엄 명작〉, 〈앱솔루트 명작〉, 〈프리미엄 분유〉, 〈임페리얼 드림〉이라는 상품명으로 판매되고 있다. 마치 갓 태어난 황태자를 위한 분유로 착각하게 만든다. 이런

---

72 김광현, 「이데올로기 — 통시적 및 공시적 고찰」, 『기호학 연구』 제16집, 2004.

에토스는 한국 부모들의 파토스를 직접 겨냥한 것으로서 〈내 아이의 절대적인 소중함〉을 황태자의 유일함으로 끌어올리는 기법이라고 할 수 있다. 아파트 광고도 비슷한 에토스와 파토스를 내세운다. 최근에 등장한 고급 아파트 이름을 살펴보면 〈타워팰리스〉, 〈아이파크〉, 〈갤러리아팰리스〉, 〈상떼빌〉 등이 눈에 띄는데 이것들은 palace(궁전), park(공원), vill(별장, 전원 저택)이라는 어휘 또는 어근을 사용함으로써 귀족주의와 명품주의를 노골적으로 내세운다. 몇 가지 광고 영상을 보아도 촬영 장소는 유럽의 성을 배경으로 하며 광고 모델은 긴 드레스에 우아한 모습(에토스)을 뽐낸다. 이런 명칭 부여는 소비자들의 심리, 따라서 파토스를 겨냥한 마케팅 전략에 불과하지만 그와 동시에 오늘날의 고급 아파트 소비자들이 소비를 통해 차별화를 꾀하고 있음을 의미한다. 즉 중산층을 뛰어넘어 상류층을 향하는 경제적 신귀족주의의 이데올로기를 반영한다고 할 수 있다.

대인 커뮤니케이션과 에토스 – 파토스

수입 영화 가운데 유독 흥행에서 실패를 거듭하는 장르는 다름 아닌 코미디물이다. 이는 웃음거리(파토스)와 웃기는 방법(에토스)이 문화적으로 다르다는 사실을 방증하는 대목이다. 이처럼 에토스와 파토스가 엄연한 문화 코드로 간주될 수 있는 이유는 그것이 개별 문화에 따르는 차이를 드러낼 뿐만 아니라 같은 문화권에서도 계층에 따르는 차이가 있기 때문이다 (때문에 이 문제는 부르디외가 정의한 아비튀스와 관련되기도 한다).

계층적 차이를 말하기 전에 한국인의 대인 커뮤니케이션에서 드러나는 몇 가지 특징을 지적할 수 있다. 첫 만남에서 금기시되는 몇 가지 주제(수입,

나이 등) 이외에도 한국인의 대인 커뮤니케이션은 기본적으로 위계적 코드를 따라야 한다. 즉 윗사람과 아랫사람의 관계 설정이 작용한다. 이런 관계는 존대법이라는 언어적 장치를 통해 명백하게 표현되고 확인되기도 하지만 언어 외적인 요소들, 즉 에토스의 요소를 통해서도 드러나기 마련이다. 우선 관계 설정의 기준은 연령, 사회적 지위, 이해관계 등으로 분포된다. 즉 윗사람은 권위를 지켜야 하고, 아랫사람은 겸손해야 하는 기본적인 에토스가 요구되는 셈이다. 예를 들어 윗사람이 아랫사람에게 도움을 청하는 경우에도 전자는 권위와 도움 요청의 에토스를 적절히 섞어야 할 것이다. 파토스도 마찬가지다. 위/아래 사람이 커뮤니케이션을 할 때 윗사람은 무언가 도움이 되는 말을 골라 해야 한다. 즉 주제가 제한되는 셈이다. 이런 설정 때문에 소통상의 논리와 논거는 덜 중요하게 작용할 수 있다. 왜냐하면 위계질서가 담화를 지배하기 때문이다. 마지막으로 매우 강하게 작용하는 파토스가 있다면 그것은 다름 아닌 〈인맥〉에 근거하는 관계 설정일 것이다. 〈인맥〉은 부르디외가 정의한 사회 자본의 핵심 성분으로서 지연 혹은 학연을 통해 얻을 수 있는 무형의 자산이다. 구체적으로 말하면 한국인의 대인 커뮤니케이션에서 개인적 파토스(예를 들어 취향의 공통점)보다 더 호감을 살 수 있는 것이 〈같은 고향 출신 여부〉 내지는 〈동문 여부〉이다. 이것이 확인되면 즉각적인 협력 관계 또는 신뢰 관계로 돌입한다. 이 경우도 마찬가지로 인맥이 확인되는 순간부터는 설득을 위한 로고스 자체가 상대적으로 덜 중요해진다. 이 또한 한국어에서의 수사적 표현법의 단조로움을 부분적으로나마 설명한다고 할 수 있다.[73]

73 사실 한국어의 시적 표현력에 비해 수사적 표현은, 특히 프랑스어와 비교할 때 다소 단순한 편이다. 이는 광고나 정치인들의 연설을 비교하면 잘 드러나는 문제이기도 하다. 이 문제에 대한 구체적인 연구는 없지만 아마도 위에서 언급한 에토스/파토스 이외에 〈말〉에 대한 가치 부여가 다를 수 있기 때문일 것이다. 예컨대 〈말〉을 언어적 유희로 간주하는 것과 그것을 현실로

이것이 나라별 문화적 차이라면 같은 나라에서도 계층별 차이가 분명 존재한다. 앞서 말했듯이 〈전국 노래자랑〉에서 프리 재즈를 연주할 수 없는 것도 같은 이유에서 비롯된다. 왜냐하면 에토스와 파토스는 취향의 문제와 불가분의 관계를 갖는데 취향이야말로 이데올로기의 산물이기 때문이다(「취향」 참고). 유럽 여행길에서 만난 남녀가 사랑에 빠졌다고 가정해 보자. 그것이 오로지 우연인가? 우연의 범위를 논하는 자리는 아니지만 적어도 서로가 막연한 호감을 느끼지 않았다면, 비행기의 좁은 좌석에서 주고받은 대화가 어떤 감응을 주지 않았다면 그들은 기내식을 먹은 뒤 각자 잠을 자거나 딴 일을 했을 것이다. 하지만 그들은 서로에게 호감을 느껴 여행 루트를 바꾸어 함께 다녔으며 귀국 후에도 만났다. 이렇게 된 데에는 이유가 있다. 비슷한 취향을 갖고 있는 데다 대화가 이어지면서 비슷한 가치관도 확인되었기 때문이다. 그러나 따지고 보면 이 모든 것이 막연하게나마 첫눈에 느껴졌던 것이다.

우리는 수많은 커뮤니케이션을 하면서 생활한다. 그러면서 인연을 맺고 우정이 싹트며 사랑에 빠질 수 있다. 때로는 이 모든 것이 우연이라고 생각할 수 있지만 사실은 무언가 맞아떨어져서 발생한 사건들이다. 하지만 사람들이 무언가 맞아떨어지지 않아서 생겨나지 않은 인연에 대해서는 알 길이 없다. 아무 일도 일어나지 않았기 때문이다.

커뮤니케이션의 성공 여부는 분명 에토스/파토스의 설정에 크게 영향을 받는다. 그러나 몇 가지 문제를 살펴본 결과, 파토스의 문제가 좀 더 복잡한 양상을 띤다는 사실을 알 수 있다. 어쨌든 이 두 가지 개념이 한 문화권

받아들이는 차이도 있을 것이다.

에서 어느 정도 고정된 틀을 구성한다는 사실은 명백해 보인다. 그런 이유로 에토스와 파토스는 엄연한 문화 코드로 인정될 수 있으며 특히 파토스는 문화 이데올로기의 한 표현 형태로 간주될 수 있는 것이다. 또한 이런 코드는 대인 및 비대인 커뮤니케이션에서 항상 사용되고 있으며 문화 계층에 따르는 차이가 있을 수밖에 없다. 감동의 세계가 현실의 또 다른 형식화이자 의미 부여라는 사실을 인정할 때 특히 파토스의 문제는 동질성과 차이의 기본 논리를 수용하거나 거부하는 문화 이데올로기와 불가분의 관계를 갖는다고 할 수 있다.

6. 언어

언어와 이데올로기가 매우 밀접한 관계를 갖는다는 것은 이미 널리 알려진 사실이지만 여기서는 몇 가지 통계 조사에 기초하여 이런 관계가 구체적으로 어떻게 드러나는지 보기로 한다. 수많은 언어를 조사할 수 없는 관계로 우리는 한국어와 프랑스어에서 사용 빈도가 높은 명사(실사) 42개를 비교하여 어떤 이데올로기적 차이가 드러나는지 알아보기로 했다.[74] 이를 위해 우리는 몇 가지 통계 자료를 검토했고, 그 결과 한국어에서 가장 많이 사용되는 명사 42개는 아래와 같이 나타났다.

1	사람	2	말	3	일
4	사회	5	집	6	문제
7	문화	8	생각	9	소리

74 한국어 통계 자료는 국립국어원의 공개 자료 〈현대 국어 사용 빈도 조사 결과 파일〉을 활용했으며 프랑스어의 자료 출처는 http://eduscol.education.fr/임을 밝힌다. 두 사이트에서 제공하는 자료에서 빈도 순위 200위 안에 포함되는 단어 중에서 문법어와 기능어를 제외하여 실사를 중심으로 비교했다는 점도 아울러 밝혀 둔다.

10	여자	11	아이	12	시간
13	인간	14	사실	15	어머니
16	눈	17	시대	18	세계
19	운동	20	학교	21	대통령
22	정부	23	돈	24	국가
25	날	26	여성	27	친구
28	마음	29	관계	30	아버지
31	남자	32	몸	33	얼굴
34	지역	35	모습	36	물
37	길	38	생활	39	방법
40	우리나라	41	손	42	과정

프랑스어에서 가장 많이 사용되는 명사 42개는 다음과 같다.

1	homme 인간, 남자	2	mari	남편	3	femme 여자, 아내
4	jour	날, 하루	5	mer	바다	6	temps 시간, 기간
7	main	손	8	chose	물건, 것	9	vie	삶, 인생
4	yeux	눈	5	heure	시간〔時〕	6	monde 세상, 세계
10	enfant 아이	11	fois	차례	12	moment 순간
13	tête	머리	14	père	아버지	15	fille	딸
16	coeur 마음, 심장	17	an	해	18	terre 땅, 지구
19	dieu	신	20	monsieur 선생(호칭)	21	voix	목소리
22	maison 집	23	coup	타격	24	air	공기, 표정
25	mot	단어	26	nuit	밤	27	eau	물
28	ami	친구	29	porte	문	30	amour 사랑
31	pied	발, 다리	32	gens	사람들	33	nom	이름, 명칭

34	pays	나라, 지방	35	ciel	하늘	36	frère	형제
37	regard	시선	38	âme	영혼	39	côté	측면
40	mort	죽음	41	esprit	정신	42	ville	도시

어휘 목록이 방대할수록 두 언어가 나타내는 이데올로기적 차이를 좀 더 정확하게 파악할 수 있겠지만 우리는 각 언어에서 가장 많이 사용되는 단어 240개 중에서 가장 사용 빈도가 높은 명사(또는 실사) 42개의 목록이 어떤 공통점과 차이를 드러내는지 살펴보았다. 그 결과 공통되는 명사들은 사람/homme; 말/mot; 집/maison; 여자/femme; 아이/enfant; 시간 heure; 눈/yeux; 시대/temps; 세계/monde; 날/jour; 여성/femme; 친구/ami; 아버지/père; 남자/homme; 공기/air; 물/eau; 생활/vie; 손/main으로 집계되었다. 번역의 유연성을 살려 비교한 결과, 18개의 단어가 한국어와 프랑스어의 최대 높은 빈도의 단어에 공통되는데 목록의 구성은 영어의 최대 빈도 단어와 매우 유사하다. 아래 목록에서 밑줄 친 단어들이 그것이다.[75]

men; day; life; people; hand; eyes; place; things; face; house; part; head; world; love; king; set; name; country; moment; home; side; father; something; hands; woman; words; mother; end; room; water; morning; present; voice; death; year; friend; wife; state; children; son; person; fact; times.

75 Wiktionary: Frequency lists/PG/2006/04/1-400.

이런 명사들은 가장 일반적인 명사(기본 어휘)로서 특정 이데올로기와는 관계없는 것들이라고 할 수 있다. 그러면 한국어와 프랑스어의 기본 어휘 중에서 공통되지 않은 것들은 무엇인가? 가장 두드러지는 차이점은 다음과 같은 두 가지 단어 집합에서 찾아볼 수 있다. 하나는 〈사회, 문제, 관계, 방법, 과정〉으로 구성되는 집합이다. 이런 단어의 집합이 한국어의 단어 빈도에서 최상위 순위를 차지할 것이라고 예상하기란 쉽지 않다. 그러면 이런 현상이 의미하는 바는 있는가? 의미가 있다면 무엇일까? 이에 대해 우리가 조심스럽게 제시해 볼 수 있는 가설-의문은 〈혹시 한국 사회가 그만큼 복잡한 건 아닌가?〉 하는 것이다. 유교 이데올로기와 그것의 다양한 규범들이 인간관계를 다소 복잡하고 조심스러운 문제로 인식하게 만드는 건 아닌지 생각해 볼 수 있다. 사실 「에토스와 파토스」에서 언급했듯이 한국 사회는 상·하위 거리감과, 수평적 거리감/친근감 모두를 중시하며 출신과 나이에 따르는 구분도 적용된다. 이 때문에 〈사람들을 대하는 방법과 과정이 중요하며, 그런 방법에 익숙하지 않으면 사회관계상의 문제도 발생할 수 있다〉고 가정해 볼 수 있다. 실제로 서구 사회에 비해 한국에서의 대인관계는 제법 복잡하며 특유의 코드를 따른다. 예를 들어 남성이 식당이나 카페에서 처음 보는 여성에게 그냥 말을 거는 경우는 거의 실례이거나 여성에게 접근하려는 의도로 풀이된다. 여성이 남성에게 말을 거는 경우는 더더욱 보기 드물다(대신 누군가의 소개로 만나면 서로 모르는 남녀도 금방 친해질 수 있으며 아니면 그런 중매인이 필요 없는 나이트클럽이라는 특수 공간이 따로 마련되어 있다). 뿐만 아니라, 첫 대화에서 나이나 수입에 대해 묻는 것도 거의 금기시되고 앞서 언급한 나이 차이도 고려하여 대화를 이끌어 가야 한다. 그리고 초면에는 서로 존대법을 사용해야 하므로 거리감도 있을 수밖에 없으며 이런 상황은 언어적 유희나 농담을 허용하지 않는 특징을 갖는다.

또 한 가지 눈에 띄는 단어 집합이 〈대통령, 국가, 정부〉이다. 이런 집합이 최상위권의 사용 빈도를 차지한다는 것은 좀 더 다양하게 해석될 여지가 있다. 우선, 당연한 말이지만 이런 단어와 그것이 가리키는 대상은 한국인에게 매우 중요하다는 의미를 갖는다. 다시 말해 한국에서 〈대통령, 국가, 정부〉는 나라 운영의 큰 결정을 내리는 기구를 가리키는 동시에 막대한 권력에 의지하는 〈국가 이데올로기〉를 반영한다고 할 수 있다. 이와 동시에 한국 정치는 시스템 정치보다는 인물 정치라는 특징도 언급할 수 있다. 이는 대통령을 나라 행정을 책임지는 최고의 행정 공무원으로 간주하기보다는 최대의 권력자로 보는 가치관과 무관하지 않아 보인다(이런 관점에서 보면 박정희 대통령은 임금님이었다). 게다가 우리가 참조한 자료가 문어 자료 (신문, 문학, 잡지 등)인 만큼 이런 통계 조사 결과는 정부의 대국민 홍보가 유난히 많다는 의미를 가질 수도 있다. 실제로 한국에서 주요 매스컴은 정부의 대변인 역할을 충실히 해왔다(돌이켜 보면 독재 정권이 권력을 확보·유지할 수 있었던 이유 중 하나도 매스컴의 적극적인 협조가 바탕이 되었다고 할 수 있다). 마지막으로 지적할 점은 〈우리나라〉라는 표현과 관련이 있다(대명사 〈우리〉는 전체 빈도 6,583으로 13위를 기록했는데 이 정도라면 일종의 노시즘nosism, 즉 나를 우리로 개념화하는 방법을 의미한다고 할 수 있다). 이 표현을 문자대로 영어로 옮기면 〈my/our country〉가 되는데 다른 나라에서 자신의 나라를 이렇게 가리키는 사람은 아마도 쇼비니스트Chauvinist, 즉 국수주의자로 취급받을 게 뻔하다. 하지만 이미 여러 차례 강조했듯이, 〈우리〉가 이데올로기로 작용하면 그것은 〈우리 아님〉을 전제로 하게 되는데 이는 이데올로기의 주요 특징 중 하나인 강력한 배태성을 갖기 마련이다. 하지만 한국에선 〈우리의 전사들〉, 〈우리 기술〉, 〈우리 음식〉, 〈우리 문화〉가 매스 미디어 담론에서 빠지지 않고 심지어는 〈우리은행〉, 〈열린우리당〉이란 고유 명사도 버

것이 사용되고 있다.

프랑스어 단어 중에서 시선을 끄는 단어의 집합은 〈dieu(신), ciel(하늘), âme(영혼), esprit(정신)〉로 구성되는 집합이다. 누가 보아도 이런 어휘들은 종교적 잔재를 의미할 것이다. 프랑스어의 감탄문 중에 Mon dieu!(영어에서는 My God!)와 같은 표현은 유·무신론과 상관없이 매우 흔하게 사용된다. 또 〈하늘〉을 뜻하는 ciel이라는 단어는 천국을 의미하기도 한다. 마지막으로 âme(영혼)나 esprit(정신)와 같은 어휘는 몸/정신의 이분법적 사고를 반영한다고 할 수 있다. 더 방대한 자료를 비교 분석하면 보다 확실한 차이를 파악할 수 있겠지만 이 같은 기초 조사에서도 이데올로기적 차이는 이미 드러나는 셈이다.

하지만 언어를 비교함으로써 파악되는 이데올로기적 차이가 드러나는 영역은 사실 어휘들의 내포적 의미이다. 예를 들어 한국어의 〈어머니〉라는 단어는 영어나 프랑스의 그것과 의미 구성이 다르다. 지시적 의미는 동일하지만 한국어의 〈어머니〉는 〈희생, 무한한 사랑, 절대적 모성애〉라는 내포적 의미를 갖는 반면에 프랑스어의 mère는 그렇지 않다. 심지어는 번역이 안 되는 단어들도 있다. 한국어의 〈정〉은 영어나 프랑스어로 번역이 안 되고 영어의 blue나 touch도 한국어로 옮길 수 없다(영어의 blue는 프랑스어의 bleu와도 다르다). 이런 현상은 미각과 관련된 단어에서 두드러지게 나타난다. 한국어의 〈시원하다〉, 〈구수하다〉, 〈담백하다〉, 〈새콤하다〉가 그렇다. 대신 와인의 맛을 표현하는 단어나 은유들은 한국어에서 찾아보기 어려우며 번역도 매우 투박할 수밖에 없다.

마지막으로 언급할 수 있는 문제는 존대법이다. 존대법이 없는 언어는 없지만(영어 존대법은 기본적으로 어휘 사용법에 기초하며 프랑스어에서의 존대법 tu/vous는 거리감을 나타낸다) 한국어처럼 존대법을 명확한 문법 시스템으로 사용하는 언어는 그리 많지 않다. 한국어의 어휘 체계는 존대/비존대의 짝을 보유하고 있을 뿐만 아니라(예를 들어 나이/연세, 밥/진지⋯⋯), 인칭 표현과 불가분의 관계를 갖는 존대법 체계를 가지고 있다. 이를테면 한국어 언술은 〈주체〉와 〈청자〉를 별개로 가리키는 이중 계열의 시스템을 사용하는데 그것은 다음과 같이 기능한다.[76]

  (1) 오늘 오신다고 했습니까?
  (2) 오늘 온다고 했습니까?
  (3) 오늘 오신다고 했니?
  (4) 오늘 온다고 했니?

이런 언술은 〈오다〉의 주체에 대해 청자에게 말하는 상황을 가리키는데 언술 (1)은 주체와 청자 모두를 [+존대]로 표현하는 반면에 (2)는 주체를 [−존대]로, 청자를 [+존대]로 표현한다. (3)에서 주체는 [+존대]로, 청자는 [−존대]로, (4)에서는 둘 다 [−존대]로 표현된다. 이런 분포를 도식화하면 다음과 같다.

  주체 [+존대] 청자[+존대]
  주체 [−존대] 청자[+존대]
  주체 [+존대] 청자[−존대]
  주체 [−존대] 청자[−존대]

---

76 KIM, K. H., "Les morphèmes honorifiques dans l'identification de la personne en coréen", *Faits de langues*, No 3, PUF, 1994, pp. 203~210.

결국 언술의 주체와 대상을 따로 존대함으로써 네 가지 조합을 만들어 내는 것이 한국어 존대법의 특징이다. 이런 문법 체계 덕분에 한국어는 인칭 대명사를 사용하지 않는다(때문에 서양어의 관점에서 한국어의 인칭 대명사가 생략된다는 이론은 잘못된 것이다). 하지만 우리에게 더 중요한 문제는 한국어의 존재법이 인칭을 대신할 정도로 체계화되었다는 점이다. 이런 시스템은 사회적 위계질서를 직접 드러내는 장치라고 할 수 있다. 이렇게 문법 체계도 이데올로기를 표현할 수 있는 것이다.

그러면 다시 통계 조사로 돌아와 몇 가지 문화 이데올로기적 문제를 살펴보자. 통계 자료를 살펴보는 과정에서 특히 〈미국〉의 사용 빈도가 눈길을 끌었다. 다음 도표는 고유 명사 사용 빈도 5위까지를 옮겨 놓은 것이다.

차례	항목	빈도	개수	교재	교과	교양	문학	신문	잡지	대본	구어	기타
1	한국	1,649	107	197	6	561	29	594	243	1	6	9
2	미국	1,216	98	43	20	211	60	634	202	0	9	37
3	일본	1,197	98	20	79	218	65	566	148	0	62	39
4	서울	1,087	114	79	60	152	113	440	161	7	8	67
5	김	1,025	82	33	23	67	107	372	385	1	60	49

전체 빈도에서는 〈한국〉이 앞서지만 놀라운 점은 신문에서 사용된 〈미국〉의 빈도가 더 높다는 것이다. 사실 매스컴을 접할 때마다 〈미국〉에 대한 언급이 유난히 많다는 점은 부인할 수 없는 현실이다. 특히 TV 뉴스는 미국 관련 보도를 거의 매일 톱뉴스로 다루며 경제 뉴스는 항상 미국 증시 보도로 시작한다. 백악관, 미국 이민법, 한미 FTA, 한미 합동 훈련, 미국 유학, 미국 원정 출산, 미국 식품의약국(FDA)을 비롯하여 심지어는 미국 시골의 애완견 사연도 한국인은 뉴스를 통해 알 수 있다.

그러면 이런 상황이 수치로 어떻게 나타나는지 살펴보기로 하는데 조사 방법으로는 인터넷의 검색 방법을 택하기로 한다. 즉 국내의 인기 검색 사이트 〈네이버〉의 뉴스 검색창에서 다음과 같은 단어를 〈제목+내용〉으로 입력하여 2010년 8월 6일~13일(일주일) 사이의 관련 보도 수를 조사해 보았다.[77]

항목＼분야	정치	경제	사회	생활·문화	세계	IT·과학	연예	스포츠
미국	976	+4,000	1,983	1,203	2,336	692	1,498	1,653
러시아	153	770	388	184	388	129	60	146
프랑스	62	534	343	311	232	104	368	275
스페인	9	181	160	111	133	44	105	559

한·미 간의 경제 관계와 특히 대미 수출 중심의 경제를 고려할지라도 다른 나라에 비해 미국에 대한 관심도는 순위를 무색하게 할 정도이다. 뉴스 검색어 〈영화〉와 〈여행〉에 대한 결과도 다음과 같이 나왔다.

분야 ＼ 항목	미국	러시아	프랑스	스페인
영화	2,739	73	249	74
여행	475	111	151	79

77 이 도표에서 +4,000는 4천 개 이상임을 가리킨다.

역시 미국에 관한 관심이 압도적으로 높았다. 하지만 이데올로기의 관점에서 이런 상황을 어떻게 해석해야 하는가? 절대 지배의 관계라고 보아야 하는가? 냉철하게 말하자면, 적어도 주요 매스컴이 가지고 있는 대미 이데올로기는 명백한 종속 이데올로기 또는 속국의 이데올로기라고 해야 할 정도이다. 혹시나 하는 생각에 〈미군〉과 〈국군〉 관련 뉴스를 검색해 본 결과, 전자는 557개, 후자는 215개로 집계된다는 사실도 이 모든 것을 뒷받침할 뿐 아니라 이 글을 쓰고 있는 오늘 아침 TV 뉴스에서도 버락 오바마가 아프리카에서 가진 강연에서 한국의 눈부신 경제 발전을 언급했다는 보도를 접할 수 있었다. 미국 대통령이 한국을 칭찬하는 것이 이토록 자랑스러운지 새삼 놀라지 않을 수 없다. 이 정도 발상이라면 명백한 〈사대주의적 발상〉이라고 해야 할 것이다.[78] 미디어에서의 이 같은 사대주의적 발상은 어제오늘의 일이 아니다. 이미 1960년대부터 이에 대한 비판도 있었지만 어쨌든 이런 현실은 또 다른 의문을 제기한다. 그것은 〈혹시라도 사대주의가 문화에 다소나마 스며들어 있는 건 아닌가?〉 또는 〈사대주의적 코드로 비칠 수 있는 것은 없는가?〉 하는 질문으로 집약된다. 만약 이런 사고가 다소나마 존재한다면 그것은 과거의 상황이 만들어 낸 코드 중 하나일 것이다. 이렇게 폐기 처분해야 할 코드도 존재하는 경우가 있는데 도킨스를 이런 문화 코드들을 밈-바이러스라고 불렀을 것이 분명하다.

78 이 문제에 대해 탁석산은 『한국의 주체성』 54면에서 다음과 같이 말한다. 〈우리는 예나 지금이나 주체성을 상실한 상태이다. 주인으로서 갖추어야 할 특성들 중 어느 하나 한국에 해당되는 것이 없다. 국가 운명에 관한 중요한 결정을 스스로 한 적이 별로 없으며, 약소국으로서 속국의 예를 갖추는 것만 몸에 배었을 뿐 규약 제정에 참여한 적도 없다. (……) 우리 땅에 남의 나라 군대들이 활개를 쳐도 구경이나 하고 피해나 볼 뿐, 우리 땅에서 나가라고 당당하게 요구하지 못했다. 우리는 그동안 주체적으로 살지 못했고 지금도 마찬가지다.〉

부록. 우리에게 영어란 무엇인가?

전 세계적으로 영어 사용 인구는 점점 늘고 있지만 특히 한국에서의 영어 교육 결과는 참담하기 짝이 없다. 일반인은 물론이고 교육에 종사하고 있는 사람들도 어떤 영어가 실질적인 국제어로 사용되고 있는지에 대해서는 모르거나 별 관심이 없어 보인다. 이런 현실을 고려하여 여기에서는 잠시나마 영어의 국제적 지위와 국제어로서 영어의 현주소에 대해 알아보는 동시에 영어 교육의 몇 가지 문제점과 그 대안에 대해 생각해 본다.

영어의 국제적 지위

오늘날 영어는 국제어로 사용되고 있으며 이 점을 부인할 사람은 아무도 없을 것이다. 언제부터 영어가 국제어로 통용되었는가 하는 문제에 대해서는 다소간의 이견이 있을 수 있지만 세계 무대로의 상징적인 등장은 1919년에 체결된 베르사유 조약으로 거슬러 올라간다고 할 수 있다. 그 이후부터 영어 사용 인구는 기하급수적으로 증가하기 시작했다. 그러나 한 언어가 국제어의 위상을 갖게 된 것은 그 언어의 내재적 특징과 전적으로 무관하며 그보다는 그 언어를 본래 사용하던 국가의 정치·경제·문화적 위상 변화와 관련이 있을 따름이다.

우선 영어 팽창의 정치적인 배경을 보면 영국 옛 식민지의 영어 사용 인구를 먼저 언급해야 한다. 영국은 이미 17세기부터 인도, 아프리카, 아메리카 등을 점령하여 식민지화했고 그 지역에서 영어는 공용어로 사용되기 시작했다. 이런 나라들은 독립 후에도 영어를 사용했으며 20세기 초 강대국으로 급부상한 미국은 또 다른 힘의 논리로 이런 언어 사용자들을 〈흡수〉하기에 이른다. 또한 제2차 세계 대전 이후부터 미국은 소련과 냉전이라는 정치·경제 이데올로기적 대립 국면을 맞이하는데 자본주의와 공산주의 진영으로 나뉜 세계에서 전자의 노선을 따르는 국가들은 제1외국어로 영어를 채택한다.

이와 함께 그 무렵 미국이 추진하기 시작한 인재 관리 정책을 언급할 수 있다. 제2차 세계 대전을 치르면서 미국은 유럽을 탈출한 유대인 학자들을 대거 받아들여 NIW(National Interest Waiver) 제도의 발판을 만든다. NIW는 미국의 경제, 사회, 예술, 과학, 의학 등의 분야에 도움이 되는 전문가를 노동 허가서 없이 또는 미국 내에서의 고용주(스폰서) 없이 신청자의 자격 요건만으로 영주권을 취득하게 하는 제도를 가리킨다. 이렇게 미국은 외국의 인재들을 끌어모으기 시작하여 자국의 과학 발전을 도모한다. 이런 정책은 미국을 새로운 과학 강국으로 만들었으며 많은 학술 논문들이 영어로 작성되는 환경을 조성한다. 또 20세기 중반부터 세계를 지배하기 시작한 미국 대중문화의 급성장도 한몫하는데 할리우드 영화의 이데올로기와 그 스타들, 로큰롤을 앞세운 미국의 대중음악, 코카콜라, 만화 등은 전 세

계의 10대들에게 미국에 대한 환상을 심어 주고 영어에 대한 관심을 불러 일으킨다.[79]

　새롭게 조성되는 경제적 환경도 위의 두 가지 배경과 밀접하게 상호 작용한다. 제2차 세계 대전을 통해 얻어 낸 국가 이미지의 쇄신과 냉전에서 승리를 거둔 미국은 더욱 강력한 성장주의를 앞세워 최대의 소비 및 수출 국가로 자리매김했으며 이로써 미국 달러를 국제 교역의 화폐로 승격시킬 수 있었다. 미국은 경제 대국의 표본으로 군림하게 되었고 심지어는 브레이크 없는 벤츠처럼 세계 경제를 좌지우지하는 위치에 서게 된다(그들이 강요한 세계화Globalisation와 그 여파를 떠올릴 수 있다).

　따라서 현재 영어가 누리는 국제적 지위는 어쩌면 고대의 그리스어나 라틴어 또는 17~19세기의 프랑스어보다 더 막강하다고 할 수 있다. 고대에 비해 현대 사회에서 한 국가의 경제력은 (금융 산업과 유통 산업 등의 발전으로 인해) 더 큰 영향력을 가지며 그 결과 경제 대국의 언어를 자발적으로 배우게 만든다. 초기에는 (언어의 구조적 유사성 때문에) 게르만어 계통의 언어 사용자들이 영어를 좀 더 자연스럽게 배울 수 있었다. 또 필리핀이나, 좀 더 약하긴 하지만 한국과 같은 미국의 군사적 〈식민지〉도 영어 사용 인구를 빠른 속도로 늘려 갔지만 기본적으로는 자본의 논리가 영어 사용 인구의 증가를 이끌었다고 할 수 있다. 마지막으로 컴퓨터와 인터넷도 영어의 팽창에 기여했다. DOS와 같은 초기 운영 프로그램도 영어를 사용했을 뿐만 아니라 1986년에 대중에게 개방되는 월드 와이드 웹World Wide Web에서도 역시 국제어의 필요성이 자연스럽게 대두되는 상황에서 초기의 서버를 채우

---

79 미국의 대중음악은 한편으로는 영국 록 뮤직의 보급과 다른 한편으로는 샌프란시스코를 중심으로 펼쳐지는 1960년대의 플라워 파워Flower Power 운동 덕분에 세계적으로 알려지기 시작한다. 음악사적으로 보았을 때 순수 미국 음악은 블루스Blues라는 의견이 지배적이며 이것이 영국 록 음악의 뿌리가 되기도 한다.

는 정보가 주로 영어로 축적되면서 영어 사용자 인구는 기하급수적으로 증가하기에 이른다.[80]

영어의 위기

그러나 영어가 어느 때보다 위기에 처하게 된 것도 사실이다. 이는 국제어의 지위에 오른 언어가 갖는 공통된 운명이다. 로마 제국 시절에도 라틴어는 광범위한 점령지에서 사용됨으로써 변질되었고 결국에는 로만어를 탄생시켰다. 그리고 로만어를 기초로 이탈리아어, 프랑스어, 스페인어 등이 탄생하게 되는 것이다. 이와 마찬가지로 영어도 영국 영어와 미국 영어(이 둘의 차이는 방언의 차이에 머문다)를 비롯하여 인도 영어, 필리핀 영어로 분포될 뿐만 아니라 필연적으로 도구어로서의 영어도 등장하게 되었다. 이런 현실에 대해 언어학에서는 영어 사용권을 다음과 같이 분류한다.

1) 순수 모국어로서의 영어: 영어가 본래의 언어이자 오랜 역사를 갖는 나라 혹은 지역
2) 공용어로서의 영어: 영어의 역사가 비교적 짧지만 공용어의 지위를 갖게 된 나라 혹은 지역

---

80 인터넷이 탄생한 동기는 미 국방부의 ARPA(Advanced Research Projects Agency)가 일정 지역에 대해서는 폭격과 같은 긴급 사태 시에도 장애를 받지 않고 제 기능을 발휘할 수 있는 통신망 구축을 연구하여 네트워크를 개발하는 데 있었다. 이것이 바로 미 국방부 최초의 연구 목적 네트워크인 ARPANET(1969)이다. 이후 연구 목적의 미 과학 재단 네트워크인 NSFNET이 연결(1986)되었고 그 이후에는 일반 상업적인 목적의 네트워크가 연결(1990년 이후)되면서 현재의 인터넷으로 발전했다.

3) 외국어로서의 영어: 외국어로서의 영어가 중요한 지위를 갖는 나라 혹은 지역

누구라도 예상할 수 있듯이, 순수 모국어로서의 영어는 완벽한 문화어의 지위를 갖는다. 문화어라고 하면 그 나라의 역사, 신화, 문학, 유머, 음악 등 문화 전반을 간직하고 전달하는 언어를 의미한다. 이런 지위를 갖는 영어는 영국을 기본으로 미국, 캐나다, 오스트레일리아에서 사용되고 있으며 사용 인구는 4억으로 추정되고 있다. 공용어로서의 영어는 비록 본토박이 언어가 존재할지라도 교육과 행정에서 사용되는 영어를 가리킨다. 즉 토박이 언어는 구술 문학이나 종족 내에서의 의사소통에 사용되지만 일상생활에서는 영어가 사용되는 경우다. 영어를 공용어로 사용하는 나라는 〈이미 본토박이 언어를 갖고 있던 영국의 옛 식민지〉들이다. 예를 들어 인도, 케냐, 에티오피아, 탄자니아, 필리핀, 싱가포르 등이 있으며 사용 인구는 대략 5억으로 추정된다. 외국어로서의 영어는 (앞서 언급한 대로 게르만어족 언어를 사용하는) 독일, 네덜란드에서 우선 사용되었지만 영어 자체의 팽창과 더불어 사용 인구는 계속 증가하고 있다. 이스라엘, 한국, 스위스, 체코, 레바논, 말레이시아 등을 언급할 수 있는데 대략 7억 5천만으로 추정되며 그 수는 계속 늘고 있다.

이 때문에 영어의 정통성에 대한 사회 언어학적 관심이 높아지고 있으며 일부 언론에서도 이미 국제어로서의 영어는 문화어로서의 영어와 상당한 차이를 드러낸다고 보고하는 실정이다. 예컨대 2005년 3월 2일 자 한국일보[81] 인터넷 판은 『뉴스위크』의 보도를 인용하면서 다음과 같이 전한다.

81 http://news.hankooki.com/lpage/world/200503/h2005030220480922470.htm.

〈콩글리시〉, 〈재플리시〉, 〈힝글리시〉 사용 무죄: 앞으로 10년 동안 20억 명에 달하는 사람들이 영어를 공부할 것으로 예상되며 그 결과 30억 명이 영어를 할 수 있게 돼 영어는 명실상부한 산업과 기술, 권력의 언어가 될 것이다. (……) 중국 주요 도시에서는 지난해 초등학교 3학년부터 영어가 정규 과목이 됐으며 체코 프라하의 한 영어 유치원에는 각각 두 살, 세 살짜리 유아들을 위한 반도 개설돼 있다. (……) 『뉴스위크』는 이처럼 영어 사용 인구가 늘어나면서 전 세계에서 영어를 모국어로 사용하는 인구와 제2외국어로 쓰는 인구의 비율이 1대 3으로 크게 역전됐다며 이로 인해 현지 언어와 영어의 〈융합 현상〉이 심화되고 있다고 보도했다. 아시아 인구 3억 5천만 명을 포함해 세계적으로 급증하고 있는 영어 사용자들은 영어를 흡수만 하는 것이 아니라 새롭게 변형시키고 있다는 것이다. 필리핀에서는 타갈로그어가 가미된 〈잉글로그〉, 인도에서는 힌두어와 합성된 〈힝글리시〉, 일본에서는 〈재플리시〉 등이 등장했으며 남아프리카 공화국에서는 흑인들이 자유의 상징으로 토속 코사어와 결합한 영어를 쓰고 있다. (……) 영어가 모국어인 사람들이 오히려 소수가 되면서 영국 정통 영어Queen's English나 미국 동부 영어를 따라 배우는 대신 편하게 영어를 변형해서 쓰는 학습자들이 생겼고 교사들도 학생들의 〈사소한〉 문법 실수 등을 지적하지 않는 경우가 많아졌다. (……) 일각에서는 영어가 이렇게 전 세계적으로 확산되면 가장 손해 보는 집단은 영어를 모국어로 하는 사람들이라는 말도 나온다.

이런 현실에 대해 언어학자들의 반응은 어떤가? 당연히 언어학자들은 이미 오래전부터 국제어로서의 영어를 정리하려는 시도를 아끼지 않았다. 이런 노력은 에스페란토의 실패를 보다 현실적인 대안으로 만회하려는 노력의 일환으로 간주될 수 있다. 이미 1930년대에 찰스 케이 오그던Charles

Kay Ogden은 〈베이직 영어Basic English〉(여기서 basic은 British American Scientific International Commercial의 약자다)를 정리한 바 있는데, 이것은 850개의 어휘로 구성된 영어의 일부분으로 문화어로서의 영어와 완벽하게 호환되는 동시에 규칙적인 문법만을 따른다. 베이직 영어의 실용성은 성서를 번역할 만큼 뛰어나다.

그러나 베이직 영어보다 좀 더 현대적인 배경에서 태어난 국제 영어가 있는데, 프랑스 출신의 컴퓨터 엔지니어 장폴 네리에르Jean-Paul Nerrière가 창안한 〈글로비시Globish〉(Global English의 합성어)다.[82] 글로비시는 영어를 단순화시킨 것으로서 가장 일상적인 단어와 표현만을 사용한다. 이것은 영어의 모국어 화자들이 아닌 다른 사람들이 사용할 수 있는 도구어로서의 영어이다. 흔히 브로큰 잉글리시broken english라고도 불리는 글로비시는 하나의 방향만 제시할 뿐 특정한 규칙을 강요하지 않는다. 때문에 어떤 표현이 토박이 영어인지 글로비시인지 분간하기가 쉽지 않다는 문제를 지닌다.

글로비시

앞서 말한 대로 글로비시는 실용적인 관점에서 영어를 1천5백 개의 단어로 단순화시킨 형태를 일컫는다. 몇 가지 예를 살펴보면 다음과 같다.

---

82 네리에르는 파리 에콜 상트랄(공과 대학)을 졸업하고, 해경으로 복무한 후 산업 분야에서 경력을 쌓았으며, IBM 유럽 본부 부사장과 IBA USA 국제 마케팅부 부사장을 역임했다. 현재 국립 그랑제콜 발전 위원회 부회장이며, 해군 사관 학교 상임 위원으로 활동 중이다. www.jpn-globish.com.

일반 영어	글로비시
nephew(조카)	son of my brother, son of my sister
niece(질녀)	daughter of my brother, daughter of my sister
siblings(형제자매들)	brothers and sisters
eerie(이상한, 기묘한, 섬뜩한)	strange, not normal, unnatural, mysterious
He had three sheets to the wind. (그는 완전히 취했다.)	He is completely drunk.

글로비시의 1,500개 단어를 살펴보면 대략 중학교 2~3학년 때 배우는 어휘임을 알 수 있다. 문법 역시 비슷한 학년에서 습득할 수 있는 수준이다. 글로비시는 자연어에 기초한 매우 경제적인 도구어로 인정받을 만한 장점을 지니고 있다. 그러나 글로비시 이전에 국제어로서의 영어를 정립하려는 시도가 있었다는 점과, 글로비시가 아직은 대중화되지 않았다는 점은 두 가지 문제를 제기하는데 첫째는 도구어에 대한 인식 자체이고, 둘째는 기존의 영어 교육이 고수하는 목적과 관련이 있을 것이다.

도구어와 그 인식의 문제

도구어라고 하면 앞서 언급한 〈외국어로서의 영어〉를 말한다. 이것은 문화어가 아닌 국제적 상황에 필요한 영어를 가리키며 이를테면 이란인과 일본인이 대화할 때 선택하는 영어다. 이런 영어는 오로지 커뮤니케이션을 위한 수단에 불과하며, 셰익스피어나 제임스 조이스가 없는 영어이자 은유법이나 비유는 물론이고 언어적 유희를 허용하지 않는 언어이다. 도구어로서의 영어는 오로지 자신에게 필요한 실리적 정보를 얻는 수단에 불과하다.

그러나 일반인들은 이런 영어의 존재를 수용하는 데 어려움을 느끼는 듯하다. 사회 언어학적으로 볼 때 이 문제는 다소 복합적인 성격을 지니며 문화에 따라 차이가 나타나는 것도 사실이다. 여기서 말하는 문화적 차이는 예컨대 영어에 대한 한국인, 일본인, 프랑스인 등의 태도가 제각각 다르다는 사실에 기인한다. 사실 프랑스와 영국/미국의 관계는 한국과 미국의 관계와 다르고 일본도 마찬가지다. 다수의 일본인이 아예 영어를 하지 않거나 못하는 입장을 〈고수〉한다면, 한국인은 못할까 봐 안 하는 입장을 취하는 경우가 많고, 유럽 연합 이전의 프랑스인은 조금 할 줄 알아도 안 하는 태도를 보였지만 요즘에는 기꺼이 프랑글레Franglais라도 구사하려고 노력한다.[83] 이런 차이는 각각의 국민이 갖는 영어에 대한 인식 차이, 더 정확히 말하자면 자국의 역사적 배경 또는 영어 사용 국가와의 관계에서 비롯되며 이는 결국 영어에 대한 이데올로기적 관점 차이가 존재한다는 의미를 갖는다.

구체적으로 말해 프랑스와 영국은 오랫동안 경쟁 관계(심지어는 앙숙 관계)에 있었으며 유럽 연합 직전까지만 해도 영어를 못한다는 것이 자격지심으로 작용하지 않았다. 한국의 경우, 한국 전쟁 이후부터 미국과의 준식민지적 관계가 뿌리내렸을 뿐만 아니라 현대화의 모델도 부분적으로 미국을 기준으로 설정되었다. 그 결과 오랫동안 미국은 서양을 대표하는 국가로서, 지금도 그 나라로의 이민을 갈망하는 인구가 많은 실정이다. 한국인에게 미국은 마치 형님 국가처럼 인식되었다.

83 Franglais는 Français+Anglais(영어)의 합성어로, 콩글리시에 해당하는 프랑스인들의 영어 사용법을 가리킨다.

한국인의 영어 이데올로기

한국과 미국의 관계는 영어와 미국인에 대한 독특한 관점을 만들어 냈다. 우선 미국인으로 대표되는 서양인들에 대해 한국인은 호의적이다 못해 때론 저자세를 취한다(「사대주의」참고). 이는 너무나도 막연한 선입견인 동시에 일종의 맹목적인 이데올로기로 작용한다.[84] 때문에 자국에서 변변치 않은 미국인도 한국에선 상대적으로 훌륭한 대접을 받는 것이다. 이런 관계를 입증하는 예로, 한국에 거주하는 미국인은 무조건 영어로 말을 걸고 이를 이상하게 생각하는 한국인은 많지 않다는 사실을 지적할 수 있다. 문화와 언어에 대한 기본 예의는 거주하는 나라의 말을 배우려는 노력으로 표현될 수 있는데 이런 예의를 지키는 미국인은 매우 드문 실정이다.

비슷한 맥락에서 한국인은 영어에 서툴다는 것을 부끄럽게 여긴다. 대신 영어를 잘한다는 것을 영광스럽게 생각한다. 이런 현실은 일상에서는 물론이고 영화(「영어 완전 정복」)나 텔레비전 코미디 프로에서도 적나라하게 드러난다(예를 들어 영어 몇 마디를 본토박이처럼 발음하는 개그맨이 감동의 대상이 되는 설정). 이런 현실 때문에 한국인은 영어를 제대로 해야 한다는 강박 관념을 갖게 되었는데 이것이 국제어로서의 영어를 익히는 데 큰 걸림돌이 된다. 한마디로 콩글리시는 웃음거리로 전락하고 말았다. 좀 더 현실적으로 말하자면 미국인이 말을 걸면 어떤 여대생들은 아예 대화를 피하거나 극도의 쑥스러움을 드러낸다. 사실 미국인의 입장에서 이런 반응은 가장 예측하기 어려운 것이다. 왜냐하면 일반적으로 외국어를 모르는 경우에는 그냥

---

84 이런 관계는 조금씩 바뀌고 있지만 아직도 건재하며 대인 관계를 비롯하여 정치적 관계 등 모든 차원에서 균일하게 나타난다. 특정 국민이나 민족에게 너무 잘해 주는 것은 근거 없이 무시하는 것과 마찬가지로 명백한 인종 차별이다.

모국어로 대답하거나 간단한 영어로 〈Sorry, I don't speak English〉라고 답하면 되기 때문이다(심지어는 〈Sorry, no speak English〉라고 말해도 된다. 그리고 이 정도의 표현을 못하는 대학생이 존재한다는 것도 놀랍기는 마찬가지다).

실제로 나는 방콕에서 시골 아줌마와 대화를 나눈 적이 있는데 그녀는 다음과 같이 말했다.

「Me sad. My boy no study······ Everyday motorcycle, motorcycle, Boomm~~ Many many girls······. Big problem. Me sad······. One girl me Mama! Oh no~~~.」[85]

앞서 글로비시에 대해 말했듯이 이런 영어는 중학교 1학년 실력이다. 그러나 영어에 대한 이데올로기는 작용하며 그 결과 한국인은 이 정도조차 안 하게 되었다.

영어 교육의 문제점

흔히 말하기를 한국의 영어 교육은 너무 문법 중심적이어서 이를 바꾸려면 영어 회화 시간을 늘리거나 아예 영어로의 강의를 실시해야 한다고 한다. 완전히 틀린 말은 아니지만 문제의 본질을 비켜 가는 발상이다. 왜냐하면 그보다는 영어에 대한 인식을 바꿔 주는 것이 더 급선무이기 때문이다.

영어에 대한 인식 변화는 앞서 논의한 영어와 그 사용자(모국어 사용자)에 대한 기존의 이데올로기가 변해야만 가능하다. 우선 미국이나 영국인(가끔

85 아마도 그 아줌마에게 자신이 한 말을 글로 옮기라고 했다면 꽤나 많은 철자를 틀렸을 것이다.

은 오스트레일리아인이나 뉴질랜드인)에 대한 인식이 바뀌어야 한다. 암암리에 한국인은 경제 강국의 〈서양인〉을 우러러보는 경향이 있다. 스스로 그들과의 관계를 불평등하게 만든다. 이를 반증하는 현상으로는 경제 빈국에서 근로자로 한국에 온 〈유색 인종〉에게는 눈길도 안 주거나 심지어는 노골적으로 무시하는 성향을 언급할 수 있다. 하지만 필리핀인도 영어를 잘한다. 결국 이런 차별에는 영어 문제가 아니라 인종 문제가 기저에 깔린 셈이다.

또 다른 문제는 문화어로서의 영어를 완벽하게 습득하기가 사실상 불가능하다는 점을 인식해야 한다는 점이다. 동시에 이미 통용되고 있는 국제 영어를 〈제대로〉 구사하는 것도 매우 중요하다는 인식을 심어 주어야 한다. 이런 인식 변화는 서양인과 서양 문화에 대한 선입견이 자리 잡기 전, 즉 어린 나이일수록 더 자연스럽고 쉬울 것이다. 그렇지만 제도권 교육에서 영어를 본격적으로 배우는 중학교 1학년의 나이에도 가능할 것이다. 이런 인식 변화가 전국적인 패러다임으로 등장하면 더더욱 바람직하겠지만 적어도 초등 내지는 초기 중등 교육에서나마 나름대로의 체계성을 갖추고 실시되어도 큰 성과를 기대할 수 있을 것이다. 이와 동시에 가정 교육에서도 이런 변화를 이뤄 낼 수 있으면 그 성과는 더욱 클 것이다.

가정 교육과 영어에 대한 인식

가정 환경에서 형성되는 외국어에 대한 기초적이고 잠재적인 관심은 문화 자본과 어느 정도 관련이 있다. 즉 어린 시절 아이가 성장하는 환경은 특별한 외국어보다는 다양한 문화에 대한 관심을 갖게 도울 수도 있다는 말이다(사실 모국어 습득도 마찬가지다). 앞서 언급했듯이 문화 자본은 인간의 문화적 유산과 현상들을 해석할 수 있는 여유를 가리킨다. 인간의 문화유산에는 음악, 미술, 건축, 역사, 요리 등 모든 것이 있으며 그것들은 세계 여러 나라에 매우 다양한 형태로 분포되어 있다. 문화유산에 대한 관심은 국제어와 어느 정도 비례할 가능성이 높다. 그러나 현실적으로 이런 문화 자본이 빈약한 환경이 있는가 하면 꽤나 풍부한 환경도 있다. 예를 들어 여러 나라의 문화와 관련된 주제가 일상 대화에서 자주 언급되거나 부모나 친척이 들려주는 이런저런 문화 체험담으로 채워진 환경, 더 나아가 외국 여행 경험을 여러 차례 할 수 있는 환경은 국제어의 중요성을 일깨워 주는 데 도움이 된다. 애석하지만 한국에서는 이런 문화 자본과 외국어에 대한 관심 차이가 이미 사회 계층적 차이로 나타나기 시작했다.[86] 사실 다양한 문화에 관심 가질 수 없거나 외국 관련 정보가 극히 빈약한 환경은 당연히 국제어에 대한 관심을 저하시키거나 적어도 불러일으키기가 쉽지 않을 것이다. 이런 환경에서 자란 아이가 영어를 배우기 시작하면 그야말로 외우기식의 영어 습득이고 게다가 학교에서 강요하는 문법 위주의 영어 교육은 그 한계에 부닥칠 것이다.

영어 교육의 기본 목적?

이미 잘 알려졌듯이, 모국어를 습득하는 과정에서 아이는 몇 가지 단계를 거친다. 즉 말을 배우는 과정은 〈1단어 문장〉, 〈2단어 문장〉, 〈3단어 문장〉의 단계를 거친다. 〈1단어 문장〉이란 〈엄마〉, 〈까까〉 등 한 개의 단어로 구성되는 문장을 가리키는데 이는 당연히 다의성을 갖는다. 예컨대 아이가 〈까까〉라고 외치면 그것은 〈과자 달라〉, 〈이게 과자다〉, 〈과자가 생각난다〉 등을 의미할 수 있다. 하지만 부모는 아이와의 커뮤니케이션 상황을

---

86 현실적으로 서울 강남 대부분의 초등학생은 이미 두세 차례 해외여행을 다녀왔거나 외국어 장/단기 연수도 다녀온 것으로 집계된다. 일부 시민 단체의 반대에도 불구하고 2008년 3월 6일에 (10년 만에) 치른 전국 중학생 학력 진단 평가 시험에서 강남 모 중학교의 영어 평균 점수가 94점이었다는 점도 시사하는 바가 크다.

충분히 고려하기 때문에 이런 다의성은 별문제가 안 된다. 국제 영어도 한 단어 문장을 자주 사용한다. 아래 대화는 실제로 흔히 들을 수 있는 것이다.

「(something to) drink?」

「one beer, please.」

「big one?」

「no, small one.」

학교 교육은 바로 이러한 영어 사용 방법을 소개할 수도 있으며 이때 중요한 것은 기초 어휘력이다. 그러나 2단어 문장도 경제성과 더 큰 효율성을 갖는다. 예컨대 다음과 같은 대화도 충분히 가능하다.

「You, Korean?」

「Yes, and you? French?」

「You, good man.」

「My father, famous cooker.」

모국어 습득 과정에서나 국제 영어 사용에서나, 2단어 문장을 구사한다는 것은 주제/술어를 구사한다는 사실을 의미하고 이것은 (비록 완전한 문법은 아니지만) 인간 언어의 근본적인 언술 구성법에 해당하며 그 사용 범위가 무척 넓다. 국제 영어로 기초적인 커뮤니케이션을 하기 위해 이런 구성법은 기초 어휘력을 한층 더 활용할 수 있는 길을 열어 준다. 〈3단어 문장〉부터는 완전한 문장, 즉 본격적인 문법을 터득하는 단계이므로 기본적으로는 이미 개발되어 있는 베이직 영어 내지는 글로비시의 문법을 활용할 수 있을 것이다. 다음 단계가 있다면 그것은 국제 영어를 다듬고, 가능하다면 문화 영어에 근접할 수 있는 교육 내용을 소개하는 것이다.

우리는 영어의 국제적 지위와 그런 현상이 초래하는 사회 언어학적 문제를 살펴보았다. 국제어의 지위를 얻음으로써 영어는 이원화되었다. 문화어로서의 영어와 국제어로서의 영어가 공존하게 되었는데 언어학적으로 볼 때 이 둘은 큰 편차를 드러내고 있다. 이를 토대로 우리는 과연 어떤 영어를 배워야 하는가 하는 문제를 살펴보았다. 현실적으로 보자면 외국어 교육을 통해서는 문화어로서의 영어를 완벽하게 배우기가 불가능하다는 사실을 인정하는 것도 하나의 방법이 될 수 있다. 이런 사실을 인정한다면 국제 영어를 배울 수 있는 몇 가지 지침서도 실제로 도움이 될 것이다. 결국 문제는 영어에 대한 인식, 즉 이데올로기적 의미 부여에 있는 셈이다. 어쩌면 영어를 잘하기 위해서는 〈잘할 필요가 없다〉는 역설을 수용해야 할지도 모른다. 즉 영어는 알고 있고 필요한 만큼만 하면 오히려 잘할 수 있다는 의식을 스스로 주입해야 하는 것이다. 왜냐하면 의사소통이 우선이기 때문이다. 그렇지만 이런 인식 전환이 쉽지만은 않아 보인다. 왜냐하면 한국에서 영어는 다소 그릇된 이데올로기로 지나치게 보호받고 있기 때문이다.

7. 사대주의라는 문화 코드

　우선 사대주의라고 하면 〈주체성을 갖지 못한 채 세력이 큰 나라나 세력권에 붙어 그 존립을 유지하려는 주의인 사대주의에서 파생된 용어이다. 자신이 속한 민족이나 사회 또는 국가의 문화보다 다른 사회권의 문화가 더 우월하다고 믿고 숭상하는 태도나 주의를 통틀어 일컫는 개념이다〉.[87] 이것이 사대주의의 사전적 정의이지만, 이 용어는 일본 학자들이 한국을 경멸할 때 사용했다는 이유로 조금은 회피되었던 것도 사실이다. 즉 누군가가 한국 문화를 가리켜 이 표현을 사용한다면 그것은 일본 제국주의적 발상으로 비칠 수도 있다는 말이다. 하지만 우리는 이데올로기를 분석하고 있으므로 사대주의가 과연 한국 문화에 뿌리내리고 있는지를 객관적으로 살펴볼 필요가 있다.

　프랑스 속담 중에는 〈강한 자의 법이 가장 좋다La loi du plus fort est la meilleure〉라는 속담이 있다. 물론 이것은 사대주의를 비꼬는 속담이지만 동시에 그

---

　87 두산백과사전 www.EnCyber.com.

것은 제법 흔한 사고임을 잘 나타낸다. 사실 세계 정치사는 사대주의의 역사이기도 하다. 약소국이 강대국에 잘 보이려는 태도는 항상 있었다. 지금 아프리카의 옛 식민지 국가들이 프랑스나 영국을 대하는 태도도 그렇고, 방글라데시와 네팔이 보여 주는 인도와의 관계도 마찬가지다. 하지만 이런 관계를 결정하는 요인 중에는 경제적인 피/지배 관계가 큰 몫을 차지한다. 경제적 원조를 얻기 위해 사대주의적 외교를 펼칠 수도 있고, 일자리를 얻기 위해 부자 나라로의 이주를 꿈꾸는 사람들도 많다. 정치·경제적 사대주의는 대체로 국가 간의 관계에 국한되는 셈이다. 때문에 이런 사대주의는 외교적 사대주의라고 할 수 있는데 동시에 이런 관계는 세월과 함께 바뀔 수 있는 성질을 갖는다.

그러나 문화 사대주의도 있다. 기본적으로 이런 사대주의는 외교 사대주의가 일으키는 문화적 영향이라고 할 수 있다. 본래의 정치·경제적인 상황이 바뀐 다음에도, 다시 말해 본래의 피지배국이 모든 주권을 갖게 되어도 일종의 사고방식 또는 문화의 크고 작은 코드로 잔존하는 사대주의를 문화 사대주의라고 할 수 있다. 통상적으로 외교 사대주의와 문화 사대주의는 인과 관계에 있다. 하지만 나라에 따라서는 외교 사대주의가 분명 존재함에도 불구하고 문화 사대주의가 없는 경우도 있다. 예를 들어 네팔은 지정학적으로 오래전부터 인도의 직간접적인 지배를 받았다. 하지만 네팔인들은 인도인을 숭상하기는커녕 싫어하며 그들 앞에서 당당하다(사실 그들은 다른 나라 사람들 앞에서도 당당하다). 파슈파티나트 사원의 물줄기가 갠지스 강까지 흐른다는 이유도 있겠지만 그들은 정신적으로 인도인들보다 월등하다고 믿는다. 반대로 문화 사대주의가 제법 많이 느껴지는 나라도 있는데 그중 하나가 필리핀이다. 그들은 자신들보다 잘사는 나라 사람들을 우러러보는 듯하다. 그런 태도는 외국인 남성을 대하는 필리핀 여성들의

태도를 비롯하여 사회관계 전반에 걸쳐 나타난다. 하지만 그럴 만한 이유
는 있다. 필리핀은 2009년도 기준 GDP가 1,745달러에 불과할 뿐만 아니
라 1565년부터 4백 년 동안 스페인의 식민 지배를 받았다. 그다음에는 스
페인과의 전쟁에서 이긴 미국이 그 나라를 접수했으며(1898~1942), 제2차
세계 대전 때는 일본에 점령당한다. 물론 독립 투쟁이 여러 차례 있었지만
이 정도의 세월이면 사대주의가 문화 깊숙이 뿌리내릴 만하다.

　그러면 한국은 어떤가? 안타깝지만 한국의 역사도 별다를 게 없다. 신라
가 삼국을 통일하는 과정에서 시작하여, 조선 시대에는 아예 명나라와 당
나라의 속국 취급을 받았고 동학 혁명 때 위협을 느낀 양반 지배 계층은 일
본에 도움을 청했으며 러일 전쟁 승리를 빌미로 일본은 한일 병합 조약을
앞세워 한반도를 식민지화한다. 다 끝난 줄 알았던 한국 국민은 제2차 세
계 대전이 끝날 무렵 소련과 미국이 얼떨결에 체결한 38선 때문에 또 다른
시련을 겪는다. 그 결과 한국 전쟁을 진두지휘함으로써 미국은 중국과 소
련을 견제하기 위해 남한을 군사·정치적으로 지배한다. 4·3 제주 항쟁 등
의 반미 움직임이 있었지만 그런 기회는 오히려 민족주의와 남한의 좌파
세력을 와해시키는 기회로 활용되었고 이후 이승만 정권은 친미 사대주의
노선을 공식화할 수 있었다. 문제는 초강경 반공주의를 앞세운 박정희 독
재 정권이 국민을 한층 더 길들이는 데 성공하고, 그것도 모자라 전두환은
광주 시민 수백 명을 죽이면서까지 정권을 거머쥐는데 곧바로 미국(당시 레
이건 행정부)은 그런 인물을 국빈으로 초대하여 유혈 독재 정권을 정당화한
다. 이 때문에 탁석산은 『한국의 주체성』에서 다음과 같이 말한다. 〈우리
는 예나 지금이나 주체성을 상실한 상태이다. 주인으로서 갖추어야 할 특
성들 중 어느 하나 한국에 해당되는 것이 없다. 국가 운명에 관한 중요한
결정을 스스로 한 적이 별로 없으며, 약소국으로서 속국의 예를 갖추는 것

만 몸에 배었을 뿐 규약 제정에 참여한 적도 없다. (……) 우리 땅에 남의 나라 군대들이 활개를 쳐도 구경이나 하고 피해나 볼 뿐, 우리 땅에서 나가라고 당당하게 요구하지 못했다. 우리는 그동안 주체적으로 살지 못했고 지금도 마찬가지다.⟩[88] 이 정도의 세월과 시련이라면 사대주의가 문화 깊숙이 뿌리내렸는지에 대한 의문도 가져 볼 만할 것이다.

문화 사대주의의 코드들

얼마 전 EBS의 다큐 프라임 「인간의 두 얼굴」 시리즈에서 일종의 인종 차별 실험을 한 적이 있다. 강남역 근처에서 동남아인과 백인 캐나다인이 영어로 코엑스몰에 가는 길을 묻고 행인들의 반응을 관찰하는 실험이었다. 실험을 시작하기 전에 제작진이 행인들에게 결과가 어떨지 묻자 그들은 두 사람 모두에게 잘 안내해 줄 거라고 예상했다. 하지만 실험 결과는 전혀 달랐다. 캐나다인에게는 매우 친절하게 안내해 줄 뿐 아니라, 서투른 영어도 마다하지 않으며 지하철 노선표, 휴대 전화의 지도를 꺼내 직접 보여 주기도 하고, 짧게나마 길 안내 이외의 대화도 주고받는다. 어떤 두 여성은 캐나다인이 묻지도 않았는데 가던 길을 멈추더니 안내를 해준 다음 아예 지하철 입구까지 데려다 주었다. 그러나 동남아인에게는 다들 영어를 못한다며 상황을 회피하거나, 아니면 아무 말 없이 No를 의미하는 손짓만을 남긴 채 지나쳐 버렸다.

사실 이런 결과는 충분히 예측할 수 있는 것이다(실험 전에 질문받은 사람들

---

88 탁석산, 『한국의 주체성』, 54면.

은 아마도 텔레비전 카메라를 인식했을 것이다). 왜냐하면 우리 주변은 이런 실험 결과를 예상케 하는 담론과 현실들로 흘러넘치기 때문이다. 미국이나 캐나다에 자녀를 조기 유학 보낸 부모들은 그들의 자녀가 유색 인종 학생들이 많은 학교에 다니는 걸 매우 꺼리며 주머니를 털어서라도 백인 동네에서 살고 싶어 한다. 만약 유학 생활 끝에 유색 인종과 결혼하겠다고 나서는 딸이 있다면 부모에게 그것은 세상의 종말과도 같은 절대적인 비극이 될 것이다. 심지어 흑인은 국내에서 영어 학원 강사 자리를 얻을 수 없다는 말도 있고, 실제로 대학에서도 흑인 원어민 강사는 거의 찾아볼 수 없다. 언젠가 나는 포장마차에서 네팔 근로자들과 술을 몇 잔 나눈 적이 있는데 그들은 3년째 한국에 살고 있으면서도 공장 밖에서는 한국인과 대화를 나누는 게 처음이라고 했다.

그러나 이런 차별의 코드를 자세히 들여다보면 몇 가지 세부 사항들을 구분할 수 있다. 첫째 백인/유색 인종의 차별이 있다. 아무리 부자 나라의 국민이라도 한국 사람은 흑인을 좋아하지 않는다. 그런데 가난한 나라의 흑인은 오죽하겠는가? 백인을 선호하지만 러시아나 동유럽인들에 대해서는 별 관심이 없는 듯하다. 남는 것이 미국과 서유럽 백인이다. 그렇다면 〈미국과 서유럽 백인〉은 한국인에게 어떤 의미를 갖는 것일까? 답은 하나다. 경제적인 풍요로움이다. 강대국의 백인이라는 말이다. 여기에 문화 사대주의의 원형이 자리 잡고 있는 셈이다. 하지만 이런 사대주의는 오로지 역사·외교 사대주의에서만 비롯된다고 단정 지어 말하기가 어렵다. 한국 문화 내적인 요인들도 작용하는 것으로 보이는데 그중 하나가 위계질서라는 사회 코드이며 다른 하나는 등급 평가라는 독특한 코드일 것이다.

사회 내적 요인들

확고부동한 위계질서를 중시하는 사회에서 그런 질서 의식은 문화 사대주의가 정착하는 데 유리한 토대를 마련할 수 있다. 나이, 연륜, 경험을 존중하여 윗사람을 공경하는 관습은 전통적인 미덕으로 인정될 만하다. 그러나 누군가를 숭상하고 또 누군가의 존경을 받아야 하는 〈사회관계 코드〉는 사회가 바뀌고 존경해야 하는 대상이 바뀌어도 유지된다. 즉 존경의 대상은 연륜에 따르는 인생 경험이 아닌 권력이나 능력의 기준으로 바뀔 수 있는데 이는 〈위계질서〉의 관념이 아직 살아 있기 때문에 가능하다. 마치 어린 시절 시골에서 많은 걸 가르쳐 준 형을 좋아한 아이가 커서도 형을 필요로 하는 상황과 유사하다. 비유가 어떻든 오늘날에도 위계질서의 관념이 사회 전반의 관계를 지배하는 코드임에는 틀림없어 보인다. 예를 들어 클래식 기타 동아리에 가입한 신입생은 그 조직의 선배를 숭상한다. 선배의 기타 실력이 월등하니까 당연하다. 그리고 몇 년 지나면 그는 그런 시선을 온몸으로 받는 선배로 성장하고 또 그렇게 군림할 것이다. 이때 그 선배라는 사람이 다른 조직의 사람(또는 더 크거나 실력이 좋은 동아리의 인물)을 숭상하면, 신입생에게 그런 인물은 더할 나위 없이 존경받아야 마땅할 존재가 된다. 심지어 그 사람이 누군지 잘 몰라도 〈선배의 선배〉라는 이유가 우선시되는데 이런 현상에 이름을 붙이자면 〈충의 코드〉라고 해야 할 것이다. 그 코드에 따라 스승의 스승은 대스승이 되고, 밖에서 능력을 인정받는 남편이 집 안에서도 대우를 받는 식이다. 이 때문에 오랫동안 대통령은 정치적 위계질서 맨 위에 있는 임금님이었고, 지금도 웬만한 대학생들은 국민의 세금으로 먹고사는 장관이나 국회 의원을 개인적으로 만나면 〈높은〉 사람으로 대우할 것이다. 나는 한국의 문화 사대주의의 본질이 여기에 있다고 본다. 즉 국내에서도 한 개인은 누군가를 숭상해야 하는 집단 내적 코드를 가지고 있는데 그 누군가 또는 그 조직이 더 큰 조직을 숭상한다면 그 개인은 큰 조직의 개인도 숭상하게 되는 것이다. 이는 사실상 근거 없는 숭상이다. 네팔인들에게 문화 사대주의를 찾아볼 수 없는 이유는 그들이 위계 사회를 만들지 않았기 때문일 것이다. 그들에게 숭상의 대상은 다양한 신들과 히말라야뿐이기 때문이다.

그와 동시에 현실 세계를 등급화하여 보는 관점도 언급할 수 있다. 예를 들어 자신의 취향과 전혀 상관없이 자동차를 무조건 최고급 모델에서 최하위 모델로 등급화하여 평가하는 방법이다. 이런 사물의 등급화는 그것들이 사회적 성공의 상징으로 소통되기 때문인데 대체로 이런 상징체계는 후진국과 개도국의 세계관에서 흔히 볼 수 있다. 아프리카의 대다수 국가들이나 캄보디아 같은 나라에서 비싼 옷이나 고급 차는 경제적 지위를 가리키고 그런 지위는 부러움의 대상이 된다. 그러나 이런 사물-기호는 경제력만을 의미하진 않는다. 그것들은 일련의 의미 작용을 일으키는데 간략히 말하자면 경제력은 사회적 영향력을 의미하고 이 둘은 사회적 권력을 내포하게 된다(부르디외 식으로 정리하면 경제 자본은 사회 자본을 의미하고 이 두 가지 자본은 권력층을 가리킨다). 하지만 이것은 사물의 체계에 그치는 의미 작용이다. 이것이 사람에게 적용되면 드디어 사회는 직업, 여가 활동, 소비 등 모든 것을 등급화한다. 교사/교수, 테니스/골프, 일반 가방/명품 가방의 차별이 그것이다. 하지만 가장 근본적인 등급 매기기는 학교의 등급화일 것이다. 한 나라의 모든 학교를 최고 등급에서 최하 등급으로 구분하고, 학교 내에서도 학생들을 성적별 등급으로 나눈다면 결국 온 국민의 등급을 매기게 되는 것이다. 이와 동시에 학교 등급은 다시 지역 등급을 만들어 낼 것이다(같은 지역 내에서도 또 다른 등급화가 있을 수 있다). 지역별 차이는 결국 경제적 등급이 될 것이다. 게다가 그런 지역에서의 내혼(동일 계층끼리의 혼인)은 족보의 등급을 만들어 낼 수 있다. 그런 등급의 코드화는 당연히 국가 등급도 빼놓지 않는다. 물질적으로나마 일등급 국가와 최하 등급 국가를 구분하는 것이다. 이때 혹시라도 그 나라 전체가 역사적 사대주의를 경험했다면 강대국의 등급은 그야말로 〈꿈의 등급〉이 되는 것이다. 어쩌면 이 모든 과정이 문화 자본으로 가는 과도기적 현상일 수도 있지만 그 대가는 간혹 원정 출산과 같은 매우 독특한 발상까지도 갈 수 있다.

　이런 사고에 젖어 있는 이들에게는 돈이 곧 문화이다. 사실 문화적으로 보았을 때 세계 최강국은 인도이다. 이에 반해 미국은 문화 빈국이다. 그 나라의 문화는 오로지 햄버거와 쇼핑몰로 집약된다. 그러나 인도인이 강남역 근방에서 길을 물으면 과연 몇 사람이 도와줄지 의문스럽다. 한 가지 덧붙일 수 있는 것은 미국인과 서유럽인의 차이이다. 서유럽에 대한 관심이 증가한 것은 최근 일인 데다 그들은 수적으로 많지도 않을뿐더러 모두 영어 사용자가 아니기 때문에 사실상 커뮤니케이션 기회는 흔치 않다. 결국 남는 것은 미국 백인인 셈이다. 사실 이들은 세상 어디서도 찾아보기 힘든 특권을 누린다. 영어를 가르치면서 돈도 쉽게 벌 수 있을 뿐만 아니라 한국어를 배울 필요가 없으며 특히 과잉 친절의 혜택을 누린다. 더 나아가 여성을 구하는 것도 본국에 비해 몇 배 더 쉽다(이와 관련되는 각종 요령들은 외국인 강사들의 전용 사이트에서 쉽게 찾아볼 수 있다). 한국 남성들이 동남아에 가서 돈을 지불하고 하는 짓을 그들은 한국에서 공짜로 할 수 있는 셈이다. 이것이 바로 문화 사대주의다. 그리고 이런 사대주의는 〈돈=문화〉라는 개발 도상국 특유의 공식에서 비롯되는데 억울하기 짝이 없는 문화 열등의식까지 만든다. 아마도 리처드 도킨스가 이런 광경을 목격했다면 그는 문화 사대주의를 종교에 버금가는 밈-바이러스로 규명했을 것이다.

과거의 외교적 사대주의가 남긴 흔적은 분명 있다. 하지만 과거는 과거일 뿐이다. 한국의 GDP는 2만 달러를 넘었고 조선과 반도체에서 세계 1위를 차지하고 있으며 팔만대장경과 해인사 장경판전, 판소리를 비롯하여 세계 최고의 음식과 함께 무엇보다 인류 역사상 그 유례가 없을 가장 경제적이고 정확한 문자 체계인 한글을 가지고 있다. 그럼에도 문화 사대주의는 한국 문화에 제법 뿌리 깊게 침투해 있다. 이는 죽은 자가 부활하고 물 위를 걷는다는 주장을 펼치는 종교가 아직도 이데올로기로 작용하는 현상과 유사하다. 하지만 종교는 적어도 열등의식을 만들어 내진 않는다(오히려 형이상학적 우월 의식을 만들어 낸다). 열등의식이 세상을 얼마나 왜곡시키고 얼마나 많은 오해를 만들어 내는지, 그리고 얼마나 많은 손해를 입히며, 얼마나 존엄을 훼손시키는지를 생각하면 그것은 강박증의 한 유형으로 간주되어야 마땅하다. 이렇게 그릇된 이데올로기와 시대착오적 문화 코드는 사회적 질병으로 간주될 수 있으며 더 나아가 그것들이 밈으로 작용하면 웬만한 전염병의 위력을 갖게 된다. 서두에서 말한 것처럼 이런 전염병은 사실 매스 미디어에 의해 조성되고 있다. 문제는 사대주의가 일으키는 열등의식이 다시 〈우리〉라는 이름의 폐쇄적 집단주의로 이어진다는 것이다. 그리고 폐쇄적 집단주의는 내부 결속을 위한 시대착오적인 위계 구조 질서를 지향하게 되며, 그런 이데올로기가 타 집단과 타인에 대해서도 등급을 매기게 되는 것이다.

제3부

과거의 잔재

1. 미

미 또는 아름다움은 인간의 욕망, 이데올로기, 이해관계, 계층 등과 매우 밀접한 추상적인 개념이자 주관적인 개념이다. 때문에 그것은 미의 철학 또는 미학에서 주로 다루어 왔지만 역사, 사회학, 심리학에서도 다루는 개념이다. 일반적으로 아름다움은 감각을 통해 쾌감이나 만족감을 제공하는 어떤 대상의 성질로 규명된다. 이런 의미에서 미는 형태, 시각적인 특징, 운동, 소리의 성질과 조합에서 나타난다.

아름다움을 느끼지 못하는 사회는 없겠지만 그 기준은 시대에 따라 바뀌어 왔다. 우리는 역사를 통해 미의 기준이 얼마나 바뀌어 왔는지를 잘 알고 있다. 역사를 통해 우리가 얻을 수 있는 교훈 중 하나는 미를 포함한 인간의 가치관이 얼마나 극과 극을 넘나들며 변해 왔으며, 지금의 기준들도 언젠가는 바뀔 것이라는 확신에서 찾아볼 수 있다. 유럽사를 보아도 자연미를 찬양한 르네상스가 있었다면 치장미에 잔뜩 빠진 17~18세기도 있었다. 지금은 어떤가. 팝 아트가 사람들의 눈을 즐겁게 하고 테크노 뮤직이 전 세계의 나이트클럽들에서 울려 대고 있다. 한국에서는 꽃미남이 여성들의 마음을 사로잡는다면 다른 나라에서는 모터사이클을 타고 다카르 랠리에 참여하는 남성들을 더 멋있게 본다. 이처럼 아름답거나 멋있게 보이는 기준은 예나 지금이나 매우 다양하다. 그럼에도 대다수 사람들은 인도양의 일몰을 보면서 유난히 아름답다고 느낄 것이다. 하지만 루브르 박물관의 「모나리자」를 아름다운 작품으로 〈느끼려〉 하는 사람들도 있을 것이다. 대신 아무런 사전 지식 없이 로이 릭턴스타인Roy Lichtenstein의 「행복한 눈물」이나 「그를 생각하다」를 보고 감동받을 사람은 많지 않을 것이다. 음악도 마찬가지다. 제법 많은 사람들이 쇼팽의 「녹턴」을 좋아할 수 있다. 하지만 나훈아를 즐겨 듣는 사람이 존 케이지의 무열 음악을 처음 듣고 감동받을 확률은 매우 낮다. 영화에 대한 선호도 차이 역시 똑같다. 모두가 감동받는 영화는 존재하기 힘들다. 명절 때 개봉하는 가장 대중적인 영화를 즐기는 사람이 있는가 하면 데이비드 린치David Lynch나 빔 벤더스Wim Wenders 감독의 열렬한 팬들도 있다. 하지만 아무리 대중적으로 인기를 누렸던 영화도 몇 년 지나면 잊히거나 간혹 다시 보더라도 매우 촌스럽게 보이는 경우가 태반이다. 결국 이데올로기와 마찬가지로 미는 역사성을 갖는 동시에 현재성도 갖는 셈이다. 또는 역사적으로 그 기준이 바뀌는 동시에 같은 시대 안에서도 다양한 관점이 공존했다고 할 수 있다.

역사적 고찰

미의 기준은 어떤 시대적 배경에서 생겨나는가? 시대 상황은 어떤 미를 찬양하게 만들었는가? 이러한 문제에 접근하기 위해 우리는 미의 역사에서 몇 가지 주요 흐름을 훑어볼 것을 제안한다.

고대 그리스 시절에는 〈칼론kalon〉이라는 개념이 있었다. 〈칼론은 마음에 드는 것, 감탄을 자아내고, 시선을 사로잡는 모든 것을 가리켰다. 아름다운 대상이란 형식에 의해 감각을, 무엇보다도 눈과 귀를 충족시키는 것이다. 그러나 감각으로 감지할 수 있는 측면들만 대상의 미를 표현하는 유일한 요소들은 아니다. 미는 그것을 표현하는 다양한 기법들과 연결되어 있었으나 단일한 규칙을 가지고 있지는 않았다.〉[1] 조화, 균형, 운율이 여러 기준 가운데 대표적인 것으로 인식되었다. 하지만 고대 그리스가 강대국으로 자리 잡으면서 예술의 전반적인 흐름은 그리스인들의 주관적인 시각을 앞세우는 방향으로 발전한다. 에코가 말하듯이 당시의 〈화가들은 아름다운 형식의 객관적인 정확성을 존중하지 않는 원근법을 창안했다〉.[2] 조각에서도 육체미에 대한 실질적인 탐구가 있었던 건 분명하지만 그럼에도 불구하고 당시 예술가들은 실제 육체를 조각한 것이 아니라 신체의 종합을 통해 이상적인 미를 추구했다. 그러면 군사·경제적 강대국과 예술의 주관적인 시각은 어떤 관계를 갖는가. 그것은 새로운 규범을 만들고자 하는 욕구의 표명으로 집약된다. 우리가 이렇게 말할 수 있는 것은 어떤 문명이든 최고의 지배적 위치에 서게 되면 특유의 기준을 마련하여 피지배 문명에 그것을 강요하거나 역사에 남기고자 하는 욕구를 갖기 때문이다. 프랑스의 17세기(고전주의) 역시 언어와 예술의 기준을 마련하여 국가 이데올로기를 강화한 사실과 20세기의 미국이 (자본의) 세계화를 부르짖은 것도 같은 맥락에서 이해될 수 있다(미국의 패권주의를 노골적으로 드러내는 「람보」, 「슈퍼맨」, 「인디펜던스 데이」와 같은 영화를 떠올릴 수 있다). 어쨌든 고대 그리스인들에게 미는 기본적으로 그들만의 조화와 균형이었고 그것은 한 시대를 지배하는 기

---

1 에코, 『미의 역사』, 41면.
2 에코, 앞의 책, 42면.

준이 되었다.

　중세의 예술은 빛과 색채와 명료성이라는 키 워드로 요약된다. 사실 암흑기라는 말과는 대조적으로 중세의 작품들은 환한 빛으로 가득 차 있다. 에코가 지적하듯이 〈노랑, 빨강 혹은 파랑이 강렬한 대비를 이루는 모사라베Mozárabe 양식의 세밀화나 연자주, 진초록, 모래색이나 청백색 같은 차갑고 선명한 색조와 황금빛 광채가 대조를 이루는 라이헤나우 화파Reichenauer Schule의 세밀화 같은 중세 초기의 작품에서도 분명하게 드러난다. 중세의 전성기에 토마스 아퀴나스는 미에는 다음과 같은 세 가지, 즉 비례, 완전성 그리고 명료성이 필수임을 상기시켰다〉.[3] 명료성이 중시된 이유는 무엇일까? 그것은 기본적으로 신성의 빛을 표현하는 수단이었다. 아우구스티누스에 따르면 당시 사람들은 〈전신을 조명하는 하느님의 빛은 하느님으로부터 오며, (……) 하느님은 《지성의 빛》으로서, 지성에 있어서 밝은 그 모든 것은 하느님 안에서, 하느님에 의해서, 하느님을 통해 밝아진다〉고 믿었다.[4] 이미 잘 알려졌듯이, 중세는 가톨릭의 절대 권력 시대이다. 〈중세 사람들은 우주의 모든 사물이 초자연적인 의미를 내포하고 있으며, 이 세계는 하느님의 손으로 쓰인 책과 같다고 굳게 믿었고〉, 실제로 예술 활동 대부분은 가톨릭교회의 직접적인 요청에 의해 이루어졌다.[5] 따라서 빛의 명료성이 예술 전반을 지배한 것 역시 당시 지배 이데올로기에 충실했던 결과인 동시에 당시 예술가들의 예술관도 그것과 일치했다는 데서 비롯된다. 하지만 또 다른 이유도 있는데 그것은 당시 사회의 빈부 차이와 어느 정도 관련이 있다. 인류 역사상 중세의 빈부 차이만큼 극단으로 치달은 적도 없다. 당시

　3　에코, 앞의 책, 100면.
　4　코플스턴, 『중세 철학사』, 94면.
　5　코플스턴, 앞의 책, 121면.

의 권력층은 화려한 의상과 금은보석으로 자신들의 힘을 과시했다. 대신 농민들이나 가난한 사람들은 옷을 염색할 생각조차 할 수 없었다. 그들의 옷은 먼지 색깔이었다. 조선 시대에 양반들의 불룩 나온 배가 부의 상징이 자 미덕으로 간주되었던 것처럼 중세 예술가들의 눈에는 차별로 가득 찬 부의 상징이 마냥 아름답게 보였을 것이다. 이렇게 역설적으로나마 예술은 어둠의 시대라는 중세를 빛과 색채와 명료성으로 가득 채웠던 것이다.[6]

르네상스에는 원근법이 발견되고 인문주의가 탄생한다. 예술가는 새로 운 것을 창조하는 동시에 자연의 모방자로 거듭난다. 르네상스는 미켈란 젤로와 다빈치, 플랑드르 화가들의 시대이자 발명과 기술 혁신의 시대이기 도 하다. 이때부터 사람들을 〈미를 과학적으로 확인된 규칙에 따른 자연의 모방으로, 지구 상에서는 완벽하게 실현되지 못했기 때문에 시각에 의해서 는 감지할 수 없는 초자연적 수준의 완벽성에 대한 관조어로 이해하기〉시 작한다.[7] 창조와 모방이 결합하고 객관성과 주관성이 조화를 이루기 시작 한다. 하지만 이 모든 것의 중심에는 인간이 있었다. 그중에서도 육체미가 예술 전면에 나선다. 푹스가 말하듯이 이 시대의 〈인간은 만물의 척도이다. (······) 이 시대는 에로틱한 관능으로 충만된다 (······) 에로틱한 관능은 창조 적인 것을 육체를 통하여 드러내는 것이다〉.[8] 따라서 많은 화가들이 나체의 여인을 그렸다. 몸은 자연미를 뽐내야 했고, 자연과 조화를 이루면서도 만 물의 중심에 서게 된다. 이것이 르네상스의 인간 중심적 이데올로기가 탄 생시킨 미의 개념이다.

근대에 접어들면서 상황은 바뀐다. 모든 것이 치장과 사치로 물들고, 지

---

6 여기서는 신비주의 미학과 추의 미학에 대해 특별한 언급을 하지 않기로 한다.
7 에코, 『미의 역사』, 41, 176면.
8 푹스, 『풍속의 역사』 제1권, 1면.

배적인 색채는 골드이다. 프랑스는 절대주의 시대를 맞는다. 다시 푹스를 인용하자면 〈그 시대의 모든 이데올로기, 그 시대의 아름다움의 관념도 역시 간접적인 의미에서는 크게 보면 정치적으로 지배 계급의 사회적인 삶의 표현이기 때문에 르네상스 시대에는 강한 것과 건강한 것이 아름답게 보일 수밖에 없었다. 그것은 결국 활동적이고 생산적인 인간의 모습이었기 때문이다. 이와는 반대로 앙시앵 레짐 아래서는 인체에 대한 이데올로기가 정반대의 방향으로 이상화되었다. 곧 전체적으로나 개인적으로나 노동에 적합하지 않은 것이 바로 아름다움과 연결되었다〉.[9] 몸의 자연스러운 미는 화폭에서 사라지고 그 자리를 극도로 치장한 남성과 여성이 채운다. 여성을 그릴 때도 마냥 귀엽고 미성숙한 모습만을 담았던 것이다. 이 시대는 위선의 시대이기도 하다. 왕실에 출입하려는 모든 이들은 굽실거려야 했고 출입이 허용된 이후에도 온갖 아부와 사탕발림을 일삼아야 했다. 나이 든 여자도 어린 척해야 했으며, 지방 귀족도 하인처럼 굴어야 했다. 예술가들은 오죽했을까 하는 우려는 상상에 맡겨도 충분할 듯싶다. 언어도 내용보다는 재치만을 뽐내야 했고 당연히 의상은 우스꽝스러운 지경에 이르게 된다. 그 대표적인 것이 가발이다. 경쟁심에 사로잡힌 사람들이 더 큰 가발을 요구하면서 급기야는 1미터가 넘는 것도 등장하게 된다. 이때 등장하는 것이 하이힐인데 그것은 패션 역사에서 가장 큰 변화를 일으키는 발명품이기도 하다. 푹스는 이렇게 말한다. 〈하이힐에 의해서 자세는 전체적으로 변하게 된다. 곧 배가 들어가고 가슴을 내밀게 되는 것이다. 넘어지지 않기 위해서 몸을 뒤로 젖히는 자세를 취해야 하는데, 그 때문에 엉덩이가 튀어나와 그 풍만함이 더욱 두드러지게 된다. 무릎을 굽혀서는 안 되므로 자세는 전

9 푹스, 『풍속의 역사』 제3권, 2면.

체적으로 더욱 젊어 보이고 더욱 진취적으로 보이며 앞으로 불쑥 내밀 수밖에 없는 유방은 터질 듯이 보인다.〉[10] 이런 발명품과 그것이 미치는 의상의 변화는 매우 강력한 상징성을 갖는다. 그것은 계급의 지표이자 차별을 공공연히 하는 절대주의의 도구인 동시에 권력의 과시 수단이었다. 어쩌면 그것은 역사상 최초로 나타나는 우스꽝스러운 문화 자본의 과시였을지도 모른다.

결국 근대는 사치와 함께 시작된 셈이다. 당시 상류 계층의 사치 풍조를 나열한다면 한 권의 책이 따로 필요할 것이다. 사치에는 남녀가 따로 없었고, 그것은 〈목숨을 건〉 경쟁이었다. 푹스는 당시의 사치를 다음과 같이 구체적으로 기술한다.

신사는 가죽 구두, 무도화escarpin, 가죽 덧신galosche 등을 갖춰야 할 뿐 아니라 가죽, 양모, 비단으로 만든 양말에다 야간용 모자를 꾸미기 위한 비단 리본, 야간용 플란넬과 망셰트를 단 잠옷 등이 있어야 했다. 남자의 경우 검은 비단 외출복에만 1년이면 87리브르, 모자 하나에 12리브르, 가발에 265리브르가 들었다. 1720년의 파리의 경우 비단 양말 한 켤레에 40리브르, 흑회색 라사 1피트당 70~80리브르였다. 사교계에 드나드는 남자는 의복에만 1,200리브르에서 1,600리브르의 큰돈을 썼다. 그 가운데는 레이스나 장식품은 포함되지 않았다. 귀부인의 치장도 그와 경쟁하듯 많은 돈이 들었음은 물론이다. 투르농 양이 결혼했을 때 그의 백모 뒤바리 백작 부인은 그녀에게 모두 1천 리브르어치나 되는 편물 주머니, 지갑, 부채, 스타킹 끈 등의 장신구 그리고 2,400리브르와 5,840리브르나 나가는 의상 두 벌을 선물했다. 대례

10 푹스, 앞의 책, 64면.

복이나 약식 예복은 더욱 값이 나갔다. 그것은 1만 2천 리브르 또는 그 이상이었다. 1770년부터 1774년까지의 4년 동안에 뒤바리 백작 부인은 그녀의 외출복의 속옷에만 9만 1천 리브르나 되는 큰돈을 썼다. 검소하다고 알려진 슈아젤 부인도 때로는 4만 5천 리브르짜리 레이스를 달았고, 부플레 부인은 30만 리브르나 나가는 레이스를 갖고 있었다. 베뤼 부인이 죽었을 때 그녀의 재산 목록에는 다음과 같은 물품이 들어 있었다. 코르셋 60개, 속내의 480장, 손수건 5백 다스, 뫼동에 있는 별장의 시트만도 129장, 그 밖에 헤아릴 수 없을 만큼 많은 의복 — 그 가운데는 실크 의상만도 45벌이나 있었다.

사실 돈 많은 사람들이 돈을 마구 쓰는 것은 그나마 이해가 된다. 더 흥미롭고 비참한 것은 돈 없는 하급 계층도 이런 추세에 동참하려고 용쓰며 살았다는 사실이다.[11]

그 시대에는 하층 계급에서도 역시 사치 풍조가 유행했다. 왜냐하면 세상은 사치를 부를 과시하는 첫째의 표기로 삼았고, 대부분의 인간은 어느 시대에든 돈 없는 사람으로 보이지 않기 위해 상류 계급의 흉내를 냈기 때문이다. 그 때문에 아내가 남편에게 투덜댄 가장 큰 불평은 당신의 수입이 너무 적기 때문에 다른 여자와 의상으로는 도저히 경쟁할 수 없다는 것이었다. 그것은 또 아내가 남편에게 퍼붓는 가장 큰 비난이기도 했다.[12]

이것이 근대 여명기의 초상화다. 당시의 정치 이데올로기는 절대주의였

---

11 자료에 따르면, 1709년을 기준으로 말 한 필은 40~100리브르, 암소는 50리브르, 염소는 5리브르에 거래되었다.
12 폭스, 앞의 책, 112면.

으며 아름다움의 기준 역시 그것에 복종했다. 우스꽝스러운 기준들이 난무했지만 이를 비판한 사람은 극소수에 불과했고 절대다수는 오히려 경쟁적으로 숭배했으며 경제적 여건이 절대로 부족한 하급 계층까지도 그것을 따르지 못해 안달이 났던 것이다.[13] 더욱 흥미로운 점은 절대주의 시대의 이러한 기준들이 지금의 한국 소비문화와 매우 유사하다는 점이다. 여성들은 S라인의 몸매를 가꾸려고 피나는 노력을 하면서 고급 차를 타는 왕자를 꿈꾼다. 이 때문에 가끔 역사는 별 교훈을 남기지 못한다는 생각을 해볼 수 있겠지만, 진정한 교훈은 모든 문화가 성장하면서 똑같은 시행착오를 겪는다는 사실을 일깨워 준다는 데 있을 수도 있다(이 문제는 차후에 다시 다룰 것이다).

17세기의 절대주의가 미의 권력 지향적 기준을 강요했다면 18세기는 권력이 교체되는 시기로서 미에 대해서도 상반되는 세력들의 대립과 조화가 동시에 작용하는 시대이다. 이 시대는 이성의 시대, 즉 디드로, 루소, 칸트의 시대이다. 에코는 〈18세기에 바로크적 미가 삶의 감미로움에 자신을 맡긴 귀족들의 취미 속에서 존재의 이유를 찾은 반면, 신고전주의의 엄격한 논리는 그 당시에 부상하던 부르주아지의 전형적인 특성인 이성, 규율과 계산 가능성이라는 신앙에 접합했다〉고 말한다.[14] 일부 젊은 귀족들 사이에서는 이미 『백과전서』가 유행하고 있었고, 살롱에서는 토론 문화가 활기를 띨 때이다. 그사이 사회 계층은 복잡해지고 있었다. 경제 자본을 획득한 상인, 변호사, 공증인 들이 개혁에 적극 참여하는 동시에 문화 자본을 앞세운 언론인, 작가, 예술가 들이 또 다른 세력을 형성하기 시작했다. 〈이처럼 복

13 희곡 작가이자 연출가 겸 배우 몰리에르는 당시의 풍속을 신랄하게 비난한 인물로 평가받고 있다.
14 에코, 『미의 역사』, 239면.

잡한 사회 계층 내지는 계급의 변증법과 더불어 이에 상응하는 복잡한 취미의 변증법이 존재했다. (……) 계몽주의적 이성은, 천재적인 칸트에게서는 밝은 측면을 갖지만 사드 후작의 잔혹극에서는 불안하고 어두운 측면을 갖는다. 이와 같이 신고전주의의 미는 앙시앵 레짐(구제도)의 취미에 대한 활기찬 반발인 동시에 확실한 규칙, 그러니까 엄격하고 구속력 있는 규칙에 대한 탐구이기도 했다.〉[15] 당시의 미적 기준은 대략 (상호 연관되는) 두 갈래로 나뉜다. 한편으로 계몽주의자들의 이성적 사고와 과학적 사고가 있는가 하면, 다른 한편으로는 〈자연으로 돌아가자〉는 루소의 주장도 큰 반향을 일으킨다. 이는 고대를 재조명함으로써 인간 본연의 미덕과 순수함을 되찾으려는 운동으로 이어진다. 1748년 폼페이의 역사적 유물들이 발견되면서 고대 문명에 대한 연구가 가속되고 로코코 미학은 귀족주의의 잔재로 취급되기 시작한다. 화가들은 고대 그리스 도시 국가와 로마의 시민 의식과 그 영광을 화폭에 담기 시작한다(자크 다비드Jacques David, 니콜라 푸생Nicolas Poussin).

또한 〈18세기는 새로운 지방과 새로운 풍습을 알고 싶은 열망에 가득 찬 여행가들의 세기였다. 그들은 정복욕이 아니라 새로운 기쁨과 새로운 감동을 경험하기 위해서 여행을 했다. 그래서 이국적인 것, 흥미로운 것, 호기심을 불러일으키는 것, 특이한 것, 놀라운 것에 대한 취미가 발전했다〉. 먼 곳으로의 여행, 이국적인 것에 대한 호기심과 감동은 숭고미를 탄생시킨다. 숭고미는 새로운 자연적 체험을 통해 느끼는 거대한 감동의 미를 의미한다. 좀 더 구체적으로 말하자면 숭고는 미를 초월하는 극단적 감정의 상태를 가리킨다. 따라서 숭고는 〈접근 불가능성〉의 느낌과도 관련 있으며 두

15 푹스, 앞의 책, 239면.

려움과 경탄에 기초하는 또 다른 미의 개념이다. 이런 관점에서 보면 숭고는 미적 이데올로기의 또 다른 영역에의 도전이자 개발이라고 할 수 있다. 그것은 일상과 전통적인 상상의 세계를 벗어나 극단적인 체험의 세계를 열어 주는 시대정신을 반영한다고 할 수 있다.[16]

19세기를 기술하는 데 쓰이는 키 워드는 산업 혁명, 민주화, 국가주의이다. 프랑스 혁명의 소용돌이는 나폴레옹의 등장으로 종식되지만 프랑스인들은 더욱 강력한 애국심으로 무장하게 되고, 나폴레옹이 일으킨 수많은 전쟁 또한 유럽 전역에 국가주의를 심어 준다. 그 결과 이탈리아가 통일되고 독일에서도 단일 국가의 이데올로기가 전 국민을 하나로 뭉치게 한다. 유럽 전역은 산업 혁명에 들떠 있었고 엄청난 부를 축적하는데 부르주아지는 1848년 2월 혁명을 통해 완벽하게 권력을 쟁취한다. 바야흐로 사회는 귀족 대 서민의 대립이 아니라 부르주아 대 프롤레타리아의 대립 시대를 맞이한다. 19세기는 다양한 엘리트들이 사회 전면에 나서는 시대이기도 하다. 문학에서는 개인숭배적인 낭만주의에 이어 사회 참여를 부르짖는 사실주의와 자연주의가 시대를 지배하는 동시에 보들레르와 랭보가 동시대의 우울을 노래하기도 한다. 과학 분야는 혁명적인 발전을 이룩한다. 헤겔, 마르크스, 다윈, 퀴리 부인, 레옹 푸코, 파스퇴르, 헤르츠, 파블로프 등 나열하기도 힘들 정도다. 음악 분야에서는 베토벤, 브람스, 쇼팽, 드보르자크, 파가니니, 슈베르트 등이 등장하여 최고의 전성기를 맞이한다. 미술에서는 신고전주의의 전통(다비드David, 앵그르Ingres, 들라크루아Delacroix)을 이어받으면서 사실주의(쿠르베Courbet, 도미에Daumier)를 거쳐 인상파 화가들(모네Monet, 르

---

16 18세기 말부터는 탐험가의 시대가 열린다. 신세계 원정에서 시작하여 1786년에는 몽블랑이 정복되고(자크 발마Jacque Balmat와 미셸 파카르Michel Paccard), 1798년 이집트 원정대가 파견되면서 이국적인 문화와 정보에 대한 관심이 날로 증폭되었다.

누아르Renoir)로 이어진다. 사실 19세기를 하나의 시대로 묶는 시도가 문제될 수 있을 만큼 이 시기는 수많은 사건과 변화로 채워진다. 이 때문에 19세기는 근대성과 현대성이 요동치는 시대라고 보아야 할 것이다.

이런 요동 속에서 간과할 수 없는 사건이 발생한다. 그것은 다름 아닌 보헤미안의 탄생이다. 비록 미의 기준이 다양한 변화를 겪어 왔음에도 불구하고 기본적으로 19세기 전까지 그런 변화는 제도권 내에서 이루어졌다. 예술가들이 권력층의 후원을 받았기 때문이다. 하지만 18세기 말부터 이러한 종속 관계가 일부 종식되면서 상황이 돌변하기 시작한다. 처음으로 반제도권 예술이 탄생하는데 이 같은 미와 삶의 기준이 하나의 이데올로기로 융합되는 것은 유럽 역사상 유례없는 사건이다. 그리고 이 사건은 미술도, 음악도 아닌 문학에서 발생한다. 이 사건은 20세기에 더욱 강력한 세력으로 발전하는 반문화의 출발점이기 때문에 좀 더 자세히 살펴볼 필요가 있다.

우선 19세기에 급성장한 경제와 신문의 발전을 다시 언급해야 한다. 산업 혁명이 일으킨 경제적 호황은 수많은 젊은이들을 대도시로 끌어들이는데 프랑스에서는 역시 파리가 주 무대였다. 하지만 이들에게는 이미 정착한 부르주아들과 귀족들이 차지하고 있는 고소득 직업을 갖는 것이 사실상 불가능했다. 대신 그들은 충분한 학력의 소유자였으므로 기득권의 부패와 자본주의의 야만성을 폭로할 만한 지식을 갖추고 있었다. 자연스럽게 그들은 기존의 헤게모니에 대해 깊은 반감을 표출하기 시작한다. 그리고 그들만의 길을 개척하기에 이르는데 그것은 신문 지면을 활용한 문학의 길이었다. 하지만 집필이라는 직업은 단순한 직업에 그치지 않았다. 그것은 실천이었고 새로운 삶에 대한 모색이었다. 한마디로 그것은 반동(또는 반란)의 이데올로기였으며 그런 이데올로기는 보헤미안이라는 이름의 새로운 문화 계층을 탄생시킨다. 이때부터 예술을 가지고 생활하기를 열망하는, 그리고 그들이 발명하기 시작한 삶의 예술에 의해 다른 사회적 범주들과 분리된 수많은 젊은이들이 모이면서 사회 속의 또 다른 사회가 출현한다. 로버트 단턴이 보여 주었듯이 18세기 말부터 아주 제한된 규모로 스스로를 예고했던 이런 작가들과 예술가들의 사회는 유례가 없는 특이한 점을 가지고 있다. 즉 그들은 수많은 질문을 유발하는데, 그것은 자기들 집단 내에서 더욱 강렬하게 시작되었고 궁극적으로는 새로운 예술적 삶을 창조하고자 하는 욕구의 표명이기도 했다. 반부르주아적 삶 없이는 그런 예술도 불가능하다고 믿었던 것이다. 환상과 허튼소리, 허풍, 가무, 음주 그리고 모든 형태의 사랑과 함께 예술적인 생활 방식의 발명에 많은 공헌을 했던 보헤미안적인 생활 방식은 공식적인 화가들과 조각가들의 안정된 생활과, 부르주아적 생활의 따분함에 반대하여 세공된 셈이다. 삶의 예술을 가지고 하나의 예술 작품으로 만든다는 것, 그것은 그 생활이 문학 속으로 들어가게 할 소지를 주는 것이다. 하지만 보헤미안적인 문학적 인물의 발명은 단순히 문학적인 사실에 그치는 것이 아니다. 뮈르제와 샹플뢰리로부터 발자크 그리고 『감정 교육』의 플로베르까지, 소설가들은 보헤미안적인 개념을 발명하고 유포하면서 새로운 사회를 대중적으로 인식시키는 데 크게 기여했고, 그의 정체성, 가치, 규범 그리고 신화를 만드는 데 공헌했다.[17]

당시로서는 보헤미안의 문화·경제적 정체성이 제법 독특하게 보였을 수 있다. 왜냐하면 그들은 당대의 계급 분할에 도전장을 던졌기 때문이다. 그들은 스스로를 소외 계층이라고 생각해 민중 계층과 동조하면서 노골적으로 부르주아 관습을 비웃고, 특히 졸부들의 우스꽝스러운 행태들을 조롱하면서 귀족적인 자태를 뽐냈다. 하지만 그들은 민중 계급이 상상도 하지

17 부르디외, 『예술의 규칙』, 83~84면.

못할 낭비를 감행하는가 하면, 부르주아들이 엄두도 내지 못할 도발적인 의상과 파괴적인 쾌락을 만끽하기도 했다. 처음으로 유럽은 데카당스를 목격하게 되는 것이다. 그들이 바로 보들레르, 랭보, 베를렌이다.

어쨌든 19세기 말 문학은 정치·문화적 이데올로기적 분류와 대립의 장으로 거듭난다. 즉 좌파와 우파, 살롱과 카페 문학의 대립, 염세적 극단주의와 신중한 개혁주의의 대립이 계급의 개념과 일치하면서 전면으로 부각되기에 이른다(이미 잘 알려진 것처럼 대다수 상징주의자들이 경제 자본의 풍부한 계층이었던 반면에 데카당들은 그렇지 못했다). 이 문제를 분석한 부르디외는 당시의 문학·정치 이데올로기적 분포를 다음과 같은 도표로 정리했다.[18]

19세기 말 문학 장들

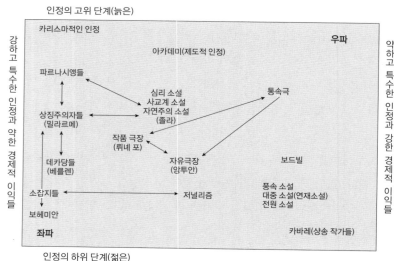

출처: 부르디외, 피에르, 『예술의 규칙』, 동문선, 1999, p. 85.

19세기에는 수많은 사건들이 있었지만 보헤미안의 출현은 나름의 역사적 의미를 갖는다. 이유는 그들이 제3의 계층을 탄생시킨 동시에 문학을 〈무기〉로 삼아 기존 질서 뒤에 숨어 있는 모순들을 고발함으로써 특히 예술을 단순한 직업이 아니라 삶의 방식으로 승격시켰기 때문이다.[19] 혹자는 고대 그노시스의 숨결이 되살아났다고 말할 수도 있겠지만 예술을 무기로 삼아 이데올로기적 투쟁에 뛰어드는 사건은 근대사에서 처음 일어나는 일이다.[20] 어쨌든 이 사건은 투쟁의 도구로서 예술의 선택이자 예술의 정치 이데올로기화를 의미하며 이는 20세기의 아방가르드와 록 음악 그리고 반문화 정신의 확고한 뿌리가 된다.

　이처럼 간략하게나마 미적 이데올로기의 변화를 살펴본 이유는 그것이 시대적 산물이라는 점을 부각시키기 위해서였다. 시대가 바뀌고 권력의 역학 관계가 바뀌면 미의 기준도 바뀌며, 사람들은 항상 그런 기준에 충실했다. 이는 결국 미에 대한 보편적인 기준이 존재하지 않는다는 사실을 의미한다. 19세기에는 풍만한 여성이 아름답게 보였고 수많은 화가들이 그런 여성

18　부르디외, 앞의 책, 168면. 이 도표에서 인정 수위의 차이는 예술가들 세대의 문체와 생활 스타일에 따르는 차이이며 그것은 다시 〈신참〉과 〈고참〉, 문체의 〈독창성〉과 〈완벽성〉의 차이이기도 하다. 경제적 이익은 작품이 가져다주는 수익을 가리킨다.

19　〈문학적이고 예술적인 보헤미안의 세계를 탄생시킨 문화적 혁명은 이 거대한 이교주의자들이 모든 세계관과 분리의 원칙들을 뒤집겠다는 의지 속에서, 이제 형성되기 시작하는 예술 세계 속으로 들어가면서, 그곳에서는 모든 것이 가능하다는 것을 묵시적으로 받아들인 사람들의 지지는 아니더라도 관심으로 기대했기에 성공할 수 있었다.〉 부르디외, 앞의 책, 87면.

20　그노시스주의는 고대 그리스 때 등장한 사조. 에코는 그노시스를 다음과 같이 설명한다. 〈실수로 창조된 세계는 낙태한 우주이며 이러한 낙태에서 최초의 재난은 다름 아닌 영원의 기형적 모방, 즉 시간이다. 교부 신학이 그리스 합리주의와 유대교의 메시아 신학을 화해시키려고 섭리적인 역사 방향의 개념을 구상한다면 그노시스주의는 시간과 역사를 향해 거부의 신드롬을 궁리한다. 그노시스주의자는 자신이 이 세상에 버려진 존재이며 존재함은 악이라고 외친다. 낙심하는 만큼 그노시스주의자는 더욱 강렬한 흥분과 복수의 욕구에 사로잡힌다. 동시에 그는 스스로를 우주의 음모 때문에 임시로 유배된 신성의 불꽃이라고 생각한다.〉 에코, 『해석의 한계』, 63면.

의 몸을 그렸다. 왜냐하면 당시에는 다산성이 여성의 미덕이었기 때문이다. 하지만 유아 사망률이 급격히 줄어들고 개인주의가 현대의 새로운 가치관으로 자리매김하자 여성의 풍만함은 신체적 콤플렉스로 탈바꿈했는데 이런 기준 또한 영원하고 불멸한 것이 아니다. 단지 사람들의 시각이 바뀌었을 뿐이다. 이렇게 미에 관해서도 이데올로기는 일종의 색안경인 셈이다.

현대의 미와 이데올로기

미의 일반적 기준의 변화가 형식 탐구(고대) ─ 신성의 미(중세) ─ 자연미(르네상스) ─ 치장미(17세기) ─ 숭고미(18세기)로 이어졌다는 점을 인정한다면 그것은 결국 미적 이데올로기들도 반동의 투쟁을 거듭했다는 의미로 풀이될 수 있다. 흥미로운 점은 이런 반동의 주기가 갑자기 짧아지면서 19세기부터는 상호 대립적 세력들이 더욱 가시화되고 동시대 안에서 충돌하기 시작한다는 것이며 이런 현상은 20세기 중반까지 이어진다. 경제적 헤게모니는 역시 자본주의의 손안에 있지만 타이태닉호의 침몰이 상징하듯 자본주의는 나름의 시련을 겪는다. 게다가 과학에 대한 절대적인 신뢰도 제1차 세계 대전을 겪으면서 큰 상처를 받으며, 유럽은 미국에 절대 권좌를 내주고 소련은 서방 선진국들의 공포의 대상이 된다. 이렇게 좌우익의 대립과 냉전, 보수와 진보의 대립뿐만 아니라 제3세계의 탄생, 석유 전쟁, 인종 청소, 대량 학살 무기, 미디어 파워 등의 문제들이 20세기를 가득 채운다.[21]

21 20세기의 대표적인 사건들만 나열해도 다음과 같다. 1914년 전: 멕시코 혁명, 러일 전쟁과 한국의 식민지화, 타이태닉호의 침몰⋯⋯. 1914~1945년: 제1차 세계 대전, 아르메니아 대량

이런 상황에서 미의 기준도 소용돌이친다. 인구 폭발로 인해 건축 수요가 급증하고 대도시 외곽들이 확대되면서 빈부의 차이는 더욱 가시화된다. 좌익 세력의 확장은 옛 귀족과 부르주아들을 단합하게 만들고 그들이 〈아름다운 시대Belle époque〉를 만끽하는 동안 데카당스는 다다이즘과 초현실주의를 앞세워 자신의 정체성을 더욱 확고히 드러낸다. 이런 대립의 완충적 공간을 미래파가 차지하면서 미래에 대한 낙관론이 고개를 들지만 프리츠 랑Fritz Lang은 미래를 디스토피아적인 관점에서 조명함으로써 근본적인 반론을 제기하기도 한다. 그런 와중에 철과 유리가 건축 미학의 핵심이 되고 예술은 산업 및 공업과 혼합되면서 모든 재료의 사용을 허용한다(마르셀 뒤샹). 아르 누보Art nouveau가 산업화에 반기를 들기도 하지만 아르 데코Art Déco는 산업적 미를 찬양하기도 한다. 보헤미안들은 도발의 미를 개척하기 위해 새로운 재료 탐구(레디메이드 또는 오브제 트루베Objet trouvé), 형식 파괴, 노골적인 비아냥거림을 일삼으며 대중과의 소통을 시도한다. 재즈가 대중음악에 합류하고, 영화의 급격한 발전도 그것을 오락과 예술로 나눈다. 연극도 수많은 실험을 통해 현대성을 표현하고자 한다. 세르주 포셔로Serge Fauchereau가 말하듯이 20세기는 〈칸딘스키와 프로이트, 지드A. Gide와 파운드 E. Pound, 마티스와 폴록, 프리츠 랑과 스트라빈스키를 비롯해서 입체파들과 구성주의자들, 영화인과 팝 아티스트, 누보로망, 누벨바그 등이 교차하는 시대이다〉.[22]

학살, 러시아 혁명, 제3차 인터내셔널 공산주의 선언, 파시즘의 탄생, 스페인 내전, 중일 전쟁, 원폭 투하(히로시마, 나가사키)……. 1945~1973년: 최초의 달 상륙(닐 암스트롱), 한국 전쟁, 이스라엘 독립, 유럽 연합, 탈식민지화, 냉전, 베트남 전쟁, 녹색 혁명, 프라하의 봄, 프랑스 5월 혁명……. 1973~2000년: 제1차 석유 파동(1973), 이란 혁명(1979), 제2차 석유 파동(1979), 체르노빌 원전 사고(1986), 베를린 장벽 붕괴(1989), 소비에트 연방 해체(1991), 걸프전(1990~1991), 르완다 제노사이드(1994), 유고슬라비아 전쟁(1991~2001)…….

22 Fauchereau, S. *Hommes et mouvements esthétiques du XXe siècle*, 인터넷 자료.

그럼에도 20세기 초·중반을 지배한 패러다임은 모더니즘이다. 이 시기는 또한 민중의 시대라고 보아야 할 것이다. 15세기부터 대도시로 몰려든 대중은 점차 학력과 수입이 높아지면서 정보를 공유할 수 있는 몇 가지 미디어도 갖게 되었고 특히 그들을 대변하는 지식인, 예술인, 정치인도 생겨났기 때문이다. 그러나 20세기 중반으로 접어들면서 이런 상황은 조금씩 바뀌기 시작한다. 대중은 대량 생산을 위한 노동력을 제공할 뿐 아니라 과잉 생산의 소비도 책임져야 하는 입장에 서게 된다. 소비의 시대가 열린 것이다. 이런 변화는 18세기 말부터 조짐을 보였지만 실제로 그것이 하나의 강력한 이데올로기, 즉 소비의 이데올로기로 자리 잡는 데에는 미디어의 힘이 필요했다. 소비의 시대를 여는 결정적인 미디어는 텔레비전이다. 소비의 미(덕)가 가져온 가장 큰 변화는 그것이 이데올로기적 대립들을 대거 잠재웠다는 것이다. 뉴 미디어의 소유주들이 부르주아 혹은 지배층이라는 점을 생각하면 이는 결코 우연이 아니다. 소비가 활발해질수록 그 이윤도 생산 — 유통 — 홍보를 담당하는 부르주아지에게 돌아갔으며 심지어는 미디어를 통해 새로운 소비도 창출할 수 있게 되었고, 이를 위해서는 더욱 확실한 호소력과 대중성이 보장되는 미디어가 개발되어야 했다. 때문에 신보수주의의 승리로 이어지는 이런 변화는 근본적으로 미디어의 절대적인 영향력 확보와 직결된다. 이처럼 미디어는 오늘날 중세의 신을 대신하게 되었고 백화점은 성당을 대신하게 된 것이다. 에코는 이렇게 말한다. 〈아방가르드의 미술 전시회를 관람하고, 《이해 불가능한》 조각품들을 구입하고, 치장을 한다. 또는 해프닝에 참가한 사람들이 유행하는 패션이 지시하는 바에 따라 옷을 입고 치장을 한다. 그들은 패션과 잡지, 영화, 텔레비전이 제시하는, 다시 말해 매스 미디어가 제시하는 미의 모델에 따라 청바지와 유명 메이커의 옷을 입고, 화장하고, 머리 모양을 바꾼다. 그들은 상업적인 소비 세계, 즉 아방가르드가 50년을 넘게 싸워 온 바로 그 세계가 제시하는 미의 이상을 따르는 것이다. 이와 같은 모순을 어떻게 해석해야 할까? 설명할 방법을 찾을 수가 없다.〉[23] 과연 설명이 불가능한 걸까? 정보의 홍수는 사람들을 무감각하게 만들었다. 더 나아가 각종 모순을 받아들이게 만들었다. 오만 가지 사건들이 보도되고 웬만한 것은 이제 충격이나 감동을 주지 않는다. 대형 사고가 뉴스에서 보도되자마자 텔레비전 화면은 감미로운 광고로 채워진다. 미국의 어느 편의점에서 일어난 강도 사건을 보도하고 나서 한참 뒤에 뉴스가 거의 끝날 무렵 소말리아에서 주민 몇십 명을 죽인 화재 사고를 보도한다. 이제 미디어는 아무렇게나 말해도 되는 것이다. 그만큼 대중은 길들여졌고 아무거나 다 삼킬 준비가 되었다. 그냥 소비만 할 수 있으면 행복할 따름이다. 그야말로 20세기는 모순의 시대다. 마티즈를 타고 다니는 시간 강사 남편에게 기어코 그랜저를 선물 받는 아내, 남자 친구와 새벽에 섹스를 하고 오후에는 맞선 보러 가는 여자, 쓰나미가 인도 동부 해안까지 덮쳤을 때 생긴 고아들의 장기를 팔아먹는 자들(2005년 2월 독일 TV), 대량 학살 무기가 없다고 유엔이 두 차례나 공식 발표해도 이라크를 침공하는 미국(2003년 5월), 그걸 바라보는 우리들……. 나는 이데올로기에는 불가능이란 없다는 허무주의적인 사실을 합리화하는 수단이 결국 이데올로기가 아닌지 자문해 본다.

어떤 사람이 무언가를 보고 아름답다고 느낀다면 그것은 그의 권리이자 행복이다. 프로이트는 〈미를 즐기는 것에서 인생의 행복을 찾는 흥미로운 사례를 생각할 수 있다〉라고 말한다. 그에 따르면 〈이 경우의 미는 우리의

---

23 에코, 『미의 역사』, 418면.

감각과 판단에 아름답게 느껴지는 모든 것 — 인간의 모든 모습과 몸짓의 아름다움, 자연물과 풍경의 아름다움, 예술 작품과 과학적 창조물의 아름다움 — 이다. 삶의 목표에 대한 이 미학적 태도는 고통의 위험으로부터 우리를 거의 보호해 주지 못하지만, 많은 것을 보상해 줄 수는 있다. 미를 즐기는 것은 감각을 가볍게 도취시키는 독특한 성질을 갖고 있다. 미 자체는 사실 두드러진 쓸모가 전혀 없다. 미에 대한 문화적 필요성도 분명치 않다. 그러나 미가 없이는 문명이 존속할 수 없을 것이다〉.[24] 하지만 미의 기준은 지속적으로 변해 왔다. 19세기에는 풍만한 몸매가 아름답게 보였지만 지금은 극도로 마른 여성들만 패션 잡지를 장식하고 있다. 같은 사회에서도 풍경화를 좋아하는 사람과 추상화를 좋아하는 사람이 있다. 결국 미의 기준은 절대적인 것이 아니다. 그 기준은 시대와 계층에 따라 바뀌어 왔을 따름이다. 단지 현대 사회에는 미의 기준이 미디어의 영향력에 있다는 점이 예전 시대와의 차이라고 할 수 있을 것이다. 달리 말하면 미적 이데올로기도 통제된다고 할 수 있다.

24 프로이트, 『문명 속의 불만』, 265면.

2. 성

  인간에게 성은 무엇인가? 그것은 정체성이자 삶의 원동력이지만 무엇보
다도 종족 보존과 쾌락을 위해 인간에게 주어진 본능과 그것에 기초하는
관념 체계다. 당연히 동물에게도 성적 본능이 있다. 단지 동물에게 성은 종
족 보존을 위한 수단에 그친다. 인간은 오히려 정자와 난자의 만남을 피해
가면서 더 많은 섹스를 한다. 쾌락을 위해 섹스를 즐기기 때문이다. 만약
성의 쾌락적 요소가 없었다면 섹스 행위는 오로지 후세를 갖기 위한 힘겨
운 몸부림에 그쳤을 것이다. 만약 그렇다면 성과 관련된 금기 사항이나 문
화와 시대에 따르는 이데올로기적 차이도 거의 없었을 것이다. 하지만 우
리 모두가 잘 알고 있듯이 성은 인간의 가장 복잡하고 변덕스러운 이데올
로기의 포섭 대상이었고 지금도 변함이 없다.
  이 때문에 보편적 성은 생식 중심의 생존형 이데올로기의 테두리 안에서
충분히 파악될 수 있는 반면에 문화적 성은 주로 쾌락 중심의 섹스와 정체
성 문제이자 젠더로서 항상 통제의 대상이 되어 왔다. 혹자는 이 두 가지
성을 구분할 필요가 없다고 반론할 것이다. 하지만 오늘날에도 몇몇 문화

또는 소수 종족, 심지어 일반 개인은 아직도 보편적 성의 관념만을 가지고 살고 있다. 할례 의식까지 언급하지 않더라도 아직도 이슬람과 힌두교 일부 문화권에서는 조선 시대와 마찬가지로 여성들은 장차 남편이 될 사람의 얼굴도 모른 채 결혼해야 한다. 당연히 이런 혼인의 조건은 신부의 처녀성이며 목적은 다산성을 통한 노동력과 사회적 영향력 확보에 있다. 이 두 조건이야말로 반쾌락주의(또는 쾌락 억제)를 전제로 한다고 할 수 있다. 하지만 문화적 성의 영역에서도 생식 본능이 완전히 사라진 것은 아니다. 본능은 단지 문화적으로 포장되었다고 할 수 있다. 의상의 일차적 역할은 외부로부터 신체를 보호하는 데 있지만, 이제는 디자인을 중심으로 다양한 옷을 구입하는 것처럼 성의 문화적 측면이 더 중요해졌다고 할 수 있다. 구체적으로 말하자면 이성 파트너에게서 느끼는 성적 매력 중에는 (잠정적인) 후세를 위한 무의식적인 선택 기준이 아직도 작용한다고 할 수 있겠지만 이제는 그 기준 자체가 문화적으로 결정될 따름이다. 때문에 사람에 따라 그 기준은 외모(체형, 얼굴), 경제력, 문화적 취향 등으로 다양하게 분포된다. 이렇게 현대인의 성은 다양성으로 특징 지어진다. 즉 유럽, 미국, 한국, 태국, 아프리카, 중동, 티베트에서도 각기 다를 뿐만 아니라 동일 문화권에서는 물론이고 시대에 따라서도 제각각 다르다. 사회가 다르고 삶이 다르며 역사(생식의 성이 문화로 포장되는 과정), 종교, 위생 조건, 교육 수준 등이 다르기 때문이다. 한마디로 이데올로기와 이데올로기화의 조건이 다르기 때문이다.

따라서 모든 이데올로기는 상대적이라는 전제하에 오늘날의 성적 이데올로기를 보다 객관적으로 이해하기 위해 그것의 역사적 변천으로 간략하게나마 살펴볼 것을 제안한다.

고대의 성적 이데올로기

오늘날의 관점에서 보면 고대 그리스와 로마의 성적 가치관은 참으로 자유분방했다. 특히 동성애에 대한 너그러운 태도는 현대인들을 조금은 어리둥절하게 한다(4세기경에 인도에서 『카마수트라』가 작성되는 시기도 놀라움을 자아낸다). 고대 그리스와 로마 사회는 엄청난 부를 기초로 한 예술의 부흥, 문학적 탐구의 사회였고 많은 식민지를 정복함으로써 일손도 넘쳐 났다. 사회 계급은 기본적으로 자유인과 노예로 구분되었다. 자유인 중에서 지배계층은 흘러넘치는 부과 시간을 유흥에 써버릴 수 있었다. 게다가 고대 그리스와 로마의 전성기는 기독교 이전의 문명으로, 특별한 종교·윤리적 제약도 없었다. 이런 환경에서 술과 음식은 남아돌았고 그 잉여의 에너지는 과감한 성적 상상력과 모험을 허용하게 만들었으며 당연히 쾌락주의는 극단으로 치닫게 되었다. 하지만 나름의 규칙을 정하려는 노력도 없진 않았다. 그중 흥미로운 것은 고대 로마인들이 세 개의 대립적 기준, 요컨대 애정의 자유 대 절대적인 부부애, 능동성 대 수동성,[25] 자유 시민 대 노예라는 기준을 준수했다는 점이다.[26] 이런 기준에 따르면 자유인의 맹종적이고 수동적인 쾌락은 치욕으로 간주되었다. 오늘날에는 이 모든 것이 참으로 자의적이고 이상야릇하게 보인다. 특히 능동성/수동성과 시민/노예의 구분이 그렇다. 하지만 이것은 당시의 성적 이데올로기를 엿볼 수 있는 요소들이므로 좀 더 자세히 살펴보아야 한다. 우선 폴 베인Paul Veine을 인용해 보자.

---

25 이 텍스트에서 사용되는 〈수동성〉과 〈능동성〉은 남성 간의 동성연애에서 각각 〈여자 역할〉과 〈남자 역할〉을 의미한다.
26 폴 베인, 「고대 로마와 동성애」, 아리에스, 『성과 사랑의 역사』, 47면.

남성애에 대해 관대함을 표명했던 다수의 대변인으로서 아르테미도르 Artémidore는 아내와 애첩을 비롯하여 남녀 노예와 가질 수 있는 이른바 〈규범에 걸맞은 관계〉를 구분한다. 그렇지만 〈자기 노예에게 몸을 바치는 것은 좋지 않다. 왜냐하면 그것은 명예 훼손이자 노예로부터 멸시받을 일이기 때문이다〉. 이렇게 규범에 위반되는 것이 불륜이다. 그리고 자연을 위반하는 행위로는 수간(獸姦), 시간(屍姦), 신간(神姦)도 지적되었다.

이처럼 고대인에게 수간, 시간, 신간은 금지되지만(하지만 언급된다는 점도 중요하다) 동성애는 꽤나 성행했다. 그러나 무엇보다 중요한 것은 상대가 아내든 애첩이든, 자유인이 성적 관계를 가질 때는 규범을 지켜야 하는데 그것은 다름 아닌 능동성을 유지해야 한다는 것이다. 여러 자료를 보면 로마 사회는 동성애자를 밝히는 문제에는 별 관심을 갖지 않았다는 점을 확인할 수 있다. 대신 당시의 사람들은 성적 취향과는 상관없이 무기력을 드러내는 자들을 혐오했다.

이 모든 것은 우리를 어리둥절하게 하는 또 다른 강박 관념을 설명한다. 예컨대 사람들의 호기심을 자극했고 요즘 노래들이 비난하는 〈호모〉만큼이나 수치스러운 성적 행위가 있었는데 그것은 다름 아닌 〈펠라티오 또는 구음(口淫)〉이다. 이렇게 역사가는 펠라티오도 언급해야 하는 것이다. 왜냐하면 그것은 고대 그리스와 로마 시대의 텍스트에 수도 없이 등장할 뿐만 아니라 무엇보다 역사가는 자신이 살고 있는 사회에 가치관의 상대성을 일깨워 주어야 하기 때문이다. 어쨌든 펠라티오는 절대적인 치욕이었으며 자료에 따르면 몇몇 사람들은 차라리 수동적인 남색임을 고백함으로써 그들의 치욕을 나름대로 완화시키려 했다. 한 예로 우리는 타키투스Tacitus가 기술하는 끔찍한 장면을 들 수 있다. 여기서 네로는 아내 옥타비아의 간통을 고백받기 위해 그녀의 하녀를 고문하게 한다. 그 하녀는 여주인의 명예를 지키기 위해 모든 고문을 이겨 내면서 형사에게 다음과 같이 외친다. 〈옥타비아의 보지는 너의 주둥아리보다 깨끗하다!〉 이런 발언은 중상모략자보다 더 더러운 것이 없다는 의미로 들릴 수 있다. 그러나 그건 잘못된 판단이다. 여기서 하녀는 형사를 가장 치욕적인 괴물로 취급하고 그 모든 치욕은 펠라티오라는 행위로 완성된다고 말하는 것이다.

결국 성적 규범의 기준은 제국주의적인 남성 우월주의를 중심으로 만들어졌던 것이다. 즉 능동성만이 남성적이라는 등식만을 수용하고자 했다. 때문에 비록 노예 신분일지라도 검투사들은 엄청난 인기를 누릴 수 있었던 것이다. 따라서 수동적인 동성애를 일삼는 남성은 비록 자유인이라도 엄청난 경멸을 감수해야 했고 이들은 〈파렴치한impudicus〉으로 낙인찍혔다. 군대에서도 수동적인 동성애자들을 쫓아냈고, 황제 클라우디우스 1세는 사형수들의 목을 치게 하는 날 사형 집행인의 검을 더럽힌다는 이유로 〈여자의 교태〉를 부리는 색골들은 살려 주기도 했다.

노예도 미소년도 애첩도 다 좋은데 단지 성적으로 지배해야 한다는 논리는 오늘날의 기준과 다르다. 하지만 그것만이 강인한 제국주의적인 남성의 권위를 지키는 태도이자 의무였던 것이다. 오늘날의 마초 정신도 나름의 원조를 갖는 셈이다. 이렇게 우리는 절대적인 남성 우위의 사회가 만들어 내는 성적 이데올로기의 모순이 어디까지 이르는지를 목격할 수 있다. 그러나 오늘날 절대 불가침의 일부일처제와 그것을 유지하기 위해 존재하는 룸살롱, 안마 시술소, 골프·섹스 관광, 티켓 다방, 모포 부대, 박카스 아줌마의 매춘 시스템을 먼 훗날에 누군가 서술한다면 미래의 사람들도 어리둥

절할 것이다.[27]

중세의 성

역사는 거듭되는 반동의 에너지를 생명력으로 갖는 듯하다. 고대의 쾌락
주의는 역시 중세의 금욕주의로 이어지기 때문이다. 물론 중세 가치관의
전반은 기본적으로 열악한 사회 환경에서 살아남기 위한 생존 이데올로기
에 기초하지만 이 시대만큼이나 금욕을 강조한 시대를 찾아보기는 어렵다.
치안의 부재, 무지와 굶주림으로 인해 사람들은 가톨릭교회에 절대적으로
의지하고 모든 이데올로기는 교회의 교리에 복종하게 된다. 수도원을 중심
으로 전파되는 금욕주의는 교만, 탐욕, 음란, 분노, 탐식, 질투, 게으름을 나
열하는 〈일곱 가지 죄악〉을 천명한다. 죄악의 이런 목록은 5세기에 카시아
누스Cassianus가 선포하여, 6세기에 교황 그레고리우스 1세가 공식 채택하고
13세기에 토마스 아퀴나스Thomas Aquinas에 의해 최종적으로 완성되기에 이
른다. 따라서 이 교리는 중세를 가로질렀다고 할 수 있다.[28]
　하지만 〈일곱 가지 죄악〉을 나열하는 것으로만 중세의 금욕주의를 이해
할 수 없다. 왜냐하면 얼핏 보았을 때 이 목록 자체는 그냥 건전한 삶의 지

27　모포 부대는 예비군 동원 훈련 때 매춘을 일삼는 여성을 가리키며, 박카스 아줌마는 고속
도로 주변에서 트럭 운전사들을 대상으로 하는 매춘 여성을 가리킨다.
28　카시아누스(360~433)는 지중해 교회의 수도승으로서 중대한 교리주의적 저술과 강연
(*De Institutis coenobiorum et de octo principalium vitiorum remediis, Conlationes*)을 남겼으며
그의 사상은 5세기 이후부터 지금까지의 수도원 생활의 지침이 되었다. 토마스 아퀴나스
(?1225~1274)는 중세 그리스도교의 대표적 신학자이자 스콜라 철학자이다. 또한 그는 자연 신
학의 으뜸가는 선구자이며 로마 가톨릭에서 오랫동안 주요 철학적 전통으로 자리 잡고 있는 토
마스학파의 아버지이기도 하다.

침 정도로 보이기 때문이다. 그보다는 그 기저에 깔린 이데올로기를 파헤쳐야 한다. 이 때문에 카시아누스의 금욕주의를 연구한 바 있는 미셸 푸코는 일곱 가지 죄악의 목록보다는 각각의 죄악이 연결되는 방식에 주목했다. 그에 따르면, 무엇보다도 성욕이 유발하는 연쇄 작용에 주목해야 한다. 모든 죄악은 원인의 사슬로 이어진다는 점이 이 목록의 핵심인 셈이다. 다시 말해 그 사슬은 성욕을 일으키는 탐식에서 시작하는데, 탐식과 성욕은 세속적인 재산에 집착하게 하는 탐욕을 유발하고, 탐욕은 적대 관계와 싸움과 분노를 낳게 한다. 그리고 탐욕과 분노는 수도원 생활의 포기와 혐오를 유발하는 우울증으로 이어질 수 있다는 것이다. 이 같은 연쇄의 근원을 물리치지 않으면 결코 악덕을 이겨 낼 수 없다는 것이 〈일곱 가지 죄악〉의 심층적 의미이다. 〈첫 번째 실패는 그다음 실패로 이어진다. 하나의 악덕을 이겨 내면 또 다른 악덕들도 힘을 잃는다〉는 것이다. 모든 악덕의 근원으로서 탐식과 성욕의 짝은 〈그림자로 세상을 뒤덮는 거대한 나무〉를 뿌리째 뽑듯이 완전히 제거해야 하는 것이다. 바로 여기에 탐식을 이겨 내고 궁극적으로는 성욕을 없애는 것이 단식의 진짜 이유이다. 한마디로 원인의 사슬은 탐식과 성욕에서 시작하기 때문에 바로 그것들에 대한 금욕 훈련이 기본이 되어야 한다는 것이다. 이렇듯 중세와 수도원 생활에서 성욕은 가장 경계해야 하는 죄악의 근원이었다. 카시아누스의 여러 문헌을 분석한 푸코는 이렇게 말한다.

여러 죄악 중에서 성욕만이 근본적으로 선천적이고 생리적이며 육체적인 악덕이다. 영혼에서 탐욕과 교만을 없애야 하듯이 육체에서 성욕을 완전히 제거해야 하는 것이다. 그렇기 때문에 성욕은 우리로 하여금 육체를 초월하면서도 그 안에서 살 수 있게 하는 근본적인 금욕의 대상이 아닐 수 없다. 〈육체 속에 머물면서도 그것에서 해방되는 것이다.〉 이렇게 성욕에 대한 투쟁은 현세에 살면서도 자연을 넘어설 수 있는 계기가 된다. 이런 투쟁은 〈현세의 진흙탕〉에서 우리를 구해 준다. 또는 이 세상에 살면서도 이 세상의 삶이 아닌 것을 살게 한다. 성적 금욕은 가장 근본적인 금욕이며 그렇기 때문에 그것만이 현세의 우리를 가장 드높은 선민(選民)으로 만들어 줄 수 있다. 이 금욕은 오염될 수 있는 육체에서 해방된 성자들이 가질 수 있는 천국의 시민권을 우리의 〈하찮은 육체에게〉 부여한다.[29]

이렇게 성욕은 일곱 가지 죄악 중에서도 특별 관리 대상이었던 셈이다. 그런데 성욕은 누굴 대상으로 하는가? 사실 대상은 없었는데 바로 이 점이 중세 초기 금욕주의의 본질을 말해 준다. 성욕은 십계명에서 나오는 그런 성욕, 예컨대 〈간음하지 못한다〉 내지는 〈네 이웃의 아내나 남종이나 여종이나 소나 나귀 할 것 없이 네 이웃의 소유는 무엇이든지 탐내지 못한다〉보다 훨씬 더 근본적이다. 왜냐하면 그것은 영혼의 금욕을 명하기 때문이다. 푸코가 거듭 강조하듯이, 카시아누스가 제시하는 순결 투쟁의 본질은 구체적인 성행위나 성관계 차원 밖에 있는 목적을 겨냥한다. 즉 그것은 두 사람 간의 성교와는 다른 차원의 문제라는 말이다. 한마디로 카시아누스는 순결의 투쟁 대상들을 나열하려 한 것이다. 이런 투쟁의 첫 번째 단계는 다음과 같다. 잠에서 깨어 있을 때에도 수도사는 〈육욕의 공격〉에 꺾이지 않는다(즉 의지를 넘어서는 영혼의 충동이 없다는 말이다). 두 번째 단계는 〈호색적인 생각들〉이 떠올라도 그것을 간직하지 않는다(수도사는 무의식적으로 떠올린 것을 가볍게 넘겨야 한다). 세 번째 단계는 외부 세계의 지각이 더 이상 색욕으

29 푸코, 「순결의 투쟁」, 아리에스, 『성과 사랑의 역사』, 32면.

로 연결되지 않는 단계를 의미한다(이는 여자와 눈을 마주쳐도 어떤 탐욕도 느끼지 말아야 한다). 네 번째 단계는 밤샘을 하면서도 육체의 어떤 〈순진한〉 동요도 느낄 수 없는 단계를 의미한다. 다섯 번째 단계는 강연이나 강의 내용이 인간의 생식 기관과 관련 있을 때도 정신은 어떤 호색적인 자극에도 흔들리지 않아야 하며 그것을 순수하고 평온하게, 즉 단순한 작품이나 자연 현상으로 받아들여야 한다. 마지막 단계는 〈꿈속에 나타나는 여자 귀신의 유혹〉에도 어떤 환상을 일으키지 않는 단계이다. 이런 투쟁의 목적은 결국 〈정신적 거세〉였던 것이다.

카시아누스는 수도승들을 대상으로 글을 썼다. 따라서 일반인들의 성 가치관에 이런 교리가 어떤 영향을 미쳤는지는 정확히 가늠하기가 어렵다. 당시 거의 모든 자료의 출처는 수도원과 교회이다. 하지만 지금까지의 중세 연구들은 교회가 당시의 사회를 완벽하게 지배했다는 사실을 인정하며 그것은 교회가 배포한 온갖 법규들의 내용과 수행적 측면에서도 확실하게 나타난다. 예를 들어 장루이 플랑드랭Jean-Louis Flandrin이 조사한 바 있는 다양한 금지 사항들을 보면 교회의 힘을 충분히 짐작할 수 있다.

교회는 연인들의 정열적인 성교와 상반되는 이성적이고 절제된 부부 관계에 대한 합법성을 적합한 시간과 장소에 제한해서 인정했다. 한 예로 단식이나 축제 기간 중에 갖는 부부 관계는 불순한 것으로 간주되었다. 그리고 월경 시기나 출산 후 40일까지를 포함하여 임신과 젖먹이기 동안의 성관계도 금지되어 있었다. 월경 시기나 출산 직후의 성교는 여자와 아이에게 위험하다는 이유로 12~13세기부터 금지되기 시작했다. 뿐만 아니라 16~18세기의 신학자들은, 아이에 대한 각별한 애착을 이유로 젖 먹이는 기간 동안의 성교를 금지시켰다. 다른 한편 13세기에는 단식과 축제일이 1년에 273일을 차지했으며 16세기에 이르러 이런 날들은 120~140일로 줄어든다. 그리고 중세 초기에는 이런 날에 갖는 성교를 중죄로 취급한 반면에 중세 말기부터는 단지 자제해야 하는 행위로 바뀐다. 반대로 교회나 공공장소에서의 성교는 예전에 비해 더욱 무거운 죄로 취급되었다. 이는 단식과 축제일의 신성함이 약화되는 현상과 반비례하는 현상, 즉 성적 수치심의 강화와 신성한 장소의 가치 부여와 관련이 있는 듯하다.[30]

한마디로 성관계는 거의 완전히 금지되었던 셈이며 바꾸어 말하면 유일하게 허용된 건 종족 보존을 위한 성교밖에 없었던 것이다! 그러나 또 한 가지 주목할 점이 있다. 단식과 축제일에 성교가 금지되었다는 것의 수행적 의미는 〈교회는 그런 금지령을 내릴 수 있다〉는 것이다. 이는 마치 한국에서 1970년대 인구 억제 정책을 추진하면서 〈아들딸 구별 말고 둘만 낳아 잘 키우자〉라는 벽보가 전국을 뒤덮었던 것과 비교될 수 있다. 즉 행정 기관으로서 정부가 이런 프로파간다를 일삼을 수 있다는 것의 수행적 의미는 그만큼 국민을 확실하게 다스렸다는 증거가 되는 셈이다. 앞서 살펴본 〈일곱 가지 죄악〉이 공론화되는 시대는 5세기이다. 종교 축제일 동안의 성교 금지는 13세기 이야기다. 7백여 년이라는 세월 동안 성을 옥죈 금욕주의는 위세를 떨쳤거나 적어도 그렇게 믿을 수 있는 요소들이 제법 많은 편이다. 이런 이데올로기가 실제로 얼마나 위력을 발휘했는지는 정확히 가늠하기가 쉽지 않지만 분명한 것은 7백 년 사이에 인구도 줄어들었다는 사실이다. 물론 인구 감소에는 위생과 기아의 문제도 있었겠지만 당시의 지배 이데올로기도 한몫했다는 것은 명백한 사실로 보인다.

30 플랑드랭, 『구시대 부부들의 성생활』, 아리에스, 『성과 사랑의 역사』, 165~166면.

르네상스: 관능의 발견

중세 이후 르네상스의 모토는 인간이다. 미술에서는 자연미를 찬양하기
위해 나체가 전면에 나서고, 사람들은 교회의 절대 독재에서 벗어나면서 인
본주의를 발견한다. 생산과 교환이 활기를 띠고 새 시대에 대한 낙관과 희
망이 사람들에게 자신감을 심어 준다. 드디어 인간은 신으로부터 자유를
되찾기 시작한다. 사실 르네상스는 인류 역사상 가장 위대한 혁명 중 하나
이다. 푹스가 말하듯이 〈르네상스는 근대에 나타난 가장 뛰어난 혁명의 시
대였다. 그 혁명은 그 의미의 심오함과 과대함에 있어서도 뛰어난 것이었
다. 왜냐하면 그것은 문명 유럽 전체를 휩쓸어 당시에 등장한 새로운 원칙
이 도처에서 압도적으로 관철될 때까지는 결코 그 막을 내리지 않았기 때
문이며 또한 고대의 붕괴와 종말 이후 처음으로 최고의 시대를 유럽 사람
들에게 열어 주었기 때문이다. 그것은 실로 인간사의 탄생이기도 하였
다〉.[31] 푹스는 이 시대의 예술과 진리 탐구에 대해서도 다음과 같은 멋진 비
유를 아끼지 않는다. 〈한 점의 얼룩도 없는 화려한 아름다움이 르네상스
문학과 미술 속에 넘치고 있다. 모든 것이 참으로 아름답다. 여자가 그처럼
염려(艶麗)하게 보인 적도 없었고, 남자가 그처럼 활달하고 고상하게 보인
적도 없었다. 그 시대에는 진리조차도 맨몸으로 걷지 않고 옷을 입었으며
언제나 재기발랄했다. 장미는 그 가시의 날카로움을 잃었고 악덕은 그 추
악함을 잃었으며 미덕은 그 지루함을 잃었다.〉[32]

이렇게 르네상스는 인간과 자연미 그리고 특히 인간의 자연미를 발견한
다. 인간의 자연미란 인간의 육체를 의미한다. 중세라는 긴 세월 동안 그토

31 푹스, 『풍속의 역사』 제1권, 75면.
32 푹스, 앞의 책, 85면.

록 숨겨 왔고, 심지어 천박한 외피로 치부되었던 육체는 전혀 새로운 지위를 갖게 된다. 그것은 관능미로서의 육체였다. 역시 푹스가 강조하듯이 〈창조의 시대에서는 모든 것이 에로틱한 관능으로 채워진다. 창조적이라는 말과 관능적이라는 말은 같은 의미이기 때문이다〉.[33] 흘러넘치는 정신적 에너지가 육체적 에너지로 전달된 셈이다. 미술은 아름다운 몸을 정성껏, 그렇지만 솔직하게 그렸으며 그 아름다움은 성숙함, 건장한 몸, 임신한 여성으로 표현되었다. 여성의 몸은 풍만했고(우르비노Urbino의 「비너스」), 남성은 멋지고 인간적인 근육을 뽐냈다(미켈란젤로의 「다비드」).

마치 중세 동안 잃어버린 세월을 되찾으려 하듯이, 성욕도 용광로처럼 끓어올랐다. 이에 관해 푹스는 이렇게 말한다. 〈남녀의 혈관 속에 뜨거운 피를 끓어오르게 하여 남녀가 관능에 불타는 격렬한 욕망을 가지도록 했다. 따라서 위험을 피하려는 교활함이 발달했고 여자들도 관능의 속삭임에 쉽게 이끌려 육욕의 즐거움을 스스로 즐기려는 마음이 생기게 되었다. 따라서 르네상스 시대에는 모든 계급에서 여자의 결혼 전 성관계가 흔했다.〉[34]

르네상스 시대의 성적 이데올로기는 중세 금욕주의에 대한 강렬한 반동의 모든 면모를 지녔다. 색의 시대로 일컫는 이 시대의 특징은 매춘에 대한 가치 부여에서 특히 잘 드러난다. 「15세기 프랑스 도시에서의 매춘, 성, 사회의 문제」라는 논문에서 자크 로시오Jacques Rossio는 당시의 풍습을 심도 있게 연구한 바 있다.[35] 그의 조사에 따르면, 〈15세기 프랑스의 가장 평범한 도시에서도 매춘은 비밀스러운 것이 아니었다. 어떤 단체나 학교도 없는 하찮은 도시에도 시 또는 귀족 소유의 《공창가prostibula publica》가 존재했다.

---

33 푹스, 앞의 책, 1면.
34 푹스, 앞의 책, 98면.
35 아리에스, 『성과 사랑의 역사』, 117~141면.

때로는 (아비뇽과 파리의) 《경시청grande maison》까지 합법적인 공창 장소로 대체되는 경우도 있었다〉. 공창가 이외에 공중목욕탕들 역시 크고 작은 도시에서 흔히 볼 수 있었는데 그 수준도 가지각색이었다고 전한다. 그런 목욕탕에는 욕조보다 객실이 더 많았고 수많은 식탁에서 술과 음식이 흘러넘쳤다. 뿐만 아니라 소규모 호화 매춘업소까지 성행했다. 로시오에 따르면, 〈1485년 당시 디종Dijon에는 이런 업소가 18개나 있었고 그것들은 지역 사회와 이웃의 경계 대상도 아니었다.[36] 예컨대 그중 13개는 (경작인, 빵집 주인, 목수, 와인 생산자와 같은) 정상적인 직업을 가진 기술자의 아내나 과부들이 경영했으며, 분명 그들은 사회의 하급 계층과 거리가 멀었다〉.

하지만 매춘이 없는 사회는 존재하지 않기 때문에 이러한 양적인 특징만으로 당시의 성적 이데올로기를 논하기는 어렵다. 이보다 더 중요한 것은 당시에 매춘이 공인되거나 적어도 묵인되었다는 사실이다. 이 점이 르네상스의 특징이라고 할 수 있다. 로시오의 조사 결과는 이를 충분히 뒷받침하는데 여기서는 몇 가지 사례만 언급하기로 한다. 우선, 그에 따르면 공창가의 계약이 통상적으로 사순절[37]을 앞두고 끝났는데 이는 사순절이라는 절제 기간이 나름대로 지켜졌음을 의미한다. 이는 매춘이 음지가 아닌 양지에서 성행했음을 의미한다. 하지만 이런 제도는 옛 경영자가 떠난 후 다음 경영자가 새로운 여자들을 고용하는 등 부활절 축제가 끝날 때까지 영업 준비를 할 수 있는 준비 기간을 의미했다. 더 나아가 아를이나 디종의 매춘부들은 성탄절과 성주칠일 동안 영업을 중지하는 대가로 보상을 받았다. 결국 이런 〈공중목욕탕〉이나 〈공창가〉의 출입은 결코 불명예스러운 일이

---

36 2007년도 기준으로 디종의 인구는 15만 5,387명으로 프랑스에서 17번째로 큰 도시다. 15세기 말 인구는 3천 명 정도로 추정된다.

37 부활절 전 46일간을 가리키는 기간.

아니었다. 남몰래 갈 필요가 없었다. 다양한 계층의 사람들이 그곳을 출입했지만 창녀의 집보다는 목욕탕이 좀 더 부유한 고객들을 받아들였다(여자뿐만 아니라 술과 음식 값을 지불해야 했기 때문이다). 이런 고객 중 다수가 토박이 시민들이었다(즉 서로 아는 사람들이었다). 더 흥미로운 점은 공창가나 공중목욕탕에서의 성관계가 부부 관계의 규범에 위배되지 않았다는 사실이다. 매춘은 가족의 개념과 대립하지 않았다. 한마디로 매춘은 부부애와 모순되지도 않고 그것을 파괴하는 행위도 아니었다. 심지어 일부 문학에서는 매춘을 어려움에 처한 가정에 도움을 주는 직업으로 기술한 적도 있다. 이렇듯 부유층에게 매춘은 가정의 보조품, 다시 말해 가정을 지키는 나름의 방식이었던 셈이다.

지금 21세기는 어떠한가? 만약 어떤 나라에서 남자들이 회식을 마치고 노래방에 가서 여자를 부르거나 그 여자들과 2차를 나간다면, 아니면 아예 떼 지어 안마 시술소에 가서 맹인 안마를 생략하고 여성과 간단히 섹스를 즐긴다면, 또는 좀 더 부유한 자들이 고급 룸살롱에 가서 호스티스들과 고급 양주를 마신 뒤 바로 위층에 있는 모텔 방에서 한두 시간 즐기고 귀가한 뒤 자상한 아버지의 면모를 과시할 수 있다면……. 또는 돈 없는 노인들을 위해 단돈 5천 원에 몸을 파는 〈저가 매춘〉까지 있다면 누구든 그 나라의 성 풍속도는 르네상스와 매우 유사하다고 말할 것이다. 차이가 있다면 이 모든 것이 음지에 숨어 있다는 점일 것이다. 어쨌든 그것 또한 이데올로기이며 그 속에 파묻힌 이들은 이를 당연하고 자연스러운 것으로 받아들이며 살고 있다.

절대주의 시대의 성

17세기의 성 이데올로기는 위선으로 가득 채워진다. 이 시대는 여성 권력의 시대이기도 하다. 공주병la préciosité이 유럽을 휩쓸고 남자들은 섹스를 구걸하기 시작한다. 르네상스의 관능미는 사라지고 그 자리는 치장미로 채워진다. 치장은 여성성의 언어이자 무기로서 그 과장법은 우스꽝스러운 가발과 함께 하늘 높은 줄 모르고 치솟는다.

미술(바로크)은 역시 그 시대를 그렸다. 그것은 거대함, 과시, 위엄이었다. 중세와 달리 궁전은 외부의 습격으로부터 보호받는 공간이 아니었다. 푹스가 말하듯이, 그곳은 지상의 올림포스였다. 〈홀은 참으로 넓고 복도는 상상할 수 없을 만큼 유현했다. 벽은 어디나 온통 수정으로 되어 있었고 벽을 꽉 채우고 있는 거울 같은 수정에 사람들은 눈이 부셨다. 위엄과 교태에는 거울이 필요했다.〉[38] 베르사유 궁전 한가운데 만든 〈거울의 방〉은 17세기 자아도취증의 상징인 셈이다.

절대주의 시대의 성은 갈랑트리La galanterie로 집약된다. 갈랑트리는 여성을 각별히 대우하는 일련의 매너를 가리킨다. 식사 때도 여성을 먼저 앉히거나 마차를 탈 때도 가장 편한 자리를 제의하거나, 문을 열면서 여성을 먼저 들어가게 하는 식의 매너를 비롯해서 손등 키스, 조심스러운 언행, 계단 오를 때의 가벼운 부축도 갈랑트리에 포함되는데 특히 외식에서 남성이 모든 비용을 지출해야 하는 의무도 으뜸으로 꼽힌다. 이것이 근본적인 성차별의 코드라는 사실을 발견하기 위해 유럽은 20세기까지 기다려야 했다.

하지만 더 중요한 것은 갈랑트리의 심층적 의미다. 그리고 그 의미의

---

38 푹스, 『풍속의 역사』 제1권, 101면.

일부분은 다름 아닌 성을 앞세운 여성성의 무기화가 차지하고 있다. 즉 갈랑트리는 여성의 맹목적인 숭배를 가리키는 문화적 코드인 셈이다. 푹스가 인용하는 공쿠르 형제는 『18세기의 여자』에서 다음과 같이 말한다.

여자는 1700년부터 1789년까지는 모든 것을 움직이도록 만들어진 거대한 태엽적인 존재만이 아니었다. 여자는 매우 높은 권력, 프랑스 사상계의 여왕 같은 존재였다. 사회의 가장 높은 곳에 도사린 관념, 곧 모든 사람의 눈이 우러러보고 모든 사람의 마음이 그리워하는 관념이었다. 여자란 남자가 무릎을 꿇는 초상, 남자가 기리는 모습이었다. 종교는 환각, 기도, 동경, 정진, 복종, 신앙 등으로 통해 인간을 지배한다. 그러나 그 자리를 언제부턴가 여자가 차지했다. 여자는 신앙이 만드는 것을 만들었다.[39]

이처럼 역사는 재미있다. 역사는 반동이자 반격이며 반복이다. 사실 17세기에 몰리에르가 신랄하게 조롱했던 〈공주〉들이 이런 신앙의 개척자들이다. 까다로워야 하고, 자주 아파야 하며, 항상 토라져야 하고, 연약해야 하면서도 남자를 굴복시켜야 하는 동시에 계급 상승을 이루어 내야 했던 17세기의 공주들은 그러나 역사의 필연이기도 하다. 한 사회가 금욕주의를 벗어나 섹스의 맛을 발견하면 그 수요는 급증하므로 공급을 조절하고 명품화해야 한다. 차별화된 상품이 필요해진 것이다. 당연히 여성들은 잔뜩 발기된 남자들을 아무 대가 없이 받아들일 이유가 없었다. 일종의 각개 전투 훈련장을 만들어 그것을 가장 빠르게, 하지만 매너 있게 기어서 통

---

39 푹스, 『풍속의 역사』 제1권, 143면.

과하는 남자를 선별해야 했다. 마치 암컷 사슴이 발정기 때 서로 치열하게 싸우는 수컷을 바라보듯이 절대주의 시대의 여성들은 섹스를 무기로 삼았던 것이다. 이렇게 오늘날 된장녀의 이데올로기에도 나름대로 원조는 있는 셈이다. 하지만 몰리에르가 온갖 비난을 받았듯이, 아무리 얼토당토않은 이데올로기라도 그것을 건드리면 당사자들은 발끈하기 마련이다.

19세기: 국가의 통제

앞서 미의 이데올로기를 논할 때 강조했듯이 19세기는 국가주의가 뿌리를 내리는 시대이다. 당연히 성도 국가의 지배를 받으며 그 결과는 성의 보수화와 일부일처제의 절대 승리로 일축된다. 역시 푹스는 다음과 같이 이 시대를 기술한다. 〈부르주아 시대는 모든 인간에게 자율권을 부여했다. 그러나 자율의 권리 대신 책임을 요구한다. (……) 이 법칙은 연애에 대해서도 그 특유한 명령을 한다. 참된 정열로서 때 묻지 않은 개인적인 성애는 결혼에 의해서 최고의 단계로 올라가야만 했다. 그것은 최초로 결혼을 궁극적인 목적으로 선언했다. 그리하여 연애 관계는 그다음에 오는 결혼의 이전 단계에 불과한 것이 되었다. 전 생애의 육체와 정신의 조화. 결혼의 최고 목적은 이때에도 역시 자식이었다.〉[40] 이렇게 19세기에는 성 윤리가 결혼 중심으로 바뀌는데 이런 변화는 가정을 이데올로기적 국가 차이로 격상시키는 동시에 가족을 소비의 핵심 단위로 자리매김하게 한다. 19세기 이전만 해도 결혼 생활에서 자식은 가장 귀찮은 존재로 취급되어 지배 계급은 육

---

40 푹스, 『풍속의 역사』 제1권, 169면.

아를 타인에게 맡기고 가능한 한 빨리 그런 존재에서 벗어나려 했다. 이에 반해 부르주아 사상에서는 부모가 자식을 키우는 것이 가장 높은 도덕적 의무로 격상된다. 19세기 이전에는 각양각색의 매춘부가 남성들을 무릎 꿇게 하는 최고의 신이었다면 부르주아 사상은 매춘부를 이 세상에서 가장 열등한 것의 표본으로 격하시켜 버린다.

그러나 이런 이데올로기는 성적 가치관에만 국한되는 것이 아니다. 〈결혼·가족·자식〉은 에로티시즘, 욕망, 상상력을 원천 봉쇄하는 강력한 시스템으로 작동한다. 누구나 가정을 꾸리고 자식을 갖게 되면 가족을 지키기 위해 모험심을 줄이고 소심해지며 경제적으로도 안정주의에 안착하게 된다. 때문에 이 시대가 노린 것은 성의 보수화를 앞세운 사회 전반의 보수화라고 할 수 있다. 한마디로 소시민 사회의 정착이 궁극의 목적이었다고 할 수 있다. 이것이 부르주아지의 문화 혁명이었고, 그것은 다시 경제 권력을 영구적으로 확보하기 위한 수단이었다. 왜냐하면 가족은 가장 안정된 소비 단위이기 때문이다.

이런 시대에서 성적 담론은 당연히 금기시된다. 〈대화를 할 때 성적인 의미가 깔려 있는 듯한 얘기는 가능한 한 피하는 것도 올바른 예의범절의 하나였다. (……) 정숙한 부인은 세상사에 대해서는 아무것도 모른 체했다. (……) 부르주아 계급은 넓적다리나 장딴지 같은 말뿐만 아니라 발이라는 단어도 입으로 내뱉어서는 안 되었다.〉[41] 로버트 라이트Robert Right가 상기하듯이 〈19세기에 영국에서 자란 소년들은 성적 쾌락에 빠져들지 않도록 교육을 받았다. 이에 그치지 않고 그들은 성에 대한 관심을 촉발할 수 있는 것들조차 경계하도록 훈련받았다. 빅토리아 시대의 의사였던 윌리엄 액턴

41 푹스, 『풍속의 역사』 제1권, 239~240면.

William Acton은 『생식 기관의 기능과 이상*The Functions and Disorders of the Reproductive Organs*』에서 소년들이 〈고전 문학 작품을 읽는 것은 바람직하지 않다고 충고했다〉.[42] 한 사회에서 일부 담론의 금기가 강화되고 기본적으로 성적 담론이 그런 금기 사항의 일순위를 차지한다는 것은 모든 유형의 농담을 금지시키는 효과를 초래한다. 왜냐하면 농담은 금기를 건드릴 때만 농담으로 성립되기 때문이다. 농담이 없는 사회……. 과연 그런 사회에서 살아갈 가치가 있는지 따져 볼 수도 있겠지만 이런 풍습이 이데올로기의 힘을 가지면 그것 역시 비난하기 어려워진다.

19세기에는 더욱 놀라운 사건도 있었다. 이혼도 금지한 것이다. 프랑스에서는 1816년 보날드Bonald 법규가 발효되면서 이혼이 〈혁명의 독〉으로 간주된다. 당시 정부는 〈종교와 풍습과 왕권과 가족을 위해 결혼의 존엄을 지켜 주기 위해 이혼을 금한다〉고 발표한다. 이혼 제도는 1884년에 이르러서야 부활한다.[43] 이는 혼인이 국가의 통제하에 넘어왔다는 증거이자 국가의 폭력성을 명쾌하게 드러내는 대목이기도 하다. 남녀의 애정과 만남과 헤어짐도 국가가 좌지우지했던 것이다. 국가의 통제력이 이 정도라면 20세기까지 이어지는 모든 나라의 맹목적 애국주의의 근원이 어디에 있는지 충분히 짐작하게 한다.

현대의 성

20세기가 경험한 성의 혁명은 근본적으로 여성의 정치적·문화적 권력

42 라이트, 『도덕적 동물』, 39면.
43 http://fr.wikipedia.org/wiki/Divorce

향상과 불가분의 관계를 갖는다. 하지만 초기 페미니즘이 선보이는 19세기 말은 이미 태동한 보헤미안 미학과 사회주의 운동이 일부 계층이 아닌 대중문화 영역까지 확대되어 정치 및 문화적 보수주의에 대한 다각적인 반동을 가하고 있을 때다. 20세기 초에 이르자 이런 반동은 페미니즘을 포함하여 다다이즘, 반문화, 제너레이션 파워의 영역과 형식으로 확산되기에 이른다. 이 때문에 성 혁명은 결국 자유를 위한 또 다른 혁명이었다고 할 수 있다.

페미니즘 운동의 이데올로기적 근원은 대략 두 가지로 나뉜다. 하나는 불평등한 임금과 남성 중심적 정치 제도에 대한 반발이고, 다른 하나는 성의 보수화에 대한 반동이다. 얼핏 보면 이 두 가지 동기는 별개로 보일 수 있지만 성의 평등을 이룩하기 위해서는 분명히 동일한 이데올로기적 투쟁 대상이었다.

이미 19세기 초 영국에서는 자유연애와 인구 통제라는 주제가 당시의 페미니스트들 사이에서 열띤 논쟁의 대상이 된다. 그러나 두 가지 페미니즘을 명백히 구분해야 한다. 우선 성병 퇴치를 명분 삼아 매춘을 뿌리 뽑으려는 빅토리아 시대는 매춘부들에게 성병 검사를 의무화하는데 이런 조치를 환영한 보수적인 페미니즘이 있었다. 이런 페미니스트들은 가족을 지킨다는 사명감에 사로잡혀 매춘 고객을 고발하고 건전한 풍습을 수호하려는 단체를 결성했다(25만 명이 모이는 첫 집회가 1885년 하이드파크에서 열렸다). 이런 보수적 페미니즘에 대항하는 또 다른 페미니즘 운동이 고개를 드는데 그것은 명백한 좌파 성향의 이데올로기로 무장한 여성들의 운동이었다. 이들은 여성의 권리로서 자유연애를 옹호하지만 초기에는 온갖 비난과 탄압의 대상이 되어야 했다. 이런 진보적 페미니스트들은 신맬서스주의Neo-Malthusianism의 영향을 받고 있었으며 그 자체가 문제가 되었던 것이다.[44] 그러나 자유연애 개념은 최초의 성과학자로 불리는 해블록 엘리스Havelock Ellis의 글들이 발표되면서 다시 탄력을 받는다.[45] 이런 운동은 1911년에 창간되어 로즈 위트컵Rose Witcop, 스텔라 브라운Stella Browne, 마리 스톱스Marie Stopes의 지시를 받는 『자유 여인The Freewoman』으로 결실을 맺는다.

20세기 초의 여성 운동은 기본적으로 정치적 투쟁의 성격을 띤다. 여성들은 투표권 쟁취를 위한 투쟁에 뛰어들지만 제1차 세계 대전 발발로 인해 대부분 중단된다. 대신 여성들은 전쟁에 적극 동참함으로써 자신들의 사회적 지위를 인정받기 위해 안간힘을 써야 했다. 투표권은 전쟁이 끝난 후에나 쟁취된다. 몇몇 나라에서는 제2차 세계 대전이 끝난 다음에야 여성들에게 투표권이 주어지기도 했다(독일, 미국 일부 주 1919년, 영국 1928년, 프랑스 1944년).

그러나 문화 혁명으로서의 페미니즘은 1960년대에 일어난다. 이미 정치적 권리를 확보한 여성은 예술과 문학 분야에서 활동 영역을 넓힌다(코코 샤넬의 〈여성 해방적〉 패션, 시몬 드 보부아르의 『제2의 성』). 이미 잘 알려졌듯이 1960년대는 격동의 시대이다. 프라하의 봄, 프랑스의 68혁명, 샌프란시스코의 플라워 파워 운동, 흑인 해방 운동, 록의 탄생이 서구의 기득권 사회를 뒤흔들 때다. 이때 발명되는 것이 피임약이다. 1957년에 미국인 그레고리

44 신맬서스주의는 토머스 로버트 맬서스의 학설에 기초한다. 인구와 식량의 성장 사이의 관계를 밝힌 맬서스는 기하급수적인 인구 성장을 우려한다. 즉 인구는 〈1 → 2 → 4 → 8〉로 증가하는 반면에 농업 성장은 〈1 → 2 → 3 → 4〉로 증가한다는 것이다. 따라서 절대적으로 인구 성장률을 조절해야 한다는 것이다. 이런 이론은 기본적으로 피임과 낙태의 자유를 피력하는데 이는 빅토리아 시대의 이데올로기와 전면 대립하는 것이었다.

45 해블록 엘리스(1859~1939)는 최초의 성과학자로 평가받는 인물로, 물리학자이자 사회 개혁자이자 프로이트와의 서신을 통해 자위행위와 나르시시즘을 설명하여 영향을 미친 인물이기도 하다.

핀커스Gregory Pincus가 발명한 피임약이 FDA의 승인(1960)을 받으면서 시판되는데 이는 역사상 처음으로 여성들을 임신의 두려움에서 해방시키는 계기가 된다(프랑스에서는 1967년에 복용이 합법화된다). 여기서 말하는 두려움은 그 말의 통상적인 의미보다 훨씬 더 큰 의미를 갖는다. 왜냐하면 그것은 순수 개인적인 쾌락과 종족 보존을 완벽하게 분리시킬 수 있는 사건이기 때문이다. 한마디로 성의 개방화 흐름 속에서 남성의 유전자를 여성이 최종 선택할 수 있는 권리를 확보한 것이다. 이것이 혁명이 아니고 무엇이겠는가?

아마 유럽 역사상 1960년대만큼이나 성이 개방된 적도 없었을 것이다 (미국도 마찬가지였다).[46] 그러나 르네상스와의 차이점은 있다. 인본주의의 발견을 넘어 1960년대의 성 개방은 (생식으로부터의) 성의 해방이자 (쾌락적 도구로서의) 여성의 해방이었기 때문이다. 즉 이 시기는 여성 조건에 대한 매우 생산적인 담론이 쏟아져 나올 때다. 페미니즘은 아나키즘이나 사회주의와 손을 잡기도 하며, 프랑스에서는 앙투아네트 푸크Antoinette Fouque와 그의 그룹이 여성 문제를 정치·정신 분석학적인 관점에서 공론화하여 여성의 존재론적 연구 결과를 쏟아 낸다. 앞서 언급한 보부아르도 성적 차이의 사회적 구성 양식, 즉 사회가 강요하는 양성의 역할을 연구한다.

결국 1960년대의 성 해방은 강력한 이론적 토대 위에서, 그리고 사회 도처에서 일어나는 여타의 해방 운동과 맥을 함께하여 더욱 폭발적인 시너지를 얻게 된다. 이때부터 여성은 여성이기 전에 인간, 평등한 성적 파트너이자 남성의 진정한 사회적 동지로 거듭난다. 이제 코르셋은 박물관의 유물

---

46 인도에서는 『카마수트라』가 작성되는 힌두 왕조 찬델라Chandella의 시대가 있었다 (10~13세기). 정치적 수도였던 카주라호Khajurāho에는 인류 역사상 가장 과감한 에로티시즘의 유물들을 볼 수 있다.

로 전시될 뿐이고, 여성들은 다카르 랠리를 질주하기 시작한다.[47] 당연히 패션은 유니섹스 시대로 돌입한다.

한국의 성적 이데올로기와 그 복합성

객관적으로 보았을 때 한국의 성 문화에는 다양한 대립적인 이데올로기들이 뒤섞여 있다. 국민 거의 모두가 결혼을 하고 아이를 가지며 가족은 절대 불가침의 대상이다(모든 소비는 가족 중심이며 〈가족의 달〉도 국가에서 정했다). 혼인은 아직도 당사자들의 문제가 아니라 가문의 문제이며 거기에는 엄격한 경제·사회적 조건이 수반된다(이런 측면은 영국의 빅토리아 시대를 연상시킨다). 나이를 기준으로 혼기를 놓친 여성이 으레 똥값 신세가 되는 걸 보면 결혼은 냉철한 거래임을 말해 준다. 이 때문에 〈영계미〉가 여성미의 절대 기준으로 통하고 있다. 무조건 어리게, 귀엽게 보여야 하고 스스로를 명품과 동일시하여 고급화해야 한다(이는 프랑스의 절대주의 시대를 연상시킨다). 이와 동시에 매춘은 그 규모보다는 다양성으로 보았을 때 세계 최고 중 하나임을 기록한다. 고급 룸살롱에서 바닷가 마을의 티켓 다방까지 모든 계층에 걸쳐 매춘은 광범위한 공급망을 확보하고 있다(이런 특징은 유럽의 르네상스를 상기시킨다).

이토록 다양한 성적 코드가 공존하게 된 배경은 무엇일까? 아마도 한국 사회의 근대화 과정과 무관하지 않을 것이다. 앞서 여러 차례 언급한 바 있

47 1978년에 처음 열린 다카르 랠리의 본래 명칭은 파리-다카르 랠리였다. 파리에서 세네갈의 수도 다카르까지 대략 8천 킬로미터를 약 10일 동안 달리는 랠리 경주로서 모터사이클, 자동차, 트럭 부문으로 나뉜다. 몇 년 전부터는 정치적 이유로 인해 칠레-아르헨티나에서 열리며 아직도 지옥의 경주로 불리고 있다.

지만 한국의 근대화는 자생적으로 이루어지지 않았다. 강점기 때 일본이 그것을 강요했으며 그 와중에 역사의 흐름이 심하게 뒤틀리는 결과가 발생한다. 기존의 지배 계층이 와해되고 전통의 맥과 가치관은 아킬레스건을 절단당한다. 역사의 진보와 함께 서로 대립하면서 변증법적 발전을 기대할 수 있는 토대가 무너졌던 것이다. 구체적으로 말해 지배 계층 혹은 기득권에 대한 반동으로서의 진보가 정·반·합을 만들어 내는 일반적인 역사의 흐름을 갖지 못한 셈이다. 게다가 일본의 패망 이후 한반도는 냉전 시대의 대리전 무대가 되었다. 한바탕 더 혹한 시련을 겪으며 그 와중에 남한은 유례없는 반공산주의 국가로 거듭난다. 그때부터는 미국이 한국을 지배하고 좌파 이념은 죄악 중의 죄악, 터부 중의 터부로 치부된다. 그 결과 한국전이 끝나고 국토를 재건해야 하는 과정은 무한 질주할 수 있는 자본주의의 논리하에 진행된다. 그것은 재벌이라는 신흥 부르주아지가 형성되는 가장 완벽한 토양이 된다. 당연히 신흥 부르주아는 독재도 마다하지 않았다. 그 반동으로 학생을 중심으로 민주화 운동이 일어난다. 1980년대 민주화 운동은 직선제를 쟁취하고 노동자의 권리를 다소 되찾는 데 성공한다. 하지만 당시의 운동권은 민족주의에 파묻혀 문화 진보주의를 전적으로 무시했다. 그사이 소련이 붕괴되고 중국이 개방 정책을 선언한다. 그들은 갈 길을 잃고 몇 권의 번역서만 남긴 채 사실상 뿔뿔이 흩어진다. 이런 과정이 50년도 안 되는 역사를 장식했다. 그사이에 영웅다운 인물도 한 명 없었다. 폐쇄적인 민족주의를 훨씬 뛰어넘는 인간 존엄의 기준을 제시한 사람도 없었다. 하지만 경제는 크게 발전했다. 경제가 영웅이었고 천민자본주의가 미덕으로 치장된다. 때는 1990년대였고 그 시기를 이데올로기 상실의 시대라고 불렀다. 그러나 그것은 소비 이데올로기의 시초였다. 사람들은 소비 이데올로기에 파묻히기 시작했다. 소비는 지위이자 정체성이자 차별화였다. 성도 육체도 상품이 되어야 했다. 전통적인 가치관의 상실, 진정한 진보의 부재, 급격한 경제 성장과 신흥 부르주아지의 모델은 성의 이데올로기에도 막대한 영향을 미쳤다. 그 결과가 바로 성적 이데올로기의 복합성이다. 즉 유교 사상에 기초한 금욕적인 이데올로기의 잔재와, 그에 대한 반동이자 르네상스에 버금하는 쾌락주의, 그리고 유럽의 절대주의 시대를 방불케 하는 여성의 상품화 및 여성성의 극대화, 빅토리아 시대를 연상시키는 신흥 부르주아의 위선적 이데올로기를 공존하게 만들었다. 일상생활은 물론이고 텔레비전 드라마, 광고, 영화, 음악에서도 이런 복합적인 가치관이 그대로 드러난다. 이 문제는 혼인의 코드를 비롯한 몇 가지 문화 코드를 분석할 때 다룰 것이다.

3. 종교

종교의 기원

오늘날 우리가 생각하는 종교는 일신교이다. 하지만 일신교의 역사는 유대교로 거슬러 올라갈 뿐, 결코 종교의 원형은 아니다. 일신교가 등장하기 훨씬 오래전부터 인간은 온갖 상상력으로 자연을 이해하려 했다. 이런 일련의 믿음과 해석 방법을 종교라고 부르지 않은 이유는 그것들이 제한된 영토를 벗어나지 못하고, 제도적으로 정비되지 않았으며, 통일된 의식 체계를 형성하지 않기 때문이다. 그러나 따지고 보면 역사를 문헌에 기록하기 시작했을 때는 이미 〈어느 정도〉 발달한 문명이 존재했음을 의미하여 그런 문명의 기득권이 종교를 어떻게든 담론으로 미화하기 시작할 때다. 이런 문명의 관점에서 바라본 소수 민족의 다양한 믿음의 형태는 미신으로 치부될 수밖에 없었을 것이다. 그렇지만 근본적으로 미신이든 샤머니즘이든 인간이 기울인 노력은 결국 당시의 과학적 수준으로 이해할 수 없는 현상들을 나름대로 해석하고, 가능하다면 재앙을 피하려는 몸부림이라고 할 수 있다. 따라서 생존 이데올로기의 모든 특징을 지닌다고 할 수도 있다.

하지만 이런 몸부림과 백일기도, 라마단, 오체투지의 차이는 무엇인가? 이 문제에 대해 로버트 라이트는 나름의 객관적인 분석을 제시한다. 그는 19세기에 클래머스족Klamath의 생활상을 기록한 언어학자 새뮤얼 가트세트를 인용하면서 수렵 채집 문화에서 흔히 볼 수 있는 네 가지 초자연적인 유형을 다음과 같이 분류한다.[48]

1. 초자연적 존재의 첫 번째 유형은 〈자연의 정령〉이다. 즉 우리가 무생물로 분류하는 자연을 살아 있는 생명체로 인식하고, 그것이 지능과 능력, 인격, 영혼을 갖고 있다고 보는 관념이다.

2. 두 번째 유형은 〈정령의 조정자〉다. 자연을 조정하는 존재가 있다는 믿음이다. 클래머스족이 믿는 바에 따르면, 서풍은 키가 약 80센티미터인 오만한 난쟁이 여인이 내뿜는 바람이었다.

3. 세 번째 유형은 〈생물체의 정령〉이다. 동물에게 초자연적 능력을 부여하는 믿음을 일컫는다. 어떤 종류의 새는 눈을 만들고, 또 어떤 새들은 안개를 만들거나 어떤 동물의 영혼은 병을 치료한다는 것이다.

4. 네 번째 유형은 〈조령(祖靈)〉이다. 수렵 채집 사회는 거의 대부분 죽은 사람의 영혼을 믿으며, 일반적으로 그런 영혼들은 좋은 일만큼이나 나쁜 일도 많이 벌인다.

48 윌슨에 따르면 종교 신앙의 〈흔적은 최소한 네안데르탈인의 유골 제단과 장례 의식까지 거슬러 올라간다. 6만 년 전 이라크의 샤니다르 지역에 살던 네안데르탈인들은 무덤을 기리기 위해서였는지, 의약적 및 경제적 가치가 있는 일곱 종류의 꽃으로 무덤으로 장식했다. 인류학자 앤서니 월리스에 따르면, 그로부터 인류는 10만 종류나 되는 종교를 만들어 냈다〉. 『인간 본성에 대하여』, 235면.

이런 분류 이외에 민족에 따라 〈최고신〉을 믿는 경우도 있었다. 이것은 다른 신들을 지배하는 신이라기보다는 다른 초자연적 존재보다 막연하게나마 중요한 신이며 일반적으로 창조의 신과 일치한다.

이런 초자연적 존재의 분류는 제법 흥미로운 요소들을 담고 있다. 우선 첫 번째 유형은 전 세계의 문학적 및 동화적 소재일 뿐 아니라, 인도유럽어에서 사용하는 문법적 성의 근원이 된다는 점이다. 많은 언어에서 태양/달, 하늘/땅, 낮/밤을 남성과 여성으로 구분하는 방법은 오늘날 언어의 자의성으로 치부되지만 그런 구분이 존재한 이유는 분명 자연을 인지하는 방식에서 비롯되었다.[49] 이를테면 유추적 사고가 언어에 반영된 셈이다(태양이 뜨겁고 강렬하기 때문에 남자답다면 달은 여성답다는 것이다). 정령의 조정자라고 부를 수 있는 두 번째 유형은 유난히도 그리스 신화(예를 들어 포세이돈은 바다와 태풍의 신이다)와 별자리를 연상시킬뿐더러 지금도 그런 개념과 이미지들은 매우 다양한 자료와 문헌에서 언급, 활용되고 있다(영화, 사이버 소설). 세 번째 유형인 생물체의 정령은 단군 신화를 떠올리는 동시에 힌두교의 수많은 형상들에 스며들어 있다(특히 소는 다산성과 풍년을 보장한다). 네 번째 유형인 조령은 지구 상의 모든 귀신 이야기를 만들어 냈다. 하지만 한국 귀신은 주로 여성이고 서양 귀신은 주로 남성이라는 문화적 차이가 있다.

결국 이야깃거리의 소재가 다량 포함된 셈이다. 때문에 원시 형태를 포함한 모든 종교는 담론으로 간주될 수 있는 것이다. 결국 신화적 이야기라는 말인데 거기에는 선한 자와 악한 자가 있고, 배신, 약자(주로 여성)와, 시작과 끝이 있다. 하지만 원시 종교나 다신교의 가장 중요한 특징은 근본적인 선과 악이 따로 없다는 것이다. 기분에 따라 신은 좋을 수도 있고 나쁠

---

49 Violi, P., "Les origines du genre grammaticale", Institut de Communication, Bologna University, 1987.

수도 있다. 동시에 이 모든 것은 이야기이기 때문에 세월과 함께 바뀌었다. 때로는 좋은 신이 나쁜 신이 되기도 하고 서로 싸우기도 하는데, 이 모든 것이 바뀌는 이유는 그 시대의 정치·문화·사회를 직간접적으로 반영하고 활용하기 때문이다. 이 때문에 종교적 담론은 가장 역사 깊은 알레고리적 담론이라고 할 수 있다.

다신교에서 일신교로의 전환 역시 같은 맥락에서 설명된다. 로버트 라이트에 따르면, 지금까지의 흐름은 다신교에서 일신 숭배를 거쳐 일신교에 이르는데 근본적으로 그 과정은 〈민족 정체성〉의 탄생과 확립을 유발하는 정치·사회적 사건과 관련이 있다. 그는 〈이스라엘의 초기 일신 숭배자들은 열성적 민족주의자, 즉 국제주의적 외교 정책의 반대자, 좀 더 구체적으로 말해서, 그들은 인민주의적 민족주의자로서 국제주의적 외교 정책에 편승한 국제주의적 상류층에 대한 평민 계급의 분노에서 힘을 얻는다〉라고 말하는데 이야말로 종교의 권력 이데올로기화의 가장 대표적인 본보기가 될 것이다.[50]

일신 숭배에서 일신 신앙으로 전환한 동기에 대해서도 라이트는 당대의 정치·사회적 배경을 설명한다. 그에 따르면, 〈유다의 요시야 왕은 남부와 북부 이스라엘을 통일하여 전설로 전해지는 다윗 제국의 영광을 재현하고, 이스라엘 신 야훼의 이름으로 야훼를 더욱 찬미함으로써 그 과업을 이루고자 했다. 그러나 그 일은 계획대로 되지 않았다. 요시야는 이집트인에게 목숨을 빼앗겼다. 그의 죽음을 둘러싼 정황은 불분명하지만, 그 결과 약 40년에 걸친 이스라엘의 굴욕적 역사가 시작되었다. 처음엔 아시리아에, 그다음엔 바빌론에 무릎을 꿇었다. 유다의 마지막 왕인 시드기야Zedekiah가

---

50 라이트, 『신의 진화』, 194면.

바빌론인에게 저항하자 그를 포로로 잡아갔고 그가 보는 앞에서 그의 아들들을 죽여 눈을 뽑아 버렸으며, 야훼의 신전을 불살라 잿더미로 만들어 버렸다. 그리고 그들은 몇 년 전에 착수했던 과정을 완료했다. 바로 이스라엘 상류층의 바빌론 이주다. 기원전 586년을 기준으로 고대 이스라엘 역사 중 가장 널리 알려진 충격적 사건인 바빌론 유수는 절정에 이른다. 분명 바빌론인은 모든 것을 이용해 그들 국가 신인 마르두크의 손에 야훼가 굴욕당하고 있다는 사실을 선전했다. 그러나 결과적으로 야훼에게 이보다 더 좋은 일은 없었다. 오직 야훼만을 숭배하는 요시야의 신앙 체계는 그 명맥을 유지해 널리 확산되었을 뿐만 아니라, 웅대하고 한층 강화된 형태로 퍼져 나갔다. 유대교도, 기독교도 그리고 이슬람교도들이 차례로 아브라함의 신인 야훼를 숭배할 가치가 있는 유일한 신으로 믿게 되었다. 일신 숭배가 일신 신앙으로 진화한 것이다.〉[51] 결국 강력한 정치적 배타성을 무기로 앞세워 일신교를 이루어 낸 셈이다.

　이런 유물론적인 논거와 해석에 다소간의 의구심을 품거나, 또 다른 역사적 사실을 제시하는 사람도 있을 것이다. 하지만 분명한 것은 일신교의 승리다. 그리고 이때부터는 다신교/일신교의 이분법이 새로운 차별의 기준이 된다. 일신 신앙의 탄생은 절대자의 탄생을 의미한다. 이제는 여러 정령들이 가졌던 각자의 초자연적 힘을 하나의 존재가 갖게 된 것이다. 지방 자치제에서 절대 독재로 쿠데타가 일어난 셈이다. 그리고 절대자는 선을

---

51 라이트, 『신의 진화』, 219~220면. 이 문제에 대해 윌슨은 다음과 같이 말한다. 〈그러한 고등한 신에 대한 믿음은 보편적인 것이 아니다. 존 휘팅J. Whiting은 81개 수렵 채집 사회를 조사했는데, 그중 그들의 신성한 전승 속에 고등한 신을 포함하고 있는 사회는 28개, 즉 35퍼센트에 불과했다. 세계를 창조한 능동적으로 도덕적인 신의 개념을 지닌 사회는 그보다 더 적다. 게다가 이 개념은 대체로 유목 생활 양식에서 유래한다. 유목에의 의존도가 높아질수록 유대-기독교 유형의 목자의 신이 나타나기가 쉽다. 유목에의 의존도가 낮고 종교가 있는 사회 중 그런 유형의 신앙을 가진 사회는 10퍼센트 이하에 불과하다〉. 『인간 본성에 대하여』, 261면.

상징했다. 그의 선은 절대적이기에 아무리 오래 기다려도 언젠가는 우리 곁에 오며, 또 그럴 가치가 있다는 기다림의 미덕과 믿음이 싹트기 시작한다. 이때부터 앞서 나열한 정령들은 서서히 힘을 잃거나 동화의 세계로 피신한다.

그러나 역사의 아이러니라고 해야 할지, 아니면 역시 담론의 미덕이라고 해야 할지 모르겠지만 절대자는 새로운 경쟁자를 만들어 내는데 바로 악의 화신인 사탄이다. 바야흐로 세상이 선과 악의 축으로 나뉘는 것이다.

유일신의 시대

이제 종교를 논하는 데에는 기본적으로 무신론과 유신론이라는 두 가지 방향밖에 허용되지 않는다. 유신론자는 말 그대로 신이 존재한다는 가정 하에 자신이 믿는 종교의 의미와 가치 및 사회 기여도를 높이 평가하려 할 것이다. 그중에는 강경파도 있을 것이고 온건파도 있을 것이다. 무신론자는 대신 종교의 비이성주의와 폭력성을 고발하려 할 것이며 진화론을 앞세워 창조론을 거부한다. 이런 논의들은 영원한 평행선을 따라 각자의 길을 갈 뿐 양측의 주장을 변증법적으로 종합한다는 것은 사실상 불가능하다.

그러면 이성적인 논의가 불가능한 이유는 무엇인가? 그것은 종교가 강력한 이데올로기로 무장하기 때문이다. 그 덕분에 역사적으로 종교는 위대한 예술 작품과 유물들을 남기기도 했다. 특히 유럽에서는 중앙 집권적인 국가가 등장하기 전까지 사회 윤리의 기본 방향을 제시하며 교육을 담당했다. 근대 이전까지 종교는 삶이었으며 유일한 우주관이자 판단 기준이었다. 구교와 신교 사이의 전쟁이 아무리 많은 희생을 치르면서도 창조론을 뒤엎으려는 생각은 할 수 없었다.

하지만 종교적 이데올로기와 일반 이데올로기는 약간의 차이를 드러내기도 한다. 앞서 말했듯이, 이데올로기는 엄폐되어 있다. 항상 그 자신의 모습이 아닌 다른 것, 예컨대 과학, 양식, 자명성, 도덕, 사실 등의 모습을 지닌다. 또한 이데올로기는 스스로가 옳다고 주장하는 동시에 다른 이데올로기에 대해서는 배타적이다. 게다가 이 모든 것이 무의식적으로 이루어진다. 이데올로기적 담화는 거짓말을 할 수 없다. 왜냐하면 〈만일 이데올로기적 담화가 거짓말을 할 수 있는 것이라면, 여기에는 속이고자 하는 집단적 의도가 인정되어야 하는데 이것은 생각하기 어렵기 때문이다〉.[52] 종교-이데올로기도 스스로가 옳다고 생각하기 때문에 〈원칙적으로는〉 거짓말을 한다고 볼 수 없다. 이 때문에 강력한 배타성을 갖는다. 아마도 종교 중에서 배타성을 가장 덜 띠는 것은 힌두교일 것이다. 왜냐하면 힌두교는 스스로를 상위 다신교라고 생각하는 나머지 모든 신을 다 수용하기 때문이다. 또 불교의 배타적 성질이 약한 이유는 신을 내세우지 않기 때문이다. 사실 불교는 종교라기보다 철학에 가깝다. 어쨌든 일반 이데올로기와의 차이점은 엄폐성일 것이다. 종교는 스스로를 노골적으로 드러낼 뿐 아니라 각종 선도 행위를 통해 세력을 확장시키려고 온갖 힘을 쓴다. 기독교는 19세기 말에 한국에까지 들어와 숱한 수난을 겪으면서 끝내 교회를 세웠으며 어딜 가도 교회의 십자가는 도심 스카이라인의 꼭대기에 있고 싶어 하고 그것이 여의치 않으면 시뻘건 조명으로 무장한다. 요약하면 종교-이데올로기의 특징은 노골성에 있는 셈이다.

종교와 이데올로기의 관계를 분석하는 방법은 여러 가지가 있다. 종교사

---

52 르불, 『언어와 이데올로기』, 97면 참고.

적 관점에서 접근해 볼 수도 있을 것이고 여러 종교를 비교 분석할 수도 있을 것이다. 하지만 이 접근 방법은 너무 방대한 조사와 연구를 필요로 할 것이다. 따라서 약간의 방법론적 선택이 필요해 보이는데 여기서는 기본적으로 세계에서 최대 인구를 자랑하는 기독교에 기본적인 초점을 맞추어 그 근원과 이데올로기적 영향력을 간략히 살펴보기로 한다.[53]

기독교와 예수

기독교가 미친 영향은 실로 막대하다. 남아메리카를 통째로 라틴화했고, 아프리카에 근대화 정신을 불어넣었으며 미국을 건립하게 하는 동시에 흑인들을 위로했다. 클래식 음악의 한 주류를 형성하게 만들었고 미술과 건축을 지배했으며 한국에서는 세계 최대 규모의 교회를 세우게 했다. 19세기의 인권 선언 이후 종교의 자유가 선포된 결과 일반적인 의미의 종교는 물론이고 특정 종교에 대한 비난이 금기시되면서 이제는 생판 모르는 이가 막무가내로 설교하며 고성방가를 일삼아도 그냥 넘겨 버리는 지혜가 사람들 마음에 새겨졌다. 종교의 자유가 종교를 비난할 수 없는 또 다른 터부를 탄생시킨 셈인데 이 덕분에 일부 종교 단체들의 선교 활동이 더 과감해진 것도 사실이다. 때문에 서울역 광장에서 신을 믿어야 한다고 고래고래 떠드는 이들에게 시끄럽다고 항의하면 그냥 웃거나 달려들 것이 뻔하다. 하지만 더 중요한 것은 종교의 본질에 대한 논의도 은근히 금기시되었다는 점이다. 어쩌면 거기에는 유/무신론의 대립이 감정 대립만을 생산한다는

---

53 2008년 기준 세계 기독교(가톨릭 포함) 인구는 21억 3,578만여 명이며 모슬렘이 13억 1,398만여 명으로 집계되었다.

경험론적 지혜도 깔려 있을 것이다.

따라서 나는 유/무신론의 논쟁보다는 종교가 존재하는 이유에서 논의를 시작할 것을 제안한다. 종교는 형식 체계이고 특수한 코드들이 밀도 높게 결합된 강력한 담론이며 그것이 이토록 영향을 미쳤다면 존재 이유도 살펴볼 필요가 있을 것이다.

많은 자료를 뒤지는 과정에서 나는 2004년 프랑스의 아르테Arte TV가 제작한 매우 흥미로운 다큐멘터리를 발견했는데, 직접 요약·번역한 내용을 우선 제시해 본다.[54]

이 다큐멘터리는 내레이터의 다음과 같은 질문으로 시작한다.

기원후 30년경, 유대인의 왕들에게 고발당한 예수는 로마군들에 의해 십

54 출처: 「기독교의 기원L'ORIGINE DU CHRISTIANISME」, 프랑스 아르테 방송국 제작 10부작 다큐멘터리, 제작: Jérôme Prieur & Gérard Mordillat, 방송 날짜: 2010년 4월. 참가자 명단: Christian-Bernard Amphoux, CNRS, France. Pier Franco Beatrice, University of Padova. Italia. Pierre-Antoine Bernheim. François Bovon, Divinity School de l'université Harvard(Cambridge, Massachusetts), USA. François Blanchetière, University Marc Bloch of Strasbourg. Paula Fredriksen, Boston University, USA. Simon L gasse, l'Université catholique de Toulouse, France. Pierre Geoltrain, l'EPHE, France. Christian Grappe, Faculté de théologie protestante de l'Université de Strasbourg, France. Moshe David Herr, l'Université hébraïque de Jérusalem, Israel. Martin Hengel, l'Université de Tübingen, Germany. Emmanuelle Main, Université hébraïque de Jérusalem, Israel. Jean-Pierre Lémonon, Faculté de théologie de l'Université catholique de Lyon, France. Daniel Marguerat, Faculté de théologie protestante de l'Université de Lausanne, France. Etienne Nodet, École biblique et archéologique française de Jérusalem, Israel. Enrico Norelli, Université libre de Genève, Swiss. Serge Ruzer, 'Université hébraïque de Jérusalem, Israel. Graham Stanton, Divinity college de l'Université de Cambridge, UK. Ekkehard W. Stegeman, Séminaire théologique de l'Université de Bâle. Daniel Schwartz, Université hébraïque de Jérusalem, Israel. Guy Stroumsa, Centre pour l'étude du christianisme à l'Université hébraïque de Jérusalem, Israel. David Trobisch, Séminaire théologique de Bangor, USA. François Vouga, Kirchliche Hochschule Bethel(Faculté libre de théologie protestante de Bielefeld, Germany.

자가의 못에 박혀 처형된다. 3세기 후 콘스탄티누스 대제는 기독교로 개종하고 곧바로 기독교는 로마 제국의 국교로 거듭난다. 과연 예수는 기독교를 세웠는가?

이런 질문에 이어 여러 학자와 전문가들이 다양한 문헌 자료를 제시하면서 각자의 견해를 인터뷰 형식으로 피력한다. 이들의 견해가 충분한 통일성을 갖는 이유로 학자들의 이름은 각주의 목록 형식으로 제시하기로 하며 그 내용은 다음과 같다.

예수는 기독교의 초석을 세우지 않았다. 그는 이스라엘 안에서 살았고 오로지 이스라엘을 위한 신의 이미지를 만들었을 뿐이다. 그는 이스라엘의 전통을 계승하고 그 나라를 구원하려 했다.

기독교라는 단어는 연대적 착오에서 비롯된다. 왜냐하면 기독교는 4세기에 탄생하기 때문이다. 이것은 명백한 사실이다. 이미 알렉산드리아에서는 제법 큰 규모의 기독교 공동체가 형성되어 있었다. 그러나 3백 년 사이에 일어난 일에 대해서는 정보들이 매우 빈약하거나 일관성이 없다.

기본적으로 기독교의 발명은 〈예수의 부활〉에 기초한다. 그전까진 교회라는 것이 없었다. 작은 모임만 있었을 뿐이다. 그리스어의 ecclesiat는 그냥 (소)모임을 뜻한다. 최초의 교회는 기원후 150년경에 등장한다. 기독교를 발명한 인물은 다름 아닌 바울로다. 그와 더불어 기독교는 유대교와 완전히 결별하는 제도적 교리로서 정립되기 시작한다. 이를 통해 예수는 그리스도로 바뀌는 것이다. 신약 성서가 등장하면서 가장 시급한 문제는 유대인 예수를 신성화하는 작업이었다. 다윗의 아들을 신의 아들로 만들어야 했던 것이다. 그 결과, 예수는 인간인 동시에 신이 된다. 이것이 기독교의 출발점이다. 신의 아들인가 그냥 신인가 하는 문제는 신비 속에 묻어 둔다. 이런 신성화가 완성되는 시기가 기원후 4~5세기다. 이 때문에 기독교의 예수는 유대인 예수와 점점 달라진다.

하지만 초기 기독교인들에게 예수가 십자가형으로 처형되었다는 것은 절망적인 사실이었다. 따라서 예수를 다시 살려 내야 했다. 당시 십자가형은 도망친 노예를 처형하는 방법이었다. 유대교에서 십자가형으로 처형되는 메시아는 있을 수 없는 사건이었다. 어쨌든 처형을 당하는 날(4월 30일로 추정) 예수의 제자들은 그 자리에 없었다. 일부는 도망가고 다른 일부는 예수를 등졌다. 그들을 다시 모이게 하는 사건이 예수의 부활이다. 하지만 그들이 무엇을 보았는지에 대해서는 명확하지 않다. 전해지는 바로는 바울로가 예수의 형상을 보았다 하지만 신약 성서는 부활한 예수가 완벽한 인간의 모습으로 생선도 먹었다고 한다. 기원후 50년과 100년 사이에 이미 진술의 차이가 드러나는 셈이다. 불멸의 인물에 대한 전설은 당시 흔했다. 게다가 「마태오의 복음서」에는 현장에서조차 예수의 부활에 의구심을 품었던 사람도 있었다고 적혀 있다. 일부는 예수를 보지도 못했다. 「마태오의 복음서」가 작성되기 30년 전쯤, 바울로는 예수를 본 사람들의 목록을 작성하는데 처음 부활한 예수를 목격하는 사람은 베드로다. 사실 부활에 대한 이런저런 설명은 공신력을 얻기 위한 일련의 시도에 불과하다.

어쨌든 베드로가 부활한 예수를 먼저 보았다는 주장은 그를 예수의 후계자이자 기독교의 창립자로 승격시킨다. 하지만 베드로에 대한 평가는 복음서에 따라 시비가 엇갈리며 평판도 좋지 않은 편이다. 기본적으로 그는 예수의 말을 잘 이해하지 못했다고 한다. 따라서 예수가 베드로를 후계자로 지명했을 리는 없다. 그것은 「마태오의 복음서」의 해석일 뿐이다(제6장). 하지만 로마 가톨릭은 베드로에게 기독교의 모든 임무를 떠넘긴다. 그 후 2천 년 동안 기독교는 바울로와 베드로를 핵심 인물로 앞세우지만 기원후 30년경만 해도 그가 핵심 인물이 될 가능성은 매우 빈약했다. 게다가 당시에는 예수의 가족과 베드로 사이에 갈등이 있었고, 가족을 대표하는 인물은 예수의 동생 야고보(Jacques, James)였다. 「사도행전」에 따르면 예수와 가장 가까운 사람들은 친척들이었다. 이 문헌은 적어도 12명의 제자와 친척들이 예수를 마음으로 섬겼다고 전한다. 하지만 예수의 가족은 사도 집단에 호의적일 수 없었다. 예수가 자기 가족을 버리고 제자들을 택했기 때문인데 그것은 지중해의 문화에 위배되는 선택이었다. 「루가의 복음서」에서 예수는 〈누구든지 나에게 올 때 자기 부모나 처자나 형제자매나 심지어 자기 자신마저 미워하지 않으면 내 제자가 될 수 없다〉(14 : 26)고 선언한다. 그러나 「마태오의 복음서」에서는 〈아버지나 어머니를 나보다 더 사랑하는 사람은 내 사람이 될 자격이 없고 아들이나 딸을 나보다 더 사랑하는 사람도 내 사람이 될 자격이 없다〉(10 : 37)고 말한다. 복음서들은 예수의 어머니를 제외한 가족을 매우 부정적인 시선으로 바라본다. 「마태오의 복음서」(제12장)에서 예수는 고통받는 자들을 치료해 주지만 그의 가족은 그가 미쳤기 때문에 집으로 데려가야 한다고 주장한다. 그때 예수는 〈나의 진짜 가족은 사도들이라고 말한다〉. 「요한의 복음서」에서 요한은 사도들이 예수를 믿지 않았다고 말한다. 사실 예수가 죽은 후에 더욱 굳건해지는 사도 집단은 기본적으로 그의 가족으로 구성되는데 이는 마리아가 여러 명의 자식을 가졌음을 의미한다. 그러나 가톨릭교회는 이 사실을 인정한 적이 없다. 더 나아가 중세를 거치면서 교회는 마리아에게 처녀성을 부여하고 남자와 잔 적이 없음을 강요한다. 결국 교회는 모든 인물들의 신성화 작업에 착수한 것이다.

하지만 「마태오의 복음서」(제13장)에서 마태오는 예수의 형제들을 나열한다. 적어도 두 명의 누이가 있고 형제들의 이름은 이스라엘을 세우는 위대한 인물들과 동일하다(야고보, 요셉, 시몬, 유다). 하지만 교회는 예수를 신의 유일한 아들로 승격시켜야 했다. 방법은 다음과 같았다. 우선 〈예수가 신에게 고해 성사를 받는 유일한 자식임〉을 앞세우는 것이다. 그러므로 〈예수는 신의 유일한 아들이다〉는 주장이 이어진다. 신학적 발언이 생물학적 진리로 바뀌는 순간이다. 어쨌든 「루가의 복음서」에서는 처녀 마리아가 예수를 출산했다는 언급이 없다. 그럼에도 처녀 출산을 주장하는 「마태오의 복음서」와 「요한의 복음서」에서는 예수의 형제들이 명백하게 언급되기도 한다. 성 아우구스티누스 시대에 이르러 마리아는 드디어 영원한 처녀로 〈원죄 없는 잉태 Immaculata conceptio〉의 주인공으로 승격된다. 또한 처음에는 예수를 마리아의 아들로 기술하는 것도 문제가 되었다. 당시에는 모든 아이를 〈아버지의 아들〉로 불렀다. 유대교의 몇몇 문헌은 예수가 사생아이며 〈판데라〉라는 로마 용병 사이에서 태어난 아이라고 기술하기도 한다. 논쟁이 있었던 건 사실이다. 이 모든 것을 잠재운 사람이 제롬 또는 히에로니무스(347~420년경)이다. 히에로니무스 덕분에 야고보는 형제가 아닌 사촌이 되고 마리아는 처녀성을 획득하게 된다.

  사실 야고보는 예수 집단의 내부 갈등과 유대인 세계관의 관계를 이해하는 데 매우 중요한 인물이다. 하지만 바울로가 기술하는 그의 행보와 〈사도의 행전〉이 전하는 내용은 매우 다르다. 제네바에 보관 중인 신약 성서 원본에서는 부활한 예수를 가장 먼저 본 인물이 다름 아닌 야고보이다. 하지만 모든 복음서를 종합해 보면 부활은 세 차례 일어났는데 처음엔 베드로 앞에서, 그 다음은 12명의 사도 앞에서 마지막으로는 5백여 명의 사람들 앞에서 일어난다. 이렇게 야고보가 처음 목격했다는 다른 주장도 있지만 신약 성서는 야고보에게 큰 역할을 부여하지 않는다. 따라서 신약 성서를 읽을 때는 일종의 층위학적(層位學的) 독서를 해야 한다. 그토록 중요했던 인물이 세월이 갈수록 수면에서 사라지기 때문이다. 하지만 예수가 죽은 후 베드로가 문헌에서 사라진다는 것은 적어도 야고보의 권력 확보를 의미한다. 이에 관해서는 두 개의 수수께끼가 있다. 하나는 〈어떤 이유에서 야고보가 베드로의 자리를 차지하게 되는가?〉이며, 다른 하나는 〈12명의 사도에 포함되지 않은 인물에게 어떻게 그런 자리가 가능했는가?〉이다. 어쨌든 예수가 죽은 후 몇십 년 동안은 가족이 그 정신을 계승했다는 데는 이의가 없어 보인다. 그렇다면 평행선이 있는 셈인데, 하나는 가족을 통한 계승이고 다른 하나는 사도들을 통한 계승이다. 이는 종교사에서 흔한 주장인데 마호메트가 죽은 후 일부에서는 그의 제자들이 이슬람을 전파했다고 하며, 다른 일부에서는 가족이 그 역할을 맡았다고 한다. 문제의 핵심은, 야고보는 유대인이었고 그 때문에 예수의 본래 사상을 이어받았다는 것이다. 유대교 문헌에 따르면, 기원후 62년에 야고보를 위험한 경쟁자로 여겼던 기독교 신부의 고발로 그는 죽음을 맞는다. 그러나 신약 성서는 야고보를 마지막 장에서 언급하지만 그의 역할을 과소평가하려 한다. 신약 성서에서는 예수가 기독교인이어야 하는데 야고보는 그의 엄연한 형제이자 유대인이었으므로 당연히 성가신 존재였다. 게다가 그는 매우 엄격한 유대교인이어서 기독교에 대해 반감을 가질 수밖에 없었다. 더 나아가 야고보는 예루살렘 모임의 지도자로 나중에 교회의 중심이 로마로 옮겨지면서 그 존재는 귀찮은 걸림돌이 된다. 이 때문에 그는 형제에서 사촌으로 신분이 격하되거나 별 볼일 없는 사도로 둔갑되기도 했다. 결국 그는 희생되어야 했던 것이다.

어쨌든 예수가 죽자마자 야고보와 사도들은 약속대로 새로운 왕국이 하늘에서 내려올 거라고 믿었다. 예수는 12명의 사도에게 12개의 종족을 지배할 것이라고 약속했는데 이는 이스라엘 전체를 통치하는 방법이었다. 그러나 왕국은 오지 않았다. 때문에 유대교인들은 예수를 그릇된 예언자로 여겼다. 또한 「마태오의 복음서」, 「루가의 복음서」, 「마르코의 복음서」에 나오는 12사도의 목록도 일치하지 않는다. 12이라는 숫자는 사실 상징에 불과했다. 중복되는 인물도 있지만 그렇지 않은 경우도 있다(막달라 마리아도 그중 하나이다). 숫자의 상징성에도 불구하고 그 집단은 특권 의식에 사로잡혀 있었다. 어느 날 바울로가 〈우리 소속이 아닌 자들이 사람들을 치료하고 다닌다면 그들도 신의 은총을 받은 것인지〉를 묻자 예수는 〈노No〉라고 답한다. 신의 은총은 그들만의 특권 의식이었던 셈이다.

예수가 약속한 새 왕국에 대한 해석도 다양했다. 어떤 사도들은 하늘의 왕국이라 믿었고, 또 다른 사도들은 로마인들을 쫓아낸 다음 세워질 왕국이라고 믿었다. 하지만 그보다는 다신교를 쫓아내고 순수한 이스라엘을 건립하는 것이 진짜 목적이었다. 일종의 신정주의 국가를 꿈꾸었던 것이다. 그리고 그것은 많은 유대교도들의 꿈이었다. 그러나 예수는 정치가도 아니고 혁명가도 아니었다. 그는 예언자였다. 복음서들이 등장하기 전에는 로마의 침략자들을 공격하려는 예언자들도 등장하지만 이제는 〈한 뺨을 맞으면 다른 뺨을 내밀라〉는 식으로 바뀐다. 그럼에도 로마인들은 두 개의 왕국이 존재할 수 없다고 생각했다. 로마인들이 예수를 처형한 것도 그가 유대인의 왕으로 군림한다고 생각했기 때문이다. 예수의 예언을 정치적으로 해석했던 것이다. 그러나 이스라엘의 정치적 통치는 예수에게 중요하지 않았다. 사도들에게 가장 시급한 문제는 신의 왕국을 언제 세우냐 하는 것이었다. 하지만 복음서가 거듭될수록 우선순위는 바뀐다. 예수가 죽은 후 30여 년이 지나자 사람들은 신의 왕국은 세워지지 않을 것이라고 생각하기 시작했다. 때문에 복음서의 저자들은 해석의 방향을 실질적인 왕국에서 정신적인 왕국으로 바꾸어야 했다. 다시 말해 조급한 기다림 대신에 천국을 기다리라는 주문으로 바뀌는 셈이다. 이는 시간이 공간으로 바뀌는 순간이기도 하다. 이 역할에 크게 공헌한 인물이 바울로다. 초기의 예수는 일종의 윤리 선생으로서 하느님의 왕국을 약속했다. 이때까지는 정치적 해석도 가능했다. 그가 처형당했음에도 사람들은 계속 왕국을 기대했다. 바울로는 예수의 애국적인 측면을 제거하고 살아생전 생각하지 않았던 요소를 추가한다. 예수가 부활했으므로 이제는 왕국의 설립보다 개인 영혼의 불멸과 구원을 전면에 내세운다. 예수가 신의 왕국 Kingdom of heaven에 대해 말했을 때 사람들은 분명 유대인들의 왕국을 생각했고 그것은 독립을 의미했다. 뿔뿔이 흩어진 민족이 다시 뭉칠 수 있을 거라고 기대했다. 하지만 부활의 개념을 앞세운 바울로는 사람들의 희망을 저 먼 하늘로 올려 보낸다.

기독교의 제1세대는 극단적 유대이즘이었다. 바울로는 이곳저곳을 여행하면서 곧 구원의 손길이 나타날 거라고 말한다. 하지만 바울로도 살아생전 예수를 다시 볼 수 없을 거라는 사실을 서서히 인정하기 시작한다. 다급해진 바울로는 현재를 신학적으로 해석할 필요성을 느꼈다. 그는 부활과 승천 그리고 왕국을 세우기 위해 예수가 돌아오는 시간을 신학적인 개념으로 바꾸는데, 「루가의 복음서」에 이르러서는 예수가 다시 부활하는 내용은 주변으로 밀려난다. 그것은 여전히 기대할 만한 사건이지만 신학적 단기간 내에 결정된 일이 아니라는 주장이다. 모든 문헌들의 특징이 있다면 그것은 연대기적으로 예수의 죽음에서 멀어질수록 재부활에 대한 다급함도 줄어든다는 데 있다. 「마르코의 복음서」(제13장)는 다신교 사원의 파괴가 신의 시계를 멈추게 할 것이라고 한다. 「마태오의 복음서」와 「루가의 복음서」에 이르면 사원의 파괴는 예수의 복귀 시간이 아니라고 한발 더 물러선다. 「요한의 복음서」에선 또 다른 해석이 나온다. 드디어 〈수천 년은 하루와도 같다〉고 말하는 베드로가 등장한다. 신의 왕국은 늦게 실현되는 게 아니라 신의 시간 개념이 다르다는 것이다. 이는 인간으로 하여금 사죄할 수 있는 시간을 주는 것이기 때문에 신의 자비라고 말한다…….

만약 이 다큐멘터리의 내용이 사실에 가깝다면 누구라도 놀라움을 금하기 어려울 것이다. 이때 독자는 〈무엇을 더 신뢰해야 하는가〉 하고 고민할 수도 있다. 아직도 전 세계 교회에서 부르짖고 있는 교리인가, 역사적 사실인가? 종교적 신앙 여부를 떠나 수백 년 동안 우리가 상식적으로 알고 있는 신약 성서의 내용과 하느님의 아들로서의 예수를 믿어야 하는가? 아니면 세계 최고의 전문가들이 들려주는 이 다큐의 내용인가? 독자들이 마음속으로 답하기 전에 나는 위의 내용이 신의 존재 여부와 직접적인 관련이 없다는 점과 예수의 존재를 부정하는 것도 아니라는 점을 상기시키고자 한다.

그렇다면 이런 내용이 모두 잘못된 거라고 가정하자. 학자들은 제정신이 아니기 때문에 이런 말들을 프랑스, 영국, 미국, 독일, 이스라엘에서 동시다발적으로 했거나, 아니면 아르테 TV의 제작진이 이런 내용만 골라서 편집했다고 가정하자. 그 경우 우리는 정말로 예수는 처녀 마리아를 잉태하게 한 신의 아들이며, 그렇기 때문에 마리아는 성모이고 예수는 분명히 죽었다가 살아났으며 40일 후 어느 동산 위에서 사람들이 지켜보는 가운데 하늘로 올라갔다고 믿어야 하는가? 더 나아가 유대인들이 예수를 팔아넘겼기 때문에 그들을 본질적으로 나쁜 사람으로 여겨야 하는가? 정말 그렇게 생각한다면 공교롭게도 우리는 나치즘이 남긴 폭력성의 종교적 동기를 이해하고 받아들여야 할 것이다.

이제 저자로서의 입장 표명을 한다면 나는 학자들의 견해가 더 설득력이 있다고 생각하는 동시에 이런 과정은 다른 종교에서도 찾아볼 수 있다는 사실을 강조하고자 한다. 왜냐하면 모든 종교는 초기에 구전으로 전파되면서 불가피하게 신화적 요소들로 가득 채워지기 마련이다. 그 창시자가 미화된다는 것은 어쩔 수 없는 일이고 항상 배신자가 있으며 고행이 있다. 서사 구조상으로는 할리우드 영화와 매우 유사하다. 선한 주인공이 있고 악당이 있으며, (대부분이 여성인) 약자가 있는데 주인공은 그 약자 때문에 위기에 몰리다가 끝내는 악을 물리치고 제 몸 하나 희생하는 영웅담이 그 것이다. 종교는 스타를 필요로 하며 또 그래야만 종교로서 우뚝 설 수 있 다. 불교의 근원을 훑어봐도 〈종교적으로는 역사적 실존 인물인 석가모니 부처 이외에도 수천의 부처가 있으며, 석가모니가 부처를 이루기 이전에도 그에게 불법을 전한 부처들이 있다고 하며 그 기원을 확정할 수 없다〉라는 말로 시작된다. 이슬람도 예외가 아니며 그 근원에 대한 설명은 〈이슬람교 의 경전은 코란이며, 이는 예언자 마호메트가 가브리엘로부터 받은 알라의 말을 기록한 것이라고 한다〉고 되어 있다. 항상 〈……이라고 한다〉는 것이 다. 그러나 만약에 기독교만 이런 과정을 통해 탄생했다면 그것은 인류 최 대의 사기 사건으로 기록되어야 마땅할 것이다.

기독교의 형식

일단 종교가 생기면 나름의 규범(교리, 윤리, 의식 체계)을 세우고 전도를 하며 세력을 확장하려는 본능을 발휘하기 시작한다. 우여곡절 끝에 정리되 는 기독교의 교리는 신약 성서로 집약된다. 하지만 일반인이 그 내용을 정 독할 가능성은 만무하다(정독한다 해도 알레고리적 담화는 수많은 해석을 허용한 다). 그러면 성서의 해석은 앞서 요약한 다큐멘터리 참여자들에게 맡겨 두 고 보다 더 널리 알려진 십계명을 살펴보자. 십계명 역시 유대교에서 처음 등장한다는 사실도 맡겨 두고 현재 통용되는 내용을 보면 다음과 같다.

개신교의 십계명	가톨릭의 십계명
1. 다른 신을 섬기지 말라.	1. 다른 신을 섬기지 말라.
2. 신의 형상을 만들지 말라.	2. 하느님의 이름을 망령되이 부르지 말라.
3. 하느님의 이름을 망령되이 부르지 말라.	3. 안식일을 기억하라.
4. 안식일을 기억하라.	4. 부모를 공경하라.
5. 부모를 공경하라	5. 살인하지 말라.
6. 살인하지 말라.	6. 간음하지 말라.
7. 간음하지 말라.	7. 도적질하지 말라.
8. 도적질하지 말라.	8. 거짓 증언하지 말라.
9. 거짓 증언하지 말라.	9. 이웃의 집을 탐내지 말라.
10. 탐내지 말라.	10. 이웃 아내를 탐내지 말라.

　개신교의 1, 2, 3번째 계명과 가톨릭의 1, 2번째 계명을 보면 다신교를 염두에 둔 흔적이 역력하다. 이는 오늘날 원시 종교라고 부르는 것과의 단절을 명령하는 동시에 초기 기독교의 불안감을 어느 정도 드러내는 대목이라 할 수 있다. 하지만 똑같은 교리가 다른 시대와 상황에 적용되면 문제는 달라진다. 예를 들어 이런 계명이 기독교 전도 활동의 핵심으로 남미 대륙과 같은 미지의 세계를 발견하고 그곳을 통째로 기독교화해야 할 때, 그리고 그 뒤에서 제국주의적 자본주의의 파괴력이 밀어붙이면 역사적인 비극을 낳을 수도 있는데 그것이 잉카 문명의 씨를 말려 버린 제노사이드다. 한마디로 종교적 톨레랑스는 원천적으로 배제되는 셈이다. 왜냐하면 시대가 또다시 바뀌고 원시 종교들이 대거 사라진 상황에서는 다른 일신교와 심각한 마찰을 일으킬 수 있기 때문이다. 즉 이런 계명이 다른 신을 부정하라는 뜻으로 해석된다면 그것은 매우 강경한 배타주의의 종교적 동기로 활용될 수 있기 때문이다. 또한 개신교의 3번 계명과 가톨릭의 2번 계명도 눈길을 끈다. 〈하느님의 이름을 망령되이 부르지 말라〉는 계명은 그 이름을 농담이나 장난의 소재로 사용하는 것을 금지하는 조항이다. 이런 금지 사항이 극

단적으로 해석되면 중세 기독교가 내린 웃음의 금지령까지 불러올 수 있다. 이미 잘 알려졌듯이, 중세 수도원들은 〈살아생전 예수가 한 번도 웃지 않았다는 이유로〉 웃음을 금기시했는데 이 때문에 웃음의 미학을 다룬 것으로 알려진 아리스토텔레스의 『시학』 2집의 존재 여부가 유럽 지성사의 수수께끼로 남아 있다.[55]

그다음은 안식일로 넘어가는데 이 개념 역시 〈신이 6일 동안 천지 만물을 만든 다음 7일째 되는 날 쉬었다〉는 모세의 십계명에서 유래한다. 이 대목은 「창세기」와 관련이 있다. 여기서 흥미로운 점은 안식일이 토요일에서 일요일로 바뀐다는 것이다. 이에 관해서도 여러 주장이 있지만, 기본적으로 안식일은 유대교의 율법이 명시하는 토요일이다.[56] 하지만 구약 성서를 인정하지 않는 기독교에서는 그것이 토요일이든 일요일이든 중요하지 않거나 의견 통일이 이루어지지 않았을 것이다. 이때 태양신을 섬기던 로마의 콘스탄티누스 대제가 312년에 기독교로 개종하면서 기독교를 국교로 승인해 주는 조건으로 태양신의 축제 날 일요일을 교회 안으로 끌어들이게 된다(그래서 Sunday라고 하는 것이다). 여기서 우리는 기독교의 타협주의를 다시 목격하게 된다. 물론 기독교 근본주의자들은 토요일을 고집할 수도 있었겠지만 로마 제국의 국교가 되는 대신 요일 정도는 양보했을 법하다. 왜냐하면 한 제국의 인구를 선교할 기회가 주어지기 때문이다. 경제 논리가 지배한 셈이다. 그러나 역설적으로, 안식일에 대한 또 다른 학설이 제시되어도 별 상관이 없었다. 더 중요한 것은 사람들이 〈어쨌든 바뀐 요일〉을 의심할 여지 없는 〈주일〉로 인정하고 있으며, 더 나아가 원한다면 온갖 합

---

55 이에 관해서는 움베르토 에코가 『장미의 이름』에서 제시한 해석도 흥미롭다.

56 토요일을 의미하는 히브리어 〈שבת sabat〉는 오늘날 안식일, 안식년을 의미하는 단어로 유럽어 단어에 흔적을 남겼다. sabbatical day, année sabbatique 등이 그런 경우다.

리화를 통해 일요일이 본래 그날이었다고 주장할 수도 있다는 사실이다. 처녀 잉태를 만들어 냈는데, 이 정도의 합리화는 누워서 식은 죽 먹기였을 것이다.

나머지 계명들은 바람직한 인간 사회를 위한 지침들이다. 키 워드는 대략 〈부모 공경〉, 〈살인 금지〉, 〈간음 금지〉, 〈도적질 금지〉, 〈거짓 증언 금지〉, 〈이웃 아내 유혹 금지〉로 집약되는데 누가 봐도 매우 건전한 사회를 위한 법규들이며 마치 민/형법을 예언한 듯 그것과 정확히 일치한다. 하지만 바로 이 대목이 기독교를 인정하면서 로마 제국이 얻는 실리를 설명한다.[57] 왜냐하면 이런 계명들은 법 이전의 윤리관을 제시하기 때문이다. 법을 자연스러운 것으로 수용하게 만드는 윤리적 인프라를 제공한다고 할 수 있다. 다시 말해 법치 국가의 이데올로기적 토대라고 할 수 있으며 콘스탄티누스가 위대한 정치가였다면 이 정도는 직시했을 것이다.[58] 이렇게 기독교와 로마 제국은 거래를 한 셈이다. 이때부터 제국이라는 무대를 독차지하게 된 기독교는 인류 역사상 가장 무자비한 권력을 행사한다.

57 십계명에는 명시되지 않았지만 기독교의 교리 중에는 성에 관한 몇 가지 명백한 지침을 포함하는데, 그것은 피임과 동성애와 자위행위를 금지함으로써 인구 증가를 꾀할 수단으로 간주될 수 있다. 이런 지침들 역시 제국을 키워야 할 아우구스티누스에게는 환영할 만한 가치가 있었을 것이다.

58 해럴드 버먼Harold Berman이 『종교와 사회 제도』에서 말하듯이 〈법이 이성을 넘는 가치와 연결되고, 커뮤니케이션하는 주된 방식은 제식, 전통, 권위, 보편을 앞세우는 데 있다〉.(44면) 또한 그는 다음과 같이 덧붙인다. 〈기독교의 영향 이래 우리 고전 시대의 로마법은 가족법을 개혁하고 아내에게 법 앞에서의 더 큰 평등의 지위를 부여하고, 유효한 결혼에 대해서 양 배우자 상호 합의를 부여하여 이혼을 보다 어렵게 하였다. 노예 법을 개혁하여 주인이 권력을 남용할 경우에는 노예에게 이의를 제기할 권리를 주었다. (……) 아우구스티누스와 그의 계승자들에 의해 이루어진 법 개혁에 기독교가 중요한 충격을 줄 뿐만 아니라 주된 이념적 정당화를 부여하였다.〉(87면) 같은 맥락에서 윌슨이 인용하는 래퍼포트는 〈신성화는 임의적인 것을 필연적인 것으로 바꾸고, 임의적인 규제 장치들은 신성화하기 쉽다〉고 역설한다. 윌슨, 『인간 본성에 대하여』, 256면.

기독교의 팽창

5세기에서 15세기 사이에 기독교의 팽창은 여러 단계로 구분될 수 있다. 게르만족의 개종 단계(~7세기), 가톨릭 국가의 연맹으로서 서유럽 탄생, 카롤링거 왕조의 지배와 교회 분열 또는 동방 정교의 분리가 그것이다. 이 모든 과정은 종교가 이데올로기화되어야만 분출되는 에너지와 광기를 필요로 했다.

초기의 복음은 「마태오의 복음서」 28장에 나오는 구절, 즉 〈그러므로 너희는 가서 이 세상 모든 사람들을 내 제자로 삼아 아버지와 아들과 성령의 이름으로 그들에게 세례를 베풀고 내가 너희에게 명한 모든 것을 지키도록 가르쳐라〉(19~20)라는 명령을 따르는데 이것이 복음의 기본 정신으로 뿌리를 내린다. 또한 성 아우구스티누스는 예수의 이름으로 기독교로의 개종을 이끌어 내기 위한 폭력의 합법적 사용을 정당화한다(이때 〈살인하지 말라〉는 계명은 무시된다). 6세기부터는 본격적인 〈미션mission〉의 시대가 열린다. 중세 초기까지만 해도 미션이라고 하면 기독교 미개척지에서 선교사들이 펼치는 활동을 의미했는데, 제국의 행정 및 군사력의 지원을 받게 되면서 교회와 제국의 공식 기구로 활동 영역과 조직력을 더욱 강화한다. 그 결과 16세기까지 〈선교사missionary〉는 더욱 명백한 의무를 부여받게 되는데, 그것은 〈인간들을 구원하기 위해 아버지와 아들과 성령의 이름으로 파견된 자〉를 의미한다.[59] 이런 이데올로기가 절정에 달했을 때 강행되는 것이 12~13세기의 십자군 원정이다. 십자군의 목표는 세상 끝까지 가서 인류를 구원하고 기독교 신앙을 전파하는 데 있었다. 보다 구체적으로는 유럽의

---

59 지금도 미션은 기본적으로 〈중요 임무〉를 뜻하는 단어로, 여러 문맥에서 사용되지만 특히 국가 기관에서 더 많이 사용되고 있다.

가톨릭 국가들을 결집시킨 후 중동의 이슬람 국가에 대항하여 성지 예루살렘을 탈환하는 것이었다. 그러나 여덟 차례에 걸친 십자군 원정은 숱한 희생을 치르고 오히려 이슬람을 집결시키는 결과만을 초래한다.[60]

중세가 끝날 무렵, 또는 1492년이라는 상징적인 시기에 기독교는 매우 중대한 전환점을 맞이한다. 스페인의 그라나다 전투에 패함으로써 아랍인(무어족)들이 그 땅에서 쫓겨나고 드디어 스페인은 완전한 가톨릭 통일 국가로 거듭나며 그 와중에 스페인의 유대교도들도 추방된다. 또 같은 해에 콜럼버스는 아메리카 대륙을 발견하는데 이는 1만 2천 년 동안 서로의 존재를 모른 채 진화한 두 사회의 만남인 동시에 인류 역사상 가장 큰 비극적 기록을 남긴 사건이다. 곧바로 유럽인들은 아메리카 대륙을 탐험하여 그들이 살 수 있는 땅으로 만들려고 했다. 하지만 결과는 참담했다. 15세기에 토착민의 인구는 적게는 2백만에서 많게는 2천만으로 추정되었는데(어떤 이들은 대륙 전체의 인구를 1억으로 추정하기도 한다) 19세기에 이르자 25만 명만 살아남는다. 이런 인구 쇠퇴의 가장 큰 이유는 유럽에서 들어온 천연두였는데 당시 치사율은 60퍼센트, 많게는 90퍼센트로 기록되었다.[61] 이때부터 기독교의 팽창은 식민지 개척과 어깨를 나란히 하여 진행된다. 즉 침략국들은 선교의 모든 활동을 서양의 이해관계를 위한 수단이자 정치적·군사적 개입을 정당화할 수 있는 수단으로 활용한다. 콘스탄티누스가 그랬듯이, 종교 이데올로기가 법적 이데올로기에 선행되어야 함을 알아차린 것

---

60 리들리 스콧의 영화 「킹덤 오브 헤븐」(2005)은 십자군 원정을 비교적 객관적으로 그리고 있다.

61 이런 높은 치사율을 보인 원인은 인디언들이 오랫동안 다른 대륙과 접촉하지 않아 꽤 높은 수준으로 유전적 동일성을 보였다는 점과 유럽 대륙에서 사람들과 오랫동안 살아오면서 유럽인들의 면역력을 높인 말, 돼지 등의 동물들이 아메리카 대륙에 존재하지 않은 이유로 그에 대한 면역력이 잘 갖춰지지 못했던 점, 유럽에 흑사병이 퍼졌을 때처럼 사람들이 병을 치유한다는 이유로 한곳에 모여 있었다는 점 등이 지적되고 있다.

이다. 바꾸어 말하면 종교의 팽창주의와 제국주의가 일치한 것이다. 물론 인간의 존엄을 중시하는 일부 선교사들과 침략군 사이에 마찰이 전혀 없었던 것은 아니다. 예를 들어 마르티니크에서는 노예를 구하기 위해 선교사들이 투쟁한 기록도 남아 있다.[62] 하지만 기본적으로 인디언과 아프리카인들의 토속 종교나 의식은 용납되지 않았다. 몇몇 지역에서는 혼합형 종교가 탄생하지만 그럼에도 불구하고 결과는 우리가 알고 있는 지금의 현실이다. 즉 아메리카 전체의 기독교화다. 이 모든 일이 〈살인 금지〉, 〈도적질 금지〉, 〈거짓 증언 금지〉라는, 십계명 중 적어도 세 개를 무시했기 때문에 가능했다.

기독교의 이런 〈승리〉는 18세기부터 급격히 쇠퇴하는 유럽의 기독교에는 그야말로 새로운 왕국의 길을 열어 준다. 그 왕국은 남아메리카의 가톨릭과 북아메리카의 개신교로 나뉘지만 어쨌든 기독교는 계몽주의와 이성주의 그리고 다위니즘을 피해 새로운 왕국을 만들 수 있었다. 그중에서도 세계 최강의 경제력과 군사력을 갖춘 미국은 역시 세계 최강의 기독교 국가로 우뚝 서게 된다. 드디어 킹덤 오브 헤븐이 세워지는 것인가? 미션은 지속되고 있다.

종교의 이데올로기

생존의 관점에서 보면 원시 종교는 자연을 나름대로 이해하려는 몸부림이자 상상력이었다. 과학이 온전히 부재하는 상황에서 원시인들은 유추적

---

62 지역은 다르지만, 이 문제를 다룬 롤랑 조페의 영화 「미션」(1986)도 참고할 만하다.

인 사고를 통해 사물을 바라보았다. 그래서 하늘은 화를 낼 수 있으며 천둥은 하늘의 꾸지람이 될 수 있었다. 이런 인식 체계는 생존 이데올로기의 핵심을 구성하기도 한다. 게다가 종교는 집단의식을 강화하고 희생을 정당화함으로써 종의 보존에 도움이 되기도 했다. 이 때문에 종교 또는 초자연적 힘에 대한 믿음이 인간 유전자에 기록되었는지도 모른다. 뿐만 아니라 종교가 담론으로 다듬어지고 특유의 형식을 갖추게 되면서 드디어 민족주의와 결합하는데 이로써 보다 더 통일된 모양, 즉 일신교의 형태를 갖춘다. 드디어 종교가 권력을 갖게 되는 것이다. 윌슨이 강조하듯이, 〈유일신 종교에서 신은 언제나 남성이다. 이 강력한 가부장적 성향은 몇 가지 문화적 원천을 갖고 있다. 유목 사회는 이동성이 높고, 긴밀하게 조직되어 있고, 호전적이기도 하다. 즉 균형을 남성의 권위 쪽으로 이동시키는 특징을 모두 갖고 있다. 유대인들은 원래 유목 민족이었으므로, 성서는 신을 목자로, 그의 선택된 민족을 양으로 기술하고 있다. 모든 유일신교 중 가장 엄격한 종교의 하나인 이슬람교가 처음 교세를 세운 것도 아라비아 반도의 유목 민족 속에서였다〉.[63]

이처럼 기독교는 일신교로 재정비되면서 로마 제국의 법적 이데올로기의 토대를 제공할 수 있게 된다. 이때부터 기독교는 제국의 팽창주의 최전방에서 구원이라는 이름을 앞세워 자신의 영토를 넓혀 간다.

종교가 걸어온 과정을 보면 바뀐 것이 있고 그렇지 않은 것이 있다. 바뀐 것은 자연의 의인화가 절대 전능의 신으로 대체되었다는 점이다. 인간의 모습을 지녔던 시절에 신은 비록 초자연적인 힘을 가졌을지라도 그야말로 인간처럼(또는 자연처럼) 변덕이 심한 존재였다. 때문에 여러 신이 공존하는

---

63 윌슨, 『인간 본성에 대하여』, 261면.

것이 더 자연스럽게 느껴졌다. 하지만 유일신은 인간이 아니다. 그는 초능력 자체이자 선이다. 절대자이다. 이때부터 신은 믿든 말든 양자택일의 대상이 된다. 이런 신앙은 선과 악을 명백히 구분한다. 강력한 배타성의 탄생이라고 할 수 있다.

바뀌지 않은 것은 하나다. 그것은 개인과 집단에게 종교가 보탬이 된다는 이기주의적 보상 심리다. 로버트 라이트가 말한 것처럼, 〈종교는 어떤 쪽이든 이기적인 양상을 보여 왔다. 종교적 교리가 살아남으려면 그것을 인식할 두뇌의 소유자인 사람들의 심리에 호소해야 한다. 이기심은 강력한 호소력의 불원지다. 그러나 이기심은 다양한 모습을 띠며, 그런 면에서 가족, 사회, 세계의 이익과 도덕적·영적 진리의 도모 같은 다른 종류의 이익과 맥을 같이할 수도, 그러지 못할 수도 있다. 종교는 늘 이기심과 다른 종류의 이익을 연결하는 고리였지만, 어떤 것을 어떻게 연결하느냐는 시대에 따라 변한다〉.[64] 원시 종교에서는 다양한 신을 통해 자연과 대화를 하려 했으며 목적은 그 집단의 안녕을 기원하는 데 있었다. 윌슨은 이를 〈순수한 세속적 보상〉이라고 부르는데 예를 들면 장수, 기름진 땅과 풍족한 식량, 재앙 회피, 적의 정복이 그것이다. 그렇다면 이러한 보상 심리는 원시 종교에만 해당하는가? 이제 자연을 좀 더 다스리기 시작한 인간에게 종교는 불필요해졌는가? 주변을 훑어보아도 아니라는 사실은 쉽게 알 수 있다.

그러면 오늘날까지도 종교를 믿는 이유는 무엇인가? 그것은 윌슨이 강조하듯, 가장 지고한 형태의 종교 행위도 좀 더 세밀히 조사하면 생물학적 이익을 제공하기 때문이다. 어떤 이익이 있는가? 우선 종교는 신자들의 정체성을 응고시킨다. 즉 〈개인이 매일 겪는 혼란스럽고 방향을 잃게 만드는

64 라이트, 『신의 진화』, 40면.

경험들 한가운데에서, 종교는 그를 분류해 주고, 위대한 능력이 있음을 주장하는 집단의 확실한 구성원 자격을 그에게 부여하며, 그럼으로써 그의 개인적 이익에 부합되는 삶의 목표를 그에게 제공한다. 집단의 힘은 그의 힘이고 신성한 계약은 그의 안내자이다〉. 때문에 불안정한 사회일수록 종교의 설 자리가 보장되는 것이다. 미국의 개척 시대가 그랬고, 지금의 한국도 예외는 아니다. 하지만 이러한 이득이 신도들에게만 돌아가는 게 아니라는 점도 짚고 넘어가야 한다. 종교 의식을 책임지는 이들에게도 이득은 있는데, 이에 관해 윌슨은 로버트 르바인Robert Levine, 키스 토머스Keith Thomas, 모니카 윌슨Monica Wilson을 인용하여 주술의 직접적인 동기 일부는 감정적이고 일부는 합리적이라고 피력한다. 즉 〈어느 사회든 무당은 치료나 저주를 하는 자리에 있다. 자신의 역할이 도전받지 않는 한, 그와 그의 친족은 부가된 힘을 향유한다. 그의 활동이 자비롭고 의례를 통해 승인된다면, 그 활동은 사회의 결단과 통합에 기여한다. 그러므로 제도화된 주술이 생물학적 이득을 준다는 점은 명백해 보인다〉는 것이다. 이것이 원시 종교의 무당이 누릴 수 있는 이득이라면 한 국가가 종교 국가가 되었을 때 그 이득은 당연히 국민을 다스리는 기득권층에 돌아갈 것이다.

어쨌든 정체성 확립이라는 개념은 현대 종교의 이데올로기를 이해하는 열쇠가 된다. 왜냐하면 인간이 처한 현실이 복잡하거나 불안정할수록 종교의 영향력이 크기 때문이다. 2005년에 실시한 국내 센서스 조사에 따르면, 조사 대상 중 53.3퍼센트는 종교가 있다고 답했으며 46.9퍼센트는 〈없다〉고 답했다. 종교별 분포는 다음과 같다.

불교	22.8%
개신교	18.3%
가톨릭	10.9%
유교, 원불교	0.5%
기타	0.5%

이런 수치만 놓고 보면 마치 한국이 무종교 국가처럼 비칠 수 있다. 하지만 김윤성은 같은 갤럽 조사를 인용하면서 〈제사와 차례를 지내는 사람이 90퍼센트가 넘고, 정식 신자는 아니어도 이따금 사찰이나 성당 또는 교회에 가는 사람도 적지 않으며, (……) 굿을 하고 점을 보는 일, 택일을 하고 사주와 궁합을 보는 일, 연초에 토정비결을 보는 일, 풍수지리를 따지는 것〉은 한국의 또 다른 특징이라고 꼬집는다.[65] 앞서 말한 대로 만약 한국 사회가 정신적으로나 물질적으로나 안정됐다면, 다시 말해 근로 조건이 인간 중심적이고 집값도 합리적이며, 입시 지옥도 없고, 계급 상승의 욕망도 없을 뿐만 아니라 사회적 규범이 유연하여 모두가 자유로움을 만끽한다면 이토록 다양한 믿음도 필요하지 않을 것이다.

유럽의 역사를 보면 종교의 쇠퇴 과정은 근본적으로 과학의 발전과 관련이 있지만 이와 동시에 그 과정은 사회 제도의 안정화와 정비례했다. 여기서 말하는 사회 제도는 교육, 복지, 인종 문제, 노동 조건, 남녀평등 등을 가리킨다. 프랑스의 현재 종교 분포는 다음과 같이 나타난다.

65 신재식·김윤성·장대익, 『종교 전쟁』, 87면.

가톨릭	25%
불가지론	26%
무신론	31%
이슬람	9%
개신교	3%

프랑스는 한때 가톨릭 국가였다. 하지만 계몽주의, 실증주의, 사회주의, 여성 해방 운동 등을 겪으면서 그 세력이 매우 약해진 나머지 이제는 일종의 관습으로 쇠퇴하여 교회의 역할은 사람들의 혼인이나 장례와 같은 민원 서비스에 그친다. 이에 반해 미국의 종교 분포는 기독교의 압도적인 우세로 나타난다.

기독교(개신교, 가톨릭)	58.3~82.3%
불가지론	11.6~37.3%
유대교	1.2~2.2%
이슬람	0.6~1.6%
불교	0.5~0.9%
힌두교	0.4%
기타	1.4%

이미 잘 알려진 사실이지만 미국의 역사는 종교와 함께 시작되었다. 초기의 개척자들은 종교적인 이유 때문에(또는 종교적 기득권에 대한 염증 때문에) 유럽을 떠나 미국에서 새 삶을 개척하고자 했다. 또 18세기의 미국인들과 정치 지도자들은 독립 전쟁에도 종교적인 의미를 부여하고 성서의 이름

으로 싸웠다. 미국 혁명은 〈하느님과의 언약〉을 지키는 일이었고, 〈하느님이 택한 자들〉과 영국의 〈반그리스도자들〉의 전쟁이었다. 개신교도의 믿음 체계와 미국의 정치적 신조는 동일한 이데올로기에 기초했고, 둘이 힘을 합쳐 19세기에 미국 사람들을 단결시키는 강력한 유대감을 형성했다.

하지만 나는 또 다른 질문을 던져 본다. 비록 종교적인 이유로 북아메리카 개척에 뛰어들었다 해도 그 과정이 순탄했다면, 다시 말해 인구 이동이 적거나 느리거나 했다면, 사회 질서가 빠르게 확립되고 제거해야 할 인디언들도 없었다면, 다른 민족의 유입도 없었다면 과연 미국은 기독교 국가가 되었을까 하는 것이다. 더 나아가 미국이 복지 사회를 지향했다면(미국에서는 의료 보험 혜택을 못 보는 인구가 무려 6천만 명에 이른다), 인종 문제가 애당초 없거나 해결됐다면 적어도 기독교는 공민 종교가 되지는 않았을 것이다. 종교의 자유가 보장되는 나라에서 모든 공식적 선서를 할 때 왼손을 성서에 올려놓을 필요 없이 진짜 종교의 자유가 보장되었을 것이다. 결국 현대 종교의 이데올로기는 두 가지 방향에서 설명되어야 한다. 하나는 종교 의식이 강조하는 결집이고, 다른 하나는 결집을 통한 정체성 확립이다. 대신 결집 또는 집단의식의 위험을 깨달은 나라에선 종교가 힘을 잃을 수밖에 없는 것이다. 결론적으로 종교는 불안한 현실(원시 시대에는 자연, 현대에는 사회)을 잊게 하는 초강력 안정제이자 도피처였다고 할 수 있다.

하지만 종교 국가 차원에서 지속적으로 결집을 이끌어 내려면 그 기본 이데올로기를 위협하는 적이 있어야 한다. 즉 악의 축이 필요한 것이다. 여기서 흥미로운 점은 종교 국가의 적이 시대에 따라 바뀌었다는 사실이다. 미국의 경우 한때는 종교를 민중의 아편으로 몰아세운 공산주의였다. 이 때문에 직접 치르거나 일으킨 전쟁과 작전도 수없이 많다(한국, 베트남, 체 게바라로 상징되는 남미 좌파 게릴라 소탕 작전, 앙골라, 캄보디아, 아프가니스탄 전쟁). 하지만 냉전 시대가 끝나자 새로운 적이 필요했다. 잠깐 콜롬비아 마약상들과 전쟁을 치르긴 하지만 그보다는 이슬람을 더 오래갈 적으로 판단했다. 이는 요즘 이슈화되는 문제이므로 간략하게나마 살펴볼 필요가 있을 것이다.

이슬람과의 전쟁

냉전의 기류가 세계를 뒤덮고 있을 때 기본적인 대립 구도는 공산주의 대 자본주의라는 이분법이었다. 1950년부터 가시화된 이런 대립 구도는 1990년에 비로소 막을 내린다. 당시 이슬람과 기독교의 대립은 팔레스타인 지역에만 국한되었다. 그것도 강대국의 대리전 양상을 띠었을 뿐이다. 냉전 시대가 끝나자 새로운 대립 구도들이 생겨났다. 아프리카에서 줄지어 발생한 민족 분규는 아직도 끝나지 않았다. 하지만 보다 거시적인 차원에서 전개되기 시작한 것이 다름 아닌 기독교 대 이슬람의 감정 대립이다. 만약 이슬람교도들과 기독교도들이 각자 모스크와 교회에서 기도만 올린다면 서로 무슨 말을 하는지 알 수도 없으므로 문제가 생길 여지가 없다. 하지만 11~13세기에 끊임없이 감행된 십자군 원정과 1492년에 통일한 스페인의 대대적인 반이슬람 정책을 시작으로, 제국주의 시대 이슬람 국가의 식민지화, 20세기 초부터 시작한 서방 세계의 원전 사유화 및 국유화와 이스라엘의 독립은 아마도 인류 역사상 가장 끈질긴 대립 구도의 모든 양상을 보여 준 셈이다. 따라서 답은 이미 제시된 것이다. 기독교가 팽창주의를 감행하지 않았다면, 기독교가 자본주의의 시녀가 되지 않았다면 이런 대립은 존재할 필요가 없었을 것이다. 결국 순수한 종교 이데올로기의 대립이 아니라 제국주의적 발상이 낳은 종교 대립이라고 해야 한다.

냉전 시대에서 신종교 전쟁으로 넘어가는 사건은 아프가니스탄이 치르는 두 차례 전쟁으로 집약된다. 1979년 소련이 아프가니스탄을 점령한다. 소련은 친미 국가인 파키스탄을 견제할 위성 국가를 필요로 했다. 이를 우려한 미국은 탈레반을 돕고(이 무렵에 나온 영화 「람보 3」을 참고할 수 있다), 1989년 탈레반의 승리로 소련이 아프가니스탄에서 철수하기에 이른다. 이때까지만 해도 빈 라덴과 CIA는 협력 관계를 유지했다. 소련이라는 공동의 적이 있었기 때문이다. 하지만 1990년에 걸프 전쟁이 발발한다. 빈 라덴은 쿠웨이트를 돕겠다고 사우디아라비아의 왕 파드Fahd에게 제안하지만 그는 미국의 개입을 선택한다. 그 결과 미국은 이슬람교도들의 성지인 사우디아라비아에 군사 기지를 세울 수 있게 된다. 이로써 미국은 아프리카에 이어 중동에까지 군사적 영향력을 행사할 수 있게 된 것이다. 이에 반발한 빈 라덴은 파드와 절교를 선언하는 동시에 미국과의 지하드를 선포하고, 1998년 8월 케냐의 나이로비 주재 미국 대사관을 폭파시키는 것을 시작으로 테러전을 이끈다. 그러자 미국은 아프가니스탄의 탈레반 기지를 폭격하여(작전명 사이클론) 아프가니스탄은 제2의 전쟁에 휘말리게 된다.

알카에다는 근본주의 이슬람을 외치는 소수 집단이다(그들은 1970년대 독일의 〈붉은 여단〉을 상기시킨다). 그러나 기독교의 팽창주의가 없었다면, 미국이라는 기독교 국가의 제국주의적인 정책이 없었다면 알카에다도 존재할 필요가 없었을 것이다. 강력한 기독교 국가가 존재하는 이상 알카에다도 계속해서 존재할 것이다. 이런 〈악〉의 존재는 다시 각 진영의 신도들을 결집시킬 것이다. 미국은 이런 기회에 기독교 국민을 결집시킬 것이고, 그럴수록 알카에다도 세포 조직을 더욱더 무장시킬 것이다. 왜냐하면 미션은 지속되기 때문이다.

4. 학교

학교는 국가 존립에 반드시 필요한 기관이다. 때문에 기초 비용이 아무리 많이 들어도 의무 교육에 투자를 꺼리는 현대 국가는 존재하지 않는다. 왜냐하면 국토만 가졌다고 국가가 존재하는 것이 아니라 국민에게 국가 의식을 심어 주어야 하기 때문이다. 의무 교육 과정 덕분에 대다수 나라의 문맹률도 낮아졌고 전문 교육을 받을 수 있는 여건도 점차 좋아진 게 사실이지만 막대한 돈이 드는 의무 교육의 실질적인 임무는 결국 국민을 통합하는 데 있다. 하지만 〈어떻게 통합하는가〉 하는 문제가 항상 논쟁의 대상이 되어 왔다.

이데올로기의 관점에서 보면 학교는 알튀세르가 규명하는 이데올로기적 국가 장치 중 하나다. 학교는 근본적으로 국가 이데올로기를 어린아이들에게 심어 주는 공식 기관이며 그것은 근대적 국가의 탄생과 함께 국민의 선택 대상이 아닌 필수 과정이 되었다. 이제 아이를 학교에 보내는 일은 너무나도 당연한 것이 되었고 가정 교육에 이어 학교는 사회 교육을 전적으로 담당하게 되었다. 마단 사럽Madan Sarup이 말하듯이 〈제도화된 학습, 즉 사회화의 과정은 — 이제 마치 《본래 그런》 것처럼 당연시되는 — 전적으로 새로운 것이었다. 옛날 아이들은 살아가는 방법을 부모에게서 배웠다. 가족과 노동 사이에 아무런 간격이 없었다. 자본주의 발달과 함께 새롭게 나타난 것은 가정과 노동의 세계를 매개하는 일차적 기관으로서 학교의 역할이 점점 커졌다는 점이다. 즉 점차로 《교육》은 오직 학교 안에서만 이루어진다는 신념이 일반화되었다. 그런 과정에서 이러한 장치는 그것의 권리와 권력을 끊임없이 키워 왔다. 그것은 수용자를 점점 더 오랫동안 잡아 둘 뿐만 아니라 동시에 대부분의 직업을 갖기 위한 자격을 취득하는 주요 관문이기도 하다〉.[66] 이처럼 당연한 것으로 인정받는 학교에서는 과연 무엇을 배우고 어떤 일이 일어나는가? 더 나아가 학교는 무엇을 추구하는가? 이런 질문에 기초하여 여기서는 가장 기본적인 사회화 과정으로서의 학교에 대해 생각해 보기로 한다.

지식?

그렇다면 오늘날 학교에서는 과연 무엇을 배우는가? 이런 질문에 많은 사람들이 인간의 지적 유산 내지는 적어도 한 나라의 지식 자본이라고 생각할 것이다. 사람들은 막연하게나마 일상에서 필요한 기본 지식과 전문 지식의 기초가 되는 단계별 지식을 학교에서 배운다고 생각한다. 그리고 그 과정에서 우등생이 있고 그렇지 못한 학생이 있으며 이런 차이는 학생의 지능과 노력에서 비롯된다고 믿는다. 바꾸어 말하면 학교는 중립적이고

---

66 사럽, 『교육과 국가』, 81면.

공평한 교육을 제공하는데 학생에 따라 얻는 결과가 다르다고 생각한다. 참으로 단순한 발상이다.

  사실 학교에서 가르치는 것은 인류의 지적 유산이 아니다. 물리적으로 보아도 모든 지식을 가르칠 수가 없다. 아라비아의 철학을 가르치는 서방 국가의 학교는 없으며 중세의 신비주의를 언급하는 아시아의 학교도 없다. 대신 프랑스 학교에서는 아프리카에 대해 비교적 자세히 가르치는가 하면, 한국에서는 윤리 과목이 빠지지 않는다. 이런 과목이 채택되는 데는 다 이유가 있는 것이다(프랑스는 아직도 옛 식민지를 필요로 하고, 한국은 도덕적인 인간을 양성해야 한다는 신념으로 가득 차 있기 때문이다). 수학 같은 보편적인 과목이 있지만 특히 역사 과목은 나라마다 내용이 다르다. 이런 차이는 두 가지 이유에서 비롯된다. 하나는 똑같은 사건을 나라마다 다르게 해석하기 때문이고, 다른 하나는 역사적 사건들을 선별하는 방법이 제각각 다르기 때문이다. 전자의 경우는 일본의 역사 교과서 문제를 떠올리게 한다. 일제 강점기를 마치 피지배국의 〈근대화 노력〉으로 미화시키려는 시도는 오래전부터 한국과 중국의 신경을 자극하고 있다. 프랑스와 독일처럼 이런 문제를 미연에 방지하기 위해 제2차 세계 대전에 대한 역사 교과서 내용을 서로 합의하여 집필하는 경우도 있지만 이보다는 역사적 사건의 선별을 달리하는 것이 훨씬 일반화된 현상이다(중국은 아예 고구려가 본래 중국이었다고 가르치고 있다). 이런 노골적인 역사 왜곡 내지는 주관적 해석 이외에 보다 애매한 방법도 동원된다. 예를 들어 특정 사건을 역사책에서 빼버리는 행위를 비난하는 것은 간혹 비난받을 수 있다. 하지만 아주 간략하게만 언급하는 행위를 비난하기란 쉽지 않다. 그럼에도 이런 선별 방법이 역사의 의미를 다르게 해석하게 만드는 것도 사실이다. 1981년 광주에서 일어난 반독재 운동 역시 〈광주 사태〉가 될 수도 있고, 〈광주 민주화 운동〉이

될 수 있는 것이다. 뿐만 아니다. 일제 강점기 때 활동한 독립운동가 중에서 사회주의자들과 공산주의자들은 역사책에 거의 등장하지 않는다. 따라서 그들은 〈거의〉 존재하지 않는다. 학교에서 가르치는 과학도 마찬가지다. 미국에서는 진화론에 대한 교육이 매우 미미한데, 그들의 청교도적 이데올로기가 교육 전반을 지배하기 때문이다(그래서 그들은 〈창조 과학〉을 만들어 냈다). 그 결과 미국인들의 76퍼센트는 아직도 진화론을 믿지 않는다! 결국 학교 교육의 내용은 누군가가 무언가를 위해 선별한다는 말이 된다. 그가 과연 누구인가? 어느 나라를 막론하고 그들은 지식 자본을 통제하는 기득권층 사람들이다. 역사편찬위원회일 수도 있고 이런저런 공인된 과학 단체일 수도 있다(무엇을 공인된 것으로 인식하게 하는 과정도 국가에서 통제한다). 이런 이유 때문에 미셸 푸코에게 역사란 기득권의 관점에서 바라본 과거의 일부분에 불과하다. 지금도 기득권은 역사를 편집하고 있다. 마이클 애플Michael M. Apple은 다음과 같이 역설한다. 〈교육이 중립적이라는 주장이 옳지 않은 이유는 그것이 학교에서 가르치고 있는 지식이 사회적으로 선택된 것임을 간과하고 있다는 데 있다. 학교에서 가르치고 있는 지식은 우리 사회의 어딘가로부터 나온 문화 자본으로서 그것은 보통 우리 사회에서 보다 강력한 영향력을 가지고 있는 집단의 관점과 신념을 반영하고 있다.〉[67] 거의 모든 산업 국가에서 학생들은 이런 교육 내용을 적게는 6년, 많게는 12년 동안 배운다. 그러니 우리가 흔히 문화 차이라고 하는 것의 큰 부분은 누군가가 정한 교육 내용의 차이에서 비롯된다고 말해도 되는 것이다.

하지만 그 목적은 무엇인가? 결론적으로 말하자면 〈현상 유지〉다. 기득

---

[67] 애플, 『교육과 이데올로기』, 21면.

권은 어떠한 변화도 득이 될 가능성이 적기 때문에 지금의 상태가 유지되기를 원한다. 그러기 위해서는 지금의 시스템이 존속되어야 한다. 가끔 나는 엉뚱한 상상을 해본다. 요컨대 세종 대왕이 6년간 비밀리에 진행한 훈민정음 프로젝트가 누설되었다면 어떻게 됐을까 하는 가정인데, 아마도 암살당했을 것이다. 왜냐하면 당시의 지배층 입장에서 보면, 한두 시간 만에 배울 수 있는 한글은 기존의 헤게모니를 뒤엎을 수 있는 결정적인 도구이기 때문이다. 다소 엉뚱한 상상이지만 이런 설정은 지금의 지배 계층이 과연 공평한 교육을 통한 평등한 경쟁을 원하는지에 대해 한 번 더 생각하게 만든다. 어쨌든 현대 사회에서는 지배층과 피지배층이 재생산되어야 하는데 이를 위해 사용되는 방법이 다름 아닌 지식 통제이다. 지식 통제를 통한 기존 질서 유지이다. 애플에 따르면, 〈학교는 사람만을 통제하는 것이 아니라 의미도 통제한다. 또한 학교는 《정당한》 것으로 — 우리 모두가 《배워야만 하는》 것으로 — 생각되는 지식을 보존 분배함으로써 특정 집단이 가지고 있는 지식에 문화적 정당성을 부여하고 있다〉.[68] 다시 말해 선별된 지식을 진리 체계로 받아들이게 함으로써 다른 세상을 생각할 수 없게 만든다. 다시 애플을 인용하면 〈학교 제도는 현존하는 지배 문화의 주요한 분배자일 뿐 아니라 경제적으로도 중요한 의미를 갖는다. 지배 문화에 적합한 의미와 가치관을 가르침으로써 현존하는 경제적·문화적 체제와는 다른 체제의 존재 가능성을 생각할 수 없는 사람을 만든다〉.[69] 그 결과 미국의 아이들에게 이슬람은 〈존재하면 안 되는〉 종교이고 한국 학생들에게 공산주의는 〈나쁜 것〉이지만, 사실 그들은 그런 종교나 정치·경제 제도에 대해 아는 게 전혀 없다〔아마도 미국 아이들은 아라비아인들이 생각해 낸 0(zero)이 무를

68 애플, 앞의 책, 92면.
69 애플, 앞의 책, 18면.

유로 표시하는 가장 경제적인 방법이자 소수의 세계를 열어 준 결정적인 요소라는 사실도 모를 것이다). 여기에 그냥 나쁜 것을 만들 수도 있고, 모르는 것을 만들 수도 있는 학교의 힘이 있는 것이다. 그것은 논리적 모순까지도 지식 체계에 포함시킬 수 있는 것이다. 또한 특정 종교나 정치 제도와 같은 관념적인 지식 이외에도 학교는 매우 일반적인 정보 내지 상식들을 골고루 전달하기보다는 나름의 〈교육 철학〉이 지향하는 세계관의 한계를 벗어나지 않는다. 실제로 한국 대학생 중 일부는 스페인의 수도를 모르는 경우가 있었는데 흥미로운 점은 그들이 축구 팀 레알 마드리드는 알고 있었다는 사실이다. 이런 이유 때문에 학교는 한 국가의 기득권층이 원하는 사회인을 양성하는 기관에 불과하며 이런 목적성은 무엇보다 헤게모니 유지에 있다고 할 수 있다.

학교의 또 다른 미션

헤게모니를 유지하기 위해 학교는 학생들을 등급으로 분류하여 특정 계층으로의 편입을 당연한 것으로 받아들이게 한다. 애플이 말하듯, 〈학교는 암암리에 특정한 지식을 차별적으로 분배함으로써 사회의 불평등을 유지하는 데 기여하고 있다. 이것은 학교가 기술적·문화적 《상품》의 생산을 극대화하는 기능을 한다는 사실은 물론, 사람들을 경제 구조 내의 적절한 위치에 배치시키는 선별 기능을 담당하고 있다는 사실과도 관련이 깊다. 학교는 또한 불평등이 자연스러운 것처럼 보이도록 하기 위하여 요구되는 규범과 성향을 분배하는 데 있어서도 중요한 역할을 담당하고 있다. 학교에서는 한 사회의 가장 강력한 계층의 이념적 헤게모니를 유지하는 데 적합한 잠재적 교육 과정을 가르친다〉.[70] 부르디외의 입장도 이와 같다. 그 역시 가정과 학교는 기존의 헤게모니를 유지시키는 데 결정적인 역할을 한다고 전제하면서, 학교는 민주주의 사회에서 기회와 평등의 이념을 실현시키는 것이 아니라 오히려 사회 불평등을 유지시키는 기제라고 역설한다. 아이의 일차적인 지적 욕구는 가정 환경에서 결정되는데, 특히 언어 습득, 더 정확히 말하면 언어에 대한 인식이 큰 영향을 미치며 그 과정을 통해 아이는 주어진 현실 세계 속에서 자신의 역할 범위를 설정하게 된다. 그다음에 학교는 이런 아이들에게 본격적인 사회화 훈련과 공인된 지식을 가르치면서 아이들을 등급으로 분류하기 시작한다. 때문에 부르디외는 〈가정과 학교에서 이루어지는 이른바 사회화 과정이란 각 사회 계급에 일치하는 사고와 행동 및 성향의 체계, 즉 아비튀스를 재생산하여 계층 간의 불평등한 관계를 영속화하는 과정이며, (……) 교육 체계는 합격과 낙제, 시험과 성적 등급, 학위와 자격증 등으로 학생의 사회 문화적 차이에 따른 위계화를 인정하게 한다〉고 말하는 것이다.[71] 좀 더 현실적으로 표현하자면 교육 제도란 상류층 자녀가 노동자 계급의 자녀보다 좋은 학교에 더 쉽게 진학하고 졸업과 동시에 좋은 직장을 얻는 현실을 사회적으로 인정하게 만드는 합법적인 장치라는 것이다. 이처럼 부르디외에 따르면, 교육 시스템은 〈평등한 문화·사회적 구조를 고착화하고 은폐함으로써 지배 계급에 의해 정의된 문화를 주입시키는 이른바 상징적 폭력을 행사하는 기제〉인 것이다. 결국 특정 계층으로서의 완전한 동화 메커니즘이 있는 셈이다. 이런 기구들의 문

---

70 애플, 앞의 책, 67면.
71 아비튀스는 사회 질서와 권력을 사회적으로 객관화시켜 스스로 인정하도록 인간 내부에서 작동하는 기제이다. 또는 〈일정 방식의 행동과 인지, 감지와 판단의 성향 체계로서 개인의 역사 속에서 개인들에 의해서 내면화(구조화)되고 육화(肉化)되며 또한 일상적 실천들을 구조화하는 양면적 메커니즘이라고 할 수 있다〉. 부르디외, 『문화와 권력』, 9면.

화 재생산 시스템은 권력 체계를 통념doxa, 다시 말해 일상적인 사고이자 평가의 틀로 고정시킴으로써 기존의 불평등을 질문할 필요도 없는 자명한 것으로 뿌리내리게 하는 것이다.

그러면 이런 처리 과정은 어떻게 이루어지는가? 그것의 강도는 나라에 따라 다르겠지만 기본적으로는 앞서 말한 학교의 공인된 지위를 이용한 시스템 운영에 기초한다. 요컨대 유치원 과정은 지식을 얻는 단계라기보다 규율을 배우는 단계이다. 친부모가 아니라 사회적 부모에게 복종하는 법을 배우고 시간 지키기, 공부와 놀이 구분하기, 싸우지 말기, 친구 배려하기 등 앞으로 아이가 받아들여야 하는 사회성의 기본 규칙을 몸으로 익혀야 한다. 이미 잘 알려졌듯이 유치원에 입학하는 나이는 아이가 모국어의 기초 문법 체계를 습득한 단계이자 어휘력이 급속도로 증대하는 시기이다. 집에서 생활할 때 아이의 어휘 범위는 부모와의 관계에 국한되었고, 좋다/나쁘다는 개인 생존과 직결되는 기초 의미 체계에 근거한다. 즉 〈나쁜 것〉은 아이에게 위험한 것에 그칠 뿐이다. 하지만 유치원 생활에서는 다른 아이들과의 사회적 관계에 필요한 어휘와 특히 그런 어휘들의 문화적 의미(내포적 의미)를 배우게 된다. 이때 좋다/나쁘다는 생물학적 생존이 아니라 사회적 생존을 위한 의미 분할의 단계로 넘어간다. 다른 아이의 간식을 뺏어 먹는 게 나쁜 이유는 그런 행위가 위험해서가 아니라 사회적 규율을 깨기 때문이다. 따라서 〈좋은 것〉은 규율을 지키는 행위이자 선생님의 말을 잘 듣는 행위, 한마디로 유치원이라는 작은 사회 체제를 잘 따르는 행위라는 것을 배우게 된다. 또한 부모의 사랑을 독차지하며 자란 아이는 유치원이라는 외부 세계에서 처음으로 다른 아이들과 스스로를 비교하게 된다. 초기 단계에서는 놀이와 기초 공부 영역에서 다른 아이들과 자신을 비교한다. 즉 놀이에서 월등한 아이가 공부에선 다소 뒤처지거나 그 반대의 경우도 있으나 점차 비교의 영역은 공부에 국한되기에 이른다. 이때 가정 교육을 통해 보다 유연하고 폭넓은 언어 사용에 익숙한 아이는 상대적으로 유리한 출발선에 서게 된다(이 때문에 아동 심리학자들과 교육학자들은 인간의 지적 운명은 유치원 이전에 결정된다고 주장하는 것이다). 어쨌든 아이는 규율을 통한 비교와 경쟁 그리고 그 결과를 수용하는 사회성을 배우는데 이런 사회성이야말로 아이가 앞으로 받아야 할 학교 교육의 가장 근본적인 가치관으로 작용한다. 다시 말해 사회가 인정하는 범위 내에서의 등급화가 필연적이고 자연스럽다는 헤게모니적 관념을 자신도 모르게 받아들이는 것이다.

초등학교에서는 놀이의 비중이 단계별로 줄어들고 모든 경쟁이 공부 중심으로 급선회한다. 아직 방과 후 활동과 운동 과목에서의 경쟁도 남아 있지만 거의 모든 기준이 공부 중심으로 재편성되는 셈이다. 성적표의 과목 비율도 그런 편성을 공식화하며 학생들은 드디어 사회가 공인한 지식을 기준으로 서열화의 대상이 된다. 교사의 힘은 곧 사회의 힘으로 받아들여지고, 성적은 학생의 사회적 정체성을 가늠하는 새로운 잣대로 인식되는데 어린 나이에 주입되는 이 같은 등급화는 아이의 앞날에 막대한 영향을 미친다. 사럽은 이 문제를 다음과 같이 분석했다.

학생들은 교사의 점수 매김 과정을 통해 자기에게 부여된 정체감을 갖게 된다. 일단 점수 매김 절차나 기구, 척도 등이 제시되면, 그것은 해석적이며 사회적으로 형성된 과정이라기보다 중립적인 기법으로서 보이게 된다. 바꾸어 말하면, 어떤 〈표준〉에 의한 점수 매김의 방법은 당연한 것으로 인정되며, 그에 대해 아무런 의문도 제기되지 않는다. 학교 안에서의 한 학생의 생애는 성적표에 의해 표시된다. 점차 기록 카드나 교사의 의견서가 과목 선택에 영향을 미치게 되고, 어떤 시험을 치러야 할 것인가를 결정하게 된다. 이와 같이 교사와 학생은 모두 어떤 〈표준〉에 대해 종속적인 관계에 놓이게 되며, 지식은 물화(物化)되어 지식의 주체로부터 분리된다. 이러한 과정을 통해서 학생들은 서열을 〈자기가 성취한 것에 대한 대가〉로서, 그리고 자기들의 노동 및 그 산물을 상품으로서 보도록 사회화된다.[72]

더욱 주목할 만한 문제는 학업 성적을 기준으로 하는 등급은 또한 아이들이 서로 어울리는 기준과 일치한다는 사실이다. 이미 초등 교육에서 등장하는 교실 안의 계급들은 〈자연스럽게〉 교실 밖의 계급과 연결된다. 방과 후 시간이 많은 초등학생들은 때로는 아이들끼리, 때로는 부모의 〈도움〉으로 등급별 하부 조직을 만들 수 있는데 이것도 초기에는 학교 등급이 다소 섞이는 양상에서 점차 동일 등급으로 재편성된다. 이때 부모의 영향력에 따라 학교 내외적 계급화는 더욱더 명백히 구분될 수 있다. 예를 들어 아예 〈좋은 동네〉로 이사를 가거나, 그런 동네에서도 부모들끼리 친해짐으로써 아이의 친구 관계에 직접 개입하는 방법을 떠올릴 수 있다. 그런 경우 아이들의 학교 등급은 각기 상이한 문화 등급과 일치하게 됨으로써 거의 완벽한 사회 이데올로기적 분배가 일어난다. 구체적으로 말하자면 좋은 동네의 아이들은 공부도 잘할 뿐만 아니라, 이미 초등학교 시절에 각종 공연과 뮤지컬을 주기적으로 관람하고 해외여행을 통해 이국적인 문화를 체험할 수 있는 반면에 또 다른 동네에서는 그 동네의 고립된 문화에만 충실한 채 살아간다. 문화 자본의 혜택을 받은 아이들은 상대적으로 추상적 사고 능력과 외국어를 포함한 언어 사용에 우세를 드러내는데 이는 중등 교육에서 높은 등급을 차지하는 데 결정적인 〈잠재력〉으로 작용하기도 한다.

72 사럽, 『교육과 국가』, 51면.

중등 교육은 대학에서 배우는 전문 교육을 위한 준비 단계이지만 그와 동시에 등급화의 기준을 노동 시장의 기준과 일치시키는 단계이기도 하다. 배우는 내용도 생활 지식에서 학술적 지식으로 바뀌고 추상적인 사고력이 더욱 요구된다. 동네 문화가 아니라 다소 먼 나라의 역사도 배워야 하는데 이미 일부 학생들은 그 필요성을 느끼지 못할 수 있다. 다시 말해 이런 아이들에게 시공간적으로 거리가 있는 내용들은 그들과 전혀 상관없는 것으로 인식되고 어떤 재미도 느낄 수 없다는 것이다. 수학과 영어도 마찬가지다. 이미 가정 교육부터 언어를 극히 구체적이고 현실적인 범위 내에서만 사용한 아이는 추상적이고 논리적인 언어 사용에 한계를 드러낼 뿐 아니라 매우 근시안적인 세계관에 사로잡힐 수 있다. 공교롭게도 중등 교육에서는 산수가 아닌 수학을, 국어뿐만 아니라 외국어를 가르치며 나중에는 화학도 배워야 하고 과목 수도 절대적으로 많다.

　　게다가 진로 자체가 직업 고등학교와 일반 고등학교로 나뉘는데 중학교부터 학생들은 이 두 가지 진로를 앞두고 경쟁해야 하고, 교사는 이를 위한 등급을 매겨야 한다. 애플이 말하듯, 〈학교는 전문직과 관리직에 들어갈 가망이 있는 학생들에게는 융통성과 선택 및 탐구를 강조하지만 반숙련 혹은 미숙련직 노동자가 될 가망이 높은 학생들에게는 시간 엄수, 완벽성, 습관 형성을 강조하는 경향이 있다. 이러한 경향은 학생들에게 각기 다른 교육과정과 시험을 부과함으로써 그리고 그들에게 각기 다른 이름label을 붙임으로써 더욱 강화된다〉.[73] 이런 시스템은 등급 개념이 곧 학생의 능력임을 인정하게 만드는데 이 덕분에 학생이 졸업 후 곧바로 사회 진출을 해도, 또는 이런저런 수준의 대학에 진학해도 그것을 편하게 받아들이게 만든다.

　　73 애플, 『교육과 이데올로기』, 93면.

역시 나라별 교육 정책에 따라 다르지만, 학업의 수준 차이와 차등화를 인정하는 미국이나 한국에서 대학은 성적의 등급화와 문화적 등급화가 최종적으로 일치되는 과정이자 기관이다. 일류 대학이든 삼류 대학이든 전공 교과목의 수준 차이는 없지만 분명 대학은 문화 자본과 그것이 허용하는 사회 비전, 즉 문화 이데올로기가 최종적으로 육화되는 과정을 구성한다. 왜냐하면 중등 교육에 비해 수업 시간이 매우 적고 나머지 시간을 어떻게 활용하느냐 하는 문제가 결과에 큰 영향을 미치기 때문이다. 안타깝지만, 어떤 대화를 나누고 어떤 정보를 공유하며 어떤 역사적 인식을 가지며 미래를 어떻게 보느냐 하는 문제는 대학마다 차이가 날 수 있다. 하지만 이미 문화 자본의 분배가 불평등하게 이루어진 상황에서 문화 계층별로 끼리끼리 캠퍼스에 모인 학생들은 그런 차이를 느낄 수 없다. 오히려 똑같은 수준의 학생들이 행복하게 생활함으로써 그런 불평등을 잊게 만들 뿐만 아니라 자연스럽게 문화적 내혼endogamy이 이루어지기도 한다. 게다가 이미 추상적 사고력의 부족으로 하위 등급을 벗어나지 못한 학생들에게 몇 단계 더 추상적인 분자 생물학이나 물리학 또는 철학이나 언어학은 너무나도 현실성이 결여된 담론으로 다가온다. 이 때문에 낮은 등급으로 대학에 진학하는 학생들은 큰 고통을 감수해야 한다. 일부는 고통을 극복하고 새로운 계기를 맞기도 하지만 다수는 빈약한 결과 내지는 성과에 만족해야 한다.

이 모든 것은 이미 오래전에 올더스 헉슬리Aldous Huxley가 상상한 알파, 베타, 델타, 감마라는 인간의 계급적 유형과 그 재생산 시스템을 연상시킨다.[74] 현대 사회는 인구와 계층 분배를 인공적으로 조절하지는 않지만 계층

---

[74] 헉슬리는 『멋진 신세계』에서 노동력의 체계적인 재생산을 통해 어떤 위험 요소도 없는 디스토피아적 사회를 그렸는데 그런 사회에서 알파는 키도 크고 잘생겼으며 지능도 뛰어난 인간으로 태어나며, 베타는 그다음 단계, 감마는 가장 수적으로 많은 중간 계층, 마지막으로 델타와 엡실론은 가장 단순하고 힘든 노동에 종사하는 인간이 만들어진다.

별 내혼은 분명 존재하며, 가정 교육도 계층별로 엄청난 차이를 드러낼 뿐 아니라, 유치원부터 대학교까지 학교가 사회에 필요한 노동력을 분배하는 데 결정적인 역할을 하는 건 사실이다. 그 결과 묵묵히 일 잘하는 미화원이나 배관공이 만들어지고, 돈 많고 잘난 펀드 매니저도 만들어지는 것이다. 하지만 더 중대한 문제는 헉슬리가 그린 세계에서처럼 이들 모두가 불만을 느끼지 못한다는 것이다.

한국의 학교

앞서 간략하게 살펴본 것은 학교의 일반적인 재생산 시스템이라고 할 수 있다. 그러나 여러 차례 강조했듯이 이런 시스템은 나라에 따라 다소 차이가 난다. 예를 들어 교육 인프라가 상대적으로 빈약한 나라에서는 학교의 재생산 능력과 효율성이 그만큼 약할 수 있다(이런 경우 가정 환경의 지배를 더 받거나 아니면 오히려 덜 획일화된 재생산이 이루어질 수 있다). 또는 사회주의 국가에서는 보다 평등한 기회를 제공한다는 명목으로 학교 교육에 더 큰 권한을 부여하기도 한다. 그러면 한국의 학교는 어떤가? 한국의 학교는 개발 도상국의 일반적인 특징과 특유의 역사적·문화적 특징의 직접적인 지배를 받는 관계로 매우 독특한 성질을 갖는다. 요컨대 한국 교육의 현실은 적어도 세 가지 요인이 서로 얽히면서 그 특징을 만들어 내는 것으로 보이는데 우선 개발 도상국 특유의 경쟁의식이 있다. 개발 도상국의 일반적인 특징은 언젠가 선진국이 될 수 있다는 희망에 있다. 마치 〈각자의 경쟁이 전체에 도움이 된다〉는 애덤 스미스의 공리를 맹목적으로 따르는 듯 치열한 경쟁이 사회 전반을 이끈다. 이런 경쟁의식을 가장 먼저 심어 주는 것은 가정 교육이지만 이를 사회적으로 확고히 체화시키는 기관은 역시 학교이다. 그러나 한국의 경우는 학부모와 학교가 긴밀히 협조하여 유례없는 경쟁 사회를 만들어 내고 있다. 그 결과 경쟁의식은 학교 공부 이외에도 각종 사회관계에서도 드러난다. 주부들끼리의 경제력이나 자식 경쟁은 물론이고 승진 경쟁, 인맥 관리 경쟁, 소비 경쟁을 비롯하여 심지어는 자동차 도로에서의 경쟁도 일상의 한부분이 되어 버렸다.

동시에 한국에서의 학교는 유교 이데올로기에 가장 깊숙이 젖어 있는 이데올로기적 기구이기도 하다. 교사·교수는 아직도 스승이고 스승의 날도 있으며 「스승의 은혜」라는 노래도 있다. 교육이야말로 일종의 성역인 셈이다. 요약하면 〈경쟁의식〉, 〈유교 사상〉, 〈학부모〉라는 키 워드가 한국 학교의 특수성을 결정한다고 할 수 있다.

경쟁

앞서 말했듯이, 한국 사회에서의 경쟁의식은 사실 학교에만 국한되는 문제가 아니다. 취업 경쟁은 물론이고 기업들에서도 부서별 경쟁을 일삼으며, 군부대에서도 소대 또는 중대별 경쟁을 벌인다. 심지어는 운전할 때도 남보다 빨리 가려 한다. 혹자는 국토에 비해 인구가 많다는 이유를 언급하지만 네덜란드를 생각하면 그것도 아닌 듯싶다. 또 다른 사람들은 한국 전쟁 이후 폐허화된 나라를 다시 일으키려는 몸부림의 일부라고 하겠지만 전쟁을 겪은 나라가 한국만은 아닌 데다 25년간 전쟁을 치른 베트남에서도 이런 경쟁은 없다. 오히려 많은 시련을 겪은 핀란드는 〈자기와의 경쟁〉을 모토로 삼는 교육을 실시하고 있다. 그럼에도 나름의 이유를 찾자면 몇 가지 근현대적 역사 배경을 살펴볼 수 있을 것이다.

우선 1960년대부터 한국이 경험하는 자본(즉 토지 자본에서 경제 자본으로)

의 급속한 변화를 언급할 수 있다. 이런 변화를 겪지 않은 산업 사회는 없지만 한국은 20~30년이라는 너무 짧은 기간에 모든 국토를 돈으로 환산해 버렸고 이런 흐름에 발 빠르게 뛰어든 자들은 한국의 재벌과 갑부가 되었다. 여기서 나름의 성공주의 내지는 일종의 한탕주의 신화가 탄생하는 것이다. 일제에 의한 전통 가치관의 말살과 미국식 자본주의의 강제적인 도입, 그리고 반공주의를 내세운 정치·경제적 견제 세력의 제거는 사회 전체를 오로지 돈독 오른 사회로 바꾸어 놓았다. 모두가 돈을 벌기 위한 경쟁에 돌입한 것이다. 이 때문에 일어난 것이 급격한 이농 현상이다. 수많은 사람들이 서울로 몰려들어 결국에는 전체 인구의 절반이 수도권에 살게 되었다. 하지만 당시의 정부는 이런 현상이 일으킬 문제의 심각성을 인식하지 못했다. 어쨌든 이 모든 것은 경쟁의식을 체화시키는 데 충분했다.

학교는 이런 이데올로기적 수요에 알맞은 공급을 제공했다. 학교는 조금이라도 자유로운 인간을 양성하려는 노력을 완전히 접은 채 국가가 공인하는 〈지식〉만을 기준으로 오로지 성공을 위한 경쟁의 장으로 급격히 진화했다. 여기서 성공이라는 말은 역시 경제적인 성공을 의미할 뿐이다. 실제로 대학생들에게 성공한 인생이 무엇이냐고 물으면 대답은 역시 돈으로 집약된다. 그러기 위해 일류 대학에 진학해야 하고 학교에서 가르치는 것은 앞서 언급한 제도권 지식에서 추출한 이른바 입시용 정보 덩어리로 전락한다. 아무 생각 없이 정답만 외우고 그것을 잘 찍으면 되는 식이다. 그래도 열심히 공부하고 선행 학습을 빠뜨리지 않으면 의대도 가고 로스쿨도 갈 수 있다. 의대나 로스쿨에 진학하는 이유는 단 하나다. 역시 돈이다. 의사나 법관으로서의 사명감은 없다. 〈다행히도〉 이런 경쟁에서 뒤처지는 이들은 큰 불만 없이 나름대로 사회의 또 다른 계층을 이루며 살아간다.

스승?

유교는 가르치는 이를 각별히 우대하는 사상이다. 스승은 어버이처럼 존경받는데, 그런 스승은 학생을 제자로 삼아 너그럽게 사랑하며 차별 없이 가르치는 것을 원칙으로 한다. 본래 유교의 교육 이념은 유아 교육, 소학 교육, 대학 교육에 이르기까지 지, 덕, 체(智德體)를 골고루 발달시켜 원만한 인격과 탁월한 능력을 배양하는 교육을 중시한다. 하지만 지덕체 중 어느 하나도 교육할 수 없는 상황에서 〈어버이 같은 스승〉의 개념만 남는다면 어찌 될까? 답은 지금의 학교를 보면 알 수 있다. 왜냐하면 이미 교육은 맹목적인 성공주의로 방향을 잡았기 때문이다. 어차피 지덕체와 성공주의는 근본적으로 양립할 수 없다는 이유도 있다. 그러면 의무 교육에 종사하는 교사들을 아직도 스승으로 간주하는 이유는 무엇인가? 아마 학교 과정이 (경제적) 성공의 공인된 길이라는 인식이 지배하기 때문일 것이다. 아이들은 이미 가정에서부터 선생님에게 복종하라는 교육을 철저히 받는데 현실적인 이유는 교사들이 훌륭한 교육자이자 지혜의 소유자이기 때문이 아니라 부모들이 교사의 점수 매기기의 위력을 잘 알고 있기 때문이다. 교실에서 교사의 개인적인 배려가 아이에게 어떤 영향을 미치는지도 잘 알고 있다는 말이다. 때문에 아이들에게는 교사가 신성시되어야만 한다. 하지만 결과는 참담하다. 상상도 할 수 없는 경쟁의식 덕분에 후광을 받는 교사들이 조금이나마 새로운 지식과 정보를 알아내어 학생들에게 소개하고 스스로 노력하여 나름의 교육 철학을 구축하기란 사실상 불가능하다. 게다가 온갖 행정 업무에 쫓겨 강의 개발에 투자할 시간도 없다. 뿐만 아니라 스승이라는 명목하에 교사들의 웬만한 폭력은 정당화되고 욕설은 일상이 되며 학생들의 인권은 유린당하기 일쑤다(일부 학부모는 그런 폭력을 〈사랑의 매〉로 미화시키기도 한다). 이런 상황에서 질문을 하거나 이의를 제기하는 행위는 꿈도 꾸지 못한다. 교사가 말하는 걸 그냥 듣고 말아야 하며 독재자를 찬양해도 꿈쩍할 수 없다. 언어적 폭력을 넘어선 내용의 폭력성도 있는 것이다. 그러나 이런 폭력성에는 일제 강점기 때 도입된 교육 모델이 숨어 있다. 한국 중등 교육의 기본 모델은 일제 강점기 때 도입된 것이다. 당시 전쟁 중인 일본은 기본적으로 군사적 이데올로기에 기초한 중등 교육을 실시하고 있었는데 이 모델은 한반도에 그대로 적용되었다. 교복, (옛날의) 교련, 조례, 반장제, 인사법을 비롯하여 심지어는 학교 건축도 그 유산이다(이 모든 것이 군사 제도 및 군부대 시설과 너무나도 유사하다). 사춘기 아이들을 준군사적 틀에 가두어 놓고 교사는 스승의 가면 뒤에 숨어 절대적인 권위주의만 앞세우는 동시에 그들이 하는 일이 오로지 등급만을 매기는 것이라면 교육의 미래는 불 보듯 뻔한 일이다. 이런 야만적인 현실을 바꾸려는 시도는 항상 실패로 돌아갔고, 이제 한국의 중산층은 결국 조기 유학의 길을 택하고 있다.

부모

부모, 특히 어머니의 역할은 한국 교육에서 빼놓을 수 없는 요소다. 아마도 한국의 어머니들처럼 아이의 교육에 지대한 관심을 갖는 어머니들은 이 세상에 없을 것이다(적어도 내가 다녀 본 나라에서는 본 적이 없다). 이런 유별난 특징에도 이유가 있는가? 나는 그 이유가 가부장제의 이면에 있다고 생각하는데 그 배경을 간략히 정리하면 다음과 같다.

일반적으로 역사가들은 지금까지 지속되고 있는 유교적 여성관이 자리 잡기 시작한 때가 조선 시대라고 말한다. 이 시기는 부계 혈통 중심의 조직과 남녀유별의 관습을 통해 남성 지배적인 체제를 구축하였으며 혈연 중심적이고 수직적인 인간관계를 형성했다. 조선 사회는 공적 영역이 우위를 차지했던 시기로, 이는 당시에 두 가지 대립적 가치인 〈효〉와 〈충〉이 중심적이었다는 것과 이 두 가지가 대립되었을 경우에는 〈효〉가 우선시되었다는 사실로 알 수 있다. 사회에서 모든 공적인 영역으로부터 배제되었던 여성이 남성과 동일하게 대접받을 수 있는 이념적 보장이 바로 〈효〉로 존재했기 때문이다. 따라서 여성들은 여성으로서가 아니라 어머니로서의 권리 확보가 이루어지게 되었으며 남아 선호 사상 또한 이런 맥락에서 이해될 수 있다. 즉 어머니는 자신의 이익 확보를 위해 아들의 존재가 필요했다. 결국 이러한 이데올로기는 〈여성〉이라는 기호를 〈어머니〉라는 유교적 기호로 대체시켰으며 이 과정에서 〈아들〉은 어머니가 자신의 권력을 행사할 수 있는 〈수단〉으로 바뀌기 시작한다. 어머니는 아들을 통해 자신의 사회적 존재를 확인(또는 과시)하게 되고 이는 타의 추종을 불허하는 광적인 애정과 애착을 낳으면서 궁극적으로 가부장제를 더욱 확실하게 유지시키는 데 기여한다. 어쨌든 이런 관계는, 아들의 권력은 곧 어머니의 권력이라는 등식을 낳게 하는데 아들로 하여금 사회적 권력을 얻게 하기 위해 어머니에게 공인된 투자 영역은 당연히 학교일 수밖에 없는 것이다. 유치원 어머니회에서 시작하여 조기 유학에 이르기까지 한국 어머니들은 유례없는 영향력을 행사함으로써 이제는 그 자체가 또 다른 경쟁 영역으로 우뚝 서게 되었다. 즉 이런 경쟁의식은 강남의 부동산 시장을 결정하기도 하며, 기러기 아빠를 양산할 뿐 아니라 국내 수입을 국외 지출로 이어지게 하고 있다. 그리고 이런 경쟁 모델은 전국으로 확산되기에 이르렀다.

비록 다른 나라의 학교도 제도권 교육에 충실하고 결국에는 노동력 재생산을 위한 기관이지만 한국의 학교는 유교 이데올로기와 성공주의에 사로잡혀 매우 독특한 성질을 갖게 되었다. 하지만 그 결과는 어떤가? 감당하기 어려운 (사)교육비를 지출함에도 불구하고 주입식 교육의 결과는 매우 제한적일 수밖에 없다. 대다수의 학생들이 학교에서 배운 것을 현실 세계와 연결시키는 데 어려움을 느낀다. 아치 공법이나 동남아시아의 플랜테이션도 학교에서 배우지만 여행길에서 실물을 보았을 때 그 명칭을 떠올리지 못한다. 오로지 시험만을 위해 외우기식 공부만 한 결과이다. 음악도 마찬가지다. 몇 명의 클래식 작곡자를 소개하지만 고등학교를 졸업하면 다 잊어버리거나 어떤 작품을 들려주어도 그것이 작곡된 시대조차 알지 못한다. 무엇보다 영어의 학습 결과는 실로 대단하다. 중등 교육에서 영어를 6년이나 배웠음에도 기본 회화를 할 줄 아는 학생은 찾아보기 힘들다. 어떤 학생들은 철자도 틀린다. 그러니 하위 등급의 학생들이 포르투갈의 수도나 NGO를 모르는 것은 당연한 일이고, 상위 등급 학생들에게서 토론을 이끌거나 찬·반·합에 기초한 변증법적 논증력을 기대하는 것도 무리일 수밖에 없다. 그럼에도 의학이 체질에 맞지 않는 학생들까지 의대에 진학하려 한다. 어머니가 요구하기 때문이다. 사회 정의가 무엇인지 몰라도 법관이 되어야 하고, 여학생은 이대를 졸업해서 그런 법관과 결혼하는 것이 인생 최대의 성과이다. 그리고 다시 강남에 살면서 기존의 헤게모니를 재생산하면 되는 것이다. 그래도, 그럼에도, 그렇기 때문에 〈The Show must go on〉이라고 해야 하는가?

제4부

현 재

1. 소비

    현대는 소비의 사회다. 소비하지 않을 수 있는 개인이나 집단은 이제 거의 존재하지 않는다. 현대인은 태어나면서 의료 서비스를 소비하고, 성장하면서는 교육을 소비할 뿐만 아니라 먹고 자고 놀기 위해서도 무척이나 다양한 소비를 한다. 이제는 죽을 때도 장례 서비스를 소비한다. 소비는 피할 수 없는 인간의 활동이 되었다. 따라서 문제는 소비를 하느냐 안 하느냐에 있는 것이 아니라 어떻게 하느냐에 있다. 이 때문에 나라든 개인이든 소비하는 방법이 그 나라 또는 개인의 문화를 가리키게 되었다. 하지만 과연 〈대중은 생각하면서 소비하는가?〉 하는 질문에 무조건 긍정적으로 답할 사람은 없을 것이다. 개인은 생각하면서 소비하기도 하지만 온갖 광고의 유혹을 받아 소비하는 경우도 태반이다. 생각하든 안 하든 소비는 이데올로기의 지배를 받는다. 자신도 모르는 사이에 어떤 유행을 따를 수도 있고, 어떤 나라는 개개인이 의식하지 않은 채 다른 나라에 비해 에너지를 더 많이 쓸 수도 있다. 크고 작은 이데올로기가 소비를 이끄는 셈이다.

    경제학에서는 필수 소비와 선택 소비를 구분한다. 필수 소비가 생존에 필요한 기본 소비를 가리킨다면 선택 소비는 문화 소비를 의미한다. 이런 구분이 틀린 것은 아니지만 그렇다고 필수 소비가 보편성을 갖는다고 말할 수도 없다. 경제가 불황에 빠지면 선택 소비는 줄어든다. 맞는 말이지만, 필수 소비 또한 나라에 따라 다르다는 사실은 그것 역시 역사·경제·문화의 산물임을 의미하며, 결과적으로는 그 나라의 총체적 이데올로기가 생산/수입 및 구매의 유통 구조로 나타나는 것이라고 할 수 있다. 아무리 강력한 경제 불황이 닥쳐도 유럽인들이 화장지를 안 쓰지는 않겠지만 방글라데시에서는 가능한 일일 것이다. 따라서 우리는 필수/문화 소비의 개념을 다소나마 유연하게 사용하기로 한다. 이런 의미에서 소비는 그 자체가 이데올로기가 아니라 다양한 하위 이데올로기들이 표출되는 코드이므로, 우리는 〈소비 이데올로기〉보다는 〈소비 코드〉라는 표현을 사용하기로 한다. 따라서 이데올로기가 바뀌면 소비 코드도 바뀐다고 말할 수 있다. 단지 필수 소비의 코드보다는 선택(또는 문화) 소비 코드의 변화가 더 빠르게 반응할 따름이다.[75]

필수 소비의 변화

비록 생존에 필요한 소비라 할지라도 그것 역시 세월과 함께 변해 왔다. 한국의 주거 형태와 조건 변화만 보아도 지난 반세기 동안 그야말로 기초 수급 생활 조건에서 중산층의 조건으로, 혁신적으로 변모했다. 이제는 혼

---

75 필수 소비와 선택 소비의 관계는 언어의 문법적 영역과 어휘적 영역의 비교와 매우 유사하다. 즉 어휘 영역은 외부 영향에 민감하게 반응하는 반면에 문법은 매우 느리게 변하는 차이가 있다.

자 사는 사람들도 대부분 반듯하고 난방이 되는 공간에서 수돗물도 따로 공급받고 자기만의 화장실에서 하루를 시작할 수 있으며 도시가스로 각자 밥을 해 먹으면서 살 수 있다. 이런 공간 소비의 변화는 그것을 채우는 소비재의 변화를 가져왔다. 한 마을에 한두 대에 불과했던 TV 수신기는 방마다 한 대씩 놓이게 되었고 세탁기, 냉장고, 김치냉장고, 에어컨, 오디오, 컴퓨터, 각종 조명들도 이제는 필수 소비 품목에 들어가게 되었다. 최근 들어 새로운 필수품으로 등장한 것은 휴대 전화이며 그것도 스마트폰으로 급격한 진화를 거듭하면서 소비자의 지출을 늘리고 있다. 이렇게 필수 소비 품목은 날로 늘어 가면서 그에 따른 소비 지출 또한 증가하고 있다. 일부 학자들이 주장하듯, 현대는 공급이 수요를 창출하는 시대임에는 틀림없다. 때문에 필수 소비 코드를 그야말로 생존을 위한 이른바 닫힌 코드로만 볼 수는 없다.

이데올로기적 관점에서 보면 이런 필수 소비 코드의 변화는 경제적 환경이 일으킨 물질적 욕구의 변화이다. 어떤 나라든 경제 성장을 이룩하면 그에 걸맞은 소비 코드의 변화를 경험한다. 일종의 필연적 변화라고 할 수 있다. 하지만 본래 잘살던 나라의 경우는 다를 수 있다. 〈잘살다〉는 의미를 오로지 경제 지표가 아닌 복지, 교육, 인권 등 여러 기준의 의미로 받아들인다면 잘사는 나라가 더 잘살게 될 때 잉여의 투자는 친환경적 분야에 집중함으로써 그 사회는 물질적 욕구보다는 정신적 만족감을 지향할 수 있으며 결국에는 재화의 소비를 줄이고 무형의 소비를 점차 늘려 갈 수 있다. 이렇게 문화에 따라 소비의 목적성과 상징성이 다를 수 있는 것이다. 경제 성장이 육류 소비를 늘렸다면 그다음 단계는 오히려 채식의 중요성을 일깨워 줄 수 있으며 자전거에서 승용차로 바꾸어 탄 다음 다시 친환경적 자전거로 돌아올 수도 있다는 말이다. 어쩌면 이런 변화 역시 또 다른 필연일 수 있다. 여기서 필연성을 강조하는 이유는 그것이 나라별 필수 소비 코드의 차이를 이해하는 데 도움이 되기 때문이다.

개별 문화의 소비 코드

필수 소비와 이데올로기의 관계를 알아보기 위해서는 문화에 따르는 필수 소비의 비중과 내역을 검토해 볼 필요가 있다. 이미 잘 알려졌듯이, 한국의 필수 소비 코드를 지배하는 요소는 내 집 마련 비용과 교육비다. 한 부동산 정보업체가 발표한 바에 따르면, 통계청이 발표한 임금 근로자 월급여와 2007년 기준 서울 아파트 82제곱미터의 평균 매매가를 비교한 결과, 그해 임금 근로자가 월평균 184만 6천 원을 벌어 서울 아파트 값 평균인 3억 4198만 원을 모으려면 15년 4개월을 꼬박 저축해야 하는 것으로 나타났다. 좀 더 구체적인 수치를 제시하자면, 2010년 6월에 「파이낸셜뉴스」가 월급으로 생활하는 근로 소득자를 대상으로 현대경제연구원과 공동으로 실시한 설문 조사에 따르면, 응답자 세 명 가운데 한 명이 가계 지출액 중 가장 많이 차지하는 부분으로 주택 대출 상환과 그 이자를 꼽았다. 다시 말해 가계 지출액 중 가장 많이 차지하는 부문이 주택 대출 상환과 이자라는 응답이 32.8퍼센트로 가장 많았고 사교육비가 22.6퍼센트에 달했다. 다소 차이가 나기는 하지만 2009년도 기준으로 통계청이 발표한 한국 사회 지표에 따르면, 가계 소비 중 교육비의 비중이 2009년 13.5퍼센트로 2008년 12.8퍼센트에 비해 0.7퍼센트포인트 늘어났으며, 2003년 이후 계속 증가(2003년 11.0퍼센트)해 온 것으로 나타났다. 2007년 기준으로 프랑스의 교육비 지출이 0.2퍼센트(미국은 1.9퍼센트)에 이른다는 점을 고려할 때

이는 엄청난 지출이며 OECD 국가 중 2위를 차지하는 백분율이다.

　이 정도의 지출이라면 필수 소비에 버금가는 강박적 소비라고 할 수 있다. 하지만 이데올로기적으로 보았을 때 이런 지출은 어떻게 설명될 수 있는가? 이 질문에 답하기 위해서는 우선 한국인에게 집은 여러 의미를 갖는다는 점을 이해해야 한다. 그중 하나가 농경 문화의 잔재로 간주되는 이데올로기로서 작게나마 자기 땅이 있어야 한다는 욕구와 관련이 있다. 몽골의 유목민에게 천막집은 있어도 땅의 개념이 없는 경우와 상반되는 이데올로기로서 농경 정착민에게 땅은 가장 근본적인 삶의 터전이다. 다른 하나는 내 집 마련을 위한 과감한 투자는 요동치는 집값을 따라가기 위한 수단이라는 데 있다. 자본의 관점에서 말하자면 한국 사회는 토지 자본에서 금융 자본으로 급속히 바뀌는 상황의 끝자락에 와 있다고 할 수 있다. 실제로 서울에서 66제곱미터(약 20평) 아파트라도 구입한 사람은 집값을 조금은 따라갈 수 있지만 지방에서 같은 평수의 아파트를 소유한 사람의 경우, 세월이 갈수록 서울에서 내 집 마련하기가 불가능하다. 결국 실리와 이데올로기가 시너지를 발휘하는 셈이다.

　교육에 대한 치열한 경쟁도 자본의 변화 관점에서 어느 정도 설명된다. 이는 부르디외가 말하는 금융 자본에서 사회 자본으로 넘어가는 단계에서 일어나는 현상이다. 이 문제에 대해서는 별도의 분석을 시도하겠지만 기본적으로 교육열은 도시 문화에서 인맥을 만들려는 강력한 욕구에서 비롯된다. 이 때문에 전공보다는 대학을 기준으로 입시 전략을 짜고, 지방보다는 서울을 선호하며 그런 조건을 만족시키는 학군의 집값이 모든 기록을 갱신하는 것이다. 주택과 교육에 가계 수입의 50퍼센트 이상을 지출하는 상황은 대체로 문화 소비를 줄이게 만드는데 이 때문에 일반 서민 가정을 꾸려가는 가장이 자기만의 취미 생활을 즐기는 경우는 매우 보기 힘들다.

그러면 미국과 프랑스의 가계 지출을 비교해 보자.[1]

미국과 프랑스의 항목별 가계 지출 비율 비교

	미국	프랑스
주택 관련	34.0	13.7
식비(비알코올 음료 포함)	12.4	15.0
술, 담배	1.6	3.3
의류, 신발	3.8	3.3
가구, 가전	3.6	6.0
교통	17.0	16.5
문화 활동	5.4	9.1
외식	5.4	6.6
보험	10.8	?
교육	1.9	0.2
기타	7.2	29.8

대략적인 비교지만 미국의 경우 주택 관련 비용이 34퍼센트에 이르는 반면 프랑스는 13.7퍼센트에 그친다는 점은 각 나라의 주택 보급 정책의 차이(대출 조건 및 상환 이자 등)를 드러내는 동시에 주택 수요의 차이도 드러낸다고 할 수 있다(예컨대 프랑스인들은 월세 주택의 각종 정부 보조금 때문에 주택 구매에 덜 적극적일 수 있다). 이 조사에서 미국인이 지출하는 보험·연금이 총수입의 10.8퍼센트에 해당하는데 프랑스의 경우에는 이 항목이 없다. 이 같은 차이는 아마도 원천 징수되는 국민연금 때문일 것이다. 어쨌든 이런

1 아래 도표는 프랑스의 통계청에 해당하는 INSEE(http://www.insee.fr/fr/themes/indicateur.)의 2007년도 생활 지표와 미국의 노동부에서 2007년에 조사한 미국인의 소비 실태 조사(http://en.wikipedia.org/wiki/File:U.S._Consumer_Expenditure_2006.png) 결과에서 발췌한 것임.

저런 제도적 차이 때문에 미국과 프랑스의 필수 소비는 어느 정도 다르게 나타난다. 프랑스인들이 식비에서 2.5퍼센트, 술·담배에서 1.7퍼센트, 가구·가전에서 2.4퍼센트 더 지출하는 것으로 나타나는데 이런 차이도 주택 투자와 교육비 등의 지출이 적기 때문이라고 할 수 있겠으나 보다 더 근본적으로는 두 나라의 사회적 이데올로기의 차이, 즉 복지 중심의 정책에서 비롯된다고 보는 게 더 정확할 것이다. 하지만 엥겔 계수만을 따지는 사람은 식비 지출의 차이(미국 12.4퍼센트, 프랑스 15퍼센트)를 놓고 미국에서의 삶이 더 풍요롭다고 말할 수도 있을 것이다. 그러나 외식(미국 5.4퍼센트, 프랑스 6.6퍼센트)과 문화 활동(미국 5.4퍼센트, 프랑스 9.1퍼센트) 항목을 보면 프랑스의 삶의 질이 미국에 비해 뒤진다고 단정 지을 수도 없다. 2002년도에 노르망디 도청이 조사한 미국과 프랑스의 식생활 차이도 이를 뒷받침한다.[2] 이 조사에 따르면 프랑스인에 비해 미국인은 닭고기를 44퍼센트, 감미료를 44퍼센트 더 소비할 뿐 아니라, 개인당 한 해 냉동식품 소비는 17킬로그램(프랑스 5.6킬로그램), 피자는 13킬로그램(프랑스 5킬로그램)을 소비함으로써 하루 열량 섭취가 3,700킬로칼로리에 이른다(성인 남성의 하루 권장 열량은 2,400~2,500킬로칼로리, 여성이 1,800~2,000킬로칼로리다). 이렇게 필수 소비의 핵심인 음식의 질도 다른 소비의 영향을 받으며 전체 항목의 분포는 그 문화의 정치·사회적 환경이 만들어 내는 이데올로기의 지배를 받는다고 할 수 있다.

2 www.cra-normandie.fr/vegetarien/usa.pdf.

문화 소비의 기본 요소들

편의상 문화 소비를 의식주를 위한 소비 이외의 지출로 정의해 보자. 누구라도 상상할 수 있듯이 이런 소비는 무척 다양할뿐더러 항상 변하고 있으며 때로는 예측하기조차 어렵다. 문화 소비가 경제 여건의 직접적인 지배하에 변화하는 것은 명백한 사실이지만 그것은 또한 한 나라의 정치 이데올로기를 반영하는 동시에 역사·문화적 인프라 위에서 변화할 뿐만 아니라 각종 미시적인 이데올로기에 충실하면서도 집단성과 차별성을 동시에 추구한다. 구체적으로 말하자면 일반적으로 부유한 나라의 문화 소비 비중이 더 크지만, 정치적으로 분배주의 혹은 친환경주의적 노선이 강한 나라에서 에너지와 관련되는 문화 소비가 점점 줄어들 수도 있다.[3] 역사·문화적 인프라가 상대적으로 잘 갖춰진 나라에서는 재화 구입과 같은 유형적 소비보다는 각종 공연 관람과 같은 무형적 소비에 더 큰 지출이 있을 수 있다.

그럼에도 불구하고 문화 소비의 변화에 패턴이 전혀 존재하지 않는 건 아니다. 한 나라의 GDP가 증대하면서 소비는 크게 자동차, 여행, 명품 순으로 바뀐다. 한국도 1980년대 중반 국민 1인당 GDP 2,500달러 시대와 함께 자동차 붐이 일어났고, 1990년대 초 1인당 GDP 7천 달러를 육박하면서 해외여행에 나서기 시작했으며 1990년대 중반 1만 달러를 넘기면서는 유학 바람과 어김없는 명품 바람이 사회 전반에 거세게 몰아치면서 이제는 조기 유학과 더욱 대중적이고 과감한 명품 소비가 하나의 트렌드로 자리 잡았다. 중국도 똑같은 길을 걷고 있는데 개방 직후 1976년 중국 도

---

3 인구 1천 명당 자동차 보유 대수는 미국이 765대로 세계 1위이며 노르웨이는 494대로 조사되었다. http://www.nationmaster.com/. 또한 스웨덴은 국가 에너지 소비 중 석유 의존도가 28퍼센트에 그치는 나라이며 미국인의 한 해 1인당 석유 소비량은 22.6배럴인 데 비해 한국은 16.4배럴, 독일은 11.4배럴로 조사되었다.

시의 한산한 저녁 길가엔 사람들이 비슷비슷한 인민복을 입고 자전거를 타고 다녔으며, 거리에서는 버스 이외에 다른 교통수단을 찾아보기 힘들었다면 2005년 중국의 도시는 완전히 다른 모습으로 바뀌었다. 〈출퇴근길은 형형색색의 옷을 입은 사람들로 북적거리며, 차도엔 폭스바겐, 시트로앵, 벤츠 등의 자가용들이 줄을 잇고, 퇴근길 쇼핑은 카르푸나 월마트와 같은 대형 매장에서 한다. 이처럼 중국인들의 라이프스타일이나 삶의 방식, 소비생활 등이 30여 년 전과는 비교할 수 없을 정도〉로 달라졌다.[4]

소비의 커뮤니케이션

소비의 문제는 다양한 관점에서 접근할 수 있지만 여기서는 기본적으로 커뮤니케이션의 관점에서 이 문제를 살펴볼 것을 제안한다. 소비를 문화현상으로 접근해서 봄으로써 무엇보다도 재화의 상징체계를 더욱더 체계적으로 파악할 수 있을 것이다.

소비를 한다는 것은 무언가를 구입하는 행위를 가리킨다. 즉 소득의 일부를 재화나 서비스로 교환하는 행위를 말한다. 하지만 이런 교환을 하는 이유는 무엇인가? 그것이 필요하기 때문이다. 그러면 필요라는 것은 또 무엇인가? 아주 오래전에는 그것이 의식주를 위한 소비에 그쳤을 것이다. 집에서 재배한 채소를 팔아 신발을 산다든지 아니면 돈을 더 모아 지붕을 고치는 것이다. 일종의 기능적 소비라고 할 수 있다. 하지만 이제 사정은 달라졌다. 디자인의 차이를 이유로 똑같은 기능의 여러 제품을 구입하는 것

4 배영준, 「변화하는 중국, 달라지는 소비자」, 『LG주간경제』, www.lgeri.com.

은 지극히 당연한 현상이 되었다. 디자인에 큰돈을 지불하는 것도 너무나 자연스러운 현상이 되었다. 신발이 많거나 유난히 멋진 신발을 구입하는 행위는 그 양과 질이 〈특별한 의미〉를 갖기 때문이다. 그런 의미가 상징적 의미이다.

인간의 소비는 분명 기능적 재화에서 상징적 재화를 구입하는 단계로 넘어왔다. 특히 대량 생산의 노하우가 축적되면서 제품들의 기능과 성능과 수명은 고급품과 저급품의 구별을 무색하게 했다. 중국산 MP3 플레이어와 애플 아이팟의 차이는 성능이 아니라 한 입 베어 먹은 사과 로고의 여부에 있을 따름이다(음질 차이가 있다면 2퍼센트에 지나지 않는다). 마찬가지로 만 원짜리 핸드백과 백만 원짜리 루이뷔통 핸드백의 기능은 동일하다. 그러나 두 가방의 상징적 차이가 중요한 사람에게 백만 원은 큰돈이 아니다. 대신 그런 차이를 모르거나 무시할 줄 아는 사람은 그만한 돈을 지불할 리 없을 것이다.

소비: 상징성의 탄생

재화의 상징성은 처음부터 있었을 것이다. 기본적으로 아주 비싸고 특별한 무언가를 소유한다는 것은 종교적 내지는 혈통적 권력을 표현하는 수단이었다. 역사적으로 보면 주로 건축물과 그것을 장식하거나 채우는 예술 작품이 그 역할을 했다. 16세기 초 프랑수아 1세가 다빈치에게 의뢰하여 샹보르 성Château de Chambord을 짓게 했을 때 그도 무언가를 과시하려 했을 것이다. 삼성이 세계적 건축가 마리오 보타, 장 누벨, 렘 쿨하스에게 의뢰하여 리움 미술관을 짓게 한 것도 똑같은 의도에서 비롯된다. 지금도 지구 곳곳에서 이러한 기획물이 솟아나고 있다.

보다 일반적인 차원에서 재화의 상징성이 본격적으로 탄생하여 지금까지 이어지기 시작한 시기는 프랑스의 17세기다.[5] 이 시기는 중앙 집권제가 완성되어 왕(루이 14세)이 절대 권력을 행사할 수 있었던 시기이다. 스페인을 물리친 프랑스로서는 유례없는 부를 축적할 수 있었으며 지방의 많은 귀족들이 왕실로 몰려들어 왕에게 잘 보이려고 온갖 아부를 일삼고 스스로를 돋보이려고 더 멋진 언행, 매너, 의상에 온 힘을 쏟을 때이다. 이미 「미와 이데올로기」, 「성과 이데올로기」에서 간략하게 언급했듯이 르네상스에서 절대주의로 넘어가면서 일부 재화, 특히 의상이 강력한 상징성을 갖게 되는데 의상은 계층 간의 차별적 기호를 넘어 계층 내의 개인적 차별화의 수단으로 인식되기 시작한다. 푹스가 강조하듯이 〈절대주의 시대가 되면 복장의 에로틱한 측면만이 아니라 복장에 의해서 끊임없이 인간을 상하로 분리하는 또는 적어도 상하로 떼어 놓으려는 계급 차별의 경향은 언제나 새로운 차별적 특징을 만들어 냈다. (……) 르네상스와의 가장 큰 차이점은 절대주의 시대와 함께 또다시, 또는 절대주의 시대에 들어와서야 비로소 옷을 입은 인간이 탄생하게 되었다는 것이었다. 그것은 프랑스 대혁명이 지배했던 짧은 기간 이외에는 현대에도 그대로 나타나는 현상이다〉.[6] 이때부터 일부 의상 디자인의 의미가 명백해지는데 그것은 〈노동을 할 필요가 없는 사람〉이었다. 이를 함축하는 것이 로코코 의상이다. 그는 다음과 같이 말한다.

그 시대의 아름다움에 대한 사상적 경향은 여자에 대해서는 육체를 하나하나의 아름다움, 특히 유방, 옥문, 허리-엉덩이 부위로 분해하는 데에 있었

---

5 당나라와 명나라 때에도 재화의 상징성이 존재했지만 그것이 대량 생산으로 이어지지 않았다는 점에서 차이가 있을 것이다.
6 푹스, 『풍속의 역사』 제3권, 54면.

다. 그것은 복장에 대해서도 적용되었을 뿐 아니라, 복장에 의해서 그 목적이 비로소 달성되었던 것이다.[7]

하지만 더더욱 흥미로운 점은 이러한 상징성이 의상에만 그친 것이 아니라는 점이다. 음식 문화도 큰 변화를 겪는데 오늘날 우리가 알고 있는 프랑스 음식의 사치적 요소(좋게 말하면 세련미)들도 절대주의 시대의 산물이며 바로 이 점이 재화의 상징화가 당시의 이데올로기적 변화의 결과였음을 말해 준다.

에로틱한 식사란 것은 열두 접시의 성찬이라고 할 수 있는데…… (항상 그럴 수는 없었으므로) 녹일 듯한 오르되브르hors-d'oeuvre, 곧 전채가 나왔을 때, 또는 전채에 의해서 몹시 입맛이 돋우어졌을 때만 본 요리가 맛있는 것으로 느껴졌다. 사람들은 육욕을 향락할 때 언제나 다른 방법으로 미각만을 자극하는 기막힌 성찬의 메뉴를 동경했다. 그에 반해서 더 생각하고 자시고 할 것이 없다는 듯이 본 요리로 식욕만을 채워 주는 소박한 가정 요리 같은 것을 상대하려 들지 않았다. 〈최후의 목적〉에 곧장 육박하는 짓 따위는 그 이후로는 농민이나 무골충의 방법이 되어 버렸다.[8]

이렇게 프랑스의 17세기는 재화의 에로티시즘을 발견한 시대다. 그리고 푹스가 강조하듯, 이 모든 것을 상징하는 하나의 혁명적인 발명품이 있는데 그것은 다름 아닌 하이힐이다.

---

7 푹스, 앞의 책, 64면.
8 푹스, 앞의 책, 6면.

하이힐의 발명에 의해서 그 시대의 중심 문제, 곧 인체 구조의 조화를 깨뜨리고 각 부분의 아름다움만을 눈에 띄게 하려는 목적은 거의 완전히 해결되었다. 유방이나 허리-엉덩이 부위를 일부러 내미는 것은 육체의 에로틱한 부분을 보란 듯이 과시하는 것과 같은 짓이었다. 그러한 아름다움은 그것만으로도 광고 역할을 톡톡히 했다.[9]

이렇게 재화의 소비는 기능성 중심에서 상징성 중심으로 넘어갔다. 그리고 상징성의 핵심에는 에로티시즘과 차별화가 자리 잡고 있다. 지금도 우리는 하이힐의 시대에 살고 있으며 에로틱한 디자인은 모든 상품의 생명력이 되었고 매스 미디어의 등장과 더불어 우리 생활의 일부분이 된 광고 역시 에로티시즘을 주 무기로 삼아 소비자의 마음을 사로잡고 있다.

소비: 상징과 과시

보드리야르에 따르면, 사물은 나름대로 체계를 이루며 바르트도 『패션의 체계Système de la Mode』를 펴낸 바 있다. 구조주의 전성기라 할 수 있는 1960년대에 등장하는 이런 구조주의적 관점들은 사실 사물 자체가 체계를 구성한다기보다는 우리가 사물들을 체계로 인식한다는 의미로 풀이되어야 한다. 자동차 시장을 예로 들어 보자. 기본적으로 자동차는 가격, 배기량, 디자인, 엔진 출력이라는 차이(또는 변별성)의 요소로 각각의 모델이 구분되며 나름의 체계로서 인식된다. 이것은 일종의 인식 체계로서 나라마다 다르기 때문에 동일한 모델도 사회에 따라 선호가 다르기 마련이다. 이탈리아인과 프랑스인은 대체로 디자인과 경제성을, 미국인은 높은 배기량을,

---

9 폭스, 앞의 책, 64면.

한국인은 높은 가격을 우선시한다(이런 현상은 양주, 와인, 패션 등의 영역에서 균일하게 나타나기 때문에 소비 체계라는 말을 사용할 수 있다). 하지만 이런 인식 체계는 원유 가격과 같은 경제적 환경 변화에 의해 바뀔 수 있다. 다시 말해 이런 체계는 소비자들의 친환경적 의식 변화와 함께 변할 수 있으며 하이브리드 차들이 시장에 소개되면서 총체적인 변화도 일어날 수 있다. 커피 시장도 마찬가지다. 스타벅스는 커피 맛에 무지했던 미국인들에게 큰 호응을 얻었고 요즘에는 중국이나 한국에서도 인기 있지만 유럽인들에게는 별 관심을 끌지 못한다.[10] 결국 자동차든 커피든 사물들의 인식 체계가 절대다수 나라마다 다른 것은 각 제품의 상대적 가치가 다르기 때문이고 그런 상대적 가치 차이는 상징성의 차이에서 비롯된다. 이런 이유 때문에 사물의 상징체계를 말할 수 있는 것이다. 사물의 상징성이 다른 이유는 결국 각 시대와 문화의 이데올로기가 다르기 때문이기도 하다. 한국에서 리바이스 청바지가 잘 안 팔리는 이유는 터프한 멋보다는 그 반대의 멋, 요컨대 꽃미남 멋(?)이 우세하기 때문이다. 이런 미적 이데올로기는 음악 시장에도 그대로 반영되는데 한국의 음악 시장은 곱게 차려입고 춤을 추어 대는 10대 아이돌들이 지배할 뿐, 록 음악과 저항 문화는 부재하거나 간혹 비슷한 것이 있어도 모방에 그친다. 이렇게 모든 문화의 소비를 분석하기 위해서는 별도의 저술이 필요하겠지만 여기서는 몇 가지 주요 소비 코드만 분석해 보기로 한다.

---

10 스타벅스는 1982년 사업가였던 하워드 슐츠가 스타벅스에 합류하면서 급성장한다. 밀라노 여행을 다녀온 슐츠는 커피 고급 원두뿐만 아니라 커피 및 에스프레소 드링크도 판매해야 한다고 주장하면서 처음으로 미국에 커피다운 커피를 판매하는 데 성공한다. 하지만 이런 성공의 주원인은 기본적으로 차별화 정책이었던 셈이다.

소비의 코드들

앞서 말했듯이 필수 소비도 나름대로 코드를 갖지만 여기서는 이데올로
기에 더 민감하게 반응하는 문화 소비의 몇 가지 패턴을 살펴보기로 한다.
문화 소비의 주요 특징은 한편으로는 나라와 계층에 따라 드러나는 차이
와, 다른 한편으로는 재화의 기능성보다 상징성에 큰 의미를 부여한다는
데 있다. 이 때문에 기업들은 자사의 브랜드 가치를 높이려고 애쓰며 제품
의 경쟁만큼이나 광고 및 홍보 경쟁도 날로 치열해지는 가운데 국가와 주
요 도시들도 브랜드화 경쟁에 뛰어들고 있다.

보다 현실적으로 말하자면 같은 운동화라도 10대들은 나이키나 아디다
스로 대표되는 몇 가지 브랜드를 절대적으로 선호한다. 요즘 한국 여성들
은 루이뷔통이나 샤넬 가방을 꽤나 좋아한 나머지 길거리를 활보하는 제
품 중 반이 짝퉁이다. 프랑스 10대들은 (거의) 리바이스 청바지만 입고, 홍
콩의 30~40대 남자들 절반은 고급 스위스 시계를 차고 다닌다(그래서 반 이
상이 짝퉁이다). 이런 현상은 트렌드의 한 종류로서 어떤 디자인이 아닌 특
정 브랜드나 가격에 이끌리는 유행인 셈이다. 대체로 유행하는 브랜드 가
격은 높은 편이다. 따라서 제품의 기능만을 고려하면 더 싼 물건도 많지만
사람들은 기꺼이 비싼 값을 지불하며 특정 브랜드를 소유하고 싶어 한다.

이런 소비는 재화의 기능을 구입하는 행위가 아니라 그것의 상징을 소유
함으로써 특정한 계층, 집단, 세대에 합류하기를 갈망하는 것이다. 이런 소
비 행태를 소비의 편승 코드(또는 밴드웨건 효과Bandwagon effect)라고 부르는데
중국이나 한국에서 볼 수 있는 명품 선호가 그 대표적인 사례다. 젊은 여성
이 고급 브랜드의 가방이나 선글라스를 소유한다는 것은 그녀가 중산층
이상의 계층임을 나타내는 상징 기호다. 하지만 이런 소비는 두 가지 (부)

작용을 일으킬 수 있다. 하나는 경쟁적 소비다. 즉 계층 내에서 스스로를 차별하려고 더 많은 명품이나 더 고급의 재화를 경쟁적으로 구입하는 상황이 벌어짐으로써 고급 재화의 양적 및 질적 등급화가 일어날 수 있다. 프랑스에서는 17~18세기에 이런 경쟁적 소비가 휩쓸고 지나갔다면 한국은 1990년대부터 이런 바람이 불기 시작했고 그 뒤를 이어 중국이 가세하고 있다. 또 다른 작용은 상징성의 조작이다. 그런 고급 재화를 구입할 경제력이 부족함에도 무리한 지출을 강행하는 경우다. 몇 년 전에 일어났던 카드 대란의 이유 중 하나도 바로 경제력 대비 무리한 지출에 있었으며, 흔히 된장녀라고 부르는 여성들의 소비 코드도 이와 유사한 패턴에 기초한다(이 문제는 따로 분석하기로 한다).

일반적으로 이렇게 구입하는 제품들은 한 가지 공통점을 띠는데 그것은 다름 아닌 〈노출성〉이다. 즉 이런 소비는 타인에게 자신의 소비를 드러내 보일 수 있는 재화에 집중된다. 선글라스, 가방, 구두, 시계는 외출용 재화들이다. 외형적 소비라고 할 수 있다. 대신 음반, 오디오, 악기를 매번 들고 외출하기란 어렵다. 더 나아가 히말라야 여행을 자랑하려고 사진첩을 들고 다니는 사람도 없을 것이다. 이런 소비는 무형적 소비라고 할 수 있다. 소비의 편승 코드는 외형적 소비의 한 유형인 셈이다.

또한 소비의 편승 및 외형적 코드는 베블런 효과로 연결될 수 있는 특징을 갖는다. 경제학자 소스타인 베블런Thorstein Veblen이 규명한 이런 소비 코드는 〈기능적으로는 동일한 상품에 대해 소비자가 높은 가격을 기꺼이 지불하려는 행태〉를 가리킨다. 판매자가 낮은 가격으로 판매하면 오히려 그 상품의 매력을 상실하는데 이런 소비 코드는 일반적으로 사치품 시장을 존재케 한다. 경제학자들은 소비의 이런 코드가 스스로를 다른 사람들과 차별하고 자신의 부를 과시하려는 데 있다고 말한다. 하지만 과시 욕구를 이러한 소비의 주된 동기로 간주하는 것은 다소 단순한 발상으로 보인다. 과시욕 외에 또 다른 이유가 있을 수 있다. 요컨대 초호화 주택이나 금도금 TV와 족탕기 같은 액세서리로 꾸민 차량을 구매하는 소비는 뉴스거리를 위한 사치가 될 것이다. 이것이야말로 과시를 위한 소비다. 하지만 어떤 부자가 차를 살 때, 자동차의 성능을 모른 채(또는 알고자 하는 의지도 없이) 무조건 비싼 것으로 결정하는 경우는 조금 다르다. 이런 소비는 무지에서 비롯되는 소비다. 다행히 비싼 제품은 대체로 양질의 제품이지만 소비자는 제품의 성능이나 특징은 아는 바 없이 단지 그것이 고가이기 때문에 구입하는 것이다. 주행 속도 80킬로미터를 절대 넘지 않는 아줌마가 BMW의 M 시리즈를 구입하는 경우가 그것이다. 이때 가장 흔해 빠진 합리화는 〈비싼 데는 다 이유가 있다〉는 식의 틀에 박힌 합리화일 것이다.

이런 소비 코드들은 대체로 개도국에서 볼 수 있다. 왜냐하면 개도국의 거의 모든 이데올로기가 경제 자본을 중심으로 편성되기 때문이다. 다시 말해 돈이 중요한 문화권에서 돈은 개인의 능력과 지위를 나타내는 기호가 될 수밖에 없다. 매번 은행 계좌의 잔액을 남에게 보여 줄 수 없기 때문에 사람들은 어떤 식으로든 자신의 부를 과시하고 싶어 한다. 대궐 같은 집과 명견, 명마, 명차, 명품 등이 그 수단으로 사용된다. 하지만 이런 문화에서는 그다지 부자가 아닌 사람들도 이런 소비를 흉내 낸다. 이유는 별생각 없는 모방적 소비에서 전략적 소비에 이르기까지 다양하다. 예를 들어 〈조금 있어 보임으로써〉 진짜 〈돈 있는〉 계층에 합류하거나 그런 유의 사람들과 교류하고 싶어 하는 등의 이유도 있을 수 있다. 이런 소비는 사물의 상징성을 이용하는 일종의 연출(따라서 노출) 소비라고 할 수 있다.

그러나 사회가 성숙해지면 소비 코드도 변한다. 변별성을 잃음으로써 명품은 사치인 동시에 유치한 소비로 비칠 수 있으며 각종 기능성 제품에 대해서는 보다 뚜렷한 자기 주관이 생겨날 수 있다. 이런 변화와 더불어 소비는 무형성을 지향하게 되는데 이 같은 소비 코드 중 하나가 소비의 스노브 snob 코드다. 스노브 코드의 경제 사회학적 정의는 대략 〈자기만이 소유하는 물건에 특별한 가치를 부여하는 소비의 또 다른 행태〉로 정리될 수 있다. 다시 말해 이런 소비 행태는 남들이 사용하지 않는 물건, 즉 희소성 있는 재화를 소비함으로써 만족하다가 그 상품이 대중적으로 유행하기 시작하면 소비를 줄이거나 외면하는 행위를 가리킨다. 대체로 이 같은 소비 행태는 후기 산업 국가에서 볼 수 있는데 과시적 소비와 대립하는 소비의 또 다른 유형이다. 앞서 언급한 소비의 편승 효과 및 베블런 효과가 기본적으로 외형적 소비 행태에 근거한다면 스노브 효과는 비과시적 소비 유형에 해당한다고 할 수 있다. 국내에서도 서서히 모습을 드러내기 시작한 소비의 스노브 코드는 경제 자본이 문화 자본으로 바뀌는 징조이기도 하다. 오늘날에 비해 물자가 풍부하지 않았던 19세기까지만 해도 유행을 따른다는 것은 일반 대중과의 차별을 분명히 할 수 있는 수단이자 부를 과시할 수 있는 행위였다. 그러나 소품종 대량 생산 시대를 거쳐 다품종 소량 생산 시대로 접어든 마당에 맹목적으로 유행을 따르는 것은 오히려 가장 대중 지향적인 행위로 해석된다. 따라서 소비의 스노브 코드는 기본적으로 반대중적인 소비 행위를 지향하는데 그렇다고 해서 소비의 지출이 줄어드는 것은 아니다. 오히려 지출액은 더 증가하며 이런 소비는 마니아의 속성을 갖는다. 이것이 보드리야르가 말하는 무형의 소비로서, 그에 따르면 〈외형적 소비만이 과잉 소비를 의미하지는 않는다〉. 오히려 무형의 소비가 더 큰 투자를 요구하기도 한다. 즉 무형의 소비란 겉으로 드러나지 않는 소비를 가리키며, 이런 소비는 〈더 이상 (베블런에 따르면 〈과시적인〉) 드러내기 위해서가 아니라 남의 눈에 띄지 않는 태도와 검소함, 겸손함으로 자신을 나타내는 것인데, 이런 행동들은 결국 그 반대로 바뀌는 한층 더한 사치, 과시의 증가이며 따라서 보다 교묘한 차이이자 차별화이다. 이런 차별화는 사물 거부, 《소비》거부의 형태를 취할 수 있는데, 그것은 또한 소비 중에서도 최고의 소비다〉.[11] 좀 더 구체적으로 말하자면 어느 정도 수입 있는 사람이 유명 메이커 대진 벼룩시장 물건을 선호하거나 고급 승용차 대신 낡아 빠진 소형차를 애용하는 경우를 생각할 수 있다. 이런 소비 코드는 규범화된 소비 패턴에 대한 반동적 소비다. 즉 외형적인 모든 것은 매우 소박한 데 반해 겉으로 드러나지 않는 특정 분야에서는 막대한 투자를 하는 사람들의 소비 코드다. 예를 들어 자전거 한 대가 유일한 교통수단인 사람의 작은 아파트엔 고풍스러운 오디오 시스템이나 희귀 음반 또는 희귀 도서로 가득 차 있을 수도 있다. 대체로 이런 소비는 매우 전문적인 소비이자 등급화의 대상이 되지 않는 소비이기도 하며 실제로 이런 현상은 서유럽 사회에서 좀 더 흔히 볼 수 있는 소비의 코드다.[12]

결국 현대에서 〈소비는 정체성〉이라는 말은 틀린 말이 아닌 듯싶다. 단지 모든 소비는 궁극적으로 소비자의 이데올로기적 표출이라는 점을 지적해야 할 것이다. 왜냐하면 대다수 사람들은 자신도 모르는 사이에 특정 이데올로기를 갖고 있듯이, 이런저런 소비에 이끌리기 때문이다.

11 보드리야르, 『소비의 사회』, 121면.
12 마니아들을 대상으로 하는 상품은 광고도 할 필요가 없다. 따라서 제조업자들은 광고비를 제품 개발비에 투자함으로써 더욱 양질의 제품을 만들 수 있다.

2. 여성성

「성과 이데올로기」에서 살펴보았듯이, 성적 가치관은 시대에 따라 반동을 거듭하며 바뀌어 왔다. 유럽에서는 금욕 사상, 관능미, 치장미, 성의 국가적 통제 시대, 성 개방 운동을 거치면서 그 윤리관과 가치관이 바뀌었지만 각 시대의 사람들은 매번 그들에게 주어진 기준에 충실했다. 여성성의 문제도 성적 이데올로기와 같은 우여곡절을 겪어 왔다. 지금도 나라에 따라 여성성의 기준이 매우 다르고, 그 차이는 역시 다양한 코드의 일관된 총체로 나타난다.

위키피디아Wikipedia에서 찾아볼 수 있는 여성성의 정의는 다음과 같다. 〈여성성은 여성 특유의 외형적·심리적 기질 및 행태의 총체이다. 그런 기질들은 젠더와 생물학적으로 관련 있으며 사회 문화적 환경에 큰 영향을 받거나 심지어는 그것에 따라 조건 지어진다〉.[13] 유방의 크기나 임신과 유아

---

13 http://fr.wikipedia.org/wiki/F%C3%A9minit%C3%A9. La féminité est l'ensemble des caractères morphologiques psychologiques et comportementaux propres aux femmes. Ils sont biologiquement liés au sexe et fortement influencés, voire conditionnés par l'environnement socioculturel.

교육 등과 같이 여성이기 때문에 받는 신체적·사회적 제약과 그에 따르는 세계관이 기본적인 여성성을 결정짓겠지만 여기서 살펴보고자 하는 것은 사회 문화적 이데올로기로서의 여성성의 문제이다. 하지만 사회·문화적 여성성을 논할지라도 어떤 여성성이 인간의 일반적 기준인지를 단정하기란 쉽지 않다. 여성성은 사실 강도의 차이를 드러내는 상대적 개념일 뿐, 통계나 객관적인 수치로 구분할 대상이 아니다. 만약 이 문제만을 다루는 연구가 있다면 그것은 한 문화권 여성들의 언어 사용법을 포함해 한편으로는 의상, 화장품, 액세서리, 음식 등의 소비 패턴과, 다른 한편으로는 몸짓이나 매너 등과 같은 문화 코드를 비롯하여 욕망과 욕구 및 혼인 조건과 같은 교환 체계까지 비교·검토해야 할 뿐만 아니라 무엇보다 여성성의 비교 기준 내지는 표준도 정해야 하는데 이 같은 수준의 연구는 우리의 한계를 벗어난다. 따라서 여기서는 사회·문화적 환경에 따르는 여성성을 매우 포괄적으로 비교·검토해 보기로 한다. 여러 나라에서 관찰할 수 있었던 것 가운데 몇 가지 시선을 끄는 특징을 간략히 열거하면 다음과 같다.

사회주의를 경험한 국가(중국, 러시아, 체코)의 여성들은 자본주의 국가의 여성들보다 더 〈중성적인 여성성〉을 갖는 듯하다. 이런 여성성은 사회주의적 이념과 교육에 기초한 특유의 여성성으로서 기본적으로는 평등 사회 건설이라는 이상에 기초한다고 할 수 있다. 체코를 방문해 본 다수의 사람들은 그곳 여성들이 조금은 투박하고 거칠다고 느낄 것이다. 의상도 매우 소박하고 기능적이며 헤어스타일도 마찬가지다. 러시아 항공사 아에로플로트를 이용해 본 사람이라면 스튜어디스들이 여군 같다고 느낄 것이다. 그들은 기내의 임시 공동체의 일원으로 손님들과 매우 대등한 입장에서 각자의 일을 할 뿐이다. 물론 그들이 자본주의적 서비스 정신에 익숙지 못한 이유도 있겠지만 어쨌든 연약한 공주처럼 보이기는커녕 남녀 차이도 거의 못 느끼게 하는 건 사실이다. 흥미로운 점은 극빈국에서도 남녀 차이가 매우 적다는 사실이다. 특정한 정치적 이념에 별로 관심 없어 보이는 라오스 시골 사람이나 태국 북부의 소수 민족, 베트남 북부의 중국 국경 지역의 흐몽족을 보면 여성성은 의상으로 표현될 뿐 노동이나 놀이 등의 일상 활동에서 남녀 관계는 평등해 보인다. 여성이 20킬로미터 떨어진 오일장에 간 사이에 남성은 아이를 보며 기다리는 경우도 태반이고, 심지어 그들이 이루는 사회가 모계 사회를 연상시키기도 하는데 이런 환경에서의 여성성은 생존 이데올로기의 한 유형이라고 할 수 있다.

사실 가장 노골적인 여성성은 자본주의 국가 또는 문화권에서 찾아볼 수 있다. 이들은 각종 제품을 구입하여 여성 특유의 아름다움을 마음껏 뽐낼 수 있는 여성들이다.

하지만 이런 소비가 여성의 외형만을 결정하지는 않는다. 여성을 위한 소비는 여성성을 미화시키는 광고, 여성끼리의 경쟁, 남녀 간의 관계 등 사회적 담론에서 비롯된 결과인 셈이다. 이런 환경은 매우 어린 나이부터 여성성을 각인시킴으로써 소비를 뛰어넘어 명백한 심리 상태이자 이데올로기로 자리매김하게 만든다. 프랑스의 경우 여성성이 절정에 달했던 시대는 17~18세기이다. 아리에스와 뒤비가 말하듯 〈여성은 전반적으로 지배당하는 영역에 존재했지만 그래도 그런 상황에 동의할 만한 보상적인 측면이 있었다. 상대적으로 보호받고 있었고, 법의 고발도 덜 받았다. 겉치레에 몰두하는 역할을 맡은 부르주아 여성들에게 과시용의 사치스럽고 화려한 생활은 그 나름의 매력이 있었다. 그리고 결국에는 여자들이 더 오래 살았다〉.[14]

하지만 이런 여성성은 국가적 및 계층적 경제력에 따라 차이를 드러내기

14 아리에스·뒤비 외, 『사생활의 역사 4 — 프랑스 혁명부터 제1차 세계 대전까지』, 219면.

도 한다. 국가 차원의 경제력이라 하면 대략 GDP를 기준으로 부자 나라와 그렇지 못한 나라를 구분할 수 있을 것이고, 경제 계층이라 하면 한 국가 내에서 한 계층이 갖는 상대적 개념으로서 일반적으로는 부자 계층과 그렇지 못한 계층으로 구분된다. 그러나 문제는 그처럼 간단하지 않다. 부자 나라의 부자 계층 여성이 무조건 더 여성스럽지도 않기 때문이다. 결론부터 말하자면 여성성이 가장 강하게 나타나고 심지어 대남성용 무기로 사용되는 나라는 대체로 개발 도상국이다. 예를 들어 독일 여성들이 꽤나 유니섹스화되었다는 점(또는 중성적이라는 점)은 누구나 인정할 것이다. 일부 여성들은 엑스트림 스포츠나 오지 여행을 즐길 뿐만 아니라 의상, 표정, 언행에서도 남성과 별 차이를 드러내지 않으며 심지어 데이트나 혼인 비용 지출 면에서도 남성과 동등한 관계를 유지하고, 더 나아가서는 혼인보다는 동거를 선택하는데 동거 생활에서 남녀의 경제 기여도 역시 대등하다(당연히 혼인 생활보다는 동거 생활이 더 경제적 남녀평등에 기초한다). 간혹 이런 여성들의 신체 노출이 대담한 것도 남성들의 시선을 받으려는 것이 아니라 〈여성이기 때문에 감출 게 없다는 의미〉를 가질 따름이다. 개인적인 경험담을 말하자면, 언젠가 자전거로 독일에서 베이징까지 온 여성 둘을 본 적이 있다. 그리고 내가 중앙아프리카 공화국에 살 때 프랑스에서 도보로 그곳까지 온 프랑스 여성을 만난 적도 있다. 이 글을 쓰고 있는 지금도 〈네덜란드의 14세 소녀 로라 데커가 21일 포르투갈에서 요트 세계 일주의 첫발을 내디뎠으며, 1995년 9월 17일생인 그녀가 2012년 9월 13일 이전에 세계 일주를 마칠 경우에는 오스트레일리아의 제시카 왓슨이 지난 5월 수립한 최연소(만 16세 362일) 단독 요트 세계 일주 기록을 깰 수 있다〉는 기사(연합뉴스 2010년 8월 22일)를 접했다. 이 정도의 여성들이라면 일반적 의미의 여성성을 논하기가 어려울 듯싶다. 하지만 이런 여성성에 도달할 수 있는 이유는 어쩌면 그들이 역사 속에서 모든 종류의 여성성과 성 개방 운동을 경험했기 때문일 것이다(「성의 이데올로기」 참고).

그러나 현대에 이르러 주로 개발 도상국에서 여성성이 절정에 달하는 이유는 무엇일까? 물론 각 문화권의 역사·문화적 배경 차이가 있겠지만 개발 도상국의 공통된 특징도 있다. 그것은 바로 부자의 꿈일 것이다. 이 점을 좀 더 자세히 살펴보자.

대다수의 개도국은 극심한 이농 현상을 겪는다. 즉 수많은 사람들이 농촌을 등지고 도시로 몰려드는데 이 과정에서 가치관의 혼란이 일어날 수밖에 없다. 친인척으로 얽힌 농촌 공동체 생활에서의 전통적인 성적 가치관은 대도시에서 더 이상 필요 없게 된다. 새로운 가치관을 찾아야 하는데 그것은 다름 아닌 개인주의이고 개인으로 살아남을 수 있는 이른바 경쟁력으로서의 여성성을 확보해야 한다. 이런 변화를 잘 이해하기 위해서는 어떤 바닷가 마을에 남녀가 몇 달간 사귀었다고 가정해 볼 수 있다. 그들은 헤어질 수도 없다. 이미 마을 사람들이 그들의 관계를 공인했기 때문이다. 당연히 이런 작은 마을에서는 자신을 가꿀 필요도 없다. 여성은 섹시할 필요도 없고 남성은 멋진 복근에 리바이스 청바지를 입고 스포츠카를 탈 필요가 없다. 각자의 짝은 이미 정해졌기 때문이다. 그러나 대도시에서는 각자 알아서 해야 한다.

하지만 개도국은 말 그대로 생산·개발에 중점을 두는 자본주의의 단계를 의미한다. 무조건 싸게 많이 생산하고 돈을 벌어야 하는 사회다. 그것은 강력한 이데올로기이기도 하며 모든 게 돈으로 환산된다. 대신 개도국에는 미래가 있다. 열심히 살면 부자가 될 수 있다는 꿈이 있는 사회다. 또 운이 좋으면 계급 상승도 가능한 사회다. 이때 사람들은 열심히 살며 공부도 일도 많이 하지만 기회주의가 개인을 유혹한다.[15] 이런 사회 환경에서 일부 여성들은 당연히 여성성을 무기로 삼을 것이다. 이때 여성들은 더욱 더 여성스러움을 과시하는데 개도국 초기 단계에서는 주로 현모양처임을, 개도국 후기 단계에서는 경제력과 에로티시즘으로 무장한 팜 파탈femme fatale임을 내세울 수 있다. 이때 각종 복권 사업과 증권 투자가 난무하고, TV 드라마에서는 항상 여자보다 남자가 더 잘살기 때문에 부모의 반대를 극복해야 하는 연인들이 단골 주제로 떠오르며, 국제결혼이 증가하는데 절대다수의 이런 결혼은 〈가난한 나라의 여성과 부자 나라의 남자〉 사이에서 이루어진다(대신 남성에 비해 여성은 더 빼어난 외모를 갖거나 훨씬 더 어린 특징을 갖는다).

한국의 여성성과 그 코드들

지금 한국의 여성성은 개도국 특유의 특징들을 골고루 드러내는 동시에 독특한 면모도 보여 주고 있다. 한국 여성들이 본래 유별나서가 아니라 우리가 그런 시대를 살고 있기 때문일 것이다. 우리가 독특한 면모를 드러낸다고 말하는 이유는 다음과 같다. 우선 연령별로 여성성의 차이가 두드러지게 나타난다. 10대와 20대(그리고 일부 30대) 여성들은 극단적인 여성성을 지향하는 반면에 40대를 넘어서는 순간부터는 거의 중성적인 존재로 돌변한다. 이런 특징은 예를 들어 스페인 여성들과 대조를 보이는데 그곳에서는 오히려 10대, 20대 여성들이 다소 중성적이고(다시 말해 유니섹스화되었

---

15 19세기에 프랑스에서 이런 사회상을 세심하게 그린 작가가 바로 플로베르다.

고) 40대 이후의 여성들이 여성성을 더욱 강조하는 경우를 많이 볼 수 있다. 한국의 이런 특징은 일본을 연상케 하는데 차이점이라면 일본의 중년 여성들이 좀 더 여성미를 가꾼다는 점이다. 연령별 차이가 매우 미미한 나라들도 있다. 개인적인 경험에 비추어 볼 때 네덜란드, 베트남, 인도, 포르투갈을 언급할 수 있을 것이다. 이런 특징 또한 각 나라의 문화·역사적 배경에서 비롯되겠지만 어쨌든 나라마다 여성성의 강도와 분포가 다른 것은 부인할 수 없는 사실이다.

그러면 젊은 여성과 중년 여성의 여성성이 크게 차이 나는 이유는 무엇일까? 그리고 젊은 여성들 사이에서 극단적인 여성성이 성행하는 이유는 무엇인가? 이 두 가지 질문은 동전 앞뒷면의 관계와 같으며 본질은 동일하다. 이제부터 이 문제를 풀어 보기로 하는데 몇 가지 분석 내용들은 일부 페미니스트들의 강력한 항의를 불러일으킬 수 있음을 미리 밝혀 두고자 한다.

우선 여성 전용 나이트클럽이 있다고 가정해 보자. 일상의 스트레스를 여성들끼리 마음껏 풀어 볼 수 있는 전용 공간이다. 그곳을 찾는 여성 고객들의 의상은 어떨까? 아마도 아주 편한 의상일 것이다. 어떤 여성들은 트레이닝복에 운동화나 슬리퍼를 신고 올 것이다. 헤어스타일은 아예 존재하지도 않을 것이다. 남성 전용 나이트클럽이 있다면 남자도 마찬가지일 것이다(단지 그런 공간은 곧 망할 게 분명하다). 왜 그럴까? 남성이든 여성이든 이성이 없다면 절대 스스로를 꾸미지 않기 때문이다. 잘 보일 필요가 없기 때문에 돈 쓸 필요도 없다. 이는 인간의 보편적인 성질 중 하나이자 삶의 원동력의 출발점이 되는 성질이기도 하다. 앞서 언급한 시골 마을의 처녀 총각을 떠올리면 된다. 그럼에도 사람들은 흔히 남자가 결혼을 하면 살이 찌는데 이유는 아내가 잘해 줘서 그렇다고 말한다. 틀린 말이다. 진짜 이유는 결혼했기 때문에 자기 관리에 소홀해지기 때문이다. 배에 힘도 주지 않고 음식도 마냥 즐겨 먹으며, 아이가 태어났기 때문에 문화 활동(비)도 대폭 줄인다. 쉽게 말해, 아저씨와 아줌마의 길로 접어드는 것이다. 결국 나이 문제가 아니라, 결혼이 절대성을 갖는 나라에서 일어나는 흔한 현상인 셈이다. 같은 이유에서 뉴욕이나 파리의 중년 싱글 남성과 여성들은 제법 날씬하고 스스로에게 투자를 아끼지 않는다.

한국에서 결혼은 매우 중대한 의미를 갖는다. 부모에게는 의무이고 사회적으로는 필수 과정이다. 이런 현실을 가장 잘 아는 이들이 한국 부모들이다. 한국 부모는 자신들의 딸이 다카르 랠리에서 끝없는 사막을 슈퍼바이크로 질주하기를 원치 않는다. 장기간의 해외 유학도 꺼린다. 이유는 결혼 때문이다. 장차 원만한 결혼을 위해서는 딸을 무조건적이고 완벽한 여성성으로 무장한 여성으로 키워야 한다. 여기서 일차적인 여성성이 결정된다. 이런 교육 환경에 별 탈 없이 적응하고 현실을 인정하면서 자란 여성의 여성성은 극에 다다를 수 있는데 여기서 말하는 극단적 여성성은 말 그대로 여성의 모든 특징을 극대화하는 성질과 사고를 의미한다. 이런 사고에 물들어 있는 여성은 남성을 절대로 필요로 할 뿐만 아니라 남녀를 절대적으로 구분하고, 여성의 전유물을 최대한 확보하고 활용하려 한다. 무거운 것은 들지 못할 뿐만 아니라 스스로 약하다고 믿으며 항상 보호를 받아야 하는 존재다. 의상은 여성스럽다 못해 유아적이고, 애교 섞인 말투나 어리광 부리는 몸짓, 자주 아프고 토라지는 대신 남성에게는 지극히 모성애를 쏟는 대신 작은 일에도 큰 상처를 받는다. 이들은 성장하면서 삶의 모든 영감을 여성성을 상품화하는 TV 드라마, 광고, 여성 잡지 등에서 얻는다. 17세기 프랑스의 프레시오지테préciosité가 공주들을 탄생시켰듯이 지금은 한국

차례가 온 것이다.[16]

그렇지만 한국은 개발 도상국이라는 사실도 잊어서는 안 된다. 현재 한국에서 가장 중요한 것은 돈이다. 돈이 중요하고 결혼이 불가피한 선택이라면 돈 되는 결혼을 해야 한다. 이 때문에 수많은 여성들이 재벌 가문끼리의 혼인 성사를 부러워하거나 어떤 연예인이나 아나운서가 재벌 2세와의 결혼에 성공하면 질투심까지 느낀다. 문제는 부자가 아닌 자들의 선택이다. 대다수는 적당한 남편감을 선택하겠지만 일부는 돈 있는 척해야 하는데 이것이 된장녀의 문화·사회적 탄생 동기이다. 된장녀는 비싼 호화 상품(명품)을 즐기는 여성들 가운데 스스로의 능력으로 소비 활동을 하지 않고 다른 사람(애인, 부모 등)에게 의존하는 여성들을 비하하는 속어인데 그런 경지에 오르려면 우선 공주병 바이러스에 양성 반응을 보여야 한다. 공주병 바이러스와 된장녀 증후군, 한국의 여성성은 둘 사이를 넘나들고 있다. 강도의 차이는 있겠지만 도시의 대다수 여성들이 이런 코드-밈에 어느 정도 감염되어 있는 것도 사실이다. 그러면 한국 여성성의 코드와 기호들을 좀 더 구체적으로 분석해 보자.

한국 여성성의 이데올로기

먼저 아래 신문 기사를 참고하자.[17]

16 프레시오지테는 17세기 프랑스에서 일어난 언어 정화 운동이지만 살롱을 중심으로 여성들의 고귀함을 의미하다가 끝내는 극단적 스노비즘snobbism으로 왜곡되는 매우 우스꽝스러운 사회 현상으로 기록되는 코드/이데올로기였다. 한국어로 가장 쉬운 번역은 〈공주병 증후군〉이다.

17 「한겨레 신문」, 2006년 8월 4일 자 「된장녀의 하루」에서 발췌.

아침에 일어나 유명 여배우가 광고하는 샴푸로 머리를 감는다. 연예인이 된 기분이다. 화장은 진하지 않고 자연스럽게 한다. 최신 유행 원피스에 명품 토드백을 들고 전공 서적 한 권을 겨드랑이에 끼고 집을 나선다. 큰 가방은 여대생답지 않다. 버스를 기다리며 자가용을 몰고 다니던 옛 남친을 그리워한다. 학교 앞에서 유명 상표의 커피와 도넛을 사 먹으며 창밖을 바라본다. 마치 뉴요커라도 된 듯하다. 복학생 선배를 꼬여 패밀리 레스토랑에서 점심을 먹는다. 품위 유지를 위해 싸이월드에 올릴 음식 사진을 디카로 찍어 둔다. 시간이 남아 백화점 명품관에서 아이쇼핑을 한다. 친구들과 결혼 상대에 대해 이야기를 나눈다. 3천 cc 이상 차를 몰고 키 크고 옷 잘 입는 의사면 충분하다. 지금 사귀는 남친은 〈엔조이〉일 뿐. 헬스장에서 러닝머신을 한다. 「섹스 앤 더 시티」에서처럼 멋지게 느껴진다. (……) 이렇게 된장녀는 스타벅스와 패밀리 레스토랑, 명품에 집착하고 뉴요커의 삶을 지향하며 남성을 수단으로 여기는 미혼 여성을 일컫는다고 볼 수 있다.

이 기사는 몇 년 전에 나온 것으로서 된장녀의 행태를 기술하고 있다. 대략 키 워드는 〈연예인〉, 〈명품〉, 〈스타벅스〉, 〈패밀리 레스토랑〉, 〈뉴요커〉, 〈부자 남자〉로 집약된다. 키 워드를 훑어보면 텔레비전의 영향이 얼마나 막강한지를 한눈에 알 수 있다. 텔레비전 드라마 작가들이 새 각본을 쓸 때 이런 키 워드들을 전체 구성의 핵심으로 채택할 것이다. 그럼에도 드라마는 픽션이고 된장녀는 현실인 만큼 이제부터는 이런 일련의 행태가 지닌 심층적(또는 내포적) 의미 또는 의도를 파헤쳐 보자.

우선 〈연예인〉이라고 하면 〈연예계에 종사하는 배우, 가수, 무용가 등〉을 총칭하는 말이다. 된장녀들이 진정한 배우, 가수, 무용가가 되고 싶어 하는가? 아니다. 그들이 생각하는 가수는 화성학도, 창법도, 악기 연주도, 음악 편곡도 모르는 가수다. 그들이 동경하는 연예인은 수단과 방법을 가리지 않고 TV 스크린에 얼굴을 내밀 수 있는 엔터테이너이다. 한마디로 몸의 경쟁력으로 큰돈을 버는 사람들이다. 그러면 왜 〈명품〉인가? 사실 〈명품〉은 개도국의 상징이다. 명품 바람은 1970년대에 일본을 시작으로 한국을 거쳐 중국으로 가고 있으며 그다음은 인도가 될 것이다. 어쨌든 된장녀들은 명품의 경제학을 노리는 것이다. 사실 명품은 적은 돈을 들여 큰 걸 얻을 수 있는 수단이다. 명품 핸드백은 그 가격에 몇 곱절 비례하는 부를 상징한다고 믿는 것이다. 하지만 진짜 부는 없고 달랑 핸드백만 있을 뿐이다. 텅 빈 상징이거나 의도적·비의도적 사기이다. 하지만 그들이 생각하지 못한 것이 또 있다. 된장녀가 여기저기 생기다 보니 그들만의 소비 경쟁이 치열해진다는 거다. 당연히 결과는 출혈 경쟁이며, 그로 인해 한국은 이미 신용 카드 대란을 경험했다.

〈패밀리 레스토랑〉과 〈뉴요커〉는 사실 된장녀들의 무지가 가장 적나라하게 드러나는 대목이다. 그들에게는 기껏해야 T.G.I. 프라이데이스가 고급일 터여서 파리의 맥심Maxim's이나 투르다르장Tour d'Argent의 존재도 모를 것이다. 이런 현상은 마치 이탈리아 시골의 어느 여인숙에서 화덕으로 구운 피자를 모른 채 피자헛의 피자가 세상에서 가장 맛있다고 떠드는 것과 같다. 〈뉴요커〉는 미국 드라마의 영향이지만 이 자체도 무지의 결산이다. 왜냐하면 (제대로 된) 뉴요커들이 동경하는 멋쟁이들은 주로 세비야, 피렌체, 파리에 살고 싶어 하기 때문이다.

쉽게 말해 된장녀의 본래 의도는 최소한의 비용으로 〈계급 상승〉을 하는 것이다. 하지만 그들의 투자 방법은 실수투성이다. 너무나도 텅 빈 상징만을 이용하기 때문이다. 어쨌든 공주병과 된장녀 증후군은 직접적인 인과 관계를 갖는다. 양쪽의 코드와 취향도 연대적 일관성을 갖는다. 왜냐하면 극단적으로 자아 중심적인 아이가 어른이 되면 세상을 과대망상증적으로 볼 수밖에 없기 때문이다. 당연히 사물의 세계를 객관적으로 볼 수 없고, 인간에게 가장 소중한 보편적 지식을 배울 수가 없는 것이다. 기호학적으로 말하자면 내용이 부재하는 형식으로서, 자기만의 언어를 만들어 버리는 셈이다. 그럼에도 이런 행태와 발상은 개도국에서나 볼 수 있는 전형적인 과도기적인 코드/이데올로기여서 언젠가는 지나가기 마련이다.

문제는 바로 이 모든 것이 단순한 유행으로 작용한다는 데 있다. 강남에서 처음 등장한 된장녀의 코드는 이제 전국으로 확산되었다. 이제는 지방에서도 된장녀의 행태를 그대로 따라 하는 뒷북녀들이 생겨났는데, 더 놀라운 것은 그런 코드가 30~40대로 확산된다는 점이다. 지방의 어떤 된장녀는 물만두를 이탈리아산 발사믹 식초에 찍어 먹는가 하면, 한번은 어떤 여성이 술집에 스타벅스 커피와 케이크 몇 조각을 사 와서 맥주와 교대로 마시고 먹는 걸 본 적이 있다. 이런 행태야말로 된장녀의 이데올로기가 아닌 코드만 전염된 경우라고 할 수 있다(이때도 밈-바이러스를 언급할 수 있을 것이다). 맹목적인 문화 코드가 단순한 유행으로 전파되는 셈이다. 그래서 이제는 기혼 여성들도 이런 코드를 적극 받아들이고 있다. 이런 여성들은 〈연예인, 명품, 스타벅스, 패밀리 레스토랑, 뉴요커, 부자 남자〉의 목록에서 〈부자 남자〉를 할 수 없이 빼거나 그렇지 못한 경우에는 자신의 남편을 원망하면서 불행하게 살고 있다.

3. 대중음악

대중음악은 한 문화권의 역사성과 현대성을 동시에 보여 주는 문화 소비의 핵심 영역이다. 따라서 문화권이나 나라에 따라 대중음악의 구성은 크게 다를 수밖에 없다. 뿐만 아니라 같은 나라에서도 대중음악을 소비하는 방법과 음악적 취향은 계층에 따라서도 현저한 차이를 보인다. 부르디외가 조사한 바 있는 프랑스인들의 음악적 취향에서도 잘 드러나듯이, 계층에 따라 사람들이 알고 있는 작곡가의 수도 다르며 즐겨 듣는 음악도 뚜렷한 차이를 드러냈다. 예를 들어 클래식 음악과 관련하여 일반 사무직 근로자 집단은 「아름답고 푸른 도나우」를, 예술가와 교수 집단은 「피아노 평균율」을 선호하는 것으로 조사되었다. 요한 슈트라우스의 「아름답고 푸른 도나우」는 단순한 음계의 서정성을 특징으로 하는 반면에 바흐의 「피아노 평균율」은 24곡의 전주곡과 푸가 기법을 포함하며 C장조에서 비롯하여 24개의 장조와 단조를 모두 사용하여 상대적으로 〈어려운 곡〉으로 평가된다. 전자는 그냥 즐길 수 있는 곡인 반면에 후자는 그에 대한 다소간의 사전 지식을 요구한다고 할 수 있다. 대중음악에서의 선호도 차이 역시 가사,

창법, 편곡 스타일 등의 조합에 따라 문화 계층별 선호도 차이가 명백하게 드러났다. 지식인 계층은 함께 부를 수 있는 〈쉬운 곡〉보다는 다소 시적 영감을 느낄 수 있는 곡들을 선호하는 것으로 조사되었다. 하지만 여러 차례 강조했듯이, 이러한 차이는 음악에만 국한되는 것이 아니라 독서, 여행, 영화 등 문화 소비 전반에 걸쳐 일관되게 나타난다. 따라서 모든 문화적 소비를 총체적으로 분석하는 것도 좋겠지만 여기서는 음악적 소비에 초점을 맞추어 그것이 문화 이데올로기 전반과 어떤 관계를 갖는지를 살펴보기로 한다.

우선 앞서 언급했듯이, 모든 문화권에는 문화 자본으로서의 다양한 음악 장르가 공존한다는 사실을 다시 한 번 강조할 필요가 있다. 예를 들어 미국의 대중음악은 기본적으로 블루스와 가스펠, 재즈, 컨트리, R&B와 솔 뮤직, 록, 힙합으로 분포되며 클래식 음악 시장은 유럽에 비해 규모가 작은 편이다(미국의 역사를 고려하면 이는 당연한 현상이다). 반면 체코의 클래식 음악 시장은 상대적으로 큰 편이지만(보헤미아 전통 음악과 국민 음악파의 영향력 때문이다), 대중음악의 영역은 미국에 비해 그 시장이 덜 활발할 수 있다(오랫동안 공산주의를 경험했다는 점을 고려하면 이 또한 당연한 현상이다). 프랑스의 경우 한편으로는 음유 시인들의 전통을 이어받은 대중가요와, 다른 한편으로는 영국과 미국에서 수입된 다양한 장르가 공존하지만 컨트리는 거의 찾아볼 수 없다. 그런가 하면 한국의 대중음악은 세대별로 분명하게 구별되는 특징을 갖는다. 기성세대는 일본 엔카에서 유래한 가요를, 젊은 세대는 댄스 음악을 즐겨 듣는다. 영국은 록 음악의 본거지로서 20세기의 록 음악을 이끌어 온 나라이기도 하다.

하지만 음악의 모든 장르는 나름대로 존재의 의미를 갖는다. 다시 말해 각기 나름의 문화·역사적 배경에서 태어나거나 외부에서 수입되어 이런저런 이데올로기를 표현하며 한 시대를 장식하고 그 시대의 유물로 남을 수도 있다. 간혹 시대 변화를 이겨 내면서 본래의 형식을 유지할 수도 있고 (엔카), 다른 장르와 섞여 크로스오버 음악을 만들어 낼 수도 있다. 대중음악과 이데올로기의 관계를 포괄적으로 파악하기 위해서는 음악의 모든 장르를 검토해야겠지만 여기서는 가장 〈이데올로기적인〉 음악으로 평가되는 록 음악의 변천사를 논의의 출발점으로 삼으려 한다. 왜냐하면 록 음악은 모든 음악 장르 중에서 가장 최근에 생겨났고, 자료도 비교적 풍부할 뿐 아니라 전 세계 젊은이들의 보편적 언어로 급부상하여 그들의 이데올로기와 욕구를 가장 직접적으로 표현하기 때문이다. 게다가 많은 나라의 음악적 인프라에는 거의 빠짐없이 록 음악이 다소 포함되기도 한다. 또한 록 음악은 지속적으로 변화하면서도 정체성을 간직한 채, 더 나아가 제도권 문화에 대한 도전 의식을 내포하기 때문에 언더그라운드 문화의 생명력을 가늠하는 잣대가 되기도 한다. 록 음악의 이런 생명력을 고려하여 여기서는 그것이 어떤 이데올로기적 변화와 함께 진화해 왔는지를 살펴보기로 한다.

록 음악과 이데올로기

록은 로큰롤과 따로 볼 수 없는 음악이다. 로큰롤은 20세기 초 미국의 흑인들이 탄생시킨 블루스의 기본 음계에 기초하는데 그것은 기본 코드 chord를 중심으로 5도와 7도의 코드로 이루어지는(기본 코드가 C이면 F와 G코드로 이어진다) 12소절을 하나의 순환 단위로 하여 반복하는 매우 단순한 작곡 규칙을 따른다. 로큰롤은 매우 빠른 템포와 4분의4박자의 경쾌한 음악으로 가사는 대부분 남녀의 애정 따위의 단순하고 순진한 주제를 다루었다. 로큰롤은 따라 부를 수도 있고 흥겹게 춤을 출 수 있는 음악이라는 점에서 1950년대 미국 경제 성장의 상징이기도 하다. 잘 알려진 것처럼 1950년대는 이미 널리 보급된 라디오를 통해 대중음악이 생활의 일부분을 차지하기 시작한 시대이다. 게다가 막 태어난 텔레비전은 대중음악의 수요를 급격히 증가시키기에 충분했다. 경제적 호황과 강력한 매스컴의 등장은 당시 젊은이들로 하여금 유희의 방식을 통해 세대적 정체성을 확인할 수 있게 해주었다. 비슷한 옷과 머리 모양으로 같은 음악을 즐기는 것은 같은 사고방식을 공유한다는 사실을 의미했다. 이런 의미에서 로큰롤은 본격적인 문화 소비의 선봉에 있었던 셈이다.

로큰롤의 운명은 영국에서 바뀐다. 초기의 비틀스만 해도 미국식의 흥겨움을 이어받아 그들만의 사운드를 만들어 내지만 연이어 등장하는 밴드들은 곧 rock'n' roll에서 roll을 떼어 내 버린다. 다시 말해 일부 음악 평론가들이 지적하듯 rock'n' roll이 유럽의 전후 세대들에 의해 연주되면서 roll이 떨어져 나간다고 말하는데 이런 변화는 본래의 흥겨움을 제거하고 그 자리를 사회에 대한 회의주의로 채우는 과정을 의미한다. 미국 젊은이들에게 로큰롤이 경제적 성장주의를 만끽할 수 있는 음악이었다면 영국의 젊은이들은 이미 산업 사회의 쓴맛을 보기 시작한 세대였고 당연히 그들에게 roll은 불필요할 뿐만 아니라 유치하게까지 보였다. 그들에게는 기성세대와 사회에 대한 불신을 표출할 수 있는 도구와 자신들의 문화적 정체성을 강력하게 표현할 음악과 영웅이 필요했다. 또한 그 모든 것은 단순하고 강력해야 했다. 이런 이데올로기적 욕구를 만족시키는 밴드들이 롤링 스톤스Rolling Stones, 버즈Birds, 애니멀스Animals이다. 이렇게 록 음악은 반항과 저항의 이데올로기를 드러내기 시작한 것이다.

그러나 록 음악의 탄생 배경에 대해 음악 평론가들이 놓친 게 하나 있다. 그것은 록 음악의 저항 정신의 뿌리가 19세기 중반 프랑스에서 모습을 드러내는 보헤미안의 문화 이데올로기로 거슬러 올라간다는 사실이다. 〈보헤미안〉이라는 용어는 15세기에 프랑스인들이 집시들을 가리켜 부른 명칭과 다르다(집시들은 저항과 무관한 그들만의 독특한 삶을 살았을 뿐이다). 여기서 말하는 보헤미안은 1848년 2월 혁명을 계기로 등장하는 문화 계층을 가리킨다. 부르주아지의 절대 승리로 평가되는 이 정치적 사건은 고학력에도 불구하고 경제력이 턱없이 부족한 탓에 사회적으로 소외된 계층의 저항 의식을 불러일으키게 한다. 그들은 자연스럽게 관료화된 직업이 아닌 예술과 문학의 길을 선택하고 그럼으로써 유례없는 가치관을 표명하기에 이르는데 그 결과 부르디외가 말하듯이 〈예술을 가지고 생활하기를 열망하는, 그리고 그들이 발명하기 시작한 삶의 예술에 의해 다른 사회적 범주들과 분리된 수많은 젊은이들이 모이면서 사회 속에서 다른 사회가 출현〉하는 것이다.[18] 즉 〈환상과 허튼소리, 허풍, 가무, 음주 그리고 모든 형태의 사랑과 함께 예술적인 생활 방식의 발명에 많은 공헌을 했던 보헤미안적인 생활 방식은 공식적인 화가들과 조각가들의 안정된 생활과, 부르주아적 생활의 따분함에 반대하여 세공된 셈이다. 삶의 예술을 가지고 하나의 예술 작품으로 만든다는 것, 그것은 그 생활이 문학 속으로 들어가게 할 소지를 주는 것이다〉.[19] 이렇게 보헤미안이라는 문학적 인물의 발명은 단순히 문학적인 활동에 그치는 것이 아니었다. 다시 부르디외를 인용하자면 〈그들은 흔히 불행을 함께 공유하는《민중》과 가깝지만, 보헤미안은 그들을 사회적으로 정의하는 삶의 예술에 의해 민중과 분리된다. 이 예술

18 부르디외, 『예술의 규칙』, 83면.
19 부르디외, 앞의 책, 84면.

은 터놓고 부르주아적인 관습과 예법에 반대하지만, 보헤미안을 소부르주아지보다는 귀족이나 대부르주아지에 더 가깝게 위치시킨다. (……) 그들은 문화적 자산과 《취향 메이커》로서 이제 탄생 중에 있는 자신들의 권위를 확신하고서, 부르주아들 같으면 많은 돈을 지불해야 할 것을 최소의 경비만 들이고도 의복적인 대범함, 음식의 환상, 그리고 세련된 여가를 확보한다〉.[20]

이렇게 보헤미안들은 최초로 부르주아의 총체적 권력에 대항한 예술가이자 반항아들이었다. 본래 그들도 부르주아 출신이었지만 재력보다는 지식으로 무장하여 기득권 세력의 부조리와 부패를 맹공격하기 시작할 뿐만 아니라 계급 분할에 도전하고 문화적 보수주의에 강력하게 대항한다. 여기에는 상플뢰리와 플로베르뿐만 아니라 보들레르도 있었고 나중엔 랭보와 베를렌이 그 맥을 이어받는다. 그들의 무기는 문학이었다. 20세기에 이런 유산을 물려받은 자들이 무기로 택하는 것이 록 음악이다. 이런 유산의 상속자들은 대략 존 레넌John Lennon, 짐 모리슨Jim Morrison, 지미 헨드릭스Jimi Hendrix, 로저 워터스Roger Waters, 커트 코베인Curt Cobain, 라디오헤드Radiohead 등이다. 이런 사고를 철학으로 표현하는 이들도 있었다. 몇 사람만 언급하자면 역시 니체, 푸코, 데리다가 있을 것이다.[21]

20 부르디외, 앞의 책, 85면.
21 역사들은 고대 그리스 시절에 등장하는 독특한 사조 〈그노시스〉를 언급할 수 있을 것이다. 그에 대해 움베르토 에코는 이렇게 말한다. 〈실수로 창조된 세계는 낙태한 우주이며 이러한 낙태에서 최초의 재난은 다름 아닌 영원의 기형적 모방, 즉 시간이다. 교부 신학이 그리스 합리주의와 유대교의 메시아 신학을 화해시키려고 섭리적인 역사 방향의 개념을 구상한다면 그노시스주의는 시간과 역사를 향해 거부의 신드롬을 궁리한다. 그노시스주의자는 자신이 이 세상에 버려진 존재이며 존재함은 악이라고 외친다. 낙심하는 만큼 그노시스주의자는 더욱 강렬한 흥분과 복수의 욕구에 사로잡힌다. 동시에 그는 스스로를 우주의 음모 때문에 임시로 유배된 신성의 불꽃이라고 생각한다.〉 분명히 록이 느껴지는 대목이다. 문제는 이들에게 표현의 수단이 극히 제한되었다는 것이다.

어쨌든 록 음악은 로큰롤에서 유흥의 개념을 제거하고 그 자리에 저항의 외침과 새로운 세계에 대한 나름의 비전을 채움으로써 다시 태어난 것이다. 영국에서 탄생한 록 음악은 다시 미국으로 역수입되는데 그 덕분에 미국에서는 흑인들의 블루스가 록 음악의 뿌리로 제대로 대접받기 시작한다(영국 뮤지션들 덕분에 미국은 자국의 자산을 발견한 셈이다). 이 때문에 일부 사회학자들은 인종의 벽이 정치가 아닌 음악을 통해 조금씩 무너지기 시작했다고 말하기도 한다. 하지만 록 음악이 제너레이션 파워이자 심지어는 하나의 정치적 파워로 부상하게 된 것은 제2차 세계 대전 후 일어난 베이비붐과 베트남 전쟁 때이다. 1960년대 미국 인구의 반은 20세 이하였고 이런 인구가 똑같은 목소리를 낼 때 그것은 큰 힘으로 작용할 수 있었다. 당시 미국은 징병제를 도입하여 젊은이들을 대거 베트남에 보낼 때였다. 당연히 미국의 패권주의에 대한 저항과 반전 운동이 거세게 일어났으며 그런 운동을 이끌 만한 인구는 충분했던 셈이다. 록 음악은 본격적으로 이러한 세대의 보편적 언어이자 모임과 집회의 매개체이자 동기로 채택된다. 모든 음악 평론가들이 인정하듯 록 음악의 전성기는 1960년대 말과 1970년대이다. 당시 록 음악은 인도 음악을 끌어들이는가 하면 전자음을 사용하기도 하면서 다양한 음악적 실험을 시도하는데 무엇보다 중요한 것은 강력한 사운드를 앞세운 사회 참여 의식 내지는 이데올로기라고 할 수 있다. 개성으로 흘러넘치는 수많은 뮤지션이 등장하는데 몇몇만 나열하자면 지미 헨드릭스, 제니스 조플린Janis Joplin, 짐 모리슨, 제퍼슨 에어플레인Jefferson Airplane, 그레이트풀 데드Greatful Dead를 언급할 수 있을 것이다. 사실 이 정도면 음악사적으로 최대 양질의 음악이 생산된 시기라고 할 수 있다. 그리고 대규모 록 페스티벌도 열리는데 역사적으로 가장 큰 의미를 갖는 것은 역시 우드스톡Woodstock 페스티벌(1969)과 영국의 아일 오브 와이트Isle of Wight

페스티벌(1970)이다.[22]

록 음악이 전성기에 이르자 많은 뮤지션들이 세상을 바꿀 수 있다고 생각했고 그 메시지는 그들의 음악이라고 믿었다(실제로 록 음악을 앞세운 반전 운동은 베트남 전쟁을 종식시키는 데 크게 기여했다). 당연히 당시의 음악과 이 이데올로기는 기성세대와 심각한 마찰을 일으키기도 하지만 히피 정신을 음악적으로 전파하는 데 결정적으로 기여한다. 히피는 공동체 생활, 평화주의, 친환경주의, 환각 상태에서 정신세계와의 조우, 성 해방을 부르짖는 이른바 당시로서는 매우 진보적인 이데올로기를 표방했다. 같은 시기에 유럽에서는 진보적 성향의 좌파 운동 및 자유와 반권위주의 운동이 사회를 강타하는데 프랑스에서 이런 진보주의 물결은 영화에서의 누벨바그와 문학에서는 누보로망을 등장시키고 급기야는 1968년 5월 혁명으로 이어져 사회 전반에 걸친 크나큰 변혁의 바람을 몰고 온다. 같은 해, 체코슬로바키아에서는 소련 침공에 맞서 싸우는 학생과 시민들의 역사적 항쟁, 즉 〈프라하의 봄〉이 일어나기도 한다. 이렇게 록 음악은 한 시대를 이끄는 강력한 이데올로기의 메신저였으며 그 당시에 음악을 접한 사람들은 아직도 그 노스탤지어를 간직하고 있다.

1980년대의 록 음악은 매우 독특한 양상으로 발전한다. 세계는 경제 불황에 휩쓸리고 대부분의 강대국들은 보수주의로 급선회한다(미국의 레이건

22 당시 열렸던 대규모 페스티벌은 다음과 같다. Monterey Pop Festival(1967), The Sky River Rock Festival in Sultan Washington(1968), Miami Pop Festival(1968), Atlanta International Pop Festival(1969, 1970), Toronto Pop Festival(1969), Woodstock festival(1969, 1994, 1999), Denver Pop Festival(1969), Toronto Rock and Roll Revival(1969), Altamont Free Concert(1969), Bath Festival(1970), Phun City(1970), Powder Ridge Rock Festival(1970), Goose Lake International Music Festival(1970), Strawberry Fields Festival(1970), Isle of Wight Festival(1970), Vortex 1(1970), Celebration of Life(1971), Roskilde Festival(1971).

행정부와 영국의 대처 총리). 평화주의로 세상을 바꾸고자 한 유토피아는 서서히 수그러들고 록 음악은 두 갈래로 나뉜다. 즉 한편으로 상업주의에 몸을 맡기는 뮤지션들이 있는가 하면, 다른 한편으로는 극단적인 아나키즘을 부르짖는 이들도 있었다. 전자를 대표하는 것이 엘에이 메탈L.A. Metal이라면, 후자는 펑크 록punk rock이다. 1970년대 뮤지션들은 이토록 상반된 현상을 지켜보며 일부에서는 록 음악의 미래에 걱정 어린 시선을 보내기도 했다. 하지만 거칠기 짝이 없는 펑크 음악이 다소 시들해질 무렵 혜성 같은 밴드가 1990년대에 등장하는데 그 이름은 너바나Nirvana였고, 이들의 등장은 록 음악에 새로운 아드레날린을 주사하는 효과 이상이었다.

오늘날의 록 음악은 상업성과 언더그라운드로 다시 나뉘는 듯싶다. 상업적인 음악은 1986년에 개국하는 MTV의 영향을 받아 역시 비주얼을 앞세우는 제도권 음악으로서 지금까지도 생명을 유지하고 있으나 진정한 록 음악이라기보다는 새로운 유흥으로서의 음악으로 간주될 수 있을 것이다(예를 들어 건스 앤 로지스Guns N' Roses). 하지만 이에 대한 반동으로 언더그라운드 음악이 이곳저곳에서 또 다른 실력을 발휘하기 시작하여 뉴 웨이브, 포스트 펑크 록, 그런지 록을 등장시키면서 록의 정신을 이어 가고 있는데 그 한가운데에는 라디오헤드가 있다.

결국 록 음악의 이데올로기는 변한 게 없다고 할 수 있다. 단지 추종자들의 수가 변해 온 셈이다. 모든 이데올로기와 마찬가지로 이러한 변화에는 외부적 요인들이 작용했다. 베이비 붐과 베트남 전쟁, 영국의 실업 문제, 절망과 희망이 그것이다. 하지만 모든 문화 이데올로기가 그렇듯 경제가 불황에 빠지면서 록 음악의 정신 역시 위축되기도 했다. 그럼에도 불구하고 그 불꽃은 여전히 건재하며 앞으로도 어떤 모습으로 또 다른 르네상스를 맞이할지는 지켜봐야 할 것이다. 록 음악보다 더 이데올로기적인 음악은 없을 것이다. 아무리 세련됐음에도 재즈는 이데올로기적으로 록 음악과 다르며, 블루스가 로큰롤의 뿌리임에도 불구하고 그것에는 저항 의식이 없다. 오히려 요즘 유행하는 댄스 뮤직은 가장 체제 순응적인 음악이라고 할 수 있다. 이렇게 록 음악은 19세기 보헤미안들의 숨결을 오늘날까지 이어받은, 가장 직접적인 이데올로기의 외침이라고 할 수 있다.

한국의 대중음악

한국의 대중음악 역시 다양한 장르로 구성된다. 그런 장르들 중에서 가장 오래된 것을 따져 본다면 그것은 라디오 시대 이전에 전파된 찬송가일 것이다.[23] 찬송가는 기독교 선교를 위해 번안되었고 비록 매스 미디어를 통해 보급된 음악은 아니지만 그 멜로디 형식은 한국 문화에 깊게 뿌리를 내리고 있다. 교회를 다니면서 찬송가를 배울 수도 있었지만 19세기 말에 설립되는 기독교 학교(배재, 이화, 숭실, 숭의, 배화)를 통한 보급도 무시할 수 없다. 찬송가의 화성학적 뿌리는 1970년대 유행하는 포크 송을 통해 수면에 드러난다. 그중 가장 전형적인 곡이 1970년대에 많이 부른 김민기의 「아침이슬」일 것이다. 「아침 이슬」은 4분의4박자의 장조 음계 멜로디를 가지며 템포가 느릴 뿐만 아니라 여러 사람이 함께 부를 수 있고, 다른 이들의 노랫소리를 들음으로써 감동을 받아 더 열심히 노래를 부르게 되는 이른바 강력한 상호 작용에 기초한다. 당연히 이런 음악에서 반주는 전혀 중요하

23 일부 평론가들도 한국에 들어온 최초의 서양 음악이 찬송가라는 데 의견이 일치한다. 즉 찬송가는 〈1885년 배재학당의 개교와 함께 처음으로 이 땅에 소개되었다. 이로 인해서 서양 음악이 수입되었고, 우리의 전통적인 멜로디가 서양 음악적 기법에 바탕을 두고 적응하기 시작했다〉.(이우용, 『우리 대중음악 읽기』, 126면)

지 않고(김민기도 기타 하나로 이 곡을 불렀다), 리듬은 모든 사람이 쉽게 따라할 수 있는 4분의4박자를 따른다. 이 곡은 저항 음악으로 분류되기도 하는데, 저항성은 록 음악에서도 찾아볼 수 있는 만큼 이 곡은 서정적 저항성을 전달한다고 할 수 있다(그리고 이 곡이 작곡된 시대, 즉 한국의 1970년대라는 암울한 시대가 이런 느낌을 요구하기도 했다). 그러나 이 곡에서는 트로트 가요들이 앞세우는 애절함을 찾아볼 수 없다. 이 곡은 서정적이지만 행진곡의 힘도 있기 때문에 나훈아나 설운도가 이 곡을 부른다면 듣기 어려울 것이다. 찬송가 스타일의 또 다른 곡으로는 해바라기의 「사랑으로」를 꼽을 수 있다. 이 곡 역시 합창으로 부를 수 있는 멜로디에, 후렴은 매우 자연스럽게 〈아멘〉으로 마무리될 수 있는 특징을 갖는다. 차이가 있다면 「사랑으로」는 찬송가의 기본 뼈대에 이중창의 화음과 대중가요 특유의 바이브레이션 창법, 그리고 사랑이라는 통속적인 주제를 도입했다고 할 수 있다. 이렇게 한국 대중가요의 한 맥을 형성하는 포크 송은 대체로 찬송가의 틀을 고수하는데 그 예는 수없이 많다. 물론 한국의 포크 송이 찬송가 스타일을 따랐다는 데는 포크 송 자체가 미국의 찬송가식 노래에서 비롯되었다는 사실도 무시할 수 없다. 또한 찬송가 스타일에 얼마나 의존하는지는 작곡가마다 다르지만 윤형주와 송창식의 초창기 곡들과 「내가」 스타일의 합창곡들을 비롯하여 〈녹색지대〉의 「사랑을 할 거야」, 노사연의 「만남」 등은 뽕짝 창법을 도입함으로써 수많은 애청자를 확보한 이른바 합창 가요로 자리를 굳혔다.

한반도에서 미디어의 시대가 열리면서 상륙한 음악은 일본식 가요이다. 1927년에 개국한 경성방송국은 그 이듬해부터 음악 프로를 선보였으며 일본인들이 제작한 국내 가수들의 음반들이 서서히 대중음악으로 자리를 잡게 된다. 당연히 한국 최초의 〈신가요〉는 일본 가요를 번안한 것이었다. 이는 〈음반 산업이 초기부터 일본의 자본에 의해 주도되었음을 의미하는 동시에 음반 시장의 경제적 침탈을 의미한다. (……) 따라서 조선에서의 음반 산업은 산업화가 가져다준 문명이기 전에, 자본을 가진 나라의 이익을 위해 그 기능을 성실히 이행하는 도구로 기능했고, 특히 정치·경제적으로 식민지에 대한 일본 제국주의의 지배 이데올로기를 보급하는 수단으로 기능했던 것이다〉.[24] 근대화의 바람을 타고 등장한 일본식 대중가요들은 그것이 수반하는 문화적 상품과 함께 한국의 문화 소비와 이데올로기를 크게 바꾸어 놓는다. 모든 소비의 미덕이 신식으로 급선회하는 결과를 불러온 것이다. 그사이에 〈국악과 민족악은 일제의 의도적인 문화 정책에 의해 학교의 교과목에서 제외됨으로써 명맥을 유지하기도 어렵게 되었다. 따라서 민족악과 국악은 기생 조합이라는 사회의 음지 속으로 그 모습을 숨김으로써 대중들과의 거리는 더욱 멀어지기 시작한다〉.[25] 당시 일본은 대중문화의 이데올로기적 힘을 정확히 알고 그것을 통제했다고 할 수 있다. 이렇게 한반도에는 두 가지 음악 장르가 대중음악의 모델로 뿌리를 내리는데 하나는 주로 장조 음계를 사용하는 찬송가 스타일의 한국형 포크 송이고, 다른 하나는 서정적인 단조 음악인 트로트 가요다.

뽕짝의 영향은 훨씬 더 커서 어떤 음악가를 언급해야 할지조차 어려운 실정이다. 그럼에도 뽕짝 가요는 전통적인 뽕짝과 현대적인 뽕짝으로 나뉠 수 있다. 전통적인 뽕짝 계열은 이미자, 나훈아, 태진아, 주현미, 현철 등의 현역 가수들로 대표되며 이들도 스스로를 뽕짝 가수라고 인정한다. 문제는 현대식 뽕짝인데, 이 계열에 속하는 가수나 음악가들 대다수는 자신들

24 이미경, 「1930년대 대중음악의 사회사적 연구」(대구가톨릭대학교 석사 논문, 1993), 15~16면.
25 이미경, 앞의 논문, 13면.

의 음악적 뿌리를 인정하지 않는 듯하다. 물론 이들은 뽕짝의 기본 틀에 자신들만의 무언가를 가미하는데 바로 이 점이 그들의 개성을 결정하면서도 본래 음악적 뿌리와의 거리감을 결정한다. 예를 들어 앞서 언급한 구성적 특징으로 보면 김현식의 「사랑했어요」가 현대식 뽕짝의 전형인데, 이 곡은 (전통 뽕짝과는 전혀 다른) 김현식 특유의 창법을 최대한 살린 편곡(다시 말해 록 밴드의 악기를 기준으로 편곡)과 특히 김현식이 가지고 있던 〈언더그라운드적〉 이미지 덕분에 통속적인 뽕짝과 구분된다. 이렇게 뽕짝을 칵테일할 수 있는 방법은 매우 다양하다. 예를 들어 뽕짝이라는 기본 틀에 포크 송 스타일의 창법과 편곡을 도입하면 정태춘의 「촛불」이 만들어질 수 있고, 뽕짝의 애절함을 없애면 신승훈 스타일의 발라드를 만들 수도 있다. 이런 의미에서 보면, 대중가수 중에서 뽕짝을 근본적으로 거부한 이들은 〈서태지와 아이들〉뿐이라고 할 수 있는데 그들이 선택한 돌파구는 멜로디를 포기하고 비트 중심의 랩(더 정확히 말하면 〈하드코어 랩〉)을 도입하는 길이었다.

그다음 한국 대중음악에 막대한 영향을 미친 것이 한국 전쟁 이후부터 남한에 주둔하기 시작한 미군(미8군)이다. 미8군을 통해 〈재즈〉, 〈맘보〉, 〈스윙〉, 〈로큰롤〉 등의 미국 대중음악이 수입되고, 국내 뮤지션들이 그곳 무대에서 활동하며 팝송이라고 불리는 음악들을 일반 대중에게 소개하기에 이른다. 그 결과 한국의 대중음악은 일본식 음악이라고 할 수 있는 뽕짝과 서구식 음악에 뿌리를 둔 포크 송, 스탠더드 가요, 록 스타일의 음악이라는 양대 산맥을 형성하기에 이르렀다.

그러면 한국에서의 록 음악은 어땠는가? 가까운 나라 일본과 비교하면 한국의 록 음악은 참으로 불행한 길을 걸어왔다. 사실 한국의 록 음악은 1970년대 초반에 태동했다. 1970년대라면 유럽과 미국에서는 평화주의 및 반전 운동이 거세게 일어날 때이다. 경제적으로도 작은 여유를 되찾을 수 있던 시대이기도 하다. 즉 당시의 젊은이들은 서서히 문화적 정체성을 찾기 시작했고, 음악은 이러한 욕구를 충족시킬 수 있는 도구이자 수단으로 인식되었다. 그리고 이런 문화적 갈증을 해소해 줄 수 있는 사람들이 서서히 등장하면서 한국의 대중음악은 뽕짝의 둘레를 벗어날 기회를 맞는다. 즉 신중현, 이장희, 한대수, 장현 등은 그야말로 음악적 혁명을 이룩했으며 무언가 새로운 것에 대한 애착은 장발, 통기타, 고고 리듬으로 상징되기도 했다. 하지만 그때까지만 해도 문화의 힘은 정치적 힘에 비해 턱없이 약한 까닭에 이 모든 것은 〈대마초 사건〉으로 막을 내린다. 조금이나마 새로운 것을 전달하려는 음악인들의 활동이 금지되어 결국 그들의 음악은 문화적 지위를 상실한다. 이것이 1970년대 중반의 일이었다. 그때부터 대중음악은 다시 뽕짝으로 되돌아갔고 그나마 새로운 것을 추구했던 음악가들은 지하 밤무대에서 생계를 유지해야 했다. 하지만 이런 문화적 공백을 무언가로 채워야 했는데 이때 정책의 후원을 받아 생겨난 것이 대학 가요제다. 대학 가요제는 이러한 암흑기에 새로운 바람을 불어넣어 한때 방송국들은 너 나 할 것 없이 유사한 가요제를 만들기도 했다.

다행히 1980년대 중반에 이르면서 한국의 대중음악은 나름의 정체성을 찾는 동시에 음악적 전성기를 잠시나마 누리게 된다. 이 시기는 대학 가요제의 인기가 시들해지고 대중 선동용 국제 가요제도 슬그머니 자취를 감추면서 다양한 출신의 뮤지션들이 대거 등장하는 시기이다. 2007년 8월 경향신문과 음악 전문 웹진 〈가슴네트워크〉가 공동 기획하고 선정한 한국 대중음악의 100대 명반 목록을 살펴보면 1985년과 1995년 사이에 발매된 음반이 무려 50개에 이른다(다른 기관에서 조사한 100대 명반에는 60개가 기록되었다). 〈들국화〉(1985)를 선두로 하는 이 시기는 제법 다양한 양질의 음악을 선보인다. 대표적인 뮤지션들이 〈신촌블루스〉, 〈봄여름가을겨울〉, 김현식,

김광석, 한영애, 한대수, 강산에, 정태춘, 〈H2O〉, 이상은, 〈시나위〉, 이정선, 〈부활〉, 〈N.EX.T〉, 〈노래를 찾는 사람들(노찾사)〉 등이다. 흥미로운 것은 이때 등장하는 음악의 다양성이다. 짧은 시기임에도 불구하고 무척이나 다양한 음악들이 쏟아져 나왔다. 록(N.EX.T, 시나위, 부활), 포크 록(강산에), 포크(한대수, 정태춘), 운동권 노래(노찾사), 블루스(신촌블루스, 김현식, 한영애). 그 이유는 무엇일까? 많은 이유 중에는 당시에 불어닥친 민주화 바람도 있을 것이고(그 결과 1987년 〈6월 민주화 항쟁〉이 일어나고 5년 단임의 대통령 직선제로 헌법이 개정되기에 이른다), 경제적 호황과 소비 증가 등을 언급할 수 있을 것이다. 또 다른 이유로는 박정희 시절부터 억눌리고 통제되었던 대중음악이 갑자기 폭발했다는 점도 언급할 수 있다. 돌이켜 생각하면 한국에서 블루스를 연주하는가 하면 헤드뱅을 등장시키는 동시에 인권과 삐딱이 인생을 이토록 솔직하게 노래한 적은 없었다. 하지만 그 역작용도 엄청났다. 음악의 시장 규모가 커지면서 기업형 기획사들이 등장하여 자본의 논리가 그 시장을 지배하기 시작한 것이다. 동아기획 같은 제작사는 설 땅을 잃고 그 자리를 SM과 같은 댄스 그룹 제조업체가 대신하기에 이른다. 그리고 그런 기업형 제작사들은 TV 화면을 음악 대신 미소녀(남)들의 허벅지와 허리 춤으로 채운다. 한국 대중음악이 댄스 음악으로 급선회하게 된 거시적인 외부 요인으로는 민족주의를 앞세운 운동권의 몰락, 소련의 붕괴, 본격적인 물질 만능주의(예를 들어 오렌지족)의 도래를 꼽을 수도 있을 것이다. 하지만 음악적으로 보았을 때 그런 음악의 출현을 촉진시킨 것은 다름 아닌 서태지와 아이들이다. 이들이 큰 성공을 이루자 기획사들이 유례없는 자본력을 앞세워 댄스 그룹을 양성하기 시작했던 것이다. 조선일보의 한 기사에서 볼 수 있듯이 〈SM, JYP, YG엔터테인먼트 등 대형 기획사들은 아직 데뷔하지 않은 신인 가수를 훈련시키기 위해 한 달에 1,000만~2,000만 원을 투자한다. 춤, 노래, 화술 등 다양한 교육이 진행된다. 가수를 한 명 만드는데 2~3년 걸린다고 보면, 솔로 댄스 가수 한 명에 들어가는 돈이 기본적으로 2억~4억 원쯤 된다는 얘기다〉.[26] 여기서 중요한 문제는 이런 기획사들이 이제는 가수까지 제조한다는 것이다. 다시 말해 뮤지션을 발굴하는 게 아니라 어린아이들 몇 명 골라서 상품을 만들어 내는 것이다. 당연히 그런 아이들은 음악을 모른다. 가끔은 노래도 못한다. 따라서 기획사는 전문 코디를 불러와 그들을 입히고, 적당한 작곡가를 데려와 짜깁기 곡을 만들어 주어야 하며, 또 안무가를 데려와 춤을 가르치고 방송국에 소개하기 위한 각종 접대를 해야 하며 언론 플레이와 팬클럽 비용도 지불한다. 완벽한 제조인 셈이다. 이런 투자는 그 이상의 수익을 추구하는데 이를 충당하는 것은 당연히 대중이다. 이제 대중은 기업형 기획사들이 제조한 댄스 음악을 소비하면서 그 비용을 지출해야 한다. 그리고 이런 현상은 벌써 10여 년째 지속되고 있다. 〈신화〉, 〈HOT〉, 〈GOD〉, 〈SES〉, 〈핑클〉, 〈R.ef〉와 같은 3~4인조 그룹들이 끊임없이 이어지다가 이제는 최다 아홉 명이 무리 지어 스크린을 채우는 〈소녀시대〉, 〈카라〉, 〈원더걸스〉, 〈티아라〉, 〈레인보우〉, 〈씨야〉, 〈포미닛〉, 〈애프터스쿨〉, 〈에프엑스〉, 〈시크릿〉과 같은 그룹들이 대거 등장했다. 남성 그룹도 이에 뒤질세라 13인조에서 조만간에는 21인조까지 등장했다. 하지만 〈대세〉는 아직까지 여성 그룹이 이끌어 가고 있는 실정이다.

결론을 대신하여 요즘 가장 인기 있다는 여성 댄스 그룹 ××××의 아이콘을 분석해 보면 다음과 같다. 우선 최다수 그룹임에도 불구하고 그들의

---

26 조선일보 2006년 2월 4일 자 인터넷 판, 「한국 댄스 음악 성공 비결 — 보여 주는 음악에 〈올인〉」, 최승현 기자.

노래에는 화음이 없다. 화음 대신 랩 스타일의 짧은 멜로디를 이어 백 보컬처럼 사용한다. 곡의 구성은 아주 높게 올라가는 음을 배제하는데 이유는 아무나 따라 부를 수 있도록 하기 위해서이다. 그래야만 노래방에서의 합창이 용이하기 때문인데, 궁극적으로는 대중성을 확보하는 수단이기도 하다. 또 후렴이 대체로 노래의 첫 번째 절에 곧이어 나오는데 이는 그 곡을 몇 번만 들어도 기억하게 만드는 방법이라고 할 수 있지만 어차피 가사가 매우 짧기 때문에 달리 방법이 없는 셈이다. 가사 내용은 남녀의 애정 따위나 소녀의 고민들을 다루는데 언제부턴가 유행하기 시작한 영어 후렴을 중간에 반드시 삽입한다. 자세히 들어 보면 백 보컬로 흐느끼는 소리를 규칙적으로 사용하는 것도 확인할 수 있는데, 이는 그들의 의상이 불러일으키는 섹스어필을 한층 더 강조하기 위한 수단으로 간주될 수 있다. 반주는 기본적으로 MIDI[27] 음악으로 제작되며 이런 반주를 만드는 데는 한 사람이면 충분하다. 즉 거의 모든 것이 샘플링과 컴퓨터로 만들어지는 음과 비트를 사용하는데 이 때문에 외국 곡을 표절하거나 여러 곡을 적당히 섞어 내기도 더욱 쉽다. 이런 음악을 만드는 데 가장 중요한 것은 흥과 비트이다. 결국 가사나 음악 구성 모두 나이트클럽이나 노래방에서 사람들을 신나게 만들기 위한 것에 불과하다. 사실 댄스 그룹을 말할 때 음악은 별로 중요하지 않다. 제작사가 구상한 건 무조건 흥겹고 자극적인 음악일 뿐, 그 이상은 아니기 때문이다. 이런 그룹을 만들 때 음악보다 더 중요하게 여기는 것은 비주얼한 이미지이다. 다들 귀여운 표정을 지어야 하고, 화장과 몸짓도 그런 표정을 강화해야 한다. 때문에 이들을 교육시키는 안무가는 눈을 깜빡이면서 볼을 볼록하게 한 다음 두 손을 V자로 만들어 얼굴을 받치는 행

27 MIDI는 Musical Instrument Digital Interface의 줄임말로, 일반적으로 컴퓨터 샘플링 녹음 방식을 가리킨다.

동을 반복하게 한다. 또는 검지로 볼을 살짝 누르기도 하는데 그 결과 많은 10대들과 심지어는 대학생들도 사진기 앞에 서면 이러한 동작을 취하게 되었다. 어쨌든 더 앳되게 보이도록 하기 위한 연출임에는 틀림이 없다. 하지만 이들의 의상은 앳된 것과는 전혀 다르다. 의상은 신체에 밀착하는 것으로 선택되며 주로 핫팬츠와 민소매로 구성된다. 색깔도 흰색이나 검은색이고, 가끔 긴 바지를 입는데 몸에 딱 달라붙는 가죽(또는 레더) 바지이다. 뮤직비디오나 텔레비전 카메라도 이들의 허벅지를 반복적으로 잡아 주는데 아마도 제작사의 주문으로 사료된다. 게다가 이들은 허벅지를 한 바퀴 앞으로 휘어 돌리는 안무를 반복함으로써 혹시 카메라가 그것을 못 잡아도 시청자가 알아서 시선을 집중하게 만든다. 전체적인 안무는 꽤나 적나라하게 성적 어필로 가득 차 있다. 허리 돌림과 비틀기, 엉덩이 (앞뒤로) 흔들기, 어깨 흔들기, 마치 성교할 때 짓는 표정과 흐느낌이 이곳저곳에 배치된다. 이 모든 이유 때문에 그토록 많은 수의 소녀(?)들이 허벅지를 노출한 채 온몸을 흔들어 대면 그것은 마치 매춘굴 쇼윈도에서 하나를 골라 가도록 유혹하는 인간 상품처럼 보이기까지 한다. 아마도 이 때문에 동네의 아저씨들까지 댄스 그룹들을 좋아하는 게 아닌지 모르겠다.

댄스 음악은 댄스를 위한 음악이다. 아무 생각 없이 그냥 듣고 흥겨우면 되는 것이다. 한국에서는 이런 음악이 TV 화면을 장악한 지 벌써 20년을 채우고 있다. 20년이면 지금의 30대가 10대부터 이런 음악을 듣고 보았다는 말이 된다. 지금의 20대는 태어나는 순간부터 들었다. 매스 미디어를 통해 이런 음악만 접하면 다른 모든 나라에서도 상황은 똑같을 것이라는 선입견을 갖게 된다. 몇 년 전 나는 봉사 활동의 일환으로 대학생들과 함께 네팔에 다녀온 적이 있다. 카트만두에서 10여 킬로미터 떨어진 이른바 변두리 중·고등학교에서 교육 봉사를 해야 했다. 한국 대학생들이 작은 공연을 펼치기도 했다. 탈춤도 추고 사물놀이도 선보였다. 그리고 원더걸스라는 댄스 그룹의 음악에 맞추어 춤도 추었다. 역시 볼을 볼록하게 한 다음 두 손을 V자로 만들어 얼굴을 받치고 귀엽게 춤을 추었다. 그러자 네팔 고등학생들이 의아해하는 표정을 지었다. 나중에 이유를 슬쩍 물어보니 네팔 고등학생들은 댄스 음악보다는 브리티시 록British rock이 훨씬 더 좋다면서 다소 애매한 미소로 답했다.

댄스 음악을 통해 무엇을 배우는가?

댄스 음악이 없는 나라는 없다. 하지만 댄스 음악만 있는 나라도 매우 드물다. 혹자는 이런 음악은 마치 헤어스타일이 유행하는 것과 별다를 게 없다고 말할 것이다. 그러나 이런 음악이 20년 넘게 공중파 방송의 쇼 프로그램을 채워 왔을 뿐만 아니라 그 생산 체계가 더욱더 기업화되고 있다면 그런 음악이 미치는 사회적 영향도 한번 따져 볼 필요가 있을 것이다. 이런 문제 제기는 〈청소년들은 댄스 음악을 통해 무엇을 배우는가?〉 하는 질문으로 집약될 수 있지만 이런 질문은 동시에 〈무엇을 못 배우는가?〉를 전제로 하기도 한다.

〈무엇을 못 배우는가?〉에 대한 대답은 단 하나, 그것은 다름 아닌 〈모든 진짜 음악〉이다. 왜냐하면 음악은 기본적으로 청각을 통해 사람의 감성을 자극하는데 댄스 음악은 청각이 아닌 시각을 자극하기 때문이다. 바꾸어 말하면 청각적 부분을 희생시켜 시각적 자극을 만끽하는 셈인데 이런 관계는 만화책과 문학 작품의 차이를 떠올리게 한다. 시각적인 음악에 익숙한 사람이 청각적인 분석력과 감수성을 갖기는 쉽지 않다. 게다가 대다수 음악들은 약간의 입문 과정을 필요로 하는 경우가 있는데 댄스 음악에 길들여진 청소년이 인내심을 갖고 클래식이나 재즈 음악의 입문 과정을 견디는 일도 여간 쉽지 않을 것이다. 이는 마치 할리우드 블록버스터에 익숙한 사람이 예술 영화를 지겹게 받아들이는 상황과 비교될 수 있다. 그런데 댄스 음악이 한 세대의 지배적 트렌드로 위용을 떨치고 있는 상황에서 주변의 어느 누구도 진짜 음악을 소개해 주지 않는다면 댄스 음악이 〈유일한 음악〉이 될 수 있다. 여기에 가장 큰 위험 요소가 도사리고 있는데 특히 청소년기에 이런 〈유일성〉을 인정한다는 것은, 마치 갓 태어난 거위가 처음 보는 모든 것을 어미로 인식하듯이, 〈가짜 음악〉에 절대적 가치를 부여하는 처사와 똑같은 효과를 발휘하기 때문이다. 한마디로 문화적 정체성이 확립되는 청소년기에 〈가짜〉를 먼저 배우는 꼴이다. 그럼으로써 아름다운 화음의 세계도, 웅장한 심포니도, 첼로의 서글픈 선율도, 흑인 노예들의 절규도, 색소폰의 즉흥 연주도 이해할 수 없게 되는 것이다. 진정한 아티스트의 세계를 한 번도 느껴 보지 못하고 청년기를 보내는 셈이다.

이렇게 문제는 〈무엇을 배우는가?〉 하는 원점으로 돌아오는데 그 해답은 결국 〈가짜〉라는 키 워드로 집약된다. 또는 목적과 수단이 뒤바뀌는 상황을 너무나도 익숙하게 만든다고 할 수도 있다. 이를테면 이미 청소년들 사이에서는 음악을 대중에 알리는 수단으로 텔레비전에 출연하는 것이 아니라 텔레비전에 출연하기 위해 댄스 음악을 하는 것이 당연시되고 있다. 이를 위해 이미 트렌드로 자리 잡은 그런 음악과 패션과 몸짓을 일삼는 것이 너무나도 자연스러운 현상이 된다. 심지어 그런 패션과 몸짓이 사회적 성공의 상징으로 인식된다. 그 결과 10대 소녀들은 아이돌의 손짓과 발짓을 흉내 내고, S라인을 꿈꾸며 무자비한 다이어트를 일삼는가 하면 소년들은 복근을 키우려고 애를 쓴다. 이런 세상에서 음치로 태어난 아이들은 백댄서라도 되고 싶어 안달이다.

하지만 더 심각한 문제가 있는데 바로 무조건적 성공주의이다(그리고 성공은 돈을 의미한다). 즉 아이돌 스타가 되려면 소속사와 방송국 피디에게 잘 보여야 하고 온갖 시중도 다 들어야 한다는 사실을 청소년들은 이미 잘 알고 있다. 그럼에도 불구하고 수단 방법 가릴 것 없이 성공만 하면 된다는 사고가 청소년들을 사로잡고 있다. 만약 20년 동안 공중파 방송에서 공부를 열심히 해서 성공한 사례들을 쇼 프로그램만큼이나 소개했다면 아마도 지금쯤 노벨상 몇 개는 받았을 것이다. 하지만 현실은 핫팬츠 차림으로 허리와 허벅지를 마구 흔들어 대는 소녀들이 대형 TV 화면을 채우고 있다. 그러나 같은 매스컴에서는 원조 교제가 성행하고, 이를 금지시키자 아동 성범죄가 늘어나는 현상에 놀라움을 금치 못하고 있다. 참으로 놀라운 세상이다.

수단을 가리지 않는다는 사고가 가장 심각한 피해를 입힐 수 있는 것은 다름 아닌 인간의 존엄성이다. 잘 찍으면 그나마 몇 점이라도 더 얻을 수 있는 입시 제도와 그런 문제점을 보완하려고 만든 논술 시험도 벼락치기 과외로 해결하려는 사고가 과정보다는 결과만 중시하는 이데올로기를 만들어 낸 것이다. 그러니 수단과 방법을 가리지 않고 대치동으로 이사를 해야 하고, 딸을 시집보내기 위해 강남에 전세 아파트라도 구해야 하는 것이다. 가짜 유학, 가짜 학위, 가짜 결혼도 경제적 풍요로움만 가져다주면 용납되는 것이다. 몸과 정신 모두가 돈을 더 얻기 위한 수단으로 전락하는 듯싶다. 이런 마당에 짝퉁이든 진품이든 명품이 불티나게 팔리는 현상은 작은 애교로 보일 수도 있다. 하지만 그것은 동시에 더욱 거대한 이데올로기-빙산의 일각으로 간주될 수도 있는 것이다.

4. TV, 무엇을 노리는가?[28]

　알튀세르가 아직 살아 있다면 그는 이데올로기적 국가 장치 중에서 TV를 으뜸으로 꼽았을 게 분명하다. 왜냐하면 이제 TV는 산부인과 병실에도 버젓이 자리 잡고 있을 뿐만 아니라 유아 교육과 가정 교육에도 TV와 비디오가 한 역할 하고 있으며 학교, 목욕탕, 버스 터미널과 공항 등 사람이 조금이라도 모이는 곳에는 항상 TV가 켜져 있고 얼마 전부터는 전철이나 버스를 타고 이동하면서도 TV를 볼 수 있게 되었기 때문이다. 그리고 사람들은 넋을 잃고 TV를 본다. 실제로 사람들이 집에서 TV를 보는 시간도 하루에 세 시간이 넘는다. 마르크스가 살아 있다면 그것을 대중의 엑스터시로 규명했을 것이다. TV는 사람들을 웃고 울게 하고 환상을 제공하면서

---

28 집필의 전체 흐름을 구상하는 단계에서 나는 하나의 장이라도 에세이 형식으로 쓰려고 생각했다. 그래서 선택한 것이 지금 다루는 주제이다. 학술적인 형식으로 집필한다면 이 장의 제목은 〈매스 미디어와 이데올로기〉일 수도 있지만 제목부터 〈TV, 무엇을 노리는가?〉로 바꾸기로 한다. 뿐만 아니라 이 글에서 언급하는 인물들에 대해서도 일일이 인용 출처와 관련 각주를 제시하지 않고 통계 자료도 배제하기로 한다. 가급적이면 논리적인 전제를 존중하되 상식적인 차원에서 모두가 기억하고 관찰할 수 있으며 느낄 수 있는 현상과 문제들을 보다 직설적인 어투로 표현하기로 한다.

결국 그것 없이는 못 살게 만들었기 때문이다. 하지만 엑스터시와 달리 TV는 남녀노소를 가리지 않으며, 비용도 들지 않을 뿐만 아니라 특히, 지극히 합법적이다. 오히려 TV를 안 보는 사람이 이상하고, 그런 인물은 대화에 끼기도 어려울 뿐만 아니라 TV를 통해 모두가 공유하는 생각, 패션, 소비 문화를 갖지 못하기 때문에 소외될 수밖에 없다. 이토록 현대인의 삶의 일부분이 되어 버린 TV는 과연 무엇이며, 그것이 어떤 영향을 미치는지를 파헤쳐 보자.

정보라고……

흔히 사람들은 TV를 통해 정보를 얻는다고 생각한다. TV에서 내보내는 국내외 뉴스, 이런저런 사람들의 삶, 대중음악, 패션, 영화, 드라마, 연예계 소식, 교육과 관련된 것들이 일상에 필요한 정보라고 생각한다. 틀린 말은 아니다. 어느 특정 지역에 사는 사람이 나라 소식을 접하고 요즘 유행하는 음악을 알게 되거나 또는 조만간에 개봉하는 영화를 미리 접한다는 것은 분명 정보를 전달받는 과정이다. 하지만 TV를 통해 전달받는 정보는 어떤 것들인가? 국내의 모든 뉴스인가? 세계의 뉴스는 모든 세계의 뉴스인가? 대중음악은 모든 대중음악인가? 이렇게 따지면 문제는 180도 달라진다. 왜냐하면 TV에서 내보내는 정보는 모든 정보일 수가 없기 때문이다. 그것들은 프로그램 제작자가 선별하는 정보들이다. 양승목은 〈뉴스는 또한 사회적으로 구성된 현실일 뿐만 아니라 현실을 사회적으로 구성한다. 미디어에서 전달하는 뉴스는 많은 《뉴스화 과정》을 거치기 때문에 현실을 그대로 반영하여 전달할 수 없고, 뉴스 생산자들에 의해 새롭게 구성된 뉴스를 통해 현실을 인식하기 때문에 결국 미디어가 현실을 구성한다〉고 주장하는데 우리는 이에 전적으로 동의한다.[29] 어쨌든 누군가가 선별하는 정보……, 선별의 객관성은 있는 것인가? 그렇다면 선별하는 그들은 과연 누구인가? 이 문제는 제법 복잡하다. 일개 피디일 수도 있고 규모가 좀 크거나 논쟁의 여지가 있는 프로그램의 경우 프로그램 제작 여부는 물론이고 그 방식과 형식이 국장 혹은 더 윗선에서 결정될 수도 있다. 하지만 〈윗선〉은 방송국의 범위에만 국한되는가? 그것도 아니다. 정권이 바뀔 때마다 방송국 사장이 바뀌는 이유가 바로 여기에 있다. 사장이 바뀌면 그는 인사권을 가지고 뭔가 새롭게 해보겠다는 의지를 앞세워 자기 입맛에 맞는 사람을 주요 자리에 앉힐 것이다. 그게 마음에 안 들면 아랫사람들은 노조를 통해 불만을 표출하거나 그럴 만한 상황이 안 되면 삼삼오오 모여 투덜대면서 정권이 바뀔 때를 기다려야 한다. 그럼에도 방송은 지속되어야 한다.

시작부터 이 문제를 거론하는 이유는 하나다. 공정성을 최고의 직업 정신으로 삼는다는 보도국 뉴스가 방송국마다 다 똑같기 때문이다. 저녁 9시에 두 개의 공중파 방송의 저녁 뉴스를 리모컨으로 넘나들다 보면(요즘 영어로는 재핑zapping이라고 한다) 놀랍게도 양 채널이 똑같은 내용들을 똑같은 순서로 내보낸다는 걸 알 수 있다. 참으로 신기한 현상이다. 별개의 회사이지만 각자 보는 시각이 같다는 말이 된다. 그럴 수 있을까? 그럴 수가 있다. 이유는 비슷한 사람들이 비슷한 사고를 가지고 취재를 하기 때문이다. 그래도 그렇지, 이토록 같을 수가 있을까? 이유는 모든 방송국의 보도 코드가 같기 때문이다. 하지만 그 코드는 어떻게 규명될 수 있는가? 이런 경우 코드는 이데올로기와 겹치는 경우라고 할 수 있다. 그리고 그 이데올로기-

---

29 양승목, 「언론과 여론: 구성주의적 접근」, 『언론과 사회』, 20면.

코드는 〈국수주의적 군중몰이〉의 모든 속성을 가지고 있다. 아마도 군중몰이는 일제 강점기인 1922년에 개국하여 국민 길들이기 역할에 앞장선 경성방송국의 보도 방식과 무관하지 않을 것이다. 국수주의는 해방 후 한국 이데올로기의 핵심 중 핵심으로 국민 길들이기에 사용되고 있다. 때문에 정부에서 발표하는 소식은 항상 똑같은 기자실에서 똑같은 대변인이 배포하는 똑같은 보도 자료에서 따온다. 게다가 앞서 말했듯이 방송국 사장과 주요 임원들이 정치 권력층과 돈독한 인맥을 가진 자들이라면 사실상 보도국은 정부 및 정권 홍보실과 다를 바 없게 된다. 그런데도 방송의 공정성을 부르짖는 이유는 무엇인가? 아마도 두 가지 이유가 있을 것이다. 하나는 진짜 그렇게 믿는 것이다. 다른 하나는 그렇게 해도 된다는 고약한 심보에 있을 것이다.

그런 고약한 심보는 아마도 TV에 길들여진 대중이 너그럽기 때문에 가능할 것이다. 한마디로 군중몰이가 허용된다고 생각하는 것이다. 심지어는 기상 캐스터가 〈가족과 나들이하기 좋은 날씨입니다!〉라는 말로 보도를 마치는 경우도 종종 볼 수 있다. 또는 〈따듯한 옷을 하나 준비하는 게 좋을 듯합니다〉라고 말하기도 한다. 대중을 얼마나 바보로 보는 건지 일개 기상 캐스터가 날씨에 따라 〈이렇게 해라 저렇게 해라〉라고 말할 수 있는지 새삼 놀라지 않을 수 없다. 하지만 한국의 대중은 별 거부 반응을 보이지 않는 듯싶다(오히려 뭐라고 하면 이상하게 본다). 그렇지만 대중의 너그러움은 나라에 따라 제법 다르다. 어떤 나라에서는 대중이 유달리 고약하다기보다는 TV를 바보상자로 취급하는 경우도 있다(프랑스, 이탈리아, 스페인 등이 그렇다). 대체로 그런 나라에서는 다른 볼거리와 놀거리가 많고, 특히 일간지 및 주간지 독자층이 두껍다는 게 특징이다. 연극, 영화, 각종 전시회가 도처에 널려 있어 TV 볼 시간이 별로 없다. 이런 문화권에서 TV 앞에서 주말을 보내는 이는 마치 문화적으로 소외된 자로 취급될 수도 있다.

그런가 하면 TV에 대해 유난히 너그러운 대중도 있다. 가장 대표적인 게 한국 대중일 것이다(미국 대중도 비슷하다). 앞서 말했듯이, 웬만한 종합 병원 입원실에도 TV는 하루 종일 켜져 있고 똑같은 뉴스라 해도 매 시간 반복해서 본다. 특히 모든 사람들이 주말 드라마를 볼 때는 복도 맨 끝 방에서 흘러나오는 소리와 바로 옆방에서 들려오는 소리가 시차를 갖기 때문에 그 공간은 에코 체임버로 바뀐다. 하지만 환자들도 의료진도 그 정도의 소음에는 끄떡하지 않는다. 더 놀라운 것은 TV 콘텐츠에 대한 너그러움인데 막장 드라마는 물론이고 주말 저녁 연예인들이 떼 지어 나와서 자기들끼리 노는 프로그램은 인기가 시들 줄 모른다. 이 문제는 따로 분석할 것이다.

두 번째 문제는 그렇게 믿는 것이다. 방송국도 사람이 모여 일하는 곳이다. 그곳에는 사장, 부사장, 감사실, 기획 조정실을 지휘부로 하여 편성, 보도, 제작, 경영을 담당하는 국(局) 혹은 부(部)가 있다. 정치적 입김이 작용할지라도 매일 지시·보도 체계가 있는 건 아니기 때문에 우선은 방송국 내부의 문제를 살펴볼 필요가 있다. 우선 프로그램을 제작하려면 돈이 있어야 한다. 민영 방송국의 경우 돈은 오로지 광고 수입으로 충당한다. 그러면 광고주들이 요구하는 건 무엇일까? 당연히 많은 사람들로 하여금 광고를 보게 하는 것이다. 그러기 위해서는 시간대가 좋은 건 물론이고 광고주가 스폰서로 되어 있는 프로그램의 시청률이 높아야 한다. 프로그램 제작진도 이 점을 잘 알고 있다. 따라서 제작진은 그들이 만든 프로그램을 최대한 많은 사람들이 보도록 만든다. 하지만 방송사끼리의 경쟁도 있다. 결국 독자적으로 생각해서 인기 있어 보이는 프로그램을 계획하는 게 아니라 동일 시간대의 다른 방송사 프로그램보다 더 인기 있는 것을 만들어야 한다. 결국은 유사 프로그램을 만드는데 어쨌든 제작진은 이중의 부담을 안고 있는 셈이다. 하나는 스폰서와의 관계이고, 다른 하나는 타 방송사와의 관계이다. 이 두 가지 고려 사항이 시청률 전쟁을 일으키고 모든 프로그램으로 하여금 극단적인 대중성을 추구하게 만든다. 그 결과는 실로 대단하며 이런 메커니즘은 모든 프로그램을 지배한다. 이 책이 출판될 때는 이미 프로그램 편성이 이루어졌을 것이므로 여기서는 제작물들의 제목을 언급하지 않고 프로그램들의 유형별 특징만 보도록 한다.

오 마이 드라마

항상 똑같은 서사 구조를 갖는다. 이미 잘 알려졌듯이, 드라마의 서사 구조는 전통적인 〈발단 — 전개 — 위기 — 절정 — 결말〉의 흐름을 그대로 따른다. 이런 서사 구조는 동화에서 시작하여 할리우드 영화와 만화 줄거리 등에서 균일하게 나타나며 다음과 같은 도식으로 정리되곤 한다.

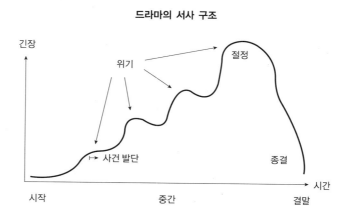

드라마의 서사 구조

하지만 TV 드라마 서사 구조는 항상 결혼이라는 결말을 갖는다는 특징이 있다. 즉 일반적인 서사 구조는 다양한 사건을 말할 수 있지만 한국 TV 드라마의 서사 구조는 다음과 같이 도식화될 수 있다.

도표 2

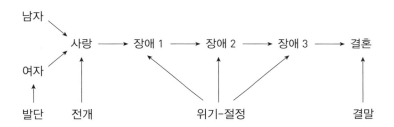

또 항상 똑같은 역할 관계를 설정하는데, 이를테면 착하지만 가난한 여자와 부잣집 남자 사이에 만남과 사랑이 있고, 이 둘은 결혼을 꿈꾸는데(그냥 연애는 절대 다루지 않는다), 항상 남자 부모의 반대에 부딪힌다. 그 이유는 대체로 양가의 경제적 차이다(이는 신데렐라 콤플렉스의 전형이다). 그러나 10여 년 전부터는 태생의 비밀이라는 강력한 파토스를 추가하여 위기의 강도를 높이려 하고 있다! 게다가 부잣집 여자가 남자 주인공을 탐내는 설정이 반드시 추가된다(그녀는 악의 화신이다). 위기 — 절정은 주인공이 큰 사고를 당하거나 사라지는 내용으로 채워지며(여기까지는 비극의 전형인 셈이다) 결말에서는 그들의 사랑이 드디어 인정받고 결혼에 골인함으로써 급격한 긴장 완화를 만들어 내어 시청자들을 〈행복하게〉 만든다. 이 모든 요소들이 가족이라는 울타리 안에 다 끼워 맞추어진다.

모든 TV 드라마가 동일한 서사 구조와 결말을 갖는다는 사실은 어쨌든 결혼을 삶의 최고 목표로 설정함을 의미한다고 할 수 있다. 이것이 드라마 코드의 이데올로기다. 이런 코드는 결혼의 절대성과 부모의 허락, 그에 필요한 조건과 과정, 마지막에는 가족의 화해로 구성되는데 이런 것들이 바로 한국의 서민 이데올로기의 핵심으로 제시되고 있다(결혼과 가족을 그토록 중시하는 이유는 잠시 후에 언급할 것이다).

게다가 방송사끼리의 경쟁은 더욱 자극적이고 복잡한 전개를 추구하게 함으로써 기본적인 핍진성을 완전히 무시하는 지경까지 만들어 버렸다. 이 점을 잠시 살펴보자. 어떤 드라마는 대리모로서 아이를 낳아 준 어느 가난한 집 여성이 부잣집 남성의 〈순수한 사랑〉에 못 이겨 결혼을 하는데 그 남자의 형 내외가 바로 그 여성이 낳아 준 아이의 부모다. 본능적 모성애와 규범적 가족주의가 심하게 대립한다. 드라마의 전개는 어김없이 그런 비밀이 조금씩 드러나면서 조성되는 위기적 상황들과, 그럼에도 순수한 사랑을 확인하는 결말로 이어진다. 상식적으로 생각해도 요즘 세상에 아무리 가난해도 대리모를 자처하는 여성은 매우 드문 데다 그런 여성이 시집가는 집안이 바로 자신이 낳아 준 아이가 자라는 집안일 가능성은 극히 낮다. 이 두 가지 설정의 조합(대리모와 대리모 아이의 만남)의 확률은 코끼리가 뒷발로 파리 두 마리를 동시에 잡는 것과 맞먹는다. 첫 번째 설정의 확률을 최소한 1천분의 1로 보고 두 번째도 너그럽게 1천분의 1로 보면 합계는 1백만분의 1이다. 더 심한 경우도 있다. 대략 내용은 미국으로 입양된 정신 지체 여성과 유학생 남자 사이에 주인공 아들이 태어나지만 유학생은 그 사실을 모른 채 귀국하여 가정을 꾸린다. 그의 아들인 주인공이 아버지를 찾아 한국에 온다. 그는 미국에서 어느 여자와 사귀었는데 한국에 와서 그녀는 아나운서가 되고 주인공을 버린 다음 호텔을 경영하는 집안 남자와 결혼한다. 주인공은 그 호텔의 요리사로 일하게 되고 그걸 알게 된 부잣집 남자는 난리를 부리는데 여자는 이혼을 피하기 위해 별짓을 다한다. 결국 여자의 부자 남편과 본래 남자 친구는 이복동생이라는 말이다. 그럼 확률로 이런 구성을 따져 보자. 입양된 정신 지체 여성과 미래가 유망한 유학생의 사랑이 이루어질 확률을 또 한 번 너그럽게 1만분의 1로 잡아 보자. 주인공 남자의 옛 애인이 옛날 유학생 남자이자 주인공 친아버지의 며느리가 될 가능성을 1천분의 1로 잡고, 주인공이 그 집안의 호텔 주방장이 될 가능성을 다시 1만분의 1로 잡아 보자. 잡다한 다른 설정을 제외하고 이것만 합산해도 1천억분의 1이 된다(0.000000000001의 확률이다). 하지만 시청자들은 이런 비현실적이고 개연성 0.00001~0.000000000001의 설정을 기꺼이 수용하며 심지어는 흥미진진하게 받아들인다.

때문에 막장 드라마를 비난하는 네티즌들의 글 중 대다수는 줄거리를 탓하는 데 집중된다. 하지만 나는 막장을 막장으로 완성시키는 건 뭐니 뭐니 해도 형식이라고 생각한다. 과장되고 어설픈 연기, 유치하기 짝이 없는 초호화 세트와 의상, 극도로 빈약한 연출, 한심하기 짝이 없는 발라드풍의 주제곡이 어우러져 보기 민망한 것들을 만들어 낸다. 여기에 싸구려 할리우드 영화를 훨씬 능가하는 극단적 아이콘 설정이 추가된다. 각 인물들에게 주어진 아이콘은 이런 민망함의 농도를 더욱 짙게 하는데 극도로 여성적인 여성, 극도로 착한 여성, 극도로 바보 같은 남자, 극도로 시어머니다운 시어머니, 극도로 악녀 같은 악녀가 그것이다. 〈신데렐라〉, 〈콩쥐 팥쥐〉, 〈미운 오리 새끼〉의 핵심 요소만 모아 놓은 듯하다. 현실에서 이런 인물로 구성된 집단을 보기란 확률적으로 아예 불가능하다. 하지만 막장 드라마는 그런 설정을 보란 듯 제시하고 시청자들은 기꺼이 그것을 받아들인다(이 글을 쓰고 있는 시점에 앞서 소개한 0.000000000001 확률의 드라마가 시청률 30퍼센트를 돌파했다고 한다!).

하지만 더 심각한 문제는 그 뒤에 숨어 있는 이데올로기이다. 막장 여부를 떠나 사실 모든 드라마의 기저에는 불변의 가치관들이 숨어 있는데 그것을 나열하자면 대략 가족 절대주의, 남녀 차별, 계급 상승 내지는 한탕주의, 탐욕주의 또는 눈먼 자본주의로 집약될 수 있다. 말하자면 막장 드라마에서 남녀평등이란 존재할 수 없다. 주인공 여성은 순수하기 때문에 약자이거나(이제는 착하다 못해 정신 지체 여성도 등장한다), 유능하기 때문에 악해야 하지만 결국엔 남자를 필요로 한다. 하지만 시어머니의 아이콘은 조폭의 보스를 능가하는 카리스마의 소유자이다. 주변 여성들은 다소 저능한 기질의 아이콘으로서 찡얼대기나 하고 무조건 화부터 낸다. 이에 반해 남성은 권위적인 아이콘에서 멍청한 아이콘으로 진화했다. 이 모든 것엔 중간이 없고, 특히 남녀 간의 평등한 관계 설정은 없다. 전체 조합 역시 세상 어디서도 볼 수 없는 비현실적인 세계를 만들어 낸다. 이런 설정을 어떻게 불러야 할지도 모르겠지만 환상적 리얼리즘도 아니고 공상 과학은 더더욱 아닐 것이다. 구태여 이름을 붙이자면 대략 막가파식 탐욕적 환상주의라고 할 수 있을 것이다.

이런 극단적인 인물 설정은 앞서 말한 두 가지 이유, 즉 광고주를 의식하는 동시에 경쟁 드라마를 의식하는 데서 비롯된다. 광고주 얘기를 꺼낸 김에 몇 마디 더 하자면 광고비를 통해 프로그램 제작에 공개적으로 투자하는 광고주가 있다면 간접 광고도 무시할 수 없다. 쉽게 말해 드라마의 주요 인물들이 입는 옷, 타는 차, 앉는 소파, 촬영 장소는 모두 협찬을 받는다. 그런 것들도 대중에게는 막대한 영향을 미친다. 인터넷에도 누가 입은 바지, 누가 들고 나온 휴대 전화 등의 광고를 쉽게 볼 수 있을 뿐만 아니라 백화점이나 동대문에서도 인기 드라마에서 나온 의상, 액세서리, 신발들이 불티나게 팔려 나간다. TV 드라마가 소비에 미치는 영향력이 이 정도라면 그 이데올로기도 만만찮을 것이다.

　게다가 엄청난 돈을 대주는 공식 스폰서들이 광고하려는 제품은 근본적으로 대량 생산 제품이어서 그들이 원하는 바는 더 많은 대중이 제품을 구매하는 것이다. 따라서 그런 광고들은 가장 잘 먹히는 감동 소재를 사용하는데 그것은 다름 아닌 가족 사랑과 나라 사랑이다. 물론 청소년을 겨냥한 이미지 광고도 있지만 그런 광고들은 드라마보다 연예 프로그램을 선호한다. 나라 사랑 광고 소재는 애국심에 호소하고 가족 사랑은 말 그대로 가족의 의미를 되새기게 하는데, 아마도 미국을 제외하면 세계 어디를 가도 한국만큼이나 애국심을 강요하는 나라도 없을 것이다. 이에 질세라 가족 사랑이란 주제도 광고의 단골 메뉴인데 광고주들이 이 소재를 좋아하는 이유는 현대 사회에서 가족이야말로 가장 안정된 소비를 유지할 수 있는 기본 단위이기 때문이다(할리우드 영화에서도 나라 사랑과 가족 사랑은 불변의 단골 메뉴이다). 이렇게 생각해 보면 쉽게 이해할 수 있다. 만약 어떤 나라에서 모든 남자는 스물여덟 살에, 여자는 스물여섯 살에 결혼을 하는데 정확히 10개월 후에 첫아이를 낳고 24개월 후에 둘째를 낳는다고 가정하자. 이런 경우 분유, 기저귀, 유아 의류 등의 물품 수요는 매우 안정적일 것이며 그것을 만드는 업체들은 재고 걱정도 할 필요 없이 정확하게 공급 체계를 운영할 수 있을 것이다. 더 나아가 그런 나라의 사람들 모두가 첫 승용차로는 배기량 1천5백 시시를 구입하고 정확히 6년 후에 2천 시시로 갈아탄다면 그 나라의 자동차 수요/공급도 매우 안정적일 것이다. 사실 이처럼 획일적인 나라는 없겠지만 대량 생산을 하는 제조업체들로서는 하나의 유토피아일 것이다. 그러나 실제로 대기업들은 이런 유토피아를 꿈꾸고 있으며 그 꿈은 광고의 감미로운 연출로 포장되어 전달된다. 시청자들은 광고를 보는 대가로 드라마를 보는 것이다. 때문에 드라마는 어쨌든 가족을 이야기하는 것이다. 모든 게 가족이고 결혼이며 부자를 꿈꾸는 이야기다. 이를 바꾸어 말하면 가족은 기본 소비 단위이고 결혼은 그것의 재생산이며, 부자의 꿈은 더 많은 소비를 촉진한다는 것이다.

사실 가족을 사랑하지 않는 인간은 없다. 그러나 한 아이가 부모의 도움을 받아 건강한 성인으로 성장한 다음에는 자기만의 삶을 개척하려 할 수도 있다. 자신의 삶을 개척한다는 것은 본인의 성격과 가치관에 어울리는 삶을 찾는다는 의미다. 그것은 부모가 원해서 의대생이 되는 것이 아니다. 또는 20대 후반에 다들 결혼한다고 해서 덩달아 여자를 구하려 애쓰거나 〈엄마〉가 나서서 여자를 구해 주는 것이 아니다. 자신만의 삶은 매우 다양할 수 있다. 오지로 떠난 배낭여행에서 자극을 받아 NGO 일을 할 수도 있고, 자유롭게 살기를 원하면 혼자 살 수도 있다. 와인이 유행한다고 해서 무조건 그것만 마실 필요도 없는 것이다. 만약 이런 사람들이 많아진다면 누가 가장 곤란해질까? 드라마에 돈을 대는 기업들일 것이다. 왜냐하면 많은 사람들이 제각기 자기 삶을 개척하기 시작하면 그때부터 모든 제품의 수요/공급의 관계는 예측하기가 어려워지기 때문이다. 자동적으로 아이를 낳지 않으니 기저귀도 예전처럼 안 팔리고, 모터사이클이나 자전거 또는 걷기를 선호하는 이들이 많아지다 보니 새로 나온 쏘나타도 예전처럼 팔릴 보장이 없기 때문이다. 만약 이렇게 된다면 기업들은 드라마에 돈을 대지 않을 것이다. 또 그렇게 되면 방송국의 재정 사정이 나빠질 것이다. 몇십 년 동안 우려먹던 드라마 소재도 쓸모없어질 것이고 피디들도 다른 프로를 제작해야 하며 그동안 하늘 무서운 줄 모르던 드라마 작가들도, 살판났던 텔런트들도 다른 일을 찾아 나서야 할 것이다. 하지만 지금의 대중은 드라마 없이 못 살고 그럼으로써 소비를 잘하고 있는데, 그 덕분에 피디들은 마치 명감독이 되었다는 착각 속에서 뿌듯한 삶을 잘 살고 있는데, 그 덕분에 연예인들은 외제 차를 타고 초호화 저택에서 자식들을 미국 사립 학교에 보내 놓고 잘 살고 있는데 과연 누가 이런 변화를 좋아하겠는가? 그러니 대중이 바뀌지 않는 한 그들은 〈The Show must go on〉을 외칠 수밖에 없는 것이다.

그러면 똑같은 소재의 드라마가 여러 방송사에서 수십 년 동안 제작되어 방영된 결과는 어떤가? 한마디로 요약하면 대중적인 삶의 획일화이다. 국가관, 결혼관, 직업관, 교육관을 비롯하여 모든 소비가 획일화됐다. 월드컵에서의 16강 진출은 가슴 뭉클하게 만들고 다른 나라 공항에서 삼성 광고가 새겨진 카트만 보아도 대한민국이 자랑스러워진다. 모두가 결혼을 하고, 부모의 도움을 받거나 대출을 받아 집 마련하고, 김치냉장고 사고, 아이를 낳아 유치원 때부터 학원에 보내고 중학생이 되면 강남으로의 이사를 고민하고, 패키지로 여행하고, 승진 걱정하고, 자식이 대학생 되면 또 대출 받고, 대신 졸업식 때 학사모 한번 써보고 갈비 사주고, 그 자식이 결혼 안 하면 세상 무너지고, 결혼하면 살던 집 줄여 전세 자금 마련해 주고, 손주를 보고 싶다며 안달하고, TV 보고, 늙고, 죽는다.

예능 프로그램이라고……

어떤 프로그램에서는 연예인들이 찜질방 수건을 쓰고 모여 앉아 얘기를 하면서 낄낄대고 웃어 댄다. 다른 프로그램에서는 비슷한 연예인들이 돌아가면서 노래방 기계로 노래를 한다. 다들 넘어간다. 또 다른 프로그램에서는 연예인들이 1박 2일 어디를 가는데 그들이 먹고 놀고 자는 모습을 보여 준다. 또는 운동장을 빌려 운동을 한다며 자기들끼리 논다. 그들은 돌아가면서 말장난하고 정신없이 웃어 대면서 일부러 실수하고 가능하면 바보스럽게 보이려고 안간힘을 쓴다. 청소년들은 그런 모습을 넋 잃고 본다.

음악 프로그램에서는 아이돌 그룹이 나와서 노래하며 춤을 춘다. 어떤 그룹은 멤버만 13명이다. 남자 그룹도 있고 여자 그룹도 있다. 남자들은 컴퓨터 게임이나 일본 만화의 주인공처럼 화장을 하고 춤을 춘다. 흰 머리, 노란 머리, 빨간 머리, 까치 머리, 한 눈 가린 머리 등 별게 다 있다. 여자들은 핫팬츠에 민소매 패션으로 무장하고 엉덩이를 앞뒤로 마구 흔들면서 춤을 춘다. 볼에 바람을 넣고 손가락을 누르며 눈을 깜박인다. 카메라를 정면으로 보면서 흐느끼는 소리도 낸다. 손으로 자기 몸을 위아래로 쓰다듬는다. 그리고 허리는 경련을 일으킨다. 마치 성교하는 것 같다. 아홉 명으로 구성된 여성 그룹이 허벅지 18개를 흔들어 대니 마치 나이트클럽 댄서들처럼 보인다. 가만히 서 있으면 TV 화면이 정육점 쇼윈도처럼 다가온다. 하지만 남성 그룹이든 여성 그룹이든 진짜로 노래하는 이들은 없다. 그것을 입술만 움직이는 립싱크라고 한다. 어차피 노래 실력도 없으니 다행스러운 일이다. 그래도 청소년들은 환장한다. 팬클럽이 지방 도시마다 있고 방송국 공개 홀 티켓을 못 구해서 안달이다. 동네 아저씨나 회사원들도 이런 여성 그룹을 좋아한다(하지만 그들은 딴생각을 할 것이다).

채널을 바꾸면 이런 〈가수〉들이 또 찜질방 수건을 쓰고 다른 프로그램에 나온다. 운이 좋으면 드라마에도 출현한다. 그러면 엉덩이를 흔들면서 더 어린 것들과 경쟁할 필요가 없으니 나름대로 성공한 셈이다. 그때부턴 진짜 연예인이다. 그러면 가수로 데뷔하여 찜질방 수건을 쓰게 되고 운 좋으면 광고 몇 번 찍게 되는데 그 과정을 잠시 살펴보자.

우선 노래를 잘해서 가수가 되는 건 아니다. 적어도 지상파 TV의 쇼 프로그램에 나오기 위해서는 음악 실력이 필요 없다. 그러나 프로덕션은 반드시 필요하다. 흔히 소속사라고 부르는데, 그런 회사는 이미 존재하는 그룹이나 가수를 발굴하는 게 아니라 어린애들 몇 명 모아 놓고 돈 될 만한 상품을 만든다. 아이들에게 옷을 입히고 훈련시키고 그들이 부를 곡도 골라 주고 편곡도 해주고 방송국 사람들에게 소개도 해준다. 소속사는 돈을 많이 써도 나중에는 몇십 배를 벌 수 있다. 계약 조건은 소속사 위주로 작성되는데 이런 〈가수〉들이 벌어 오는 액수의 70퍼센트 이상을 가져간다. 그런데 계약 조건 이상의 것이 거래되는 경우도 많다. 그런 일이 마음에 안 들어도 계약을 파기하기란 사실 불가능하다. 숱한 시련을 겪어야 할 뿐만 아니라 다른 소속사와의 계약을 방해하기도 한다. 이런 이유 때문에 초기에는 온갖 시중도 들어야 한다. 그래도 버티면 스크린에 자주 모습을 드러낼 수 있고 그러면 대중은 좋아하기 시작한다. 이 과정에서 노래 실력은 정말 중요하지 않다. 얼굴과 몸매만 받쳐 주면 된다. 하루 종일 외국 뮤직비디오를 연구한 프로급 안무가가 가장 섹시한 춤을 가르치고 그들은 시키는 대로 하면 된다. 소속사 사장 친구들과 한잔할 때도 시키는 대로 하면 되듯이……. 그러면 히트 친다. 그러면 팬클럽도 생긴다. 팬클럽은 소속사가 만들어 줄 수도 있고 그냥 생길 수도 있지만 어쨌든 가끔은 감사 공연도 갖는다. 역시 립싱크로 무대를 채운 다음 허벅지만 흔들어 댄다. 이쯤 되면 광고사에서 섭외가 들어온다. 드디어 본궤도에 오르는 순간이다. 그러나 자만은 쥐약이다. 허벅지를 흔들어 댄 이유로 치킨 광고도 마다하지 않는다. 처음엔 출연료도 비싸게 부르지 않는다. 그래야 인간성이 좋다는 평판을 받을 수 있기 때문이다. 아니면 소속사가 잘 알아서 해줄 수도 있다. 어쨌든 그런 소문이 예능국을 넘어 드라마국까지 퍼지면 청춘 드라마에도 출연할 수 있다. 그때부터는 찜질방 수건을 쓰고 다른 연예인들과 어깨를 나란히 하면서 함께 웃는 프로그램에 나올 수 있는 것이다. 좀 더 잘 보이면

명절 때 한복을 입고 선배 연예인들과 함께 토크 쇼에도 나올 수 있다. 그런 데 출연하게 되면 매니저는 무조건 귀엽고 어리게 행동하라고 주문한다. 그러면 동네 아줌마들도 그들을 세상 물정 모르는 소녀로 본다. 대성공이다. 이때부터는 나이를 먹어도 TV에 얼굴을 내밀 수 있다. 잘만 하면 아줌마가 돼서도 가능하다. 그러다 인기가 시들면 청담동에 카페 하나 차리면 된다. 그다음엔 후배 연예인들이 가끔 놀러 오거나 옛 소속사 시절에 만났던 사장 친구도 가끔 전화를 한다. 또는 고교 시절 팬클럽 회장도 친구들과 함께 온다. 고교생 때 가까이서 얼굴도 보지 못하던 팬클럽 회장은 이제 인생의 벗이 된다. 그럭저럭 장사는 된다.

그러면 이런 오락 프로그램이 미칠 수 있는 영향은 무엇인가? 일부 사람들은 이런 프로그램의 이데올로기적 영향력이 없다고 생각할 수 있다. 그냥 웃거나 인상 한번 쓰면 좋겠지만 현실은 그렇지 않다. 이제부턴 이 문제를 한번 따져 보자.

우선 이 문제는 청소년의 입장에서 접근해야 한다. 대중음악과 관련해서 말했듯이, 청소년기는 문화적 정체성이 형성되는 시기이다. 이때 무엇을 보고 흥미를 느끼는지가 그 사람의 문화적 취향에 큰 영향을 미친다. 다양한 문화 정보를 받아들일 만한 청소년들의 대뇌 용량이 부족하다는 말이 아니라 문화 정보들은 일종의 〈취향 덩어리〉 내지는 세트로 모이는데 그 덩어리들은 다른 것들과 배타성을 갖는다. 좀 더 쉽게 풀어 보자. 예를 들어 노래방은 친구들과의 어울림을 전제로 하는데 그런 사회성은 단독 여행보다는 단체 여행으로 이어지기 마련이다. 뿐만 아니라 그것은 다시 남에 대한 배려를 필요로 하며 친구들과의 일체성 내지는 단합을 중시하게 만든다. 〈노래방 — 단체 여행 — 배려 — 단합〉이 한 취향의 세트이다. 반대로 〈재즈 — 단독 여행 — 개인주의〉도 또 다른 세트일 수 있다. 이 두 가지 세트는 서로 융합되지 않는다. 그것들은 사실상 이데올로기적 코드이기 때문이다. 이렇게 무심코 좋아하기 시작한 무언가는 다른 것을 끌어들이고 연쇄 작용을 일으켜 한 사람의 문화적 취향을 결정할 수 있다.

그러면 한국의 오락 연예 프로그램에서 청소년이 배우는 것은 무엇인가? 우선 세 가지가 떠오른다. 하나는 〈가벼움〉이고, 둘째는 〈가짜〉이고, 세 번째는 〈가벼움과 가짜로도 돈을 벌 수 있다〉는 것이다. 찜질방 수건을 쓰고 나오는 사람들이 르완다 난민을 걱정할 리 만무하다. 연예인들은 주제도 없이 마냥 웃고 떠든다. 간혹 주제가 있으면 본인 이야기나 다른 연예인과의 관계에 국한된다. 그들이 내뱉는 말에는 시사성은 물론이고 비유도, 패러디도, 풍자도 없다. 마치 단세포 존재들이 우스꽝스러운 언어를 어디서 배워 온 것 같다. 이와 동시에 청소년 시청자들은 〈가짜〉도 배운다. 농담도 가짜고, 표정도 몸짓도 가짜다. 노래도 가짜고, 편곡도 가짜다. 가끔은 노래 자체가 표절이기도 한데 이런 경우는 가짜라기보다는 기만에 해당한다.

그러면 이런 〈가벼움〉과 〈가짜〉는 청소년들에게 어떤 영향을 미치는가? 쉽게 예상할 수 있듯이 그들은 〈진지함〉과 〈진짜〉를 알 수 없게 된다. 여기서 말하는 진지함은 인상을 찌푸리게 하는 고민거리가 아니다. 그것은 현실 정치, 지구 오염, 빈부 격차, 실업 문제, 인종 차별, 성차별, 세계 경제, 지역 경제, 여론 흐름, 지구촌 소식을 가리킨다. 청소년 시절 내내 오락 프로그램에서 배운 〈가벼움〉은 이런 〈진지함〉을 거부 또는 무시하게 만들거나 은근슬쩍 피하게 만든다. 이런 식으로 청소년기를 몽땅 보낸다면 결과는 어떨까? 구체적인 사례를 들면 어느 대학 수시 모집 면접시험 때 〈중국에서 발명한 것 중 세계적으로 영향을 미친 것?〉이라는 질문이 나왔다고 한다. 대부분의 학생들이 제대로 대답을 못했지만(1백 명 중 세 사람이 나침반이나 실크, 종이를 언급했다) 그중 몇몇은 〈짜장면〉이라고 대답했다고 한다. 그 학생들은 웬만한 연예인들 이름을 다 알고 있었다.

〈가짜〉를 배움으로써 일어나는 문제는 〈진짜〉를 알 수 없다는 데 있다. 가짜 음악은 진짜 음악을 거부하게 만든다. 대중음악을 다룰 때 강조했듯이, 조미료를 잔뜩 넣은 음식에 익숙한 사람이 진짜 전통 음식의 맛을 못 느끼는 것과 똑같다. 아이돌 댄스 음악에 빠져든 청소년이 클래식 실내악이나 재즈를 즐기기란 여간 쉽지 않을 것이다(안타깝지만 평생 불가능할 수도 있다). 이런 청소년들은 성인이 되어서도 노래방에서 잘 놀 것이다. 대신 여행을 가도 한국 음식과 노래방이 보장되는 싸구려 패키지를 벗어나지 못할 것이다. 그것도 행복이라면 할 말이 없지만 그렇게 여행할 바에는 차라리 인터넷으로 여행지 몇 군데를 검색하며 동네 분식점에서 된장찌개 시켜 먹는 게 더 경제적일 것이다.

그럼에도 청소년들은 이런 연예인들이 잘산다는 것도 알고 있다. 누구의 광고 출연료가 얼마고, 누구는 어떤 고급 빌라에 살며, 또 누구는 어떤 외제차를 타고 다니는지는 인터넷에 깔려 있다. 따라서 청소년들은 〈가벼움과 가짜로도 돈을 벌 수 있다〉는 사실까지 배우는 셈이다. 비록 백댄서로 출발했지만 유명해질 수도 있다는 걸 잘 알고 있는 것이다. 비록 짜장면 배달부로 시작했지만 온갖 아부를 일삼아 연예계에 진출하기만 하면 영화도 찍고 노래도 하며 강남에 술집도 차릴 수도 있다는 걸 이제 모르는 이가 없다. 몇 년 전에 한 여가수의 성교 장면이 인터넷에 공개된 적이 있었다(그것도 매니저에게 잘 보이기 위한 섹스였다고 한다). 한동안 조용히 지냈던 그 가수는 이제 당당하게 활동하고 있으며 가수를 넘어서 패션업에도 손을 대고 있다. 얼마 전엔 한 신인 탤런트가 자살을 했다. 매춘을 강요받았기 때문이다. 그럼에도 불구하고 지금도 유명 소속사 공개 오디션이 열리면 수천 명이 줄을 서고 있다. 그런 자리에 끼지 못해 안타까워하는 청소년들도 부지기수다. 〈개처럼 벌어서 정승처럼 쓴다〉는 속담이 비유가 아닌 직설법으로 통하는 듯싶다. 정말 과정이야 어떻든 이제 한국 연예인들은 신적 존재가 되었다는 말밖에 안 나온다. 그리고 그들은 청소년들의 뇌를 매일매일 〈가벼움〉과 〈가짜〉로 채우고 있다.

그나저나 이런 지경이 계속되면 누가 가장 좋아할까? 당연히 가장 기뻐할 사람들은 한국의 지배 계층이다. 이것은 불변의 법칙이기도 하다. 민중이 무지할수록 다스리기가 편하기 때문이다. 이 계층의 자녀들은 이미 해외에서 유학을 하고 있다. 미국의 유명 사립대에 진학할 것이고 졸업 후에는 외국계 기업이나 특채 공무원 내지는 교수나 학자의 길을 꿈꿀 것이다. 그래서 그런 계층은 입가에 미소를 지으며 마음속으로는 〈The Show must go on〉을 외치고 있을 것이다.

이런 지경을 만들어 놓고 방송사들은 일제히 탈이데올로기의 시대가 왔다고 입을 모은다. 겉으로 보면 틀린 말이 아니다. 이젠 대학생 시위도 없고, 반문화의 저항 정신도 없어졌기 때문이다. 수능 점수에 맞추어 대학 가고, 적당한 직장 구하고 결혼하고 애 낳고 살면 된다. 그저 마트에 가서 소비 잘하고, 남에게 꿀리지 않을 만큼의 명품 몇 개 있으면 된다. 하지만 청소년기에 이런 것만 배우고 대학 교육을 받으면 그것은 얼마나 지루하고 힘든 과정일까? 게다가 6년 동안 영어를 배웠어도 한마디 못하고 심지어 외국 대학생들과 회화가 가능해도 〈진지한〉 대화를 이끌어 가지 못하는데 그것도 탈이데올로기라고 해야 하는가? 그러면 이제는 탈이데올로기의 문제를 보다 꼼꼼히 파헤쳐 보자.

제5부

쟁 점

1. 좌파 이데올로기와 탈이데올로기의 시대

    탈이데올로기 또는 이데올로기의 종말이라는 표현은 1950년대 중반 레몽 아롱Raymond Aron과 대니얼 벨Daniel Bell을 비롯한 몇몇 사회학자들과 역사학자들이 사용한 표현이다. 아롱은 프랑스에서는 흔치 않은 우파 지식인으로, 신문 기자(「피가로」)를 거쳐 소르본 교수로 재직하면서 정치 고문 및 논설위원으로 활동한 매우 열정적인 인물이다. 한국에서 더 많이 알려져 있는 벨은, 당시로서는 정보화 시대를 예견한 사회학자로, 젊은 시절에는 『뉴욕 리더』, 『포천』지의 편집 위원을 지냈으며 컬럼비아 대학에서 박사학위를 받은 후 교수 및 정치 자문으로 활동한 인물이다. 그의 주요 업적들은 정보 사회의 미래를 비교적 정확하게 예견했다는 평가를 받고 있다.

    이 두 인물이 이데올로기의 종말에 대해 언급한 것은 사실이지만, 그들이 말하는 〈이데올로기〉는 마르크스주의와 특히 소련 공산주의를 가리키며, 그것의 한계에 대한 각자의 논점은 별 공통점을 갖지 않았다. 아롱의 대표적인 저술 『지식인의 아편』과 『20세기의 증언』이 프랑스 지식인들(특히 사르트르Sartre와 카뮈Camus)이 가지고 있는 마르크스주의에 대한 환상과 낙관론을 비난하고 스탈린이 저지른 각종 반인륜적 범죄를 고발했다면, 벨이 제시하는 이데올로기의 종말론은 후기 산업 사회에서의 프롤레타리아/부르주아지의 대립이 19세기와는 다른 양상으로 〈개선〉될 것을 예상하며, 노동자와 자본가의 근본적이고도 전면적인 이해 대립이 첨예화되는 것이 아니라 극복될 것이라는 〈비전〉을 제시한다. 이 두 사람의 업적은 각기 독립적으로 발전하고 전개된 것임에도 불구하고 그것이 시너지를 일으킨 계기는 1956년에 밀라노에서 열린 학술 대회다. 하지만 그것은 정치적 중립성이 결여된 학술 대회이자 냉전 시대 프로파간다의 성격을 다분히 지니고 있었다. 이 대회는 소련의 위협을 견제하기 위해 미국과 서유럽 국가들(특히 영국)이 취한 일련의 문화·정치적 조치 중 하나로서 〈문화의 자유〉라는 주제를 중심으로 처음에는 함부르크에서, 그다음은 밀라노에서 그리고 나중엔 빈에서 열렸는데 이 모든 대회를 주관한 문화자유회의Congress for Cultural Freedom는 이미 1950년부터 비밀리에 미국 CIA의 후원을 받아 파리에 본부를 두고 있었다(표면적으로는 포드Ford 사의 후원을 인정했다).[30] 결국 〈문화의 자유〉라는 이름의 학술 대회는 순수 학문적이고 자발적인 모임이 아닌, 이른바 반공산주의적 프로파간다용 대회이자 합목적적인 대회였다(한 예로 문화자유회의 측은 토마스 만Thomas Mann을 서구 현대성의 적으로 간주하기도 했다). 때문에 이 대회에서 논의된 〈이데올로기 종말〉의 개념을 학문적으로 평가할 필요는 없어 보인다. 그럼에도 불구하고 20세기 후반 이후의 대중 사회는 특히 19세기와 20세기 중반에 비해 정치적으로 탈이데올로기화된 것도 부인할 수 없는 사실이다. 따라서 우리는 이런 합목적적 관점과는 별개로

30 Grémion, P. "Le rôle des sciences sociales dans les relations Est-Ouest durant la Guerre froide", http://www.futuribles.com/pax.html. Arte TV의 다큐멘터리, "Quand la CIA infiltrait la culture"(2006)를 비롯하여 http://fr.wikipedia.org/wiki/Congr%C3%A8s_pour_la_libert%C3%A9_de_la_culture도 참고할 수 있다.

좌파 이데올로기의 과거와 현재를 살펴볼 것을 제안한다.

19세기의 노동 환경과 사회주의의 탄생

19세기는 산업 혁명의 시대이자 부르주아지의 절대 권력 시대다. 혹자는 14세기 말에 피렌체에서 문을 연 최초의 증권 시장이야말로 자본주의의 탄생을 상징한다고 하고, 또 다른 이들은 1492년 콜럼버스의 아메리카 대륙 발견이 자본주의의 본격적인 시발점을 상징한다고 말하지만 어쨌든 이때 부터 새롭게 열리는 항로와 신세계의 발견은 공간과 시간을 새로운 상품으로 인식하게 만들고 대량의 노동력을 시장에 끌어들인다. 이렇게 탄생한 자본주의는 제조업에서의 능률주의와 유통에서의 부가 가치를 발견하게 되고, 그 결과 유럽의 여러 도시에서는 공예 단지가 생겨났다. 공예 단지는 제조업체들이 지리적으로 가까이 있어 생산성을 높일 수 있는 수단으로 인식되었다. 이것이 산업 사회의 초석을 마련하는 거시적 변화의 출발점이라고 할 수 있다. 왜냐하면 이때부터 이농 현상이 본격화되면서 대도시가 형성되고 새로운 생활 터전에서 사람들은 노동력을 팔기 시작하기 때문이다. 증기 기관의 활용과 직물 산업의 발전에 힘입어 이런 과정이 절정에 달했을 때가 19세기이다.

이 시대의 노동 조건은 말로 표현하기 어려울 정도로 열악했다. 오늘날에는 인도 같은 일부 나라에서 이루어지는 아동 노동이 문제가 되곤 하지만 당시에는 열두 살의 아이들도 각종 산업 현장에서 고된 노동에 시달려야 했다. 프랑스 통계청에 따르면, 1840년대 13세 이하의 아이들 중 13만명이 근로자 수 열 명 이하의 공장에서 일하고 있었으며 산업 전반에 종사하는 노동자 중 12퍼센트가 어린아이들이었다. 1880년까지 아이들은 특히 탄광에서 일하는 경우가 많았는데 작은 신체 덕분에 아이들을 막장까지 들여보낼 수 있었기 때문이다. 이런 노동력의 수요는 여섯 살짜리 어린아이까지 탄광에 들어가게 했으며 하루 노동 시간은 14~16시간에 달했다. 18명의 사망자가 발생한 1861년 프랑스의 베튠 탄광 매몰 사건에서는 일곱 명이 아홉 살 이하의 아이들이었다.

1840년대 절대다수의 노동자 가족 수입의 87퍼센트는 식비와 단칸방 월세를 지불하는 데 사용되었다(이 비율은 점차 줄어들어 1913년에는 77퍼센트, 1937년에는 59퍼센트에 이르게 되며, 2007년 기준 프랑스인의 평균 거주 및 식비 지출은 총수입의 35.3퍼센트를 차지한다). 한마디로 먹고 자는 것 말고는 쓸 돈이 없었던 셈이다. 고용주의 입장에서 임금의 유일한 기준은 역시 생산성이었다. 따라서 노동자에게는 오로지 일할 수 있는 만큼의 식대와 단칸방 임대료를 임금으로 지불한 것이다. 그도 모자라 생산성에 차질을 준다는 이유로 노동자의 지각이나 실수를 처벌하는 벌금 제도를 만들었는데, 사실 그것은 노동자들을 통제하는 수단이었다. 같은 맥락에서 일터에서의 위계질서를 조성하기 위해 고용주는 명백하게 차별화된 임금 제도를 도입했다. 초급자나 어린아이들은 가장 낮은 임금을 받았고 그다음은 여성 노동자, 일반 노동자, 숙련공, 반장 순으로 각자는 아랫사람의 생산 능력을 〈책임〉져야 했다. 이런 제도를 통해 고용주는 노동자로 하여금 노동자를 감시하게 한 것이다. 한 가족의 구성원들이 모두 탄광에서 일해도 삶은 하루살이 인생이었고 갑자기 일방적인 해고를 당해도 하소연할 곳이 없었다. 노동자 가족에게 가장 문제 되는 것은 갓난아이였다. 여러 문헌들이 전하는 바에 따르면, 일부 노동자 여성들은 자기 아이가 하루 종일 혼자 지낼 수 있도록 우유병에 술이나 아편을 섞었다고 한다.

그토록 야만적인 자본주의 앞에서 수많은 노동자들이 가만히 있었어야 하는가? 열두 살짜리 아이가 탄광에 기어 들어가 열네 시간씩 노동하는 것을 보고만 있었어야 하는가? 오로지 다음 날 일을 하기 위해 밥만 해 먹고 단칸방에서 온 가족이 추위에 떨어야 하는가? 아니면 레셰크 코와코프스키Leszek Kołakowski가 말하듯이 〈노동자는 자기 필요를 충족시키기 위해 노동하는 것이 아니라 생명을 부지하기 위해 노동한다. 그는 실로 노동의 과정에서, 특히 인간적인 활동의 형태에 만족을 느끼는 것이 아니라 먹고 자고 새끼를 낳는 동물의 기능을 발휘〉해야 하는가?[1] 이런 질문에 긍정으로 답할 사람은 아무도 없을 것이다. 〈유토피아면 어떻고 사회주의 또는 공산주의면 또 어떠냐〉라는 다급함이 있었을 것이다. 여러 문헌과 이론이 쏟아져 나왔고 실제로 국제노동자연맹이 결성되었으며 내부의 온갖 논쟁에도 불구하고 노동자들은 계급의식을 갖게 되면서 정치 세력을 형성할 수 있었다. 당연히 프랑스 혁명에 이은 또 다른 혁명이 막연한 꿈이 아니라 당장 시급한 해결책처럼 보였을 것이다. 이런 노동 환경과 인간 조건에서 새로운 세상을 꿈꾸는 일은 필연이자 생존이기도 했다. 그런 꿈을 키운 이들이 유토피아적 사회주의자 생시몽Saint-Simon이나 샤를 푸리에Charles Fourier이든, 보다 근본적인 혁명을 추구한 아나키스트 피에르 조제프 프루동Pierre-Joseph Proudhon이든 미하일 알렉산드로비치 바쿠닌Mikhail Aleksandrovich Bakunin이든, 그리고 보다 이론적인 관점에서 유물론적 역사관을 정립하고 자본주의의 한계를 역설한 마르크스든 이들 모두에게 혁명은 불가피한 선택이었을 것이다.

---

1 코와코프스키, 『마르크스주의의 주요 흐름』 제1권, 224면.

사회주의 운동과 마르크스

흔히 생각하기를 좌파 이데올로기를 대표하는 정치·경제 이론은 마르크스주의이다. 하지만 앞서 언급했듯이, 마르크스는 당시의 야만적 자본주의를 고발하고 그것의 종식을 위해 고민했던 유일한 인물이 아니다. 마르크스와 엥겔스도 인정하는 최초의 평등주의자이자 공산주의자는 프랑수아 노엘 바뵈프François-Noël Babeuf이다. 바뵈프는 프랑스 혁명이 부르주아지를 위한 것에 불과하다는 사실을 깨닫고 진정한 〈인민 혁명〉을 계획한다. 그는 로베스피에르가 몰락한 후 부르주아 공화파에 도전하여 『호민관La Tribune du peuple』지를 발행하고, 법과 신분의 평등뿐 아니라 교육과 취업의 기회 균등을 비롯하여 토지 사유의 제한, 생산물과 배당 및 분배의 국가 관리, 재산의 평등 등을 주장한다. 또 비밀 결사로 사회 혁명 계획을 세우고 노동자들을 포섭한 뒤 무장봉기를 시도하였으나 사전에 발각되어, 1796년 5월 체포되어 1년 만에 처형된다.

본격적인 사회주의의 출현은 생시몽과 샤를 푸리에로 거슬러 올라간다. 하지만 당시에 이들이 생각한 사회주의는 꿈과 현실이 뒤섞인 유토피아적 사회주의로 평가된다. 1830년과 1851년에는 마르크스 이전의 공산주의 문헌으로 꼽히기도 하는 『노동자의 목소리La Parole ouvrière』가 발간되는데, 이것은 프랑스 노동자들이 작성한 일련의 글로서 더욱더 강경해지는 자본주의에 대항하기 위한 노동 운동 지침서이자 프롤레타리아 혁명을 준비하기 위한 노동자의 계몽과 조직화 및 사회주의 이론과 관련된 내용을 담고 있다. 1840년에는 프루동의 『사유 재산이란 무엇인가?Qu'est ce que la propriété?』가 출간된다(일부에는 이 책이 마르크스에게 영향을 끼쳐 사유제 폐지를 공식화하게 했다고 한다). 또한 프루동은 『경제적 모순의 체계 또는 빈곤의 철학Système des *contradictions économiques: ou, Philosophie de la misère*』을 집필하여 사회주의 이론가로서의 입지를 굳히는데 특히 『소유란 무엇인가?』에서 그는 〈나는 무정부주의자다〉라고 선언함으로써 바쿠닌과 함께 최초의 무정부주의 이론가로 꼽힌다.

마르크스가 등장한 시기는 1840년대 말이다. 1844년에 엥겔스는 파리에서 마르크스와 첫 만남을 갖는다. 두 사람은 루트비히 포이어바흐Ludwig Feuerbach와 여러 공산주의자 및 사회주의 이론가들에게 영감을 받아 범국가적 프롤레타리아트의 필요성을 부르짖기에 이른다. 1848년에는 『공산당 선언』이 출간된다. 1864년부터는 다양한 성향의 공산주의자들이 국제 노동조합에 가입하지만 그것이 해체되면서 마르크스주의자들은 1889년에 열리는 제2인터내셔널을 통해 다시 세력을 집결한다. 그사이 마르크스의 『자본론』이 출간된다. 20세기로 넘어오면서 공산주의는 통일된 모습보다는 때로 상호 적대감을 드러내기도 하는 다양한 성향의 집단과 철학으로 나뉜다(레닌주의, 룩셈부르크주의, 반레닌적 공산주의conseillisme, 독립파autonomes, 노동자 공산주의). 이런 와중에 특히 1914년까지 마르크스주의자들은 국제연합을 중심으로 힘을 집결함으로써 국제적 연대를 이루어 냈다. 특히 제1차 세계 대전을 반대하는 입장을 표명함으로써 범국가적 이념의 수호자로 자리를 굳히게 된다. 1917년에는 러시아 혁명이 일어난다. 이것은 8개월간 지속된 혁명이자 마르크스-레닌주의가 차르에게 정권을 빼앗는 동시에 멘셰비키나 아나키즘과 같은 여타의 공산주의자들과 사회주의자들을 무력화하는 혁명이기도 했다.[2]

이렇듯 간략하게나마 사회주의의 〈역사〉를 요약한 이유는 마르크스가

2 멘셰비키는 1903년, 제2회 러시아 사회민주노동당 대회에서 분열된 마르토프 중심의 소수 파이다. 당을 구성할 때 소부르주아적인 인텔리, 모든 파업자, 시위 운동자에게도 입당을 허락해야 한다고 주장하기도 했다.

유일한 혁명 이론가가 아니었다는 점을 상기하기 위해서이다. 뿐만 아니라 당시에는 다양한 성향의 공산주의 및 사회주의 노선이 공존하며 서로 경쟁했다는 점도 중요하다. 특히 프루동-바쿠닌 진영과 마르크시스트들의 노골적인 대립은 1848년에서 1871년(파리 코뮌)까지 이어졌으며 당시에는 아나키즘 진영이 오히려 우세했다. 하지만 제2인터내셔널(1889)에서는 마르크스주의자들이 혁명 이론의 지휘봉을 잡는다. 이때 〈노동자의 해방은 노동자 스스로의 과업이다〉는 제1인터내셔널의 기본 원칙이 의회주의와 수정주의를 담보로 버려진다. 이 시점이 이데올로기로서 마르크스주의의 탄생을 의미한다고 할 수 있다. 여러 가지 혁명 이론 가운데 마르크스주의가 〈선택〉된 이유 중에는 마르크스 이론의 과학성도 있지만, 역사가 그렇듯이, 현실·상황적 요소와 전술·전략적 요인도 있는 것이다. 이때부터 마르크스주의는 하나의 이데올로기로서 어쩌면 마르크스 자신도 생각하지 못한 길을 걷게 되는 것이다.

마르크스와 마르크스주의

〈마르크스주의Marxism〉는 1870년경 국제노동자연합 내에서 마르크스를 반대하던 사람들이 만들어 낸 용어이자 마르크스에게 동조하는 조직이 채택한 개념이다. 마르크스 자신은 그 용어를 기피해 여러 차례 〈나는 마르크스주의자가 아니다〉라고 말한 바 있다. 이 표현은 엥겔스가 1882년 11월 2일 에두아르트 베른슈타인Eduard Bernstein에게 보낸 편지에서도 언급되는데 그런 말을 한 이유는 〈본인의 이론을 정확히 이해하지 못한 채 잘못된 해석을 퍼뜨리는 자들〉을 경계하고, 이와 동시에 〈개인숭배〉를 멀리하려는

데 있을 것이다.[3]

마르크스의 이런 경고에도 불구하고 역사는 마르크스주의를 가장 강력한 이데올로기 중 하나이자 가장 대표적인 반자본주의적 이데올로기로 만든 것도 사실이다. 이때부터 마르크스주의는 마르크스를 떠난 셈이다. 그리고 마르크스주의를 정치 이데올로기로 바꾼 대표적 인물은 레닌이다. 레닌은 볼셰비키 혁명을 이루어 냈으며 그에 힘입어 마오쩌둥(毛澤東)도 공산주의 혁명을 일으켜 국토를 통일시킨다. 코와코프스키는 마르크스주의와 레닌주의의 관계에 대해 다음과 같이 말한다.[4]

분명 마르크스주의 이데올로기의 보편화는 무엇보다 레닌주의 덕분이다. 레닌주의는 기존의 사회적 요구와 모든 불만을 단일한 통로로 유도할 수 있고, 이로써 공산당의 독재 권력을 안전하게 할 수 있는 힘을 활용할 수 있다

---

3 에두아르트 베른슈타인(1850~1932)은 독일 사회민주당(SPD) 당원으로 사회 민주주의 이론가이며, 사회 민주주의, 수정주의적 마르크스주의의 이론적 창시자이다. 〈나는 마르크스주의자가 아니다〉라는 발언에 대해서는 http://encyclomarx.ovh.org/를 참고할 수 있다.

4 코와코프스키, 『마르크스주의의 주요 흐름』 제3권, 689면. 이 저술은 3권으로 구성된, 총 2천 페이지에 이르는 방대한 연구서이다. 이 저서 제1권에서 코와코프스키는 마르크스 이론의 전반을 매우 세밀하게 정리·요약한다. 제2권과 제3권에서는 19세기에서 20세기 중반까지 이어지는 마르크시즘의 역사와 추종자들을 꼼꼼히 기술한다. 하지만 제3권에서 그는 얼마나 많은 사람들이 마르크스를 잘못 이해하거나 부분적으로 해석했는지를 혼신을 다해 지적한다. 그에 따르면 마르크스를 제대로 이해한 진정한 마르크스주의자는 없다. 예를 들어 트로츠키는 〈마르크스주의의 토대들에 대해 어떤 이론적 분석도 하려 하지 않았으며〉(『마르크스주의의 주요 흐름』 제3권, 317면), 루카치는 〈스탈린의 지배 시절, 소비에트 체제를 자유의 최고 구현으로 칭송했으며〉(434면), 〈골드만은 마르크스주의에 대한 극히 단순화된 선별적 해석에 그친 셈이며〉(482면), 베냐민은 〈역사 유물론을 자신의 문화 이론에 접목시키려 했던 것처럼 보이지만 그 문화 이론은 마르크스주의와 하등의 관계가 없으며〉(496면), 아도르노는 〈교환 가치에 의존한 사회를 비판하지만 대안적 사회에 대한 어떤 밑그림도 제시하지 않으며〉(526면), 마르쿠제가 제시하는 마르크스주의는 〈(복지 사회에 의해 타락이 불가피한) 프롤레타리아트, (미래의 관점을 역사 변화에 대한 연구로부터가 아니라 전정한 인간 본성이라는 직관으로부터 끌어내고 있기 때문에) 역사, 과학의 숭배를 배제한 마르크스주의다〉(585면).

는 점을 보여 주었다. 레닌주의는 정치적 기회를 이론의 위치로 끌어올렸다. 볼셰비키들은 〈프롤레타리아트 혁명〉이라는 마르크스주의의 도식과 무관한 환경에서 승리를 거두었다. 그들이 그러한 승리를 획득했던 것은 고전적 마르크스주의의 관점에서 보면 〈반동적〉이었던 사회적 당면 문제, 즉 민족적·농민적 이해관계에서 비롯된 기대와 열망을 활용했기 때문이다.

코와코프스키는 마오이즘에 대해서도 다음과 같이 서술하고 있다.[5]

오늘날 말하는 모택동주의 혹은 〈모택동 사상〉은 그 발생 연도가 수십 년 거슬러 올라가는 이데올로기적 체계이다. 러시아 공산주의와 대비되는 중국 공산주의의 몇몇 특수한 성격은 1920년대 말에 이미 가시화되었다. 최종 완성 형태의 모택동주의는 마르크스주의 어법을 확연히 드러내고 있지만 그 지배적 가치는 마르크스주의와는 동떨어져 보이는 철저한 농민 유토피아다. 이 유토피아가 유럽의 경험과 이념들에 별 영향을 입지 않은 것은 놀랄 일이 아니다. 모택동은 새로운 국가의 수장이 되고 나서 모스크바를 두 차례 방문한 것을 제외하고는 한 번도 중국을 떠난 적이 없었던 것이다. 그는 외국어를 전혀 할 줄 몰랐으며, 마르크스에 대한 그의 지식도 상당히 제한적이었다.

한마디로 마오쩌둥은 카를 마르크스의 역사 유물론과 과학적 사회주의를 정독한 사람이 아니라는 말이다. 아마도 맞는 말일 것이다. 마오쩌둥의 혁명은 산업 사회에 대한 근본적인 비판에서 시작된 것이 아니라 일종의 농민 혁명이었으며, 일본이라는 외세에 대한 저항 정신 없이는 그런 혁명이

5 코와코프스키, 앞의 책, 693면.

어려웠을 것이다. 때문에 그는 다음과 같이 강조한다.[6]

　모택동이 반복적으로 주창하는 말에 따르면, 모택동주의는 중국의 특수한 현실에 맞는 마르크스주의의 〈활용〉이다. 그러나 좀 더 분석해 들어가면, 이는 마르크스주의에 낯설거나 반대가 되는 이념과 목적을 은폐하기 위해 마르크스주의 구호를 이용하는 레닌의 권력 장악 방식과 흡사한 것으로 보인다. 물론 〈실천의 우선성〉은 마르크스주의에 뿌리를 두고 있는 원칙이지만, 책을 읽는 것은 해로우며 문맹자가 배운 사람보다 자연적으로 더 현명하다는 추론은 마르크스의 어법으로 방어하기가 어렵다. 프롤레타리아트를 대신해서 농민을 가장 혁명적인 계급으로 대체한 것은 마르크스주의 전통 전체와 극명하게 대별되는 부분이다. (……) 육체노동과 정신노동의 〈구별〉을 철폐해야 한다는 이념은 마르크스주의적이지만, 육체노동을 인간의 가장 고귀한 직업으로 숭배하는 것은 마르크스 유토피아에 대한 기괴한 해석이다.

　이렇게 마르크스주의가 이데올로기로 활용되고 이용되는 순간부터 그것이 얼마나 마르크스의 이론에 충실했는지에 대한 문제가 수많은 논쟁을 불러일으키지만 20세기 초만 해도, 볼셰비키 혁명의 성공은 마르크스주의를 현실에 적용할 수 있다는 가능성을 의미하는 데 충분했다. 앙드레 피에트르André Piettre는 마르크시즘과 관련된 두 가지 혁명, 이른바 마르크스와 엥겔스의 〈예언된 혁명révolution prophétisée〉과 소련의 〈실현된 혁명〉을 구분하는데 당시 러시아에서 〈공산주의 혁명이 일어났다는 사실은 예언자들에게도 가슴 벅찬 승리였다〉고 지적한다(여기서 말하는 〈예언된 혁명〉은 유토피아

6 코와코프스키, 앞의 책, 719면.

로서 〈혁명의 꿈〉을 의미한다).[7]

　물론 당시 러시아라는 이른바 산업 국가도 아닌 농업 국가에 마르크스의 혁명론을 적용했다는 것이 근본적인 모순을 떠안는 셈이지만 〈어쨌든〉 레닌은 마르크스주의를 정치 이데올로기로 밀어붙이는 데 성공했고, 스탈린은 그것을 반자본주의 및 반제국주의를 표방하는 권력 이데올로기로 더욱 강화하고 이용했다. 모든 이데올로기가 그렇듯이 마르크스주의와 특히 마르크스-레닌주의는 원인-결과의 관계를 합리화하는 단계로 접어드는데 이런 합리화는 러시아가 후진국이었기 때문에 더 용이했을 것이다. 이 때문에 자본주의 진영에서도 강력한 견제 이데올로기를 만들어 내야 했는데, 경제·과학·예술 등의 모든 분야에서 맹목적인 경쟁을 일삼았다(앞서 언급한 〈문화자유회의〉를 상기할 수 있다). 돌이켜 생각하면 자본주의 진영에서 이룬 경제 및 기술 발전은 부분적으로나마 공산주의에 대항하는 경쟁과 프로파간다 덕분에 가능했다고 할 수 있다. 특히 미국은 반공 프로파간다에 적극 뛰어들어 최대의 혜택을 얻으려 했는데 그중 가장 대표적인 것이 두 차례에 걸쳐 일어난 〈적색 공포〉의 시대다. 이런 공포감을 조성하여 미국의 지배 계층은 여론을 통제하고 반공산주의 국가의 틀을 다질 수 있었다.[8]

---

　7 재인용, Rubel Maximilien, "Annales. Économies, Sociétés, Civilisations", Volume 16, Numéro 4, pp. 809~812, 1961. http://www.persee.fr/web/revues/home/. 〈révolution prophétisée〉에서 과거 분사로 사용된 prophétiser 동사는 〈예언하다〉, 〈선지하다〉, 〈예상하다〉의 의미를 갖는다.
　8 제1차 적색 공포는 1917년 러시아 볼셰비키 혁명 이후와 제1차 세계 대전 중에 시작되었다. 무정부주의자와 사회주의자들의 정치적 활동이 사회적·정치적 긴장을 유발했으며 당시의 보수주의적 언론은 급진적 무정부주의 다수가 대중적 빈곤에 대한 답이라고 여겼기 때문에 이러한 정치적 두려움을 외국인 혐오증으로 돌려 버린다. 또한 국제산업노동자연맹(IWW)이 1916~1917년에 몇 번의 노동자 파업을 강행하는데 언론은 이를 미국 사회의 급진적 위협으로 표현했다. 즉 보수적 언론사들이 합법적 노동자 파업을 〈사회에 어긋나는 범죄〉나 〈정부 타도의 음모〉 또는 〈공산주의 수립 계획〉이라고 잘못 전한 것이다. 적색 공포는 전후 사회의 불안 요인

20세기의 마르크스주의

앞서 언급한 코와코프스키는 〈마르크스주의는 우리 시대의 가장 위대한 공상fantasy이었다. 마르크스주의는 인간의 모든 희망을 실현하고, 모든 가치를 충족시켜 주는 완전히 통일된 사회의 전망을 제시하는 꿈이었다〉고 역설하면서 자신의 저술을 결론짓는다.[9] 맞는 말이다. 하지만 쥘 베른 덕분에 인간이 달나라 여행을 생각했듯이, 몇 가지 꿈은 세상을 바꾸었다. 같은 맥락에서 바로 그런 꿈(또는 피에트르가 말하는 〈예언된 혁명〉)이 오늘날까지도 자본주의를 견제하는 역할을 한다는 사실을 무시할 수 없으며 이 문제에 대해서도 정당한 논의가 필요할 것이다. 왜냐하면 그것은 자본주의를 충분히 겪은 나라에서 일어나야 하는 혁명 혹은 새로운 사회의 출현에 대한 기대를 가슴에 품을 수 있는 이데올로기로 작용하기 때문이다. 사실 이런 기대가 마르크스주의를 20세기 후반까지 지탱하게 한 원동력 중 일부이기도 하다. 이 문제는 그토록 많은 학자들이 마르크스를 인용하고 마르크시즘에서 동조한 심층적 이유와도 관련이 있으며 〈인간과 세상에 대한 일반적 개념〉으로서의 마르크스주의를 이해하는 데 도움이 된다. 이 때문에 정치 이데올로기가 아닌 일종의 문화 이데올로기로서의 마르크스주의 내지는 총체적 좌파 이데올로기의 생명력을 살펴볼 필요가 있는 것이다. 문화 이데올로기로서의 마르크스주의가 관념화되는 과정을 이해하기 위

에 대한 미국 국민의 과민 반응에서 나온, 이른바 〈정상〉을 향한 일종의 〈부흥 운동〉이며 이를 기회로 보수적 지배 계층은 국민의 심리적 공허감을 이용해 〈비미국적 요소〉를 가진 모든 개인과 집단들을 새로운 적으로 만들어 버린다. 제2차 적색 공포는 제2차 세계 대전 이후에 일어났는데, 소비에트 동부 유럽과 베를린 봉쇄, 국공 내전(1946~1950), 한국 전쟁의 결과로 나타난 공산당 스파이 활동에 대한 대중적인 공포감의 확대와 함께 생겨났다. 이런 공포로 인해 미국 내에서는 공산주의 탄압과 그에 따르는 이런저런 소문과 블랙리스트가 전국을 휩쓴다.

9 코와코프스키, 앞의 책, 727면.

해서는 코와코프스키가 정리한 마르크스 교의의 핵심을 인용해 볼 수 있다.[10] 그에 따르면 마르크스의 교의는 다음과 같이 요약될 수 있다.

1. 마르크스의 출발점은 헤겔로부터 제기된 종말론적 물음이지만 그는 포이어바흐를 따라 인간의 〈지상의 현실성〉을 지닌 자기 구상의 중심에 세운다. 〈인간의 경우 그 뿌리는 인간 자신이다.〉 이것이 마르크스에게는 그 자체로 정당화되고 근거가 되는 기본 현실이다.

2. 마르크스는 헤겔과 마찬가지로 세계와 자기 자신 그리고 타자와의 인간적이고 궁극적 화해를 모색하지만 (……) 또다시 헤겔에 반대하고 포이어바흐를 따라 존재를 자의식의 산물로 인정하는 데서 화해를 찾지 않고, 소외의 원인을 인식하면서 인간의 지상의 문명과 이를 극복하는 데서 구한다.

3. 소외된 노동은 노동 분업의 결과이다. 노동 분업은 기술적 진보에 의해 초래되며, 따라서 그것은 역사의 피할 수 없는 한 측면이다. 이때 마르크스는 포이어바흐에 반대하고 헤겔에 동의하여, 소외를 파괴적이고 비인간적인 것으로 볼 뿐 아니라 인간이 다방면으로 발전할 미래의 한 조건으로 보기도 한다. 하지만 그는 지금까지의 역사를 자유의 진보적 승리로서가 아니라 성숙한 자본주의 사회에서 바닥까지 내려간 인간에 대한 손상 과정으로 간주하는 점에서 헤겔과 반대 입장에 서 있다. 그러나 인간이 극단적 손상과 탈인간화를 경험해야 하는 것은 미래의 인간 해방을 위한 필요조건일 뿐이다.

4. 소외는 자신이 만든 산물들에 인간이 종속되는 것을 의미한다. 화폐 형태로 표현되는 산물들의 상품적 성격은 교환의 사회적 과정이 인간 의지와 독립해서 마치 자연법칙에 따라 작동하는 요소들에 의해 조종되는 것과 같은

10 코와코프스키, 『마르크스주의의 주요 흐름』 제1권, 281~286면.

효과를 지닌다.

5. 따라서 소외는 사유 행위를 통해서가 아니라 그 원인을 제거함으로써 치유될 수 있다. 인간은 실존적 존재이며, 그의 사상은 그의 실천적 생활의 의식적 측면이다. 물론 이 사실은 허위의식에 의해 모호해진다. (……) 따라서 우리는 인간의 실천적 지평을 간과하고 어떤 절대적 실재를 구하려 하는 헛된 희망에서 야기되는 형이상학적·인식론적 문제들의 유효성을 거부해야 한다.

6. 소외의 극복은 공산주의의 또 다른 이름일 뿐이다. 그것은 인간 실존의 전면적 혁신이자 인간을 통한 유적(類的) 본질의 회복을 의미한다. (……) 공산주의는 정치 제도의 필요성을 무색게 하며, 인간 본성에서 갈라진 틈새를 메우고, 일면적으로 발전하여 불구화된 인간을 치유한다. 강제나 이해관계의 합법적 조절이 아닌 자발적 연대가 인간관계의 부드러운 조화를 보증하게 된다.

7. 공산주의는 인간에게서 개인성을 박탈하지 않으며, 개인의 욕구와 능력을 죽은 평준화의 수준으로 환원하지도 않는다. 공산주의는 오히려 개인이 자신의 능력을 고립된 형태에서가 아니라 인간의 공동체 안에서 가치 있고 효과적인 사회적 힘으로 간주될 때에만 그 능력이 번창할 수 있다고 본다.

8. 프롤레타리아트는 고통과 손상, 비참함의 응결체일 뿐만 아니라 인간이 인류의 고귀한 유산을 회복할 수 있게 하는 역사적 도구이다.

9. 그러나 프롤레타리아트는 비인격적 역사 과정의 도구 이상을 의미한다. 프롤레타리아트는 자신이 처한 특수한 상황과 운명을 의식함으로써 자신의 운명을 실현한다. 프롤레타리아트의 의식은 역사가 자신에게 부여한 역할에 대한 단순한 지각이 아니라 자유 의식이자 혁명 동기의 원천이다. 여기서 자유와 필연의 대립은 사라진다.

10. 공산주의는 생활의 모든 영역을 비롯하여 인간 의식을 최종적으로 변혁시키는 것을 의미하는가 하면, 이런 개혁을 유발하는 혁명의 동력은 착취

당하는 궁핍한 프롤레타리아트의 계급적 이해관계일 수밖에 없다. 혁명은 수행해야 할 과제가 있으며, 이 과제를 프롤레타리아트에게 위임한다.

코와코프스키가 요약한 마르크스 이론의 기본 원리를 인용한 이유는 이데올로기로서의 마르크스주의는 바로 이런 요약문과 유사한 의미 내용으로 집약되기 때문이다. 다시 말해 정치 및 학계의 전문가들을 제외하면 대다수 〈마르크스주의자〉들이 그의 이론의 기본 원리를 위에 요약된 개념의 집합체로 이해할 가능성이 매우 높다는 말이다. 사실 마르크스의 『공산당 선언』, 『독일 이데올로기』, 『신성 가족』, 『자본론』을 정독한 일반 동조자는 그리 많지 않을 것이다(반대론자들도 마찬가지다). 심지어는 이러한 관념−마르크스주의에 동조하기 때문에 마르크스의 저서를 읽게 되는 것이지 그 반대는 아니다. 1988년 프랑스에서 미테랑 대통령이 54퍼센트의 지지율로 재선에 성공했을 때 프랑스 인구의 반이 사회주의 기본 원리를 정확히 이해하고 있었을 가능성은 만무하다. 더 엄밀히 말하면 일반 대중은 위의 요약본보다 더 추상적인 관념, 다시 말해 현실 속에서의 자기 구상, 소외의 극복, 소외의 원인, 소외와 교환 시장, 소외 제거와 실천, 공산주의의 의미, 공산주의의 개인적 장점, 프롤레타리아트의 역사적 사명, 프롤레타리아트 혁명의 동기, 프롤레타리아트에게 혁명 의무 위임으로서의 마르크스주의를 〈알고〉 있었을 수도 있다. 또는 이런 개념들 중 일부분만 알고 있을 수도 있다. 심지어는 몇 단계 더 추상적인 관념이자 〈평등주의, 혁명, 분배주의〉로 구성되는 일종의 〈사회적 비전〉으로 희석될 수도 있다(반대로 일부 반공산주의 국가에서는 사회주의를 〈남의 재산을 강제로 빼앗는 《빨갱이》〉로 인식하고 있으며 또 그렇게 홍보하고 있다). 여기에 19세기부터 전개된 사회주의 운동 덕분에 〈개선된〉 몇 가지 노동 조건 및 복지 정책과 자칭 사회주의 국가들이 범한 각종 범죄와 실수들로 인해 〈혁명〉이 〈개혁〉 정도로 그 수위가 조정될 수도 있다. 이쯤 되면 마르크스는 일종의 문화 이데올로기로 자리매김하거나 다소 강경하거나 온건한 좌파 이념으로 재정비된다고 말할 수 있겠지만 그렇다고 해서 죽었다고 단언할 수도 없는 것이다. 게다가 문화 이데올로기로서 그것은 일종의 생활 및 사고방식으로서의 전파력 내지는 전염성을 갖게 된다. 앞서 말했듯이, 좌파적 성향에 동화된 다음 마르크스나 프루동을 읽을 수 있는 것이다. 때문에 이런 이데올로기는 앞서 분석한 바 있는 밈의 지위를 가질 수 있으며 그 전파력의 강도와 속도는 각 나라의 역사적 배경, 교육, 정책, 자본주의의 강도를 비롯하여 실업 문제, 빈부 차이, 경제 상황에 따라 매우 가변적일 것이다. 이는 마치 세상이 바뀌어도 한번 존재한 록 음악과 그 문화가 불씨를 간직한 채 시대에 따라 다양한 형식을 취하는 상황과 비교될 수 있다. 나는 바로 이러한 관념으로서의 마르크스주의가 〈인간과 세상에 대한 일반적 개념〉과 〈그토록 많은 학자들이 마르크스를 인용하고 마르크시즘에서 동조한 심층적 이유〉를 부분적으로나마 설명한다고 믿는다. 그리고 그런 마르크스주의의 기저에는 좀 더 인간적인 세상을 꿈꾸는 〈거대한 꿈〉이 자리 잡고 있는 것이다.

신좌파의 이데올로기: 격동의 1960~1970년대와 소련의 붕괴

제2차 세계 대전의 후유증이 조금씩 가라앉을 무렵, 스탈린은 세상을 떠났지만 그가 보여 준 잔혹함이 널리 알려지고 미국의 군사적·경제적 패권주의가 수면에 드러날 때 서구 사회는 또 다른 혁명의 꿈을 실현하고자 몸부림친다. 이때 등장하는 것이 신좌파New Left 운동이다. 기본적으로 신좌파 이념은 마르크스주의에 근거하여 사회 개혁을 주장하는 좌파 이념을 말한다. 하지만 신좌파라는 개념은 다소 총칭적인 것으로서 노동과 노동자의 계급 투쟁에 초점이 맞추어져 있던 전통적 좌파 이념에 대한 비판 의식에 근거한다.

미국의 신좌파는 1960년대에 대학생들 사이에서 일어난 정치 운동으로 시작되는데 일부 사회학자들이 말하듯이 그것의 기원은 히피 정신과 무관하지 않다. 〈신좌파〉라는 표현은 사회학자 찰스 라이트 밀즈Charles Wright Mills가 쓴 「신좌파에게 보내는 편지Letter to the New Left」라는 글에서 처음으로 사용된다.[11] 여기서 밀즈는 노동 운동에 집중하는 구좌파에서 벗어나, 사회적 소외, 무질서, 권위주의와 같은 보다 개인화된 현대 사회의 문제점에 중심을 두는 새로운 좌파 이념의 필요성을 역설한다. 미국의 신좌파는 그들이 〈체제system〉라고 부르는 사회의 권위적 구조에 대항하고, 자신들을 〈반체제〉라고 지칭했다. 그들은 베트남 전쟁과 중국의 문화 혁명에 많은 영향을 받았다. 미국의 신좌파에 속하는 이들은 소련이 더 이상 세계적 프롤레타리아 혁명의 중심이 아니라고 보았으며, 마오쩌둥, 호찌민, 피델 카스트로 등을 새로운 사상의 지도자로 인식했다.

이 무렵 프랑스에서는 5월 혁명 또는 68혁명이 일어난다. 좁은 의미에서의 68혁명은 드골 정부의 실정과 사회 모순에 대항하는 학생 운동과 총파업 투쟁을 뜻한다. 당시 5월 혁명을 주도한 이들 대부분은 좌파였지만 좌파 정당이나 노동조합의 힘을 빌리지 않았다. 이 혁명의 기본 정신은 교육 체계와 사회·문화적인 의미의 〈구시대〉를 바꿀 수 있는 갈망에 근거한다.

---

11 찰스 라이트 밀즈(1916~1962)는 미국의 사회학자로 베버, 프로이트, 마르크스 등의 사회 과학 방법론에 기초하여 현대 사회의 분석에 가장 유효한 방법론을 세우려고 했다. 미국 지배 계급을 분석한 『파워 엘리트』, 중류 계급을 분석한 『화이트칼라』 등의 저작이 있다.

이미 1960년대 초부터 프랑스에서는 영화(누벨바그)와 소설(누보로망), 음악 (록 음악) 등 문화 전반에 걸친 반권위적인 이데올로기가 요동치고 있었다. 때문에 68혁명은 기존의 가치와 질서에 저항한 사건으로 간주될 수 있는 것이다. 68혁명에 대한 평가는 다양하지만 그 사건을 계기로 종교, 애국주의, 권위에 대한 복종 등의 보수적인 가치들을 대체하는 평등, 성 해방, 인권, 공동체주의, 생태 등의 진보적인 이념들이 사회의 주된 가치로 자리매김했으며, 이러한 경향이 현재의 프랑스를 주도하고 있다.

역시 빼놓을 수 없는 또 다른 사건이 프라하의 봄이다. 사실 〈프라하의 봄〉이라는 표현은 체코슬로바키아 사회주의 공화국에서 언론·표현·이동의 자유를 보장하는 이른바 〈인간의 얼굴을 가진 사회주의〉를 도입한 시기 (1968년 1월 5일~8월 21일)를 가리킨다. 이 짧은 기간은 알렉산드르 둡체크 Alexander Dubček가 집권하기 시작하여 결국에는 소비에트 연방과 바르샤바 조약 회원국의 동맹국이 체코슬로바키아를 침공하여 개혁을 중단시키는 기간을 의미한다.[12] 이 침공은 강력하고 전국적인 학생과 시민들의 저항을 불러일으켰으며 유혈 사태, 분신자살(얀 팔라흐Jan Palach, 얀 자이츠Jan Zajíc, 에브젠 플로체크Evžen Plocek), 인구 유출 사태(약 40만 명)를 일으키고 막을 내리지만 이를 계기로 서유럽 국가들은 마르크스-레닌주의에 대해 가지고 있던 환상에서 깨어나고 소련 공산주의와 결정적으로 멀어지게 됨으로써 유럽 공산주의eurocomminism라는 독자적인 길을 모색하기 시작한다.

---

12 1968년 8월 20~21일 밤, 바르샤바 조약 4개국(소련, 불가리아, 폴란드, 헝가리)의 동구권 군대가 공수 부대를 앞세우고 20만 명의 병력과 2천 대의 탱크로 체코슬로바키아에 진입했다. 이 군대는 추가 병력을 항공 지원할 수 있도록 우선 루지네Ruzyně 국제공항을 점령했다. 체코슬로바키아 군대는 자국군 병영에 갇힌 채, 반격 움직임이 진정될 때까지 포위되어 있었다. 8월 21일 아침에 체코슬로바키아는 점령당했다. 바르샤바 조약군의 공격 당시 체코인과 슬로바키아인 72명이 목숨을 잃었고 수백 명의 부상자가 발생했다.

혹자는 프랑스의 68혁명을 비롯한 신좌파 운동과 반소비에트 운동이라 할 수 있는 프라하의 봄은 정치적 성격이 상반되는 사건이라고 말하겠지만 기존 권력에 대항했다는 점, 그리고 새로운 사회를 갈망했다는 공통점은 부인할 수 없다. 이렇게 혁명의 꿈은 살아 있었고, 그것은 소련의 독재와 노선을 달리하는 것이었다.

어쨌든 이때까지 다양한 좌파 운동들은 평화주의적(어쩌면 베르톨루치의 영화 「몽상가들」을 연상시키는 〈몽상적〉) 성격을 띠고 있었다. 하지만 그 이후 학생 운동에 실망한 일부 강경주의자들은 무력을 앞세운 혁명 내지는 시스템 전복을 시도한다. 이것이 바더 마인호프Baader Meinhof, 프랑스의 악시옹 디렉트Action directe, 일본의 적군파가 벌인 폭력 투쟁이었다.[13] 이렇게 혁명의 꿈은 강력한 몸부림을 동반하기도 했다.

돌이켜 생각하면 1960~1970년대는 혼란에 휩싸인 시절이었다. 거시적으로는 평화적이고 문화적인 성격이 강한 좌파 운동이 전개되었는가 하면, 산발적으로는 테러를 앞세워 사회 시스템을 붕괴하려는 극단적인 전술이 동원되기도 했다. 사회학자들은 학생 운동이 좌절되거나 그것이 일종의 문화 운동에 그친다는 사실이 확인되자 일부 강경론자들이 폭력이라는 최후의 수단을 동원했다고 말한다. 그럼에도 당시의 강경 노선은 19세기에 일

13 바더 마인호프로 상징되기도 했던 RAF는 전 세계적 마르크스주의 혁명을 달성하기 위한 수단으로 반체제주의 활동과 테러리즘을 수단으로 활용했다. RAF가 내세운 정치적 목적은 자본주의를 무너뜨리고, 미국의 존재를 독일에서 완전히 제거하는 것인데 이를 위한 수단으로 테러리즘을 사용했다. 악시옹 디렉트(직접 행동파)는 공산주의-무정부주의 무장 단체로서 반프랑코파와 독립파에서 파생된 조직이다. 이들은 1979~1987년에 80여 건의 테러 사건 및 살인 사건으로 쫓기다 체포되면서 해체된다. 이들의 주요 타깃은 프랑스의 부르주아지를 대표하는 경영자 협회와 은행이었다. 적군파는 1948년에 형성된 일본 학생 운동의 통일체인 전일본학생자치회연합이 1960년대 안보 투쟁을 벌인 뒤 분열되자 트로츠키주의를 신봉하는 공산 동맹에서 분리된 다음, 그중 일부가 마오쩌둥 식 무력 투쟁을 주장하며 1969년에 조직을 재정비한 극좌파 조직이다. 이들은 기존 체제를 파괴한다는 폭력 제일주의를 주장했다.

어난 아나키즘 테러 사건들을 연상시킨다. 하지만 테러리즘은 그것을 정의하려는 관점에 따라 매우 상반된 의미 차이를 드러낸다는 사실을 상기해야 한다.[14] 통상적으로 테러리즘은 무고한 시민의 희생까지 일삼는 무분별하고 맹목적인 공포 조성 행위로 간주되는데 그것은 분명 틀린 말은 아니다. 하지만 그것의 통상적인 의미는 자본주의 체제를 비롯한 기득권층 권력이 행하는 무력 행위보다는 바로 그런 체제를 위협하는 무력 행위에 제한되는 것도 사실이다. 즉 관점에 따라 제2차 세계 대전 때 활약한 프랑스의 레지스탕스, 일제 강점기 때 활동한 독립군과 같은 민간 혹은 조직적 저항 단체들이 벌인 무력 저항 운동도 테러리즘으로 간주될 수 있으며(이런 경우 안중근 의사도 테러리스트로 간주되어야 할 것이다), 놈 촘스키가 고발하는 국가 테러리즘, 예를 들어 1960~1970년대 미국이 남미 전역에서 벌인 각종 친미 쿠데타 지원 작전과 베트남 전쟁 등을 비롯하여 최근에 일어난 이라크 침공 등도 명백한 테러 행위로 간주될 수 있다.

1980년대 들어서면서 이데올로기로서의 마르크스주의 또는 좌파 운동은 결정적인 전환점을 맞는다. 혹자는 이때를 본격적인 탈이데올로기의 시대라고 말할 것이다. 이란의 이슬람 혁명으로 촉발된 석유 파동과 경제 위기 그리고 이를 계기로 등장하는 미국과 영국(레이건 행정부와 대처 총리) 보

---

14 테러리즘이란 개념은 프랑스 혁명으로 거슬러 올라간다. 〈테러리즘〉이란 용어는 프랑스 대혁명 때 로베스피에르가 공포 정치 시기(1793년 6월~1794년 7월)에 정권을 유지하기 위한 힘을 대중의 공포terreur를 통해 찾으려 한 데서 유래된다. 권력자가 반대하는 사람들을 말살하는 행위로 공포심을 야기하고 그로 인한 대중의 복종, 추종과 공황적 심리 상태를 정치적으로 이용했다. 그러나 이후에는 반대로 체제에 반대하는 반체제 측이 폭력적 수단을 통해 무장 투쟁을 벌일 때 이를 테러 행위라고 부르도록 기존 체제적 입장으로 바뀌어 이용되었다. 오늘날 테러리즘은 〈개인적 테러리즘〉, 〈조직적 테러리즘〉, 〈국가 테러리즘〉, 〈사이버 테러리즘〉으로 구분되기도 한다.

수 정권으로 인해 좌파 운동은 원동력을 크게 상실한다.[15] 뿐만 아니라 미국은 경제 위기를 기회로 삼아 오히려 군사력을 대폭 강화하는 정책을 펼치는데 1980년대 레이건은 카터 행정부에서 취소했던 B-1기 계획을 재개하고 LGM-118A 피스키퍼를 생산했으며, 미국의 순항 미사일을 유럽에 설치하고, 날아가는 중에 미사일을 격추하는 방어 계획인 실험적 전략 방위 구상(일명 〈별들의 전쟁Star Wars〉)을 발표하면서 소련을 더욱더 압박했다. 이런 와중에 소련은 매우 심각한 경제 위기를 벗어나지 못해 미국의 군비 투자를 따라갈 능력을 상실한 상태였다. 1985년에 소련 공산당 서기장에 오른 미하일 고르바초프는 근본적인 구조 변화가 필요하다고 판단하여 1987년 6월에 페레스트로이카(재편)라는 경제 개혁 의제를 발표한다. 페레스트로이카는 생산 할당제를 완화하여 기업의 사적 소유를 허용하고, 해외 투자의 길을 열게 했다. 이런 방법으로 국가의 자원을 냉전과 관련한 값비싼 군사 지출 대신 민간 부문의 더 유익한 분야에 투입하고자 했다. 그와 동시에 글라스노스트(개방)를 추진하여 출판의 자유와 국가 기관의 투명성을 높였는데, 여기에는 부분적으로 개혁을 위해 당내 정적을 억누르려는 의도도 있었다. 글라스노스트로 소련 시민이 미국을 비롯한 서방 세계와 접촉을 더 많이 할 수 있게 되어 양자 간의 데탕트 가속화에 기여했다. 소련의 데탕트 정책과 아프가니스탄에서의 철수, 헝가리의 개방 정책, 폴란드의 비공산당 정권의 등장(타데우시 마조비에츠키Tadeusz Mazowiecki)으로 인해 동유럽에서는 자유의 물결이 거세게 불어왔다. 이는 지정학적 지각 변동을

---

15 석유 파동은 1978년 9월 8일 이란의 테헤란에서 일어난 이른바 〈검은 금요일〉로 촉발되었다. 이는 이란 이슬람 혁명의 시발점을 알리는 사건이었는데 그로 인해 샤Shah 정권이 물러가고 이란은 석유 수출을 중단한다. 1980년부터 석유 가격은 급등하기 시작하여 배럴당 39달러에 육박하기에 이른다(이는 2005년도 물가를 기준으로 92.5달러에 해당한다). 그로 인해 주요 석유 소비국에서는 석유 보유량을 무조건 늘리려는 움직임이 경쟁적으로 일어나기도 했다.

예고하는 역사적 변화의 시발점이었다. 게다가 동독에서도 인구 이탈과 시위가 이어졌는데 마침 1989년 10월 3일 고르바초프가 동베를린을 방문했을 때 국민 탄압을 위한 무력 사용은 없을 것이라고 말하면서 베를린 장벽의 붕괴는 초읽기에 들어간다. 베를린 장벽의 붕괴는 볼셰비키 혁명의 성공만큼이나 심리적 여파가 컸다. 그 결과, 1991년 (12월 25일) 소비에트 연방은 해체되기에 이르면서 여러 민족 국가로 해산되는 동시에 시장 경제를 도입하게 된다.

오늘날의 좌파 이데올로기

이런 역사의 소용돌이를 겪은 오늘날의 좌파 이데올로기는 그 힘을 크게 상실했다고 할 수 있다. 이 때문에 상대적인 탈이데올로기의 시대가 왔다고 주장할 수도 있다. 하지만 그 이유에 대해서도 몇 가지 문제를 구분할 필요가 있어 보인다. 수많은 이유가 있겠지만 그중 하나는 19세기나 20세기 초에 비해 좌파 이데올로기가 강경하게 투쟁하고 해결해야 할 문제가 부분적으로는 해소되었다는 점이다. 다시 말해 사회주의와 대립하는 과정에서 자본주의도 다방면으로 수정될 수밖에 없었다. 이에 관해서는, 자본주의 체제에 대한 대항 및 견제 세력이 애당초 없었다고 생각하면 누구든 쉽게 납득할 수 있을 것이다. 만약 그렇다면 지금도 어린아이들이 탄광 막장에서 일하고 있을 것이다. 다른 이유는 앞서 말했듯이, 국가적 차원의 사회주의 혁명과 그 운영 방식에 대해 절대다수의 사람들이 근본적인 회의를 갖게 되었다는 점이다. 실질적인 혁명을 감행한 사례들은 사실상 농민 혁명이었으며 일부는 불행으로 막을 내렸다(가장 대표적인 사례가 1970년대에 캄보디아가 경험한 공산주의일 것이다). 그러나 근본적인 이유는 인간의 이기주의적 본성과 파괴성을 너무 간과했다는 데 있을 것이다(마르크스 시절에 네오다위니즘의 이론들이 소개되어 특히 이타적 이기주의에 대한 논의가 있었다면 사정은 많이 달라졌을 것이다). 즉 프롤레타리아가 국가를 운영하여 노동자 중심의 나라를 세운다는 것이 유토피아인 이유는 그 구성원도 인간이기 때문이고 인간은 근본적으로 이기적인 동물이며 현명함에는 본질적인 한계가 있다는 사실을 간과했다. 이와 관계되는 또 다른 이유로 인간의 집단주의적 배타성을 언급할 수 있다. 본래 마르크스가 꿈꾼 범국가적 사회주의는 국가 이기주의에 굴복하고 말았다. 중국과 소련 사이(또는 캄보디아와 베트남)에 일어났던 크고 작은 마찰도 보편적 사회주의보다는 국가주의를 앞세웠기 때문이다. 마지막으로 언급할 수 있는 이유는 역시 자본주의가 대중 길들이기에 성공했다는 데 있다. 대중을 국민으로 길들이기 위해 모든 국가들은 이데올로기적 장치를 고안해 냈다. 하지만 그 과정은 애국주의를 강요하는 방법 이외에도 대중에게 소비의 즐거움을 제공했기 때문에 더욱 용이했다. 그럼으로써 조국/타국의 이분법이 절대적 진리로 승격되기에 이르렀고, 조국의 경제는 개인의 생존과 소비에 가장 근본적인 토대로 인식되었다. 이쯤 되면 웬만한 이데올로기적 이분법은 뒷전으로 물러날 수밖에 없는 것이다. 게다가 대중이 소비에 도취되었을 때 갖게 되는 근시안적 세계관은 매우 현실적인 가치관으로서 저 멀리 있는 새로운 세상에 대한 꿈과 가장 모순되기 때문에 양립을 허용하지 않는다.

그럼에도 불구하고, 그리고 새로운 세상에 대한 꿈까지는 아닐지라도 〈좀 더 나은〉 세상에 대한 기대와 꿈이 사라진 것은 아니다. 1990년대부터 남미〔칠레(1990), 베네수엘라(1998), 브라질(2003), 아르헨티나(2003), 우루과이 (2004), 볼리비아(2005)〕에서는 미국의 정치적 영향에서 벗어나 좌파 정권을 실험하고 있으며 나름의 성과를 거두고 있다. 하지만 오늘날의 좌파 정권은 프롤레타리아트 혁명이 아니라 보다 인간 중심적인 분배와 평등 중심의 정책 공약을 믿는 성숙하고 온건한 직선제를 통해 한 나라를 책임지고 있다. 따라서 강경 마르스크주의적 관점에서 보면 이것은 수정주의에 불과하겠지만 역사의 교훈을 되새긴다면 이 정도의 정권 교체도 나름의 꿈이 실현되는 크고 작은 사건들이라고 할 수 있다.

다른 한편 서구 사회에서의 좌파 이데올로기는 문화 영역에서 더 끈질긴 생명력을 과시하는 듯하다. 앞서 언급했듯이, 소련의 반인륜적 독재를 가까이서 목격한 서유럽 국가들은 이미 1960년대부터 독자적인 정치 노선을 구축했으며 여러 차례 좌파 정권을 탄생시켰지만(프랑스의 미테랑, 영국의 블레어, 독일의 슈뢰더), 정치 제도적 장치가 좌/우파의 차이보다 더 우선시되는 관계로 집권 정당의 교체는 서서히 의미를 상실하게 되었다. 따라서 서유럽의 좌파 이데올로기는 주로 문화 영역에서 활동 범위를 넓히고 있다. 그 가운데 주목할 만한 것이 녹색 운동이다. 정당 활동을 배제하진 않지만(유럽의 일부 나라에는 녹색당이 있다) 기본적으로 녹색 운동은 환경 보호 운동으로서 초기에는 마르크스주의적 요소들도 다분히 내포하고 있었지만 이제는 인도주의적인 자연 존중을 표방하고 있다. 자본주의적 관점에서 보면 이런 운동 역시 반길 만한 것이 아니겠지만 그들이 여론화하는 다양한 문제들(지구 온난화, 유전자 조작 등의 문제들)은 기본적인 성장 중심의 자본주의를 충분히 견제하는 역할을 한다. 마찬가지로 보다 나은 세상에 대한 꿈이 없으면 엠네스티 인터내셔널, 그린피스, 국경없는의사회, 각종 난민 구조 운동 단체 및 NGO들도 존재하지 않을 것이다. 이런 단체들은 정통적 좌파 이데올로기와 단절(그린피스)을 선언하거나 또 다른 단체들은 정치적 중립을 기본 이념으로 앞세우기도 한다(그렇다고 우파적 사고를 가진 자들도 없다). 하지만 그들이 국가주의에 종속되지 않은 채 인도주의적 활동을 펼친다는 것은 어쨌든 보다 나은 세상을 향한 크고 작은 운동들이라고 할 수 있다. 이런 운동을 독자적으로 펼치는 인물 중에는 로버트 카파Robert Capa, 무함마드 유누스Muhammad Yunus, 제임스 나트웨이James Nachtwey, 얀 아르튀스베르트랑Yann Arthus-Bertrand, 밥 겔도프Bob Geldof, 보노Bono 등을 떠올릴 수 있다.[16]

좌파 이데올로기의 문화적 유산

자본주의 체제에 대항하거나 그것을 견제한 온갖 사회주의 및 좌파 운동을 경험한 사회는 오늘날 어떤 관념들을 문화유산으로 물려받았을까? 다소 막연한 질문처럼 보이겠지만 그런 유산은 한 사회의 역사적 정체성(또는 테르본이 말하는 내포적-역사적 이데올로기 및 지위적-역사적 이데올로기)의 일부분을 결정하기도 한다. 바꾸어 말해 좌파적 관념들이 다소 살아 있는 문화 이데올로기가 있는가 하면 그렇지 않은 경우도 있다. 예를 들어 유럽의 대다수 나라에서 좌파 이데올로기의 유산은 역사적 정체성의 일부를 구성하

---

16 헝가리의 보도 사진가 로버트 카파는 전쟁 사진가로서 영웅적 명성을 떨쳤으며 1936년 스페인 내란 때 인민 전선파의 보도 사진가로 참가하여 유명해진 이후 중일 전쟁, 제2차 세계 대전을 취재했다. 무함마드 유누스는 빈민들에게 무담보 소액 대출 운동을 하며 그라민 은행을 설립하여 빈곤 퇴치에 앞장선 방글라데시의 은행가, 경제학자, 사회 운동가이다. 제임스 나트웨이는 매그넘 회원으로 활동한 바 있으며 세계 보도 사진상을 두 번, 로버트 카파 상을 다섯 번 수상한 인도주의적인 전쟁 사진작가이다.(「전쟁 사진작가war photographer」, 2001 참고) 얀 아르튀스베르트랑은 다큐멘터리 「하늘에서 본 지구」를 제작한 프랑스의 환경 운동가이다. 밥 겔도프는 아일랜드 출신의 펑크 밴드 붐타운 래츠Boomtown Rats에서 보컬로 활동했으며 1980년대에 에티오피아의 난민 구호를 위한 대형 콘서트를 기획한 바 있다. 보노는 그룹 U2의 보컬리스트로서 초기에는 아일랜드의 정치적 문제를 음악으로 표현했지만 1990년대부터는 아프리카의 빈곤 및 에이즈 퇴치 운동가로 활동하고 있다.

는 반면에 미국은 그것을 거의 갖지 않고 있으며, 대다수의 개도국들도 기본적으로는 개발 위주의 정책을 추진할 수밖에 없다. 이런 차이를 이해하기 위해서는 역사적·문학적 인프라가 잘 갖춰진 나라와 그렇지 않은 나라의 차이를 떠올릴 수 있다. 다소 극단적으로 말하자면 라블레Rabelais 덕분에 상상력을 키우고, 라신Racine 덕분에 비극을 맛보았으며, 첫사랑의 아픔을 라마르틴Lamartine를 읽으면서 달랬고, 에밀 졸라Émile Zola 덕분에 사회적 불평등을 알게 되었을 뿐 아니라 사춘기 반항기 때 보들레르를 읽을 사람과, 청년기를 머리에 기름칠하고 헬스클럽에 가서 근육만 잔뜩 키운 사람의 차이는 분명 있을 것이다. 이런 차이는 개인 차원뿐만 아니라 나라 차원에서도 어느 정도 드러난다. 할리우드에서 작품성이 결여된 영화만을 만드는 이유 중에는 상업주의도 있겠지만 문학적 인프라의 부재도 빠뜨릴 수 없다(할리우드 영화들이 자주 사용하는 가속 몽타주는 세르게이 미하일로비치 에이젠스테인Sergei Mikhailovich Eizenshtein이 본래 구상한 수사학적 의미의 그것과 무관하다). 문학적 인프라가 사회의 다양한 담론을 은유와 비유 등의 문학적 형식을 통해 더욱 풍요롭게 해준다면 역사적인 좌파적 유산들은 기존 사회 제도에 대한 비판 의식과 인간의 보편성 가치 추구 그리고 박애주의, 평등주의, 친환경주의와 같은 가치관들을 문화 이데올로기의 일부분으로 받아들이게 한다. 스웨덴의 경우, 그 나라의 총 에너지 소비에서 석유 의존도가 28퍼센트에 불과한 것은 실로 놀랄 일이다. 네덜란드는 이미 1970년대부터 자전거 출퇴근이 일반화되었으며, 독일의 모든 슈퍼마켓에서는 빈 병 수거기가 설치되어 있다. 미국에는 아예 쓰레기 분리수거라는 개념이 없다. 이런 차이는 그 나라의 일반 국민이 가지고 있는 인간과 자연에 대한 가치관을 비교적 정확하게 반영한다.

하지만 이런 유산들은 환경 운동에만 그치는 것이 아니다. 좀 더 거시적인 차원에서 보면 좌파 이데올로기가 남긴 유산 중에는 빈부의 차이를 초월하는 존엄의 의식을 언급할 수 있다. 예컨대 가난을 사회적 콤플렉스로 받아들일 필요는 없다는 의식이 그중 하나다. 물론 진정한 선진국에선 빈부 차이도 비교적 적다는 점을 지적해야 하지만, 빈부의 차이를 줄인 것도 전통적인 좌파 운동의 성과 중 하나임에는 틀림이 없다. 이는 다시 가난한 나라를 무시하지 않는 의식과도 연결된다는 점이 중요하다. 이런 의식은 인종 차별주의와 정면으로 대립하는 동시에 보다 보편적인 세계관을 허용하는 이른바 열린 사고의 한 유형이다. 구체적으로 말해 이런 사고는 당장의 성장이 가져올 사회적 부작용을 생각한다든지, 무분별한 개발이 불러올 미래의 환경 문제를 고민한다든지, 국가별 빈부 차이가 일으킬 인구 이동 문제를 미연에 방지하는 정책을 세우는 식의 진보적 이데올로기를 의미하는 것이다.

또 하나 지적할 수 있는 것은 사회에 대한 비판 정신을 문화유산으로 남겼다는 점이다. 기존의 사회 질서에 무조건 복종하거나 만사에 순응주의적으로 대처하는 사고가 아니라 좀 더 나은 세상을 상상하고, 프롤레타리아트 혁명까지는 아니어도 개개인의 노력으로 지금의 사회를 조금씩 바꿀 수 있다는 꿈을 간직하게 되었다. 이런 차이 또한 사회적 담론과 다양한 문화 활동 및 소비를 통해 나타난다. 예를 들어 미래 사회에 대한 비전을 제시하는 문학이라든가 제3세계를 포함한 다양한 영감을 빌려 와서 만드는 음악, 미지의 세계에 대한 호기심을 충족시킬 수 있는 여행 등이 그것이다.

지금까지 정리한 바에 따르면 〈탈이데올로기〉는 냉전과 좌파의 정치 혁명적 투쟁의 종식을 의미할 뿐, 문화 이데올로기로서 좌파가 남긴 유산과는 관계가 없는 개념이다. 이런 유산이 전혀 없는 이른바 〈완벽하게 탈이데올로기화된 사회〉가 과연 존재할 수 있을까? 만약 그런 사회가 존재한다면 그것은 돈벌이 경쟁만을 일삼고 심지어 인간까지도 상품적 가치로 평가되는 사회일 것이다. 모든 것이 개발을 위해 움직이는 사회일 것이다. 그리고 인간의 능력도 오로지 돈을 기준으로 등급화될 것이다. 아마도 그런 사회에서는 좋은 학교와 안 좋은 학교가 있을 것이며, 좋은 학교가 있는 동네는 좋은 동네이고 그곳 사람들은 돈도 많을 것이다. 좋은 학교에 가면 좋은 직장도 얻고 특히 좋은 이성 친구도 만날 수 있다. 그리고 좋은 기업에 들어가려면 애당초 좋은 학교를 나와야 할 것이다. 또 결혼할 때는 학교 등급 외에 부모의 재력을 볼 것이다. 대체로 돈이 많으면 역시 예쁜 여자를 고를 수 있을 것이다. 이런 나라의 좋은 동네에는 백화점도 많을 것이다. 여자 나오는 술집도 많을 것이며 이런 동네 남자들은 골프를 좋아하고 1년에 한두 번은 꼭 태국에 가서 골프를 칠 것이다. 그리고 좋은 동네에서는 친척 중 한두 명이 꼭 미국에서 살고 있으며, 그런 친척이 없어도 아이들을 일찍부터 미국이나 캐나다에 보내 공부하게 할 것이다. 그리고 술자리 대화에서도 텔레비전에서 들은 이야기만 하며 남자들은 주로 스포츠를, 여자들은 주로 드라마 얘기를 할 것이다. 아이들은 텔레비전에 나오는 댄스 음악을 좋아하고 여자아이들은 연예인들의 패션을 흉내 낼 것이다.

만약 이런 사회가 있다면 그것은 어떤 이데올로기가 지배하는 사회일까? 이런 사회를 지배하는 이데올로기에 명칭을 부여하자면 무엇이 어울릴까? 이런 것이 아롱이나 벨이 예상한 탈이데올로기의 사회인가? 아니면 생존 이데올로기로의 복귀인가? 또는 절대적 소비의 이데올로기라고 해야 하는가? 어떤 명칭이 어울릴지 잘 모르겠지만, 적어도 그런 사회는 근시안적 이해관계에 사로잡혀 꿈을 잃은 사회일 것이다.

2. 이데올로기의 이데올로기

이제 마지막으로 다루고자 할 문제는 이데올로기의 이데올로기다. 하지만 이런 제목은 일종의 비유적 표현이며, 〈이데올로기의 존재론적 동기〉가 어쩌면 더 정확한 표현일 수도 있을 것이다. 어쨌든 이제부터는 모든 이데올로기를 존재하게 만드는 가장 근본적인 요인들에 대해 알아볼 것을 제안한다.

이데올로기와 욕구 이론

오늘날의 지구촌을 살펴보면 방글라데시처럼 생존에 허덕이는 나라가 있는가 하면, 한국과 같이 집단주의나 애국주의가 강한 나라도 있다. 또 미국처럼 패권주의에 사로잡힌 나라가 있는가 하면 스웨덴이나 핀란드와 같이 복지를 최우선으로 하는 나라도 있다. 즉 하루 끼니를 해결하는 일이 급급한 사람들이 있는가 하면 명품 가방 하나 들고 스타벅스에서 두세 시간

수다 떠는 이들도 있다. 배기량 5,000cc 트럭을 타고 맥도널드 드라이브인에서 햄버거를 매일 사 먹는 이들이 있는가 하면 이미 1970년대부터 바이오에너지를 개발하는 동시에 자전거로 출퇴근하는 이들도 있다. 이런 차이들은 다소 성숙해 보이는 나라가 있다면 사춘기 단계에 와 있는 나라도 있다는 생각이 들게 한다. 국민 총생산과 소득이 낮다고 해서 불행한 것은 아니며 무엇보다 문화적으로 빈곤한 것도 아니지만 한 나라의 경제력과 특히 산업 사회로서의 경험 축적도 무시할 수 없는 연륜을 구성하는 듯하다. 캄보디아처럼 1970년대의 대규모 제노사이드의 상처를 씻고 이제 겨우 기본적인 인프라 건설에 착수한 나라를 현장에서 보면 마치 걸음마 단계를 겨우 벗어난 어린아이를 연상시킨다. 반대로 프랑스의 프로방스 지방에 가보면 나이에 상관없이 다수의 사람이 이유 있는 은퇴 생활을 하며 살고 있는 느낌을 받기도 한다. 그래서 나는 가끔, 한국 사회는 몽정기를 겪고 있는 사춘기 10대를 연상시키고 미국은 근육을 너무 키워 자신의 목이나 어깨도 제대로 긁지 못하는 20대에 해당하며, 유럽 사회는 그마나 인생의 쓴맛을 아는 중년층에 해당한다는 우스갯말을 하곤 한다. 물론 이런 비유는 산업 및 소비 사회화 과정만을 고려한 것이지만 한국 남성은 이제 막 멋진 세단의 섹시함을 발견한 단계에 와 있고, 여성들은 이제 막 여성성을 무기로 삼고 고급 액세서리로 치장하기 시작한 모습이다. 멋진 여성과의 진한 섹스를 꿈꾸듯이, 남성들은 고급 차를 꿈꾸고 여성들은 그런 차를 타고 다니는 남성들을 꿈꾼다. 미국은 지혜보다는 근육만 앞세우며 동네 형님 역할을 하느라 자기 나라가 얼마나 많은 세금을 군비로 쓰고 있는지, 그사이 얼마나 많은 사람들이 의료 보험도 없이 사는지엔 관심이 없는 듯하다. 그들에게는 집집마다 대형차가 몇 대씩 있는 게 그저 당연할 따름이며 쓰레기를 분리수거할 생각은 아직 못하고 있다. 서유럽의 나라들도 17세기에는 지구촌 형님 역할을 자처하느라 서로에게 칼부림을 일삼았고, 식민지 지배를 통해 한때는 많은 돈도 긁어모았지만 이제는 그들의 언어가 인도에서 왔다는 사실과 인류의 조상이 유인원이라는 진리를 받아들였고, 더 나아가서는 다소나마 사회적 평등에 투자하는 것이 단순히 공권력을 키우는 것보다 더 낫다고 생각하기 시작했다. 하지만 이런 경지에 이르기까지는 숱한 시행착오와 대립과 희생이 있었다.

한 사회가 성숙해지는 과정을 인간 개체의 그것과 비교하는 일은 또 다른 비유적 접근 방법이겠지만 꽤 많은 현상들이 이런 비교를 허용하게 만든다. 인간이 세포로 구성되고 사회는 인간으로 구성된다는 단순한 비례 관계를 제시할 수도 있지만 실로 인간은 사회와 마찬가지로 많은 시행착오와 경험을 통해 성장한다. 성장 과정에는 아픔도 있고 질병도 있으며 사고도 발생하며 이웃과 싸우기도 하고 화해하기도 한다. 특히 에이브러햄 매슬로 Abraham Maslow가 제안하는 인간의 욕구 이론을 떠올리면 적어도 이데올로기적 관점에서는 개인과 사회를 비교하고 싶은 유혹에 더욱 이끌린다. 매슬로에 따르면, 인간의 욕구는 5단계로 구분되는데 요약하면 다음과 같다.[17]

1단계 생리적 욕구: 의식주의 가장 기본적 욕구. 이 욕구가 충족되지 않으면 다른 욕구는 나타나지 않는다.

2단계 안전 욕구: 생리적 욕구가 충족된 이후에 생겨나는 욕구로서, 신체적·감정적 위험으로부터 안전을 확보하려는 욕구를 가리킨다.

3단계 소속감과 애정 욕구: 생리적 욕구와 안전 욕구가 충족되면 나타나는 소속감이나 애정의 욕구이자 집단을 형성하고 집단에 받아들여지기를 원

---

17 Maslow, A. H., "A Theory of Human Motivation".

하는 사회적 동물로서의 욕구.

4단계 존경 욕구: 소속감을 확보한 이후 집단 구성원 이상의 것이기를 지향하는 욕구. 타인으로부터 존경을 받고 집단 내 자신만의 지위를 확보하고자 하는 욕구.

5단계 자아실현 욕구: 존경받고자 하는 욕구가 충족된 이후 개인 능력을 발휘하거나 무언가를 성취하고자 하는 욕구. 이는 자기 발전을 통한 성장 및 잠재력 극대화를 통한 자아 완성 욕구이기도 하다.

제법 응용 가치가 높은 학설임에는 틀림없다(그래서 조금은 당연한 얘기처럼 들리기도 한다). 어쨌든 끼니 걱정이 인생의 최대 고민인 사람이 전위 예술을 즐기기란 여간 쉽지 않다. 인간은 안락한 집을 원하고 배고플 때 먹을 식량을 확보하려 한다. 이런 욕구를 충족하기 위해 엄청난 노력을 하는데 일반적으로 그것은 노동이다. 또 인간은 이런저런 집단의 일원이 되기도 한다. 그 집단 안에서 인간은 소속감과 안전감을 느끼기도 한다. 하지만 어떤 모임의 구성원이 된다는 것은 나름의 양보와 투자를 요구한다. 약속 시간을 지켜야 하고 회비도 내야 하며 무엇보다 모임의 내부 규율을 따라야 한다. 대부분의 경우 어떤 모임이나 집단에 처음 가입한 사람은 그런 규율을 적극적으로 따르는 동시에 다른 구성원들에게 매우 호의적이다. 이타주의가 우선시될 때이다. 그런 모습을 보고 다른 이들은 그를 좋은 사람으로 평가한다. 우선은 착하게 보이기 때문이다. 하지만 시간이 좀 지나면 그는 그 집단의 몇몇 사람과 경쟁을 벌인다. 그 경쟁은, 처음에는 집단의 규율에 더 충실하고자 하는 경쟁일 수도 있지만 나중에는 자신을 돋보이게 하는 경쟁으로 넘어간다. 그럼으로써 집단의 리더에게 인정을 받거나 아예 리더가 될 수 있다. 결국 다른 이들에게 인정받게 되고 특히 이성의 구성원들에게 관심을 독차지하기 시작한다. 그 과정에서 짝을 만날 수도 있다. 집도 있고 짝도 있고 인정도 받으면 할 일이 없어진다. 그러면 더 큰 집단을 넘보기 시작한다. 그다음 과정도 똑같다. 구청장이 시장을, 시 의원이 국회의원 출마를 넘보는 꼴이다. 그리고 마지막에는 자신을 돌아본다. 너무 늙지 않았으면 그때부터 인간은 자아실현 또는 자기 발전에 힘쓴다. 이런 과정은 우리 주변에서 흔히 볼 수 있는 것이다. 대학에 입학하면 서클에 가입하는 것도, 외국으로 이민 가면 교회를 다니는 것도 똑같은 이유와 과정을 따른다. 이런 과정은 아메리카의 개척기에 사람들이 기독교에 매달린 이유도, 한국에서 각종 동창회가 건실한 이유도 설명할 수 있다.

그러면 이런 욕구의 5단계를 인간 사회에 적용시켜 보자. 앞서 말한 개인의 경우와 마찬가지로 생리적 욕구(1단계)를 충족해야 하는 인간 사회에서 개인의 존엄과 개성을 중시하는 사고가 생길 가능성은 그리 높지 않을 것이다. 당장의 굶주림과 잘 곳을 해결해야 할 인간 집단이 채택하는 이데올로기는 그런 상황을 벗어나고자 하는 일련의 수단으로 구성될 것이다. 그런 경우 대체로 집단을 위해 개인을 희생하는 이데올로기가 지배한다. 왜냐하면 인간은 적어도 협력 노동이 모두에게 더 유익하다는 사실을 경험론적으로 알고 있기 때문이다. 유럽의 중세 초기가 그랬듯이, 이런 상황에서의 지배 이데올로기는 금욕주의, 사회적 계급화 내지는 지배자에 대한 복종과 초자연적 존재의 숭배 개념을 중심으로 구성되었다. 세포들이 클론을 형성하듯이, 생존을 위한 연합 본능은 개체보다는 집단을 우선시할 것이고 그것을 유지하기 위해 복종의 미덕까지 만들어 낸다. 지금도 아프리카의 피그미족은 생리적 욕구의 단계에 머물러 있다고 할 수 있다.

한 집단이 안전 욕구를 충족하려는 2단계로 접어들 때, 지배 이데올로기는 극히 보수적인 성질을 띨 수 있다. 역시 집단 중심의 이데올로기가 우세

할 수밖에 없으며 무엇보다 가족이 신성시된다. 이는 개인과 집단 사이에 가족이라는 매개체가 절대 기준으로 자리매김하는 단계이기도 하다. 부족 내에서 여성의 분배 제도가 확고히 자리 잡고, 노동 분화가 체계화되며 제도권 종교가 더욱 강화되는 동시에 독재 정치가 가능한 이데올로기들이 생겨난다. 그런 이데올로기들은 〈근친상간 금기, 일반적인 금기, 낯선 것 혐오증, 대상을 성스러운 것과 속된 것으로 양분하는 태도, 노시즘(nosism, 자신을 지칭할 때 〈우리〉라고 말하는 행위), 계급 지배 체제, 지도자에 대한 추종, 카리스마, 트로피즘(trophyism, 공적과 용기를 기념하려는 행위)〉 등의 코드로 무장한다.[18] 이 단계의 이데올로기는 초기의 일신교 사회(유대교, 기독교, 이슬람)를 떠올리게 하는데 특히 이슬람 문화는 아직도 초기의 그런 이데올로기를 간직한 사회처럼 보이는 것이 사실이다.

이런 이데올로기는 자연스럽게 인간 욕구의 3단계로 이어지는데 그것은 결국 생리적 욕구에 이어지는 〈심리적 욕구〉로서의 소속감과 애정 욕구 단계를 의미한다. 이때 가장 미화되는 것이 이타주의, 의리, 호혜주의를 기반으로 하는 이데올로기다. 집단을 매개로 개인의 정체성을 찾고자 하는 단계 또는 소속감이 개인 정체성의 일부분을 구성하는 단계라고도 할 수 있다. 한국의 1960~1970년대를 생각할 수 있다. 소속감과 애정 욕구가 가장 우선시되는 세 번째 단계는 집단주의가 지배하는 단계이며 반동적으로 집단적 배타주의도 득세한다. 가족, 결혼, 동창회, 정치적 파벌주의가 판을 치는 단계이지만 집단의 최상위 개념으로서 애국주의가 절정에 다다르게 된다. 이때는 이타주의를 가장한 이기주의가 인간관계 전반을 지배한다. 부르디외가 말하는 사회적 자본, 다시 말해 인맥을 가장 소중한 자본으로 여

18 윌슨, 『인간 본성에 대하여』, 246면.

기는 단계라고 할 수 있다.

그러나 부족의 규모가 더 커지면서 외부의 위협으로부터 어느 정도 자유로워질 때, 인간은 보다 개인적인 차원에서 인정받고자 하는 욕구를 실현하려 한다. 이 네 번째 단계에서는 경쟁의 이데올로기가 고개를 들기 시작하는데 개인 차원에서 보면 서서히 타인과의 변별성을 추구하기도 하지만 집단과 특히 국가 차원에서 보면 이런 이데올로기가 국가 간의 우위를 확보하려는 경쟁으로 이어질 수 있다(이 문제는 3단계와의 연장을 잘 드러낸다). 이 점은 20세기 이후 미국의 패권주의적 이데올로기를 연상시키기도 한다. 최근 들어서는 중국이 그들의 역사·문화적 인프라를 과시하려고 만드는 그들만의 블록버스터 영화들도 스스로를 인정받으려 하는 노력으로 간주될 수 있다.

마지막으로 인간 욕구의 다섯 번째 단계는 개인이나 집단이 정체성에 대한 확신을 갖게 되는 단계라고 할 수 있다. 타인과의 경쟁에 필요한 에너지를 자아실현에 쏟는 단계이기도 하다. 즉 이웃이 아닌 자신과 경쟁하면서 독창성과 창의력의 미학이 중시되는 단계라고 할 수 있다. 이 단계에서 (교육, 혼인, 패션 등의) 소비는 맹목적인 유행으로부터 자유로워지고, 생산 체계도 다품종 소량 생산으로 방향을 바꾼다. 포스트모던 사회의 일면이 드러난다고 할 수 있다. 인간 집단의 폐쇄성은 거의 사라지고 배타적 이데올로기도 와해된다. 선진 교육을 주도하는 핀란드와 1970년대 초부터 바이오 에너지 개발에 앞장선 스웨덴을 생각할 수 있다. 이렇게 인간 욕구의 5단계는 인간 사회에도 적용될 수 있으며 각 단계들은 특유의 이데올로기와 코드를 만들어 낸다고 할 수 있다.

하지만 개인 차원에서든 사회 차원에서든 문제의 핵심은 〈이 모든 단계들을 지배하는 것〉 또는 〈이런 욕구를 일으키는 원초적인 동기〉를 파악하는 일이다. 비록 비유적 표현이지만 이는 이데올로기의 이데올로기에 접근해 볼 수 있는 문제 제기이기도 한데, 나는 그 원초적인 동기가 다름 아닌 인간의 이기주의임을 주장하고자 한다. 단지 인간의 본질적 이기주의는 항상 이타주의의 탈을 쓰고 이런저런 이데올로기를 만들어 냈을 뿐이다. 이 점을 좀 더 자세히 살펴보자.

이기주의라는 근본적인 동기

〈이타주의의 탈을 쓴 이기주의〉는 사회적 동물로서의 인간을 설명한다. 하지만 이 문제를 정확히 이해하기 위해서는 네오다위니즘에서 소개한 바 있는 몇 가지 학설을 출발점으로 삼아야 한다. 네오다위니즘의 관점에서 보면 〈사회는 이성에 의해 고안된 것이 아니다. 그것은 인간 본성의 일부로서 진화되어 왔다. 사회는 인체와 마찬가지로 인간 유전자의 진화적 산물이다〉.[19] 유전자는 오로지 자기 복제만을 존재의 목적으로 삼는다. 이를 위해 유전자는 생명체를 필요로 할 따름이다. 생명체 역시 다량의 동일한 유전자를 후세에 남기기 위해 존재한다. 그러기 위해서는 안전하게 성장해야 하고 경쟁적으로 많은 짝짓기를 해야 한다. 그러나 양도 중요하지만 질도 중요하다. 때문에 동물들은 건강한 유전자를 남기기 위한 나름의 유전적 프로그램을 갖게 되었다. 이를테면 발정기 때 수컷 사슴들은 며칠 동안 서로 싸운다. 그것은 힘들고 위험한 과정이지만 가장 힘센 놈은 수십 미터 밖에서 그 싸움을 지켜보던 〈모든〉 암컷들과 교미를 한다. 암컷들은 별 노력

---

19 리들리, 『이타적 유전자』, 17면.

없이 가장 힘센 놈의 정자를 확보할 수 있는 것이다. 이 모든 절차는 종의 보존을 위한 수단에 불과하다. 인간은 발정기 때만 아니라 평생 동안 경쟁을 벌인다. 동네 아이들도 경쟁하고, 대학 입시를 위해서도 경쟁한다. 경쟁에서 이긴 남자들은 실제로 더 많은 여자와 섹스를 즐긴다. 하지만 무엇보다도 더 예쁘거나 돈 많은 배우자를 만날 수 있다. 여자 쪽도 마찬가지다. 유명 여자 대학에 진학하려는 이유 중 하나도 나름대로 유능한 남자를 만나기 위해서이다. 국제결혼도 마찬가지다. 캄보디아 여성들은 동네의 건장한 총각과의 결혼을 접고 한국 농촌의 노총각에게 시집온다. 그 여성들의 가족도 동의한다. 이제는 경제력이 남자의 평가 기준이 되었기 때문이다.

그러나 더 중요한 것은 그런 사회적 능력의 이성에게 인간은 진짜로 끌린다는 점이다. 구체적으로 말하면 능력 있는 남자에게 여성들은 〈순수한 호감〉을 느끼며 그것을 애정이나 사랑의 출발점으로 생각한다(남성들도 마찬가지다). 실제로 그런 여성이나 남성이 멋있게 보이는 것이다. 왜 그럴까? 두 가지 이유가 있다. 하나는 그 사회의 이데올로기 때문이고, 다른 하나는 그런 만남이 개인에게 더 유익하기 때문이다. 그러나 따지고 보면 개인적 유익함이 집단의 이데올로기를 탄생시킨 것이다. 단지 문화는 그런 관계를 합리화로 포장할 따름이다. 그 때문에 어떤 만남을 두고 사람들은 〈그냥 마음이 끌렸는데 알고 보니 조건도 나쁘지 않다〉고 생각한다. 게다가 어떤 멋진 남성이 다른 여성들에게 호감을 사기에 충분하다면 여성들 사이의 경쟁도 무시할 수 없는 변수가 된다(남성들도 마찬가지다). 역시 경쟁이 있는 셈이다. 나는 이데올로기의 이기주의적인 동기가 바로 여기에 있다고 생각한다. 유전자의 관점에서 보면 이런 〈순수한 애정〉도 앞서 언급한 사슴들의 짝짓기와 동일한 메커니즘을 따른다는 말이다. 궁극적으로는 유능한 유전자를 확보하려는 경쟁이 한 사회의 미적, 성적, 교육 이데올로기 기저에 숨어 있는 셈이다. 단지 인간에게 유능한 유전자는 윤택한 삶과 심지어는 사회적 권력까지 보장해 주는 만큼 그 가치 평가는 이데올로기적 정당성까지 확보하게 되는 것이다. 때문에 3천 궁녀의 일원이 되는 것도 한때는 가문의 영광이었던 것이다. 이는 어제오늘 일이 아니라 인간 사회가 형성되면서 생긴 사회적 본성으로, 이에 관해 리들리는 다음과 같이 말한다.[20]

　가족을 먹일 수 있는 뿔닭을 잡을 수 있는 기회를 포기하고 기린을 쫓아가는 남성의 동기는 분명하다. 그것은 섹스이다. 남성들은 가족을 먹여 살리는 것보다 정부에게 고기를 바치는 데 더 관심이 많다. 그러나 그것이 왜 섹스로 귀결되는가? 여성들은 무엇 때문에 능력 있는 사냥꾼에게 섹스로 보답하는가? 호스크는 여성들을 섹스로 이끄는 것은 형체가 없는 그 무엇, 즉 성공의 향기 같은 것으로, 말하자면 여성들의 〈사회적 관심〉이라고 부르는 어떤 매력이라고 보았다. 여성들이 이 거래에서 얻는 것은 은밀한 지위 상승이다. 그러나 힐과 캐플런의 생각은 다르다. 그들은 여성에게 아주 구체적인 이익, 즉 맛있는 고기가 주어진다고 생각했다. 기린의 각 부위는 맛이 같지 않으므로 기린을 잡은 사냥꾼은 가장 좋은 부위를 먼저 베어 내어 정사를 맺고 싶은 여성에게 뇌물로 바친다. 이렇게 보면 사냥꾼이 왜 뿔닭을 포기하는지, 어떻게 음식 나누기가 강제가 아니라 호혜적으로 이루어지는지의 수수께끼가 해명된다. 섹스라는 특별한 화폐를 통해 호혜적 거래가 이루어지는 것이다.

우리가 섹스를 자주 언급하는 이유는 그것이 종족 보존과 쾌락을 동시에 보장하는 인간의 보편적인 활동이자 욕구인 동시에 사회적 능력의 잣대

────────────

20 리들리, 앞의 책, 59면.

가 되기 때문이다. 게다가 개체 보존을 위한 협력 및 호혜주의도 종이 보존되어야만 가능하기 때문이다. 어쨌든 일반적인 의미의 호혜주의는 어떤 식으로든 협력적 사회관계를 의미한다. 그러나 가족을 비롯한 다양한 집단 내에서의 인간의 이해관계를 이해해야만 이데올로기의 근본적인 동기도 파악할 수 있다. 다시 말해, 인간은 기본적으로 이타주의를 앞세우는 이기주의적 이데올로기를 따를 수밖에 없는 본질을 수용할 필요가 있는 것이다. 예를 들어 부모/자식의 관계에서는 흔히 〈내리사랑〉이라는 관념이 지배하는데 자식이 받는 무조건적인 사랑과 보살핌도 사실은 무조건적이지 않다. 앞서 말했듯이, 우선 내리사랑은 유전자 전파를 위한 본능에 불과하기 때문이다. 예를 들어 농경 문화에서 자식은 늙은 부모를 부양하는 의무를 부여받는데 여기에도 보답의 관계가 있는 셈이다. 물론 그런 사회에서는 부모 부양 의무에 충실한 자식을 높이 평가한다. 더 나아가 남녀 불평등이 고착된 사회에서 여성은 일종의 권력 확보 수단으로 아들을 앞세우기도 하는데 이런 경우 남아 선호 사상이 지배하며 특히 어머니는 아들의 혼인에 막대한 영향력을 행사한다. 이런 사회에서 아들이 선택하는 여자는 자기 어머니의 며느릿감이 될 만한 여자를 고르거나 그렇게 하도록 강요받는다. 어머니의 이런 욕구를 잘 따르는 아들은 효자로 인정받는데 당연히 〈효〉는 그런 사회가 내세우는 최대의 미덕이다. 이렇게 개체 중심적 생존의 욕구는 흔히 미덕으로 승격되기도 하는 것이다. 리들리는 이런 미덕에 대해 다음과 같이 말한다.

일개미 한 마리가 그 자매를 위해 독신으로 노예 생활을 하는 것은 그 작은 심장에서 우러나오는 선한 마음 때문이 아니라 유전자의 이기성 때문이다. 흡혈박쥐가 이웃에게 피를 제공하는 것은 결국 이기적인 목적을 위해서이다.

우리가 흔히 미덕이라고 지칭하는 것들이 사실은 사리 추구의 한 형태일 뿐이라고 기셀린은 말했다(기독교인들이라고 해서 특별히 우월감을 느낄 필요는 없다. 그들은 천국에 들어가려면 선행을 하라고 가르친다. 천국이란 그들이 이기성을 움직이기에 충분한 뇌물이다).[21]

가족이 아닌 집단에서도 이타주의는 결국 개인을 위한 일종의 투자인데 에드워드 윌슨은 인간이 드러내는 이타주의를 〈맹목적 이타주의〉와 〈목적성 이타주의〉로 구분하기도 한다.[22] 그에 따르면, 맹목적 이타주의에서 〈베푸는 자는 똑같은 보답을 바란다는 욕망을 결코 표현하지 않으며, 그런 목적을 성취하기 위한 그 어떤 무의식적 활동도 하지 않는다〉고 전제하면서 〈그런 행동이 존재한다면 그것은 경쟁 단위인 가족이나 부족 전체에 작용하는 친족 선택이나 자연 선택을 통해 진화해 왔을 가능성이 높다. 우리는 맹목성 이타주의는 그 이타주의의 가장 가까운 친척들에게 기여하고 유연관계가 더 멀어질수록 기여 빈도와 강도는 급격히 줄어들 것이라고 예상할 수 있다〉. 윌슨이 말하는 맹목적 이타주의는 결국 유전자 번식 내지는 종족 보존과 관련이 있다고 할 수 있다. 다른 한편, 그가 말하는 목적성 이타주의에 대해서는 다음과 같이 역설한다.

〈목적성softcore〉 이타주의는 궁극적으로 이기적이다. 이 〈이타주의자〉는 사회가 자기 자신이나 자신의 가장 가까운 친척들에게 보답해 주기를 기대한다. 그의 선행은 때로는 철저하게 의도적으로 계산된 것이고, 그의 전략은 고통스러울 정도로 뒤얽힌 제재 규범과 요구 사항을 통해 진화해 왔을 것이고,

21 리들리, 앞의 책, 185면.
22 윌슨, 『인간 본성에 대하여』, 217면.

변덕이 심한 문화적 진화에 크게 영향을 받는다고 예상할 수 있다. 목적성 이타주의는 인간에게서 극단까지 정교해져 왔다. 먼 친척 혹은 무관한 개인 사이에 이루어지는 보답은 인간 사회 구성의 열쇠다. 사회 계약의 완성은 엄격한 친족 선택이 부과했던 고대 척추동물의 속박을 깨뜨렸다. 탄력적이고 무한히 생산적인 언어 및 어구 분류의 재능과 결합된 보답의 관습을 통해, 인간은 문화와 문명을 건설할 수 있을 만큼 오래 기억되는 계약을 맺는다.

리들리는 이 문제를 좀 더 현실적으로 설명한다.

힐과 캐플런에 따르면, 이런 호혜주의는 자신의 사냥 행위에서 얻는 변동수익을 집단 내의 사회적 관계를 통해 고정 수익률로 대체하는 계약을 의미한다. 그 행위는 여섯 달 동안의 고정 수입을 위한 선물 계약으로 밀을 밭떼기로 파는 농부의 행위와 같다. 또는 거액을 변동 금리로 빌린 뒤 다른 은행과 스와프swap 계약을 맺어 위험을 분산시키는 은행가의 행위와도 다를 바가 없다. 그는 단기 금리에 따라 변동하는 변동 금리로 이자를 지불하면서 다른 쪽에서는 고정 금리에 따른 이자를 받는다. 이런 행위를 통해 은행가는 서로 다른 수요를 가지고 있는 고객을 찾아낸다. 호스크에 따르면, 사냥꾼은 다른 화폐(평판)를 구입함으로써 한 가지의 화폐(고기)에 의존하는 위험을 줄인다.[23]

결국 개인들은 사회 안에서 호혜주의에 기초한 결속 의식을 갖는데, 그런 사고방식의 궁극적인 목적은 이기주의에 불과한 것이다. 즉 무언가를 주는 대가로 다른 것을 받거나 가끔은 시차를 두고 보답을 받을 따름이다.

23 리들리, 『이타적 유전자』, 164면.

이런 거래가 간접적일수록 그것은 신뢰 쌓기에 가까워진다. 신뢰 역시 개인적 자산이지만 그것은 집단과의 계약이기도 하다. 일반적으로 개인은 신뢰를 얻은 다음 자신을 위해 투자한다. 집단 내에서의 경쟁이 시작되는 것이다. 때문에 어떤 아이가 전학을 오면 그 아이는 (공부든 싸움이든) 자신의 능력과 어울리는 특정 집단의 일원이 되며 처음에는 집단의 규율을 따르고 무언가를 베풀겠지만 어느 정도 신뢰가 쌓이면 아이는 서서히 나름의 지위를 갖고자 경쟁할 것이다. 공부를 잘하는 아이는 비슷한 아이들과 서로 도와주기도 하지만 자신의 우월성을 나름대로 확인하려 할 것이다. 나중에는 학교 전체의 등수가 중요해질 수도 있으며, 간혹 다른 학교 여학생을 만나는 경우에도 공부 잘하는 아이에게 자연스레 끌릴 것이다. 그럼으로써 비슷한 아이들끼리 모이고 비슷한 가치관을 공유하게 된다. 어떤 유행을 따르는 것도 마찬가지다. 특정 세대나 계층으로의 동화를 위해 그것을 상징하는 유행을 따를 수 있다. 처음에 그런 사람들을 만나게 되고 그 유행에 더 충실하겠지만 나중에는 그 유행을 지키면서도 독창적인 자신만의 액세서리나 부분적인 디자인의 변화를 찾을 것이다.

그러나 이런 사례에서는 내부 규율에 충실한 단계에 주목할 필요가 있다. 왜냐하면 바로 이때가 이타주의가 최대한 발휘되는 단계이기 때문이다. 애국주의도 이때 절정에 다다르게 된다. 이런 현상은 어떤 집단에 들어갔을 때나 유행을 따를 때도 그렇지만 한 나라가 국제연합에 막 가입했을 때도 여지없이 나타난다. 이렇게 결속의 의지가 절정에 이르는 과정이 항상 있는데, 그것의 근본적인 이유는 타 집단과 경쟁을 벌여야 하기 때문이다.[24] 이때까지 개인의 능력은 집단의 운명과 함께한다고 생각하기 때문이

24 리들리는 다음과 같이 말한다. 〈제2차 세계 대전이 끝난 뒤 우연히 만난 러시아 사람과 미국 사람이 반드시 적이나 경쟁 상대가 되어야 한다는 논리적 이유는 없지만, 인간적으로는 불가

다. 이데올로기적으로 협력한다는 것은 매슬로가 말한 소속감 욕구(3단계)를 떠올리는데, 이는 사실상 안전 욕구(2단계)의 대외적 관계를 의미한다. 이 단계에서 개인이나 사회는 덕을 가장 미화시키는데 리들리가 말하듯, 〈덕이 있다는 것은 덕이 있는 다른 사람과 힘으로 합쳐 상호 이익을 나눌 수 있다는 것 이외에는 아무 의미도 없다〉.[25] 이에 관해 윌슨은 다음과 같이 주장한다.

> 인간들은 스펙트럼의 개체 쪽 끝에 더 근접해 있다. 우리가 상어나 이기적인 원숭이의 자리에 있는 것은 아니지만 벌꿀보다는 그들에 더 가깝다. 부족과 국가에 헌신하는 이타적 행위를 포함하여 개인의 행동은 종종 매우 우회적인 방식으로, 홀로 선 인간과 그 근친의 복지 향상이라는 다원주의를 지향하고 있다. 겉으로 드러난 모습이 어떻든, 가장 정교한 형태의 사회 조직은 궁극적으로 개인의 복지를 위한 매개체 역할을 한다.[26]

결국 사회는 개인들이 자신의 이해관계를 충족시킬 수 있는 거대한 장에 불과하고, 이데올로기는 그런 사회를 일시적으로 유지하는 방법에 그친다고 말할 수 있다. 이제 우리는 시작 부분에서 거론한 사회의 성숙도 차이를 다시 언급할 수 있다. 생존에 허덕이는 사회가 있다면 집단 이기주의가 득세하는 사회도 있다. 집단 간의 경쟁은 물론이고 개인끼리의 경쟁이 치열

피했다. 몬터규Montague가(家)와 캐풀렛Capulet가, 프랑스인과 영국인, 휘그당원과 토리당원, 에어버스와 보잉, 펩시와 코카콜라, 세르비아인과 이슬람교도, 기독교도와 사라센 등에서 보듯이 우리는 구제 불가능할 정도로 부족 중심적인 동물이다. 이웃 집단이나 경쟁 집단은 수식어를 어떻게 붙이든 간에 자연스레 적으로 인식된다. 아르헨티나인과 칠레인이 서로를 증오하는 것은 주위에 증오할 만한 사람이 없기 때문이다〉. 『이타적 유전자』, 234면.
25 리들리, 앞의 책, 285면.
26 윌슨, 『인간 본성에 대하여』, 221면.

한 사회도 있다. 인생을 제로섬 게임이라고만 보는 이들도 있다는 말이다. 그런 사회에서는 항상 승자와 패자가 있을 뿐이다.

하지만 가끔은 이런 단계를 넘어서 스스로와 경쟁하여 〈자기 발전을 통한 성장 및 잠재력 극대화를 통해 자아 완성〉에 많은 에너지를 쏟는 사회도 있다. 타 집단 내지는 타인과의 경쟁이 무의미해지는 단계이다. 자연의 소중함을 느끼듯이, 자신과 타인 모두의 생존과 편의를 위한 사회도 존재할 수 있다는 말이다. 그런 사회는 노동자가 더 적은 임금으로 많은 일을 해야 고용주가 성공하는 사회가 아니라, 노동자가 있어야 고용주도 있고 고용주가 있어야 노동자도 있다고 생각하는 사회이다. 그리고 무엇보다 타인과 비교하는 〈나 자신〉이 아니라 그냥 더불어 사는 내가 존재하는 사회이다. 이런 사회는 특정 연주자나 악기군만 소리가 큰 게 아니라 전체의 하모니를 통해 조화를 이루는 오케스트라와 비교될 수 있다. 여기서는 사소하게 보이는 트라이앵글이라는 악기도 제 역할이 있는 것이다(반대로 개인의 연주 실력을 키우는 데 급급하여 전체 하모니를 생각 못하는 오케스트라도 있을 것이다). 만약 오랜 적응 기간 후에 이런 사회가 형성된다면, 또는 그런 사회를 지향한다면 그 이데올로기의 한가운데에는 〈자존감〉과 더 나아가서는 〈존엄성〉이 자리 잡게 될 것이다. 인간 사회가 진보할 수 있다면 그 방향은 어쩌면 개인이 스스로 존엄성을 지키면서 타인을 똑같이 인정하는 보다 자유로운 사회를 만드는 일일 것이다. 로버트 라이트는 인간의 문화적 진화를 다음과 같이 함축적으로 서술한다.

아마도 인간이 오늘날의 인간으로 진화할 수 있도록 만든 주된 환경 요인은 다름 아닌 인간 자신이었을 것이다. 석기 시대의 구성원들은 서로가 서로에게 경쟁자였다. 적어도 유전자를 다음 세대에 전달하는 문제에 있어서만큼은 그러했다. 더구나 그들 각자는 이 경쟁에서 상대방의 도구이기도 했다. 자신의 유전자를 퍼뜨리는 것은 이웃을 다루는 솜씨에 달려 있었다. 가끔은 도와야 하고, 가끔은 무시해야 하며, 가끔은 착취도 마다하지 않아야 했다. 또 가끔은 좋아하기도 해야 했으며 가끔은 증오해야 했다. 무엇보다도 이들은 한 사람이 어떤 대우를 받아 마땅한지 가늠할 수 있어야 했으며 언제 그러해야 하는지도 알 수 있는 감각을 지녀야 했다. 결국 인간의 진화는 대체로 서로에게 적응하면서 이루어졌다고 볼 수 있다.[27]

이렇게 이 책의 시작 부분에서 말했듯이 우리는 〈영원한 이데올로기는 없다〉는 결론에 도달하게 된다. 또는 모든 이데올로기에는 아직 생존의 이데올로기가 그 기저에 다소나마 깔려 있다고 말할 수도 있을 것이다. 어쨌든 영원한 이데올로기는 없지만 〈그 시대〉의 이데올로기는 항상 절대성을 가졌다. 덕분에 인간은 영감과 에너지를 얻고 예술을 창조하기도 하지만 이데올로기의 틀에 자신의 몸과 영혼을 가두고, 같은 인간과 싸우기도 한다. 이런 와중에 개개인은 살아가야 하며 그러기 위해 사회가 생겨났다. 그러나 더 조화로운 사회를 꿈꾸는 이데올로기도 있었고 그런 꿈을 가진 이들이 간혹 사회 밖으로 쫓겨나기도 했지만 가끔은 작은 희망을 주기도 했다. 혹자는 이런 이데올로기를 유토피아라고 부를 수도 있지만 그런 꿈이 인간의 〈존엄〉을 지향한다면 그것은 인간의 〈의무〉이기도 할 것이다.

결국 사회가 진화한다면 〈그 방향이 무엇인지 고민하는 것이 중요하다〉는 틀에 박힌 주장을 다시 생각할 필요가 있다. 하지만 그 방향이 무엇인지를 알기 위해서는 지금 내가 사는 세상을 뒤덮고 있는 이데올로기가 무엇인지 알아야 한다. 그건 보통 어려운 일이 아니다. 왜냐하면 이데올로기는

27 라이트, 『도덕적 동물』, 49면.

나의 몸이자 머리이고, 가족이자 친구이며, 행복이자 일상이며, 무지이자 지식이기 때문이다. 한마디로 나의 한계이자 정체인 셈이다. 그래서 이데 올로기는 인류가 만들어 낸 가장 창의적인 역설이자, 인간의 위선이며 위대 함이라고 말할 수 있는 것이다.

에필로그

    항상 그렇듯이 한 권의 책을 마무리할 때의 감정은 다소 복잡하다. 더 많은 것을 이야기하고 싶은 욕심과 그러지 못한 아쉬움이 남고, 이런 글들이 어떻게 읽힐까 하는 우려와 기대도 교차한다. 그리고 무엇보다 처음 계획과는 꽤나 다르게 전개되었다는 점이 약간의 불안감을 안겨 준다.

    애초에는 문화 코드를 지배하고 그 기저에 숨은 이데올로기를 드러내고 분석하고자 했다. 하지만 그것들을 파헤치는 과정에서 본래의 차례에 포함되지 않았던 문제와 내용들도 언급하게 되었다. 이를테면 국가 이데올로기의 탄생을 살펴보는 과정에서 나는 현대인들이 얼마나 국가에 매달리게 되었는지를 더욱 실감했다. 현대인은 일개 국민으로 길들여졌다는 사실을 더욱 피부로 느낄 수 있었다. 이 와중에 인간의 보편적 가치관은 점차 설 자리를 잃는 게 아닌가 하고 걱정되어 이에 관한 개인적인 견해도 밝힐 수밖에 없었다. 집단에 대해 알아보는 과정에서는 우리 모두가 얼마나 집단에 종속된 동시에 집단을 이용하는지도 더욱 실감하게 되었다. 특히 집단 안에서 인간이 드러내는 이타주의는 문화적으로 포장된 이기주의의 한 유형이라는 사실도 알게 되었다. 가끔 감정 섞인 문체가 사용된 것은 그런 집단주의를 통해 얼마나 타인을 배척하는지를 고발하기 위해서였다. 한마디로 〈우리〉를 내세우는 이들은 〈우리 아님〉을 대전제로 한다는 슬픈 현실도 확인할 수밖에 없었다. 비슷한 맥락에서, 처음에는 일반적인 의미의 문화를 다루고 싶었지만 아무래도 내가 지금 살고 있는 한국 사회를 자주 언급하게 되었다. 줄곧 관찰하던 크고 작은 현상들을 예로 들 수밖에 없었던 것이 나의 변(辯)이다. 그래서 학교, 식민지 근성, 된장녀, 명품 소비까지 언급하게 되었다. 이데올로기 중에는 시대착오적이거나 유치한 것도 많다는 사실을 파헤치고 싶은 욕구도 밀려왔다. 특히 사대주의가 그렇다. 지금의 한국은 미국이나 중국의 눈치를 안 봐도 되는 문화와 경제력을 갖게 되었다. 하지만 윗사람을 공경해야 하는 유교 이데올로기와 한국이 경험한 근·현대사의 일부분은 아주 독특한 문화적 사대주의를 심어 놓았다. 그것이 백인에 대한 과잉 친절과 동남아 근로자들에 대한 절대적 무관심으로 나타난다. 전형적인 차별 의식이다. 그래서 고칠 건 고쳐야 한다는, 당연하지만 비학문적인 견해도 가끔씩 흘리게 된 것이다. 이 점에 대해서는 독자들에게 양해를 구하고자 한다. 대중 매체를 분석하는 과정에서도 약간의 감정이 개입되었다는 점을 고백한다. 하지만 음악이 아닌, 허벅지와 허리 돌림만 일삼는 자들을 나는 혐오한다. 그리고 그런 아이돌을 제조하는 제작사들도 고발하고 싶었다. 뿐만 아니라, 마치 파블로프의 개를 다루듯이 애국주의를 세뇌시키려는 각종 보도 프로그램들에 대해 아무 말 안 하는 것도 치졸한 침묵이라고 생각했다.

　그럼에도 이 책은 기본적으로 학술 서적임을 표방하고자 한다. 인간의 다양한 모습과 행동, 즉 기호와 커뮤니케이션의 근본적인 동기와 존재 이유를 파헤치려는 것이 본래의 목적이다. 하지만 현존하는 모든 기호를 분석하고 분류할 수는 없었다. 분석 대상들을 나름대로 선별할 수밖에 없었다. 대신 겉으로 드러나는 현상과 그 기저에 깔린 이데올로기 사이의 관계는 일관성을 갖는다는 점을 부각시키려 했다. 요약하자면 특정 이데올로기는 특정 문화 코드를 갖게 만드는데, 문화 코드는 현존하는 수많은 기호들을 다시 선택하게 만든다. 때문에 똑같은 기호라도 그 상징적 의미는 문화에 따라 다른 것이다. 문화 코드는 명백한 이데올로기적 매개체라는 것이 이 책의 이론적 출발점이자 핵심 중 하나다. 또한 문화 코드들은 일종의 집합체를 형성하여 상호 보충성을 갖는다는 사실도 강조하고자 했다. 나는 이런 현상을 〈코드의 상호 연계성〉이라고 불러 보았다. 특정 이데올로기의 패션 코드, 음악적 취향(코드), 주거 스타일로서의 코드들은 명백한 연계성을 드러내는데 바로 이 때문에 종류와 유형을 불문하고 다양한 기호들은 일종의 세트를 구성하는 것이다. 구체적으로 말하자면 찢어진 청바지 차림으로 주말을 록 음악에 빠져 보내는 검사나 판사는 없을 것이다. 이렇게 이데올로기에 따라 특정 코드를 채택한 사람의 문학 코드, 여행 스타일, 언어 사용 코드도 나름대로의 〈체계〉를 갖는다는 점이 이 책에서 확인하고자 하는 문제였다.

하지만 이 책에서 줄곧 강조하고자 했던 또 다른 문제는 절대다수의 사람들이 자신의 이데올로기를 인식하지 못한다는 사실이다. 왜냐하면 이데올로기가 체화되었기 때문이다. 이데올로기는 우리의 정신뿐 아니라 몸에도 침투한다. 그래서 몸도 이데올로기를 표현하며 개별 문화는 물론이고 같은 사회 안에서도 계층적 차이를 드러낸다. 행동과 거동에도 영향을 미친다. 때문에 개인들에게 특정 이데올로기를 주입하는 이데올로기적 장치들을 파헤치지 않을 수가 없었다. 그것이 국가이고 매스 미디어이며 학교이다. 이런 장치들 때문에 개인은 특정 국가의 국민이 되는 것이고 특정한 방식으로 소비를 하게 되며 이런저런 계층으로 편입되는 것이다. 그럼으로 써 다른 사람들을 동화시키는데 그런 순환은 이제 스스로 작동하고 있다. 이것이 현대 사회의 총체적 재생산의 원리다. 다시 말해 국민은 국민을 만들고 계층은 계층을 다시 생산한다는 것이다. 동시에 이런 재생산 시스템은 다른 국민과 계층과 취향을 차별하게 만든다. 더 중요한 문제는 이런 시스템이 특정 권력층에 유리하다는 사실이다. 대중을 충실한 소비 계층으로 묶어 두고 애국심도 키워 주는 동시에 지배와 피지배 관계를 유지하려는 이데올로기들은 앞으로 태어날 아이들을 유혹하기 위해 기다리고 있다. 그래서 사람들은 그냥 국민과 시민이 되고, 스포츠 경기에서도 자국 선수들을 목청 터지게 응원하는 것이며, 별생각 없이 소비하지만 결국 똑같은 것만을 소비하며 그냥 그렇게 사는 것이다.

이런 이유 때문에 이데올로기는 감옥이자 정체성이며, 차별이자 위선인 동시에 강력한 힘이라고 말할 수 있는 것이다. 이데올로기는 선과 악을 임의로 구분하여 싸움을 부추기기도 하고, 어제의 적을 오늘의 동지로 만들수 있다. 그리고 특히 그것에 대해 생각지도 못하게 하는 마술적인 힘을 갖고 있다. 하지만 과연 그것이 자유인가 하는 문제는 여전히 남는다. 때문에나는 이 책에서 옛날의 이데올로기들을 자주 언급했다. 과거의 것들이 이상하게 보인다는 것은 지금의 이데올로기도 세월이 지나면 역시 요상하게보일 수 있음을 말해 준다. 나는 이런 방법만이 지금의 이데올로기에서 다소나마 자유로울 수 있는 수단이라 생각했고, 이 책을 쓰게 만든 이데올로기적 동기이자 입장 표명이었다.

참고 문헌

Abboud M., Beyrouth, *La Mémétique, Une théorie évolutionniste de la culture*, 박사 학위 논문 요약문, Liban, 2007.

Bakhtine, M., *Le marxisme et la philosophie du langage*, Ed. de Minuit, 1977.

Bakhtine, M., *Esthétique et théorie du roman*, Gallimard, 1978.

Bakhtine, M., *Le Freudisme*, Ed. L'âge d'homme, 1980.

Barthes, R., *Système de la mode*, Seuil, Paris, 1967.

Barthes, R., *L'aventure sémiologique*, Seuil, Paris, 1985.

Blackmore S., "L'évolution des machines mémétiques", Paper presented at the International Congress on Ontopsychology and Memetics, Milano, May 18~21, 2002. http://www.susanblackmore.co.uk/Conferences/OntopsychFr.htm

Bourdieu, P., La distinction, les Édition de Minuit, 1979.

Châtelet, F., *Une histoire d'une raison*, Seuil, Paris, 1992.

Cohen, M., *Histoire d'une langue: le français*, Ed. sociale, Paris, 1964.

Diani, M., *Économie Évolutionniste et Culture d'Entreprise*, Thèse présentée pour obtenir le grade de Docteur de l'Université Louis Pasteur — Strasbourg I, 2003.

Dupriez, B., *Les procédés litteraires*, Union Générale d'Edition, Paris, 1984.

Eco, U., *L'oeuvre ouverte*, Seuil, Paris, 1965.

Eco, U., *Le signe*, Edition labor, Bruxelles, 1973.

Eco, U., *La production des signes*, Librairie générale Française, Paris, 1976.

Foucault, M., *Les mots et les choses*, Gallimard, Paris, 1966.

Grémion, P, "Le rôle des sciences sociales dans les relations Est-Ouest durant la Guerre froide", http://www.futuribles.com/pax.html

Goffman, I., *La Mise en scène de la vie quotidienne*, t. 1 La Présentation de soi, Éditions de Minuit, coll. 《Le Sens Commun》, 1973.

Groupe μ, *Rhétorique générale*, Seuil, Paris, 1982.

Groupe μ, *Traité du signe visuel*, Seuil, Paris, 1992.

Jakobson, R., *Huit questions de poètique*, Seuil, Paris, 1977.

Jung, C. G., *Les Racines de la conscience*, Chastel, Paris, 1971.

Kim, K. H., "Les morphèmes honorifiques dans l'identification de la personne en coréen", *Faits de langues*, No 3, PUF, pp. 203~210, Paris, 1994.

Kuhn, T., *La structure des révolutions scientifiques*, Flammarion, Paris, 1983.

Levis-Strauss, Cl., *La pensée sauvage*, Plon, Paris, 1962.

Levis-Strauss, Cl., *Anthropologie structurale*, Plon, Paris, 1974.

Lloyd & Alii, *La recherche en histoire des sciences*, Seuil, Paris, 1983.

Lorenz, K, *Trois essais sur le comportement animal et humain*, Seuil, Paris, 1970.

Magnan de Bornier J., "Mèmes et évolution culturelle", texte provisoire, Séminaire économie et biologie, CREUSET et GREQAM, Université Paul Cézanne Aix-Marseille. 07, 2005. 참고. http://junon.univ-cezanne.fr/bornier/publi.html

Maslow, A. H., "A Theory of Human Motivation", Originally Published in *Psychological Review*, 50, 370~396, 1943, http://mcv.planc.ee/misc/doc/filosoofia/artiklid/Abraham%20H.%20Maslow%20-%20A%20Theory%20Of%20Human%20Motivation.pdf.

Mauss, M., "Les techniques du corps", Article originalement publié Journal de Psychologie, XXXII, ne, 3~4, 15 mars - 15 avril 1936. http://classiques.uqac.ca/classiques/

mauss_marcel/socio_et_anthropo/6_Techniques_corps/techniques_corps.pdf

Noubel, J-F., "Intelligence Collective, la révolution invisible", 인터넷 논문 publication:
15 novembre 2004 Révision: 24 aout 2007 www.TheTransitioner.org/ic

Peirce, Ch. S., *Ecrits sur le signe*, Seuil, Paris, 1978.

Piaget, J., *Six études de psychologie*, Ed. Deno l, Geneve, 1964.

Reboul, O., *La rhétorique*, Que sais-je?, No 2133, PUF, Paris, 1984.

Thom, R., *Paraboles et catastrophe: entretiens sur les mathématiques et la philosophie*, Flammarion, Paris, 1983.

Violi, P., "Les origines du genre grammatical", Institut de Communication, Bologna University, 1987.

강명관, 『열녀의 탄생 — 가부장제와 조선 여성의 잔혹한 역사』, 돌베개, 2009.

강영심, 『일제 시기 근대적 일상과 식민지 문화』, 이화여자대학교 출판부, 2008.

강준만, 『대중문화의 겉과 속』, 인물과사상, 1999.

강철구, 『역사와 이데올로기 1』, 용의숲, 2004.

강현두 외, 『현대 대중문화의 형성』, 서울대학교 출판부, 1998.

강현두, 『현대 사회와 대중문화』, 나남, 1988.

고든, 콜린, 『권력과 지식 — 미셸 푸코와의 대담』, 나남, 1991.

곰브리치, 에른스트, 『서양 미술사』, 백승길 옮김, 예경, 2003.

곽한주, 『컬트 영화, 그 미학과 이데올로기』, 한나래, 1995.

굿맨, 『예술의 언어들 — 기호 이론을 향하여』, 김혜숙 외 옮김, 이화여자대학교 출판부, 2002.

권유철, 『그람시의 마르크스주의와 헤게모니론』, 한울, 1989.

그람시, 안토니오, 『그람시의 옥중 수고 1』, 이상훈 옮김, 거름, 1999.

그로스, 앨런, 『과학의 수사학 — 과학은 어떻게 말하는가』, 오철우 옮김, 궁리, 2007.

금장태, 『현대 한국 유교와 전통』, 서울대학교 출판부, 2003.

기든스, 앤서니, 『자본주의와 현대 사회 이론』, 박노영 옮김, 한길사, 2008.

기어츠, 클리퍼드, 『문화의 해석』, 문옥표 옮김, 까치, 2009.

김광기,『뒤르켐 & 베버 — 사회는 무엇으로 사는가?』, 김영사, 2007.

김광수,『애덤 스미스의 학문과 사상』, 해남, 2005.

김광현,「거시 코드로서의 이데올로기 문제」,『기호학 연구』제6호, 1999.

김광현,「이데올로기 — 통시적 및 공시적 고찰」,『기호학 연구』제16집, 2004.

김광현,「이데올로기와 주체성 형성의 문제」,『기호학 연구』제19집, 2006.

김광현,「이데올로기와 헤게모니」,『기호학 연구』제14집, 2004.

김광현,「커뮤니케이션과 에토스 — 파토스」,『기호학 연구』제23집, 2008.

김광현,「문화 유전자와 문화 코드」,『기호학 연구』제26집, 2009.

김광현,『기호인가 기만인가 — 한국 대중문화의 가면들』, 열린책들, 2000.

김광현,『대중문화의 이해』, 대구대학교 출판부, 2005.

김문겸,『여가의 사회학』, 한울, 1993.

김소영,『헐리우드/프랑크푸르트』, 시각과 언어, 1994

김수용 외,『유럽의 파시즘 — 이데올로기와 문화』, 서울대학교 출판부, 2001.

김승혜,『유교의 뿌리를 찾아서』, 지식의풍경, 2001.

김영석,『설득 커뮤니케이션』, 나남, 2008.

김욱,『영화 속의 법과 이데올로기』, 인간사랑, 2002.

김원중,『혼인의 문화사 — 중국 고대의 성·결혼·가족 이야기』, 휴머니스트, 2007.

김웅숙,『소비문화, 이데올로기 분석』, 커뮤니케이션북스, 1998.

김희재,『한국 사회 변화와 세대별 문화 코드』, 신지서원, 2004.

니체, 프리드리히,『선악의 저편·도덕의 계보』, 김정현 옮김, 책세상, 2002.

니체, 프리드리히,『짜라투스트라는 이렇게 말했다』, 최승자 옮김, 청하, 1984.

다윈, 찰스,『인간의 유래』(전 2권), 김관선 옮김, 한길사, 2006.

다윈, 찰스,『종의 기원』, 김석희 옮김, 홍신문화사, 1999.

다이아몬드, 제레드,『제3의 침팬지』, 김정흠 옮김, 문학사상사, 1996.

데즈먼드, 모리스,『털 없는 원숭이』, 홍성표 옮김, 정신세계사, 1991.

도킨스, 리처드,『만들어진 신』, 이한음 옮김, 김영사, 2007.

도킨스, 리처드,『이기적 유전자』, 홍영남 외 옮김, 을유문화사, 2004.

들뢰즈, 질,『니체와 철학』, 이경신 옮김, 민음사, 2001.

들뢰즈, 질, 『천 개의 고원』, 김재인 옮김, 새물결, 2001.

뒤랑, 자닉, 『중세 미술 — 라루스 서양 미술사 1』, 조성애 옮김, 생각의나무, 2006.

라라인, 호르헤, 『이데올로기와 문화 정체성 — 모더니티와 제3세계의 현존』, 김범춘 외
　　옮김, 모티브북, 2009.

라이언, 마이클 & 켈너, 더글라스, 『카메라 폴리티카』, 백문임 외 옮김, 시각과언어,
　　1996.

라이트, 로버트, 『도덕적 동물』, 박영준 옮김, 사이언스북, 2003.

라이트, 로버트, 『신의 진화』, 허수진 옮김, 동녘사이언스, 2010.

레비-스트로스, 클로드, 『슬픈 열대』, 박옥줄 옮김, 한길사, 1998.

로트만, 유리 외, 『러시아 기호학의 이해』, 이인영 옮김, 민음사, 1993.

로트만, 유리, 『문화 기호학』, 유재천 옮김, 문예출판사, 1996.

로트만, 유리, 『영화 기호학』, 박현섭 옮김, 민음사, 1994.

르불, 올리비에, 『언어와 이데올로기』, 홍재성 옮김, 역사비평사, 1994.

리들리, 매트, 『이타적 유전자』, 신좌섭 옮김, 사이언스북, 2001.

리오타르, 장 프랑수아, 『포스트모던의 조건』, 이삼출 옮김, 민음사, 1992.

마르쿠제, 헤르베르트, 『일차원적 인간 — 선진 산업 사회의 이데올로기 연구』, 박병진
　　옮김, 한마음사, 1988.

마르크스, 카를, 『독일 이데올로기 I』, 박재희 옮김, 청년사, 2007.

마르크스, 카를, 『자본론 1 — 정치경제학 비판』, 김수행 옮김, 비봉, 2005.

마크, 맥스, 『현대 각국 정치의 이데올로기』, 정연식 옮김, 이문출판사, 1987.

매슬로, 에이브러햄, 『존재의 심리학』, 정태연·노현정 옮김, 문예출판사, 2005.

맥리넌. J. F., 『혼인의 기원』, 김성숙 옮김, 나남, 1996.

멀러, 제리, 『자본주의의 매혹 — 돈과 시장의 경제 사상사』, 서찬주·김청환 공역, 휴먼앤
　　북스, 2006.

바타유, 조르주, 『에로티즘』, 조한경 옮김, 민음사, 1989.

바르트, 한스, 『진리와 이데올로기』, 황경식 옮김, 종로서적, 1986.

바바렛, 잭, 『감정의 거시 사회학』, 박형신 옮김, 일신사, 2007.

박성봉, 『대중 예술과 미학』, 일빛, 2006.

박신영, 『텔레비전 드라마에 나타난 직업 묘사와 고정 관념』, 경북대학교 신문방송학과 대학원, 석사 논문, 1994.

박영욱, 『철학으로 대중문화 읽기』, 이룸, 2003.

박완규, 『리바이어던 — 근대 국가의 탄생』, 사계절, 2007.

박재환 외, 『현대 한국 사회의 일상 문화 코드』, 한울아카데미, 2004.

박정순·김훈순, 『대중 매체와 성의 상징 질서』, 나남, 1997.

박현수, 『모더니즘과 포스트모더니즘의 수사학』, 소명, 2003.

배영달, 『예술의 음모 — 보드리야르의 현대 예술론』, 백의, 2000.

백선기·정형주, 「텔레비전 토크 쇼의 의미 구조와 이데올로기」, 『기호학 연구』 제4집, 209~233면, 1998.

백선기, 『대중문화 그 기호학적 해석의 즐거움』, 커뮤니케이션북스, 2004.

버만, 해롤드, 『종교와 사회 제도』, 민영사, 1992.

번즈, 에드워드 맥널, 『서양 문명의 역사 상 — 역사의 여명에서 종교 개혁까지』, 박상익 옮김, 소나무, 2007.

빌로, 번, 『매춘의 역사』, 서석연 옮김, 까치, 1992.

베버, 막스, 『프로테스탄트 윤리와 자본주의 정신 — 금욕과 탐욕 속에 숨겨진 역사적 진실』, 김상희 옮김, 풀빛, 2006.

벨, 캐서린, 『의례의 이해 — 의례를 보는 관점들과 의례의 차원들』, 류성민 옮김, 한신대학교 출판부, 2007.

벨, 다니엘, 『이데올로기의 종언』, 이상두 옮김, 범우사, 1999.

보그스, 조셉, 『영화 보기와 영화 읽기』, 이용관 옮김, 제3문학사, 1998.

보드리야르, 장, 『기호의 정치 경제학 비판』, 이규현 옮김, 문학과지성사, 1992.

보드리야르, 장, 『사물의 체계』, 배영달 옮김, 백의, 1999.

보드리야르, 장, 『암호』, 배영달 옮김, 동문선, 2006.

보드리야르, 장, 『소비의 사회』, 이상률 옮김, 문예출판사, 1992.

보드리야르, 장, 『시뮬라시옹』, 하태환 옮김, 민음사, 1992.

볼드윈, 일레인 외, 『문화 코드 어떻게 읽을 것인가 — 문화 연구의 이론과 실제』, 조애리 옮김, 한울, 2009.

부르디외, 피에르, 『구별짓기 ─ 문화와 취향의 사회학』(전 2권), 최종철 옮김, 새물결, 1996.

부르디외, 피에르, 『문화와 권력』, 나남출판, 1998.

부르디외, 피에르, 『상징 폭력과 문화 재생산』, 정일준 옮김, 새물결, 1995.

부르디외, 피에르, 『예술의 규칙』, 하태환 옮김, 동문선, 1999.

부르디외, 피에르, 『재생산 ─ 교육 체계 이론을 위한 요소들』, 이상호 옮김, 동문선, 2000.

부르디외, 피에르, 『텔레비전에 대하여』, 현택수 옮김, 동문선, 1998.

뷔르기에르 외, 앙드레, 『가족의 역사 1』, 정철웅 옮김, 이학사, 2001.

브로델, 페르낭, 『물질문명과 자본주의』(전 2권), 주경철 옮김, 까치, 1995.

브로디, 리처드, 『마인드 바이러스』, 백한울 옮김, 도서출판 동연, 2000.

브룩스, 데이비드, 『보보스 ─ 디지털 시대의 엘리트』, 형선호 옮김, 동방미디어, 2001.

사럽, 마단, 『교육과 국가』, 이종태 옮김, 학민사, 1988.

사에키 케이시, 『이데올로기와 탈이데올로기』, 이은숙 옮김, 푸른숲, 1996.

사이드, 에드워드, 『문화와 제국주의』, 박홍규 옮김, 문예출판사, 2005.

새뮤얼, 레이페이얼, 『문화와 이데올로기와 정치』, 청계연구소 출판국, 1987.

서턴, R. W., 『중세의 형성』, 이길상 옮김, 현대지성사, 1999.

소쉬르, 페르디낭 드, 『일반 언어학 강의』, 최승언 옮김, 민음사, 2006.

손정수, 『미와 이데올로기』, 문학동네, 2002.

송상호, 『문명 패러독스 ─ 왜 세상은 생각처럼 되지 않을까』, 인물과사상사, 2008.

쉴링, 크리스, 『몸의 사회학』, 나남출판, 2003.

스미스, 아담, 『국부론』, 김수행 옮김, 비봉출판사, 2007.

스토리, 존, 『문화 연구란 무엇인가』, 백선기 옮김, 커뮤니케이션북스, 2000.

스토리, 존, 『문화 연구와 문화 이론』, 박이소 옮김, 현실문화연구, 1993.

시셰르, 베르나르, 『프랑스 지성사 50년 I』, 유지석 옮김, 끌리오, 1998.

신재식·김윤성·장대익, 『종교 전쟁』, 사이언스북, 2009.

신용하, 『일제 식민지 정책과 식민지 근대화론 비판』, 문학과지성사, 2006

심정순 외, 『'여성의 눈'으로 본 섹슈얼리티와 대중문화』, 동인, 1999.

아도르노, 테오도르, 『미학 이론』, 홍승용 옮김, 문학과지성사, 1997.

아롱, 레이몽, 『20세기의 증언』, 박정자 옮김, 문예출판사, 1982.

아리스토텔레스, 『수사학』(전 2권), 이종오 옮김, 리젬, 2007.

아리스토텔레스, 『시학』, 이상섭 옮김, 문학과지성사, 2005.

아리에스, 필립·뒤비, 조르주 외, 『사생활의 역사 1 — 로마 제국부터 천 년까지』, 주명
  철·전주연 옮김, 새물결, 2002.

아리에스, 필립·뒤비, 조르주 외, 『사생활의 역사 2 — 중세부터 르네상스까지』, 성백용
  외 옮김, 새물결, 2006.

아리에스, 필립·뒤비, 조르주 외, 『사생활의 역사 3 — 르네상스부터 계몽주의까지』, 이
  영림 옮김, 새물결, 2002.

아리에스, 필립·뒤비, 조르주 외, 『사생활의 역사 4 — 프랑스 혁명부터 제1차 세계 대전
  까지』, 전수연 옮김, 새물결, 2006.

아리에스, 필립, 『죽음의 역사』, 이종민 옮김, 동문선, 1998.

아리에스, 필립 외, 『성과 사랑의 역사』, 김광현 옮김, 황금가지, 1996.

안병섭, 『영화 사랑 영화 예술 그리고 우리들의 영화 이야기』, 신영미디어, 1993.

알렉산더, 제프리, 『사회적 삶의 의미 — 문화 사회학』, 박선웅 옮김, 한울, 2007.

알튀세르, 루이, 『재생산에 대하여』, 동문선, 2007.

양승목, 「언론과 여론 — 구성주의적 접근」, 『언론과 사회』, 가을호 통권 제17호,
  6~40면.

엄홍석, 『광고 담화와 영상의 수사학』, 경상대학교 출판부, 2005.

에스카르피 R., 『정보와 커뮤니케이션』, 김광현 옮김, 민음사, 1995.

에얼릭, 폴, 『인간의 본성(들) — 인간의 본성을 만드는 것은 유전자인가, 문화인가?』, 전
  방욱 옮김, 이마고, 2008.

에이킨, 헨리, 『이데올로기의 시대 — 19세기의 철학자들』, 이선일 옮김, 서광사, 1989.

에코, 움베르토, 『기호와 현대 예술』, 김광현 옮김, 열린책들, 1998.

에코, 움베르토, 『기호학 이론』, 서우석 옮김, 문학과지성사, 1990.

에코, 움베르토, 『기호 — 개념과 역사』, 김광현 옮김, 열린책들, 2000.

에코, 움베르토, 『미의 역사』, 이현경 옮김, 열린책들, 2005.

에코, 움베르토, 『중세의 미와 예술』, 손효주 옮김, 열린책들, 1998.

에코, 움베르토, 『추의 역사』, 오숙은 옮김, 열린책들, 2008.

에코, 움베르토, 『포스트모던인가 새로운 중세인가 — 에코의 즐거운 상상』, 조형준 옮김, 새물결, 2005.

에코, 움베르토, 『해석의 한계』, 김광현 옮김, 열린책들, 1995.

애플, 마이클, 『교육과 이데올로기』, 이혜영·박부선 옮김, 한길사, 1985.

오강남, 『세계 종교 둘러보기』, 현암사, 2003.

오웰, 조지, 『1984년』, 김병익 옮김, 문예출판사, 1990.

오제명 외, 『68·세계를 바꾼 문화 혁명 — 프랑스, 독일을 중심으로』, 길, 2006.

올리브지, 스테판, 『부르디외, 커뮤니케이션을 말하다』, 이상길 옮김, 커뮤니케이션북스, 2007.

왁스맨, 체임 아이작, 『이데올로기는 끝났는가』, 종로서적, 1984.

윌리암슨, 주디스, 『광고의 기호학 — 광고 읽기, 그 의미와 이데올로기』, 박정순 옮김, 커뮤니케이션북스, 2007.

윌슨, 에드워드, 『인간 본성에 대하여』, 이한음 옮김, 사이언스북스, 2000.

유병선, 『현대 사회의 이데올로기와 한국』, 이화, 2004.

이경구, 『중세의 정치 이데올로기』, 느티나무, 2000.

이경기, 『영화 속 영화』, 우리문학사, 1997.

이경재, 『중세는 정말 암흑기였나』, 살림, 2003.

이규태, 『한국인의 의식 구조』(전 4권), 신원문화사, 1997.

이글튼, 테리, 『이데올로기 개론』, 여홍상 옮김, 한신문화사, 1995.

이미경, 「1930년대 대중음악의 사회학적 연구 — 유통 구조별 고찰을 중심으로」, 효성여자대학교 석사 논문, 1993.

이어령, 『문화 코드』, 문학사상사, 2006.

이우용, 『우리 대중음악 읽기』, 창공사, 1996.

이중거 외, 『한국 영화의 이해 — 1926~1990』, 예니, 1992.

이진로, 『정보 사회의 이데올로기』, 커뮤니케이션북스, 1999.

이철호, 『문화사의 에로티시즘』, 행림출판사, 1983.

이형관, 『우리 시대의 문화 코드 영상 예술』, 신서원, 2003.

이희수, 『이슬람 문화』, 살림, 2003.

일리, 제프, 『THE LEFT 1848~2000 — 미완의 기획 유럽 좌파의 역사』, 유강은 옮김, 뿌리와이파리, 2008.

임문영 외, 『유럽 통합과 프랑스 — 유럽 통합의 쟁점에 대한 프랑스의 인식과 대응』, 푸른길, 2005.

임영일, 『국가 계급 헤게모니』, 풀빛, 1996.

장노현, 『하이퍼텍스트 서사 — 디지털 시대의 새로운 이야기 형식』, 예림기획, 2005.

쟐리, 셧, 『광고 문화 — 소비의 경제학』, 윤선희 옮김, 한나래, 1996.

정혜영, 『식민지기 문학과 근대성』, 소명출판, 2008.

정희준 외, 『미국 신보수주의와 대중문화 읽기 — 람보에서 마이클 조든까지』, 책세상, 2007.

제성욱, 『밈 바이러스』, 일송북, 2005.

뒤비, 조르주 외, 『여성의 역사』, 권기돈 외 옮김, 새물결, 1998.

조흡, 『의미 만들기와 의미 찾기 — 대중문화 텍스트 읽기 전략』, 개마고원, 2001.

지라르, 르네, 『그를 통해 스캔들이 왔다』, 김진식 옮김, 문학과지성사, 2007.

지마, 페터, 『이데올로기와 이론』, 허창운·김태환 옮김, 문학과지성사, 1996.

지젝, 슬라보예, 『이데올로기라는 숭고한 대상』, 이수련 옮김, 인간사랑, 2002.

지젝, 슬라보예, 『탈이데올로기 시대의 이데올로기』, 김상환 옮김, 철학과현실사, 2005.

진원숙, 『이슬람의 탄생』, 살림, 2008.

진중권, 『미학 오디세이』(전 3권), 휴머니스트, 2004.

채트먼, 시모어, 『영화와 소설의 서사 구조』, 김경수 옮김, 민음사, 1990.

최승규, 『서양 미술사 100장면 — 미술의 탄생에서 페미니즘까지』, 한명, 2005.

최정호 외, 『매스 미디어와 사회』, 나남, 1996.

치알디니, 로버트, 『설득의 심리학』, 이현우 옮김, 21세기북스, 2002.

칼스네스, 월터, 『인식과 이데올로기』, 박진환 외 옮김, 문우사, 1991.

켈너, 더글라스, 『텔레비전 민주주의 위기』, 강상욱 옮김, 이진출판사, 1995.

코와코프스키, 레셰크, 『마르크스주의의 주요 흐름』(전 3권), 변상출 옮김, 유로서적,

2007.

쿤, 토마스, 『과학 혁명의 구조』, 김명자 옮김, 정음사, 1981.

클라인, 바이올러, 『여자란 무엇인가 — 이데올로기의 역사』, 김한경 옮김, 지평, 1990.

탁석산, 『한국의 주체성』, 책세상, 2000.

터너, 그래엄, 『대중 영화의 이해』, 임재철 외 옮김, 한나래, 2006.

테르본, 괴란, 『권력의 이데올로기와 이데올로기의 권력』, 최종렬 옮김, 백의, 1994.

페니누, 조르주, 『광고 기호 읽기』, 김명숙 외 옮김, 이화여자대학교 출판부, 1998.

포퍼, 칼, 『열린사회와 그 적들』(전 2권), 이명현 옮김, 민음사, 1998.

푸코, 미셸, 『광기의 역사』, 김부용 옮김, 인간사랑, 1999.

푸코, 미셸, 『말과 사물』, 이광래 옮김, 민음사, 1986.

푸코, 미셸, 『성의 역사』(전 2권), 문경자·신은경 옮김, 나남, 2004.

푹스, 에두아르트, 『풍속의 역사』(전 4권), 이기웅·박종만 옮김, 까치, 2001.

포사이스, 도넬슨, 『집단 심리학』, 서울대학교 사회심리학 연구실 옮김, 시그마프레스, 2001.

볼프강 프랑케, 『중국의 문화 혁명』, 신용철 옮김, 탐구당, 1985.

프랫카니스, 안토니 외, 『누군가 나를 설득하고 있다』, 윤선길 외 옮김, 커뮤니케이션북 스, 2007.

프로이트, 지크문트, 『농담과 무의식의 관계』, 임인주 옮김, 열린책들, 2004.

프로이트, 지크문트, 『문명 속의 불만』, 김석희 옮김, 열린책들, 2004.

프로이트, 지크문트, 『종교의 기원』, 이윤기 옮김, 열린책들, 2004.

플라메나쯔, 존, 『이데올로기란 무엇인가』, 진덕규 옮김, 까치, 1989.

핀토, 루이, 『부르디외 사회학 이론』, 김용숙 외 옮김, 동문선, 2003.

하먼, 크리스, 『광란의 자본주의』, 심인숙 옮김, 책갈피, 1996.

하버마스, 위르겐, 『의사소통의 철학』, 홍윤기 옮김, 민음사, 2004.

하버마스, 위르겐, 『진리와 정당화』, 윤형식 옮김, 나남, 2008.

하버마스, 위르겐, 『이데올로기로서의 기술과 과학』, 하석용 옮김, 이성과현실, 1993.

하비, 데이비드, 『자본의 한계』, 최병두 옮김, 한울, 1995.

하비, 데이비드, 『포스트모더니티의 조건』, 구동회·박영민 옮김, 한울, 1994.

하코자키 소이치, 『광고 심리의 분석』, 오세진 옮김, 미진사, 1995.

한국외대 외국학종합연구센터, 『세계의 혼인 문화』, 한국외국어대학교 출판부, 2005.

헵디지, 딕, 『하위문화』, 이동연 옮김, 현실문화연구, 1998.

헉슬리, 올더스, 『멋진 신세계』, 이덕형 옮김, 문예출판사, 1998.

현택수, 『예술과 문화의 사회학』, 고려대학교 출판부, 2003.

호건, 케빈 외, 『은밀한 설득』, 원은주 옮김, 위즈덤하우스, 2008.

홀, 스튜어트, 『현대성과 현대 문화』, 전효관 외, 현실문화연구, 1996.

홍성민, 『문화와 아비투스』, 나남, 2000.

홍성민, 『피에르 부르디외와 한국 사회 — 이론과 현실의 비교 정치학』, 살림, 2004.

휴버먼, 리오, 『자본주의 역사 바로 알기』, 장상환 옮김, 책벌레, 2000.

힐쉬베르거, 요한네스, 『서양 철학사』(전 2권), 강성위 옮김, 이문출판사, 1988.

이데올로기

발행일 2013년 12월 30일 초판 1쇄

지은이 김광현
발행인 홍지웅
발행처 주식회사 열린책들

경기도 파주시 문발로 253 파주출판도시
전화 031-955-4000 팩스 031-955-4004
www.openbooks.co.kr

Copyright (C) 김광현, 2013, Printed in Korea.
ISBN 978-89-329-1624-8 93300

이 도서의 국립중앙도서관 출판시도서목록(CIP)은 e-CIP 홈페이지(http://www.nl.go.kr/ecip)와 국가자료
공동목록시스템 (http://www.nl.go.kr/kolisnet)에서 이용하실 수 있습니다.(CIP제어번호: CIP2013027896)